普通高等教育"十一五"国家级规划教材

市场调查与预测

（第3版）

元明顺　主　编

刘艳玲　郑　鑫　熊国钺　副主编

清华大学出版社

北　京

内 容 简 介

本书依照"理论、实务、案例、实训"四位一体的原则编写，系统地介绍了在现代市场营销背景下的市场调查与预测基本理论、方法和技术。主要内容包括市场调查的基本概念，调查方案的设计方法，市场调查方法(网络调查、大数据驱动的市场调查)，调查问卷的设计与抽样技术的选择，调查资料的处理和分析(SPSS 软件的应用)，定性预测和定量预测的基本方法以及市场分析报告的撰写等。

本书附有大量的案例，以引入案例开篇，在正文中穿插多个实用的案例和资料，实践题也是围绕各种情景案例展开。除此以外，本书还增加了 SPSS 软件操作的微课视频，并且增加和强化了大数据理论及其工具在市场调查中的应用，帮助学生了解和掌握、收集和分析线上、线下消费者行为数据的方法。

本书适用于经济管理类相关专业本科、研究生教学及 MBA 和 EMBA 教学，亦可作为市场研究工作者的参考用书。

图书在版编目(CIP)数据

市场调查与预测 / 元明顺 主编. —3 版. —北京：清华大学出版社，2020.1(2024.1重印)
ISBN 978-7-302-53830-1

Ⅰ. ①市… Ⅱ. ①元… Ⅲ. ①市场调查—高等学校—教材 ②市场预测—高等学校—教材 Ⅳ. ①F713.52

中国版本图书馆 CIP 数据核字(2019)第 205875 号

责任编辑：崔　伟　马遥遥
封面设计：周晓亮
版式设计：思创景点
责任校对：牛艳敏
责任印制：沈　露

出版发行：清华大学出版社
　　　　　网　　　址：https://www.tup.com.cn，https://www.wqxuetang.com
　　　　　地　　　址：北京清华大学学研大厦 A 座　　　　　邮　　编：100084
　　　　　社 总 机：010-83470000　　　　　邮　　购：010-62786544
　　　　　投稿与读者服务：010-62776969，c-service@tup.tsinghua.edu.cn
　　　　　质 量 反 馈：010-62772015，zhiliang@tup.tsinghua.edu.cn
印 装 者：大厂回族自治县彩虹印刷有限公司
经　　销：全国新华书店
开　　本：185mm×260mm　　　印　　张：22.25　　　字　　数：542 千字
版　　次：2007 年 5 月第 1 版　　2020 年 1 月第 3 版　　印　　次：2024 年 1 月第 11 次印刷
定　　价：58.00 元

产品编号：084087-01

第 3 版

前 言

进入 21 世纪以来，互联网在我国迅速推广普及并不断走向深入应用，网络消费的兴起给社会带来了巨大的影响，进而也给市场研究方法带来了新的挑战。传统的市场研究虽然以严谨的抽样理论为基础，但由于受制于主持人的访问技巧、街头拦访的不确定性等缺点，不能完全真实反映总体的客观情况。而大数据的调研方法为市场研究人员提供了以"隐形人"身份观察消费者的可能性，超大样本量的统计分析使得研究成果更接近市场的真实状态。与此同时，面对网络化的消费者，企业营销决策的精准性和及时性的要求在进一步提高。这些挑战和变化均对市场调查与预测的相关理论和工具提出了更高的要求。

本书第 1 版被评为普通高等教育"十一五"国家级规划教材，此次再版得到上海汽车工业教育基金会的资助。本书依照"理论、实务、案例、实训"四位一体的原则编写，全面介绍了在现代市场营销背景下的市场调查与预测基本理论、操作方法和分析技术。主要内容包括市场调查的基本概念，调查方案的设计方法，市场调查方法(网络调查、大数据驱动的市场调查)，调查问卷的设计与抽样技术的选择，调查资料的处理和分析(SPSS 软件的应用)，定性预测和定量预测的基本方法以及市场分析报告的撰写等。

在内容安排上，本书遵循了由浅入深、循序渐进的原则，并附有大量的案例(以引入案例开篇，在正文中穿插多个实用的案例和资料，实践题也是围绕各种情景案例展开)和相关分析软件的应用。此外，本书还增加了以下两个特色：其一，增加了 SPSS 软件操作的微课视频，有助于学生应用 SPSS 软件进行数据的整理和分析；其二，增加和强化了大数据理论及其工具在市场研究中的应用，并附有大量的大数据分析案例，帮助学生了解和掌握、收集和分析线上、线下消费者行为数据的方法。本书适用于经济管理类相关专业本科、研究生教学，MBA、EMBA 教学，亦可作为市场研究工作者的参考用书。教师扫描右侧二维码，可获取本书配套教学资源。

教学资源

本书由元明顺担任主编，刘艳玲、郑鑫、熊国钺担任副主编，全书共 14 章，主要编撰者为元明顺(第 2 章、第 5 章、第 7 章、第 11 章、第 12 章、第 13 章)、刘艳玲(第 1 章、第 3 章、第 6 章、第 10 章、第 14 章)、于磊(第 4 章)、熊国钺(第 8 章)、郑鑫(第 9 章)。本书在编写过程中，得到了叶明海教授的悉心指导与帮助，在此特表感谢。还要感谢郑鑫副教授的学生程凌琳、蔡昕芷和张佳雨对本书的鼎力相助，感谢本书责任编辑细心、周到的工作支持。

本书在编写过程中，参考了若干市场研究领域的专著、教材和论文等文献，在此向有关作者表示感谢。

最后，由于作者水平有限，难免有不足之处，恳请广大读者批评指正。

编 者

2019 年 11 月

目 录

第1章 概　　论

学习目的与要求

1. 理解市场的概念及其特性；
2. 了解市场调查与预测行业的发展；
3. 理解市场调查与预测的必要性及其范围和内容；
4. 理解市场调查与预测的方法论；
5. 了解市场调查与预测部门的设置原则。

引入案例　TSE：大数据时代市场调查的变革（改编）

大数据时代，市场调查的样本和调查方式都发生了变革，主要是普查而不是抽样调查；技术特点是对个体的"追踪定位"，由传统的问卷、访谈、投射和实验等逐渐过渡到新的调研技术——cookie 跟踪或 App 追踪。

大数据时代市场调查有三种方式。

1) T——追踪定位(track)

传统的市场调查是对目标受众有针对性地调查，但因为调查时间、技术和费用的限制，使调查可能只获得片面数据；而大数据的技术特点是对个体的"追踪定位"。在计算机终端主要通过 cookie 进行追踪与定位，跟踪统计用户什么时间访问、访问了哪些页面、在每个网页的停留时间、相关的输入内容和相关的链接等行为特点。在移动终端主要通过 App 进行追踪定位，并整合 LBS、QR、AR 等新技术，带给用户前所未有的、随时随地的用户体验，从而帮助 App 实现裂变式增长，提高用户规模和用户使用频率。还可以通过相关激励把移动终端和 PC 终端关联起来，如鼓励用户将资料通过电脑传输到手机，关联用户的移动终端和 PC 终端，追踪和获取更完整、更全面的消费者个性信息。追踪定位可以实现精准营销，减少信息的无序和混乱程度，优化信息结构，帮助企业和消费者做出最优决策。

2) S——筛选(screening)

筛选是指无信息的一方采取引起有信息的一方披露私人信息的行动。营销者的主要筛选方式是引发消费者主动进行信息分享。

网络媒体相对于传统媒体的最大优势，在于信息的共享性与用户的参与性。除了使用 cookie 和 App 进行追踪和定位外，还有一些数据的获得，是通过消费者个体的主动暴露进行筛选的。即通过多屏技术把用户和 PC、手机三者关联起来，将不同场景和场域中的消费者联系在一起，勾勒出完整的消费者个性图谱，如用户私人信息——QQ 号、微信号、微博账号、手机号等，以及用户个性爱好社交圈、购买习惯、频率等。通过消费者自己主动暴露完成筛选，获得完整的消费者社交媒体和私人信息。

通过用户主动暴露的信息了解用户的兴趣和需求，再根据其兴趣和需求进行信息或商品的推荐。如果用户分享企业信息，就能使企业做更广泛的宣传和获取关于消费者社交圈的更多数据。营销者如果对消费者分享信息给予利益回报，就能对此分享行为产生激励。激励可包括精神激励与物质激励。精神激励可使消费者分享信息后获得情绪上的释放和精神上的满足，物质激励指消费者分享信息后给其带来财物上的回报。

3) E——外部性(externalities)

外部性一般指一个人或一群人的行动和决策使另一个人或一群人受损或受益的情况，市场调查中的外部性主要指个体信息的分享给企业带来的溢出效应。例如，分享信息可以获得网友点赞、扩大知名度、引人关注、发泄情绪等结果，那么个体就在没有营销者激励的情况下，产生了一种自我激励或外部性的激励，在此激励下，主动分享信息。此行为对于营销者而言，产生了正外部性。这种外部性使部分营销者获得额外的收益或使部分营销者零成本获益，这种外部性扭曲了一些营销主体成本与收益的关系，造成了一定程度上激励机制的市场失灵，也扭曲了某些主体成本与收益的关系，不利于整个社会的效率、效益和整体的资源优化配置。

总之，大数据时代，此三种市场调查的方法使个体与个体调查信息一一对应，进而为网络化的分散布局带来了效率，极大地降低了物理成本，提高了调查的准确性和科学性。

资料来源：蔡立媛，李柱.TSE：大数据时代市场调查的变革[J].企业管理.2017,(04),105-107.

1.1 市场调查与市场预测概述

1.1.1 市场的含义

1. 市场的概念

市场调查与预测的对象是企业、顾客在市场上的活动以及市场机制，所以有必要首先阐明市场的概念。

市场是与商品经济相联系的一个经济范畴，它是随着社会分工和商品生产、商品交换的产生而产生、发展而发展的。市场的概念有狭义和广义之分。狭义的市场概念，是指具体的交易场所。人们习惯上把在一定时间、一定地点进行商品买卖的地方称为市场。广义的市场概念，是指商品交换关系的总和，即把市场看作商品交换关系的总体，市场可以是有形的，也可以是无形的。

市场调查与预测的对象是指广义上的市场，是抽象的市场，而不是指某一特定的商品交易场所，但它又包含了所有的具体市场。

2. 市场的特性

1) 形成市场的基本条件(基本因素)

第一，要同时有买方和卖方。商品交换活动是由人来进行的，有买有卖才能形成市场。

第二，要有可供交换的商品或服务(包括购买能力)。

第三，要具备买卖双方都能接受的价格和交易条件。

市场活动的中心内容是商品交换、价值让渡，只有自愿互利，价格和交易条件双方都能接受，商品交换才能完成，这就是通常所说的"自愿让渡"规律，"自愿让渡"是商品交换的一般规律。

2) 参与市场交换的当事人

形成市场要有商品，而商品交换要通过千百万当事人才能实现。参与市场商品交换的当事人不外乎是三种人：生产者、消费者和商业中介人。他们在市场上所处的地位和作用各不相同，参与交换的目的和要求也不一样，因而都有各自不同的经济利益。正确处理商品交换活动当事人之间的经济利益关系，是商品交换顺利进行的必要条件。

1.1.2　市场调查与预测的产生和发展

人类在现代日常经济生活中，要交换有无，促进生产和消费，离不开市场营销活动，于是就发生了市场问题。随着社会经济的日趋复杂和市场竞争的加剧，过去生产者决定市场供需的卖方市场，逐渐转变为顾客决定市场供需的买方市场，生产者想要事先了解顾客的需要和市场的状况，以决定企业的生产方向和营销活动，更好地将产品转移到顾客手中，从而产生了市场营销活动和市场调查与预测活动。

据记载，古希腊有个哲学家名叫塞利斯，十分注意市场调研与预测。有一年，他根据天气情况预测到油橄榄会大丰收，可别人对他的预测都不相信。于是塞利斯把榨油机都买下来。结果这年的油橄榄果真大丰收。第二年，塞利斯以高价出租榨油机，赚了不少钱。他说他这样做主要不是为了赚钱，而是借此惩罚那些不相信市场调研与预测的人。这种早期的市场调研与预测很大程度上是一种实践经验的积累，是局部的、零星的，并带有较大的随意性。

尽管市场调研与预测是随着市场经济的产生而早就有之，但市场调研与预测作为一门学科，则是在资本主义生产方式占主导地位以后出现的。在第二次世界大战以前，成就甚微，主要是一些新的概念的引入。例如，1911 年美国当时最大的出版商柯的斯出版公司聘请配林担任商业调研部经理，先后对农具销售、纺织品销售渠道进行了系统的调查；配林编写了一本《销售机会》的专著，再加上他对实地调查技术做出了一系列的贡献，因而被推崇为这一领域的先驱。1914 年，美国哈佛大学商学院建立了商业调查研究所；1918 年，美国西北大学商学院也建立了商业调查研究机构。1921 年由怀特(P. White)编写的第一本关于市场研究这一学科的书正式出版。1923 年"市场调查之父"Athur C.Nielsen 将"市场份额"这一概念引入该领域。1937 年美国市场营销协会组织专家集体编写了《市场调研技术》一书，对市场调查与预测这门学科的形成和发展做了重要阐述。

第二次世界大战结束以后，由于统计学的进步和计算机科学的发展，促使市场调查与预测工作突飞猛进，市场调查与预测学科进入了一个新阶段，促进了市场营销理论和实践的发展。并且产生了四本权威性的杂志：1964 年创刊的 *Journal of Marketing*，1974 年创刊的 *Journal of Advertising Research*，1974 年创刊的 *Journal of Consumer Research* 和 1982 年创刊的 *Marketing Science*。

随着信息技术的发展，市场信息和数据已成为企业市场营销活动的重要资源，"大数据"作为当下最火热的 IT 行业的词汇，使得与之相关的数据仓库、数据分析、数据挖掘、数据应用等技术迅速发展，围绕大数据的市场调查和预测逐渐成为企业开展营销活动的焦点。

1.1.3　市场调查与预测的含义

市场调查与预测是利用系统性、客观性和完整性的科学方法对于各种市场活动有关的全部事实，加以收集、研究与分析、预测，作为决策者做决策时发现机会、降低风险的参考和依据。

市场调查与预测也被称为市场调查、营销调研、市场研究、市场预测等。

同时，市场调查与预测活动也是市场营销活动的一个重要因素。它把消费者、客户、公众和营销者通过信息联系起来，这些信息具有以下职能：识别、定义市场营销机会和可能出现的问题，制定、优化市场营销组合并评估和预测其效果。

因此，美国市场营销协会 AMA 在 1988 年给出的相关定义是：市场研究(市场调查与预测)是通过市场信息把消费者、顾客和大众与市场营销人员连接起来的活动，市场信息是用来确认和界定市场营销机会与威胁；产生、改进和评估市场营销活动；反映市场营销成果；改进对市场营销过程的了解和把握。

1. 市场调查与市场预测的关系

市场调查与市场预测既可以分别作为一门学科或一项实际工作，同时两者之间又有着非常密切的联系。市场调查与市场预测的关系可归结为以下几个方面：市场调查可以为市场预测提供所需的信息资料，市场调查的水平和市场调查资料的质量在很大程度上决定着市场预测的水平和质量；市场调查方法丰富和充实了预测技术，市场调查方法具有简便实用，易懂易记的特点，市场预测的许多方法正是在市场调查方法的基础上充实、提高而形成的，如购买者意向调查法等，就是调查内容中加进预测项目，同样可以得到简明的预测结果；市场预测的结论要依靠市场调查来验证和修订。市场调查具有信息反馈的功能，通过市场调查可以检验前一阶段的预测结果，还能够分析论证预测成功与失误的原因，总结经验教训，不断提高市场预测的水平。

由此可知，市场调查侧重于对现状与趋势的了解，市场预测则是对企业未来市场状况做出的估计与判断。市场调查是认识市场变化的起点，也是市场预测的出发点。离开市场调查，根本谈不上科学的市场预测。

2. 市场调查与预测的技术演化

表 1-1 列举了被广泛用于市场市场调查与预测的各种技术，由此可了解这一行业研究技术的演化。

表 1-1　市场调查与预测技术的演化

时间	1910 年以前	1911—1920 年	1921—1930 年	1931—1940 年
市场调查与 预测技术	·实地观察 ·初步调查	·销售分析 ·经营成本分析	·问卷设计 ·调查设计	·配额抽样简单相关分析 ·分销成本分析商店审计
时间	1941—1950 年	1951—1960 年	1961—1970 年	1971 年—至今
市场调查与 预测技术	·概率抽样 ·回归方法 ·统计推理 ·消费者与 　商店小组	·动机研究 ·经营研究 ·多元回归与多元相关 ·实验设计 ·态度测量工具	·因素分析与判别分析 ·数学模型 ·贝叶斯统计分析与设计理论 ·测量尺度理论 ·电子数据处理 ·市场营销模拟与预测 ·信息储存与检索	·非计量多尺度法 ·计量综合模型 ·综合市场 ·营销计划模型 ·市场营销实验室 ·网上调查 ·大数据 ·SPSS ·SAS

1.1.4　市场调查与预测的必要性

面对复杂多变的国内外市场竞争，许多成功的企业在经营活动中已逐渐形成了这样的共识：谁能及时了解和掌握市场信息，谁就能掌握市场的主动权，谁就可能获得市场竞争的优势。企业的成败取决于其是否随着时间、空间、环境和竞争对手状况的变化来研究制定、改善企业的总体市场营销战略。

市场调查与预测的目的在于及时地提供给营销决策者所需要的信息，减少企业市场营销决策时的不确定性，降低决策错误的风险，协助决策部门制定有效的市场营销决策。市场调查与预测是企业市场营销活动中不可或缺的重要工作，如图 1-1 所示。

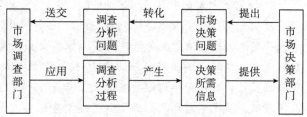

图 1-1　市场调查、预测与市场营销

企业市场营销活动的核心是发现和有效地满足市场需求，企业要计划生产的产品或服务是不是市场所需要的，必须通过市场调查与预测工作才能得到明确的答案。

首先，企业通过市场调查与预测活动，可以了解顾客和消费者的潜在需求和当前需求，发掘和评估市场机会。了解顾客和消费者的偏好和对产品或服务的意见，可以使企业改进老产品、研制新产品时有明确的方向，使产品适销对路。如果企业不了解本企业产品或服务的市场容量、顾客的消费习惯和市场竞争状况，就会造成生产和经营的盲目性。同时，市场调查与预测是经营预测的基本前提，也是企业经营决策和经营计划的基础。市场调查与预测得到的信息越是可靠，越是能够反映市场实际情况和未来发展趋势，经营预测的结果越是可能正确，经营决策和经营计划的基础才越是切实可行。其次，企业对过去所做出的决策应该随时根据市场的变化和市场营销活动的实际状况进行修正，而修正的依据当然也是市场调查与预测所获得的信息。因此，企业的经营活动是以适应和满足市场需求为中心的，就必须开展市场调查与预测工作。

📝 **【案例 1-1】** 2018 上半年第三方移动支付用户研究报告

益普索以第三方移动支付用户为研究对象，通过线上问卷调查的方式，覆盖全国的一、二、三线共计 32 个城市，成功回收 2000 份有效问卷。基于调查的数据，益普索对用户进行系统分析和精确的演算，详细描述了第三方移动支付的行业发展、竞争格局等的现状和变化，以及未来趋势。以下内容摘选自益普索《第三方移动支付用户研究报告》。

1. 行业发展状况

移动支付最近几年一直处在高速发展中。不过，国内用户规模的增长逐渐放缓，本次调查推算移动支付用户规模约为 8.9 亿。其中，财付通用户 8.2 亿，支付宝用户 6.5 亿。而据公开报道，微信在 3 月份的月活跃用户量超过 10 亿(注: 含 Wechat，即全球范围内; 另外，据称微信用户几乎都在使用微信支付)，支付宝目前则拥有约 5.2 亿活跃用户。移动支付市场及两巨头的用户规模增长将趋缓，而且新增用户大都亦非优质客户。

从城市级别来看，一线、二线、三线城市的用户渗透率分别为 90.4%、93.5%、92.4%。数据表明，不同级别的城市之间移动支付的普及并没有明显差距，这也很好地验证了"科技正在将世界拉平"的趋势。

第三方支付市场快速增长的过程，也是用户支付习惯养成的过程。调查显示，在人们的日常开销中，由第三方支付完成的比例已达48%，与2017年11月调查相比增长了3个百分点，而银行卡/信用卡(含线上和线下)支付和现金支付占比均稍有降低。研究发现，第三方支付占比的提升主要来自于移动支付，占比由2017年11月的32%上升至35%，而互联网支付占比基本持平。显然，移动支付已经稳定地成为居民日常消费支付的第一大工具，而且对其他支付方式使用空间的挤压仍在继续。

2. 场景支付发展状况

移动支付已经全方位渗透到人们生活的各个场景，本次调查覆盖四大类的基本支付场景：个人类交易、线上消费类交易、线下消费类交易、金融类交易。调查显示，在最近三个月内，针对上述四个场景的使用率分别为 95%、82%、86%、20%。前三类场景由于涉及的生活消费刚需属性，其使用率均维持在高位，与2017年11月调查相比基本持平；金融类交易的使用率较低，且无明显增长，我们认为这与金融类交易属于强监管领域，在一定程度上会影响消费者的使用积极性有密切关系。

在个人类交易中，话费充值、转账和发红包是移动支付使用率最高的三个具体场景，分别达到 69%、63%和60%。其中，转账和发红包均呈现使用频率高的特点；而话费充值和发红包则体现典型的小额支付特点。

线上消费类交易包含的具体应用场景有：网购支付、线上休闲娱乐预订、线上航旅产品预订和游戏充值。其中，网购支付的使用率高达73%，仍然居于移动支付单一应用场景的榜首，但较2017年11月调查结果有所(79%)下降。

商超零售和餐饮是移动支付在线下消费类交易的主要应用场景，使用率分别为 61%和58%。在整个移动支付的交易量中，用于商超零售消费的金额占比为 6%、笔数占比为10%，用于餐饮支付的金额占比为 5%、笔数占比为 11%，在市场高速发展中保持住了自己领先的位置，尤其是交易笔数占比，仅次于发红包。

移动支付助力线下消费的另一重要领域是 O2O 场景，以团购/外卖订单支付、网约车/共享单车等日常出行订单支付为典型应用，两者的移动支付使用率分别为42%和39%，与2017年11月调查比较均有所下降，是由于趋势还是季节性因素的影响，需进一步观察。两个O2O场景对移动支付交易量的贡献合计在金额和笔数上分别占比6%和14%。

仅有约20%的用户将移动支付用于金融类交易，包括基金申购和保险购买。以交易金额和笔数统计，金融类交易占移动支付总交易量的比例分别为 10%和2%。其中，以基金申购为主，贡献了绝大部分的交易金额和笔数。显然，目前金融支付在移动支付的比重还很小，不过，不能排除在线上调查中难以接触到高净值客户而导致结果偏低的情形。

资料来源：于英. 益普索发布 2018 上半年《第三方移动支付用户研究报告》[J]. 计算机与网络，2018(15).

📋 【案例1-2】吉列：进入女性市场

提起吉列公司，男人都不会陌生，它的创始人金·吉列先生是世界上第一副安全刮胡刀片和刀架的发明人。1907 年，吉列先生创建公司生产自己的产品，使男人刮胡子变得方便、舒适和安全，因此大受欢迎。1920 年，世界上已有约两千万人使用吉列刮胡刀，进入20世纪70年代，吉列公司的销售额已达 20 亿美元，成为著名的跨国公司。然而，吉列公司的经营者并不满足，而是想方设法继续拓展市场，争取更多用户。1974 年，公司推出了面向妇女专用的"刮毛刀"。

这一决策看似荒谬，却是建立在需求基础之上的。

在此前一年，吉列公司进行了周密的市场调查，发现在美国 8360 万名 30 岁以上的妇女中，有 6590 万人为了保持美好形象，要定期刮除腿毛和腋毛。在这些人之中，除去使用电动刮胡刀和脱毛剂者之外，有 2300 多万人主要靠购买各种男用刮胡刀来满足此项需要，一年在这方面的花费高达 7500 万美元。相比之下，美国妇女一年花在眉笔和眼影的开支为 6300 万美元，染发剂开支为 5500 万美元。毫无疑问，这是一个极有潜力的市场，谁能将男用刮胡刀略作改进，使之成为供妇女使用的"刮毛器"，谁就能赢得"芳心"，获得市场。

根据这项调查结果，吉列公司精心设计了新产品，它的刀头部分和男用刮胡刀并无两样，并用一次性使用的双层刀片，但是刀架则选用色彩鲜艳的塑料，并将握柄改为利于女性使用的扁平状，握柄上还印了朵雏菊，这样一来，新产品更显示了女性的特点。为了使"雏菊刮毛刀"迅速占领市场，吉列公司还拟订了 7 个"卖点"到消费者之中征求意见。这些"卖点"包括：突出刮毛刀的"双刀刮毛"，突出其"完全配合妇女的需求"，其价格"不到 50 美分"，以及表明产品使用安全的"不伤腿"等。最后，公司根据多数妇女的意见，选择了"不伤玉腿"作为推销时突出的重点，刊登广告进行宣传。结果"雏菊刮毛刀"一炮打响，迅速畅销全美国，吉列公司也因此上了一个新的台阶。

资料来源：田耕. 男女有别[J]. 企业改革与管理，1999(09).

1.1.5 市场调查与预测的范围、内容和分类

1. 市场调查与预测的范围

市场调查与预测的范围十分广泛，凡有关市场营销的任何问题，需要进行系统的资料收集、整理、分析和预测，就属于市场调查与预测的范畴。市场调查与预测的范围包括宏观的和微观的市场研究两个方面。

宏观市场研究活动主要是对国民经济的行业发展、行业调整和市场运行机制及其未来发展的研究，宏观市场研究涉及对市场营销活动的参加者(政府、企业和消费者)角色和作用的研究、市场和市场流通规律的研究、市场的交换职能、实物分配职能和市场消费与生产便利职能等的研究。

微观市场研究是调查、分析、预测企业市场营销活动中的各种问题。一般企业微观的市场研究工作，按美国市场营销协会(AMA)1994 年的定义分成以下六个方面：企业经济与公司研究、顾客购买行为的研究、定价的研究、产品的研究、分配渠道和方式的研究、市场推广的研究等。

宏观市场研究和微观市场研究是相辅相成的，但是在市场调查与预测的具体活动中，可能表现出侧重点的不同。在本书中主要讨论微观企业层面的市场调查与预测的理论和方法。

2. 市场调查与预测的内容

1) 企业外部信息资料的调查研究

对企业外部信息资料的调查研究，主要是对影响企业的宏观环境和微观环境信息的调查研究。

(1) 宏观环境信息。宏观环境信息是指间接地对企业市场营销活动产生影响和制约作用的那些外部因素的信息，包括对企业活动产生影响的经济因素、政治和法律因素、社会文化因素、科学技术因素、自然地理因素和人文因素等的信息。

经济因素的信息主要包括经济形势、能源和资源、国民生产总值、人均国民生产总值、国民收入及其分配、人均国民收入、产业结构、地区和部门经济结构、积累和消费比例、财政收支、税种和税率、货币发行、信贷、利率、汇率、总供给与总需求、价格总水平和投资状况等。

政治和法律因素的信息主要包括政治形势、政治体制、经济体制、执政党和国家的方针政策、法制和法治等。

社会文化因素的信息主要包括文化教育、宗教信仰、社会阶层、价值观念、风俗习惯、社会舆论、社会流行、社会道德和审美情趣等。

科学技术因素的信息主要包括基础研究、应用研究、技术开发、科技水平、科技投资、科研成果转换及其应用、科技发展等。

自然地理因素的信息主要包括自然资源、气候条件及其变化、自然灾害、地理位置及地形地貌等。

人文因素的信息主要包括人口数量、人口结构、人口增长、人口流动、人口分布等。

(2) 微观环境信息。微观环境信息是指直接地对企业市场营销活动产生影响和制约作用的那些外部因素的信息,包括企业的顾客、竞争对手、分销渠道(各类商业企业和销售机构)以及其他有关的机构和团体等影响因素的信息。

顾客的信息包括人口特征(年龄、性别、家庭结构、支出水平);社会特征(职业、教育水平、收入水平);社会心理特征(购买动机、角色和地位、价值标准);民族特征(语言、文化传统和消费习惯);购买组织的特征与采购行为等。

竞争对手的信息包括直接的竞争对手(相同或类似产品和服务的生产者、供应者);替代产品(如许多原先用木材制作的产品由钢铁或塑料替代);竞争对手的数量和规模(财务状况、市场份额、销售方式)以及现实的或潜在的竞争对手可能的市场行为方式等。

分销渠道的信息包括销售方法和销售技术、各类中间商和销售商的数量、规模和销售方式;与企业的关系密切程度;中间商和销售商的市场地位;在公众中的形象以及激发中间商和销售商积极性的方法措施;广告媒介的效果等。

其他有关机构和团体的信息包括国家、政府和各类管理部门;经济组织和各类行业协会;公共传播媒介;消费者协会等的信息。

2) 企业内部信息资料的调查研究

对企业内部信息资料的调查研究主要包括:企业自身的规模和生产能力、产品和产品结构、财务状况、营销部门与其他各部门的协作与分工、内部公共关系等。

企业一般常见的市场调查与预测的内容包括以下七种。

(1) 产品研究。产品开发机会,新产品的设计,开发和市场试验,现有产品的改进,预测消费者和顾客对产品的功能、质量、包装、颜色、品牌等的偏好,以及竞争产品的比较研究。

(2) 销售研究。研究企业的所有销售活动,包括销售趋势及其构成的分析预测,市场地位的分析,销售人员的监督、训练方法、工作方式及报酬制度的分析,销售份额及地区的建立,分配方式及成本的分析等。

(3) 市场需求的调查与预测。研究国内外市场的潜在需要量、地区分布及特性等。

(4) 购买行为研究。研究购买者的购买动机及行为,如购买者为何喜欢某种品牌或商店的原因。

(5) 广告及促销研究。即测验及评估广告及各种促销活动的效果,促销包括消费者促销及经销商促销。这种研究以广告研究最为常见，广告研究主要在分析广告的需求、文字、图案、媒体选择及测定广告的效果。

(6) 销售预测。对销售量及各种销售机会的短期及长期预测。

(7) 产业及市场特性的研究。研究某种产业或市场的特性及其发展趋势。

3. 市场调查与预测的分类

市场调查与预测的类型是根据研究主体、所要研究的市场问题和研究目的的不同而有所不同，可以是专题研究也可以是综合性研究。从研究主体而言可以分为企业市场调研、政府部门的市场调研、社会组织的市场调研和个人的市场调研。按照功能可以分为探测性研究、描述性研究和因果性研究等。

1) 探测性研究

探测性市场调查研究是由于企业和组织对当前市场变化心中无数，为发现问题，了解未来市场所做的试探性调查研究。其调查研究的范围广，但是分析研究的问题是表面的而不是深入问题本质的。探测性研究的基本目的是提供一些资料以帮助调查者认识和理解所面对的问题。常常用在一种更正式的调查之前帮助调查者将问题定义得更准确、帮助确定相关的行动路线或获取更多的有关资料。这一阶段所需的信息不一定是精确定义的，研究过程具有灵活性且无结构。例如，向行业专家咨询就是一种探索性的研究。样本量一般较小，也没有什么代表性，原始数据一般是定性的。探测性研究的结果一般只是试验性的、暂时性的，或作为进一步研究的开始。

【案例 1-3】国外某食品首次进入中国市场时的调研

国外某食品工业集团有意开发中国的食品市场，为此选择中国内地不同地域的几座城市对潜在消费者做探索性调研。调研者主要目的在于厘清商品概念和消费者行为方面的一些问题，以便为下一阶段描述性调研的样本建立和问卷设计打好基础。在这个探索性调研项目中，调研者使用了焦点座谈的方法。

对于参加座谈会的人员，不搞概率选取，只要符合年龄与性别要求即可。座谈会讨论大纲围绕生活习惯、商品信息的获悉与购买决策、产品概念、品味反应、品牌反应、价格与促销等内容提出问题。座谈结束，请参加者填写"背景材料问卷"，问卷围绕性别、年龄、籍贯、婚姻状态、子女、家庭收入、食品购买行为等提出。

资料来源：百度百科. https://baike.baidu.com/item/%E6%8E%A2%E7%B4%A2%E6%80%A7%E8%B0%83%E7%A0%94/ 5903301?fr=aladdin

2) 描述性研究

描述性研究是对市场历史与现状的客观情况如实地加以反映的一种调查分析方法。描述性研究要注重掌握大量丰富的第一手资料，注意全面地、系统地收集、整理市场信息，并对客观资料做出实事求是的认真分析，将分析结果如实地叙述表达，从而起到描述市场状况的作用。这种研究的结果，就是要描述某些事物总体的特征或功能，具体来说就是描述市场的特征或功能，并针对描述性结果用主观或客观预测工具估计和判断市场活动的未来趋势。描述性调查假定调查者事先已具有许多与问题相关的知识。典型的描述性调查都是以有代表性的大样本(一般在 400 个样本以上)为基础的。

一个好的描述性研究依靠一个或多个具体的假设，这些假设指导调研按一定的方向进行。

在这方面，描述性调研与探索性调研存在很大的差异，探索性调研比较灵活，而描述性调研则较呆板，描述性调研要求对调研中的谁、什么、什么时候、为什么做出明确的回答。

📋 【案例1-4】开设一家快餐店

假设一家快餐店开设了家分店，公司想知道人们是如何惠顾这家分店的。在这个描述性调研开始之前考虑一下需要回答的问题：

(1) 惠顾者是谁？是那些进店的人吗？如果他们只是参加开业初的赠送活动而不购买任何东西呢？也许惠顾者应当定义为那些从店里购买东西的人。惠顾者是以家庭为单位定义还是以个人为单位定义？

(2) 应该测量这些人的什么特点呢？是否要测量他们的年龄、性别或他们的居住地点及他们是如何来这里的？

(3) 应当在什么时候去测量他们？是在他们购买时还是购买以后？调研是在开业后的一周内完成还是等业务趋于平稳后进行？当然，如果对口碑的影响很感兴趣，那么，至少必须等到这些影响发生了作用以后。

(4) 应当在什么地方测量呢？是在店里、店外，还是惠顾者的家里呢？

(5) 为什么要测量他们呢？是用这些资料来制订促销计划还是来决定新的分店的位置呢？若是用来制订促销计划的话，重点应放在人们是如何知道这家店的；若是用来决定新的分店位置的话，重点应放在快餐店的商圈上。

(6) 应当如何测量他们？是用问卷询问还是观察他们的行为？如果使用问卷，应采取什么形式呢？高度结构性的还是非结构性的？如何来实施？是用电话、邮寄，还是人员访问呢？

资料来源：李怀斌，毕克贵. 市场营销学[M]. 2版. 北京：清华大学出版社，2012.

3) 因果性研究

因果性研究就是侧重于了解市场变化原因的专题调查研究，分析市场上各种变量之间的因果性质的关系，以及可能出现的相关反应。如销售量、市场占有率、成本、利润等与价格、广告费用、推销策略、产品开发、消费者的收入、消费意愿及国民经济发展水平等各种因素之间的因果关系，以及它们之间的相互制约、相互影响可能给市场带来的变化。因果关系研究的目的是要获取有关起因和结果之间联系的证据。因果关系研究的目的包括下述内容变量：

(1) 了解哪些变量是起因(独立变量或自变量)，哪些变量是结果(因变量或响应)。

(2) 确定起因变量与要预测的结果变量间的相互关系的性质。

要考察因果关系必须将有些可能影响结果的变量控制起来，这样，起因变量(自变量)对结果变量(因变量)的影响才能测量出来。研究因果关系的主要方法是回归分析法和实验法。当然还有些高级的统计方法可以用于检验因果关系的模型。例如，为了检验包装(自变量)对销售量(因变量)的影响，可将同类商店随机地分为两组，分别出售新包装的商品和原包装的同种商品，最后再进行比较。

虽然因果关系研究的方法与其他研究方法不太相同，但也不应将其孤立起来看。事实上，在许多市场调查活动中，探索性研究、描述性研究和因果关系研究的设计都是相互补充的，如表1-2所示。

表 1-2　主要的市场调查与预测类型

分类	探索性研究	描述性研究	因果性研究
目的	发现想法和洞察问题	描述总体的特征或功能	确定因果之间的关系
特征	・灵活的 ・多样性的 ・所需的信息不严格定义 ・全部方案设计的前端部分 ・研究过程有伸缩性且无结构、小样本、无代表性	・有事先制定好的具体假设 ・所需的信息清楚的定义 ・研究过程是事先设计好的，有结构的	・处理一个或多个独立变量 ・所需的信息清楚的定义 ・研究过程是正规的、有结构的，大样本且有代表性 ・控制其他中间变量
方法	・专家调查 ・试点调查 ・个案研究 ・二手资料 ・定性调查研究	・二手资料 ・抽样调查 ・固定样本连续调查 ・定量数据分析 ・观察法	・一手或二手资料 ・抽样调查 ・数据定量分析 ・观察法 ・实验法
成果	一般还需做进一步的探索性或结论性的研究	将结果用作决策的参考	将结果用作决策的参考

1.2　市场调查与预测的方法论基础

市场调查与预测的原则是遵循科学性与客观性。调查、分析、预测人员自始至终都应保持客观的态度去寻求反映事物真实状态的准确信息，去正视事实，接受调查的结果。不允许带有任何个人主观的意愿或偏见，也不应受任何人或管理部门的影响或"压力"去从事调查、预测活动。调查人员的座右铭应该是："寻找事物的本来面目，说出事物的本来面目。"市场调查与预测活动的客观性还强调了职业道德的重要性。应当采用科学的方法设计方案、定义问题、采集数据和分析、预测数据，从中提取有效的、相关的、准确的、可靠的、有代表性的当前的信息资料。

市场调查与预测通过运用一些认识方法以正确地反映客观实际并据此进行决策，这也就决定了市场调查与预测的认识方法主要可以分为经验认识方法和理论认识方法。

1.2.1　经验认识方法

经验认识是指人在同客观对象的直接(或借助仪器)接触的过程中，对客观对象的外部现象的反映。经验认识方法是主体直接同认识的物质手段和认识对象相联系的认识方式。观察、调查、实验等是获取经验认识的主要手段。

1. 观察法

观察是人们对处于自然状态的客观对象有目的、有计划地感知的一种方法。它是通过人们的感官或借助于观察仪器接触客体，直接获得有关客体的信息的方法。

观察法最明显的特点是它不对调查、预测对象进行控制和改变。观察法在以下两种情况下是最为必要的。

(1) 调查者需要了解被调查对象在正常条件下的"自然状态"(即对象在现实中的真实情况和本来面目)，因而需要有意识地力图不干扰所要考察的现象或过程，力图使自身对客观对象的影响降低到最小的限度，以避免使对象做出"不自然"的反映。

(2) 有些调查对象人们不可能对其进行控制和改变，所以只能通过观察来收集资料。

2. 调查法

调查是人们亲临现场或通过一定的手段作用于对象，从而对有关现象有目的、有计划地进行考察的方法。与观察法不同的是，调查不仅是察看，还能通过提问、访谈、开座谈会等方式，不仅可以了解对象的外在情形，而且能够了解对象自身的感受、评价等。调查还可以了解当事人曾经发生过的事情。调查主要是用于对社会现象的认识，而观察可以用于认识社会现象，但更常用于对自然现象的研究。

3. 实验法

实验是人们有目的地利用一定的物质手段控制或创造出客观对象的存在条件，改变客观对象的存在状态，从而获得关于对象的各种经验事实的方法。

实验同观察相比，具有在变革对象的过程中认识对象的特点。也就是说，观察主要是在听其自然的条件下调查、分析对象，受客观条件限制的程度较大，而实验主要是在人为引起的条件下调查、分析对象，人为地控制对象存在的条件，排除外界干扰，以便在纯粹的形态中考察对象；或者创造出自然状态下不存在的条件，造成前所未有的新现象；或者使同一个对象处在不同的条件下，研究它的变化，从而多方面地考察对象。

以上经验认识法的具体内容详见本书第 6 章"市场调查方法"。

1.2.2　理论认识方法

观察和实验等方法对于认识是非常重要的，通过它们可以获得关于客观对象的经验认识。但是，经验的认识只是描述现象，收集事实，并没有揭示出事物本质及其规律，当然也就不能够深刻地解释现实，科学地预见事物的发展趋势。因此，仅仅获得经验认识是不够的。

理论是现实在思维中概括的反映。它深入事物的内部，揭示出事物的本质及其规律。以理论认识来指导管理工作，就能够减少盲目性，增强自觉性。

理论认识方法有多种形式，根据调查、预测问题的性质和分析任务的要求，可以运用不同形式的方法。市场调查与预测中运用的理论认识方法主要包括逻辑方法、理想化方法和数学方法。

1. 逻辑方法

逻辑方法是由一系列既相互区别又相互联系着的思维方法组成的，其中在市场调查与预测活动中最常用的有类比、归纳、演绎、分析和综合。

(1) 类比。类比就是根据两个或两类对象之间在某些方面的相似或相同，推出它们在其他方面也可能相似或相同的方法。例如，新产品开发时，由于没有历史资料，不能进行量化分析，便可以运用类似产品的历史资料和现实市场需求的调查资料，通过对比分析、判断，确定新产品的趋势值。

(2) 归纳。归纳是从个别事实概括出一般结论的一种思维方法。例如，将抽样调查得出的样本结论推广为总体特征。

(3) 演绎。演绎是从一般原理走向个别结论的一种思维方法。在获得了整个一类对象的知识后，通过演绎对象的知识，进行演绎推理，能够把这种知识扩大用于这类对象的任何一个对象。

归纳和演绎的客观基础是个性和共性的对立统一。任何事物都是个性和共性的统一体，个性中包含着共性，通过个性可以认识共性；共性存在于个性之中，凡一类事物所具有的属性，其中每一个事物都必然具有。

(4) 分析：分析是在思维中把认识对象分解为不同的组成部分、方面、特性等，对它们分别加以调查研究的认识方式。

(5) 综合。综合就是在思维中把已有的关于客观对象的各个部分、方面、特性的认识联结起来，形成对客观对象的完整认识的思维方式。

2. 理想化方法

理想化方法，就是运用科学抽象以"纯粹"的形式再现客体及其运动过程的思维方法，包括通过抽象建立起理想模型和利用理想模型进行理想实验。[1]

3. 数学方法

市场调查与预测中需要用到的数学方法主要有统计学和运筹学。

1) 统计学

统计学是研究有关收集、整理和分析数据从而对调查分析的对象加深认识并做出一定结论的方法和理论。

统计学研究的对象是客观现象的数量方面。随着人类活动各种实践的需要，各个领域都要研究事物的数量方面，以及密切联系数量方面来研究事物的本质。因此统计的应用越来越广泛。目前不论社会的、自然的或实验的，凡是有大量数据出现的地方都要用到统计学。在市场调查与预测中更需要广泛地运用统计学，如通过运用统计学可以从以往几年的销售量预测出未来销售量的大致发展趋势，也可以通过统计原材料价格过去的变动情况得出将来的变动趋势。

2) 运筹学

运筹学应用微积分、线性代数、概率论、数理统计以及矩阵和网络图等数学手段，在解决各种不同类型问题时，形成了一系列相对独立的方法体系，如规划论、对策论、排队论、搜索论、网络分拆、投入产出法等，用于解决各种不同性质和特征的问题。

线性规划是以线性方程式和不等式为手段，主要研究两类问题：一类是当一项任务确定后，如何统筹安排，从而做到用最少的消耗去完成这一任务；另一类是在已有的人力、物力等资源的条件下，如何合理分配与使用有限的资源，如何有计划地生产最多的产品。以上两类问题，都是寻求如何从总体上实现最优化，获得最大效益的问题。在市场调查与预测中合理地运用线性规划可以从时间、物质消耗等各方面提高市场调查与预测的效率。

动态规划是解决多阶段决策过程最优化的基本方法。它是将一个复杂的多阶段决策问题，分解为若干相互关联的较易求解的决策问题，以寻求最优决策序列的方法。我们也可以将很多复杂的市场调查分析问题分解成若干较易解决的问题，运用动态规划方法来解决。

对策论，亦称博弈论，是研究带有对抗性质的对策模型。在已知竞争或对抗的各方可能采取的策略，而不知其如何决策的情况下，寻求收益最大或损失最小的数学方法。对策论还可用于解决系统内的冲突，即在系统内各部分的最优方案相互排斥、相互对抗的情况下，通过运用数学模型寻找使各部分互相协调配合的最佳方式。市场竞争情况下，许多企业的决策都要运用此类方法。

排队论，是研究排队现象的统计规律性，寻求服务系统的最优设计和最优经营策略的方法。

搜索论，是用来研究人们在寻找某种对象(某个最佳数值或某种资源，或某种不良现象的原因等)的过程中，如何以尽可能少的搜索次数，尽快找到搜索目标的方法。

---

1 资料来源：齐振海. 管理哲学[M]. 北京：中国社会科学出版社，1983.

网络分析，是利用图表模型找出最优或接近最优的工作顺序和资源利用的方法。它是用网络图来描述系统各要素之间的逻辑关系或定量关系。

投入产出法，是研究国民经济各部门(或地区、企业内部各部门)各种产品的生产和消耗之间数量依存关系的一种数学方法。

1.3　市场调查机构的设置

1.3.1　自行调查与委托调查

当企业的营销决策部门认识到市场调查与预测的价值，并决定要进行市场调查与预测活动时，首先需要考虑的问题是：是要配备专人或建立专门的调查与预测部门来从事市场调查与预测活动，还是将部分或全部的市场调查与预测工作委托给企业外部的专业市场调查与预测机构。

企业须在自行调查和委托专业调查机构代理调查之间进行抉择。自行调查的优点是：调查成本低、企业主体更加熟悉课题、可以积累自行调查的经验；缺点在于：不易看清企业自身的问题、调查技能和方法缺乏专业水准、调查结果易缺乏客观性等。委托专业机构调查的优点是：调查结果更趋客观、具备专业调查技能、具有长期积累的经验；缺点在于：调查公司对于被调查企业及其业务熟悉程度不够、调查成本较高、需要被调查企业不断与之配合、调查信息的保密性不强。

1.3.2　市场调查与预测机构

1. 我国的市场调查与预测机构

我国的市场调查与预测机构，大致有四种类型。

(1) 国家统计机构和地方各级调查机构。

(2) 经济信息中心。随着改革开放的深化，国家、地方以及各中心城市相继成立了经济信息中心，以统一规划和协调全国各地的经济信息系统；并对微观经济活动加强信息管理和指导，提供用于社会的咨询服务。

(3) 企业计划统计部门和企业下属调查机构。我国大中型企业都设有计划统计部门，小型企业也设有计划员和统计员。这些部门或人员除配合开展国家统计调查或地方统计调查任务外，大多数都从事收集、整理和分析与企业业务有关的市场信息及资料的工作。一些大型企业还设有专门的调查处或调查预测部门，从事市场调查与预测工作。

(4) 社会咨询服务机构。包括咨询服务公司和专业调查公司等。

2. 国外的市场调查与预测机构

国外的市场调查机构功能相当完备，大致可以分为以下四种类型。

(1) 国家级统计调查机构。

(2) 综合性的调查公司。这些公司专门收集各种市场信息，为企业提供电视观众调查报告、物流报告，零售货架审计报告、广告调查等资料，收取一定的费用，如美国的 AC 尼尔逊、盖洛普等公司。

(3) 咨询服务公司。这些公司接受企业等单位的委托，专门从事市场调查与预测工作，同时参与调查设计、办理营销业务员的指导咨询等。

(4) 专业调查公司。专门为某一种特定行业和特定调查业务进行调查的公司，如资信调查公司主要为融资或投资机构提供企业和个人的信用调查。而专业的广告调查公司以从事广告调查为主，兼营市场调查。

国外的大型企业通常都设有正规的市场调查部门，由专人或专职营销副经理负责管理。此类部门的工作人员一般由调查设计员、统计员、行为科学者和模型设计人员等共同组成。

1.3.3　市场调查与预测部门的设置原则

企业的市场调查与预测工作可以集中在企业总部，也可以将调查与预测工作分散到企业下属的各个职能部门。无论是集中还是分散，都要根据企业和市场的具体情况来决定，必要时调查也可以采用混合式(或称为整合式)的组织方式。混合式的市场调查与预测部门的设置方式是在企业总部设立一个配备专业人员的调查与预测机构，负责联系、协调企业各部门的调查与预测工作及人员，提供有关的建议和支持，而企业的各部门则保有自己的市场调查与预测机构或调查与预测人员，专门从事本部门的市场调查与预测工作。

市场调查相关部门的设置并没有一定的固定模式，一般是根据企业本身的人力资源状况、资金条件及对市场信息的需求程度来确定的。市场调查与预测组织的设置方式大致有以下四种：功能导向式组织、产品导向式组织、地区导向式组织、顾客导向式组织。

(1) 功能导向式组织。功能导向组织是最普遍的组织形式，按分工负责的原则，以有关的各项市场营销功能为划分基础，分别设立相应的营销部门和职能机构，其中包括负责调查的相关部门。

(2) 产品导向式组织。产品导向式组织是按产品或产品系列划分企业市场调查部门的组织形式，这种组织方式对于经营多种产品的企业往往显得十分重要。

(3) 地区导向式组织。一些企业的市场具有广泛的地域性，如全国市场或国际市场，这样的市场特征就要求企业除了设置专职的调查职能部门外，还需按地域细分市场范围的大小，分层次地设置垂直的地区性营销调查部门。

(4) 顾客导向式组织。如企业产品的购买者之间存在较为明显的差异，这时就需要根据顾客的特点来设置企业的营销调查组织。调查人员须按顾客特性来进行调配和组织，并根据不同的顾客需要来开展市场调查与预测和用户调查。

每一种市场调查与预测部门的设置方式都各有利弊，企业在选择时应考虑以下准则：市场调查与预测部门应隶属于制定营销决策的部门；调查与预测人员应避免受到不适当的影响或操纵；部门设置的方式应能够快速而有效地满足企业对市场信息的需要；市场调查与预测部门应向企业高层主管直接负责；该部门的主管应熟悉市场调查与预测工作，了解市场调查与预测的作用，并具有足够的话语权。

1.3.4　市场调查与预测的伦理道德

市场调研与预测伦理道德是调整市场调研与预测所涉及各方之间关系的行为规范的总和。它是伦理道德中的重要组成部分，具有伦理道德的一般特征和功能，又具有其特殊性。

市场调研与预测者必须自觉地以相关的法规、方针和政策为依据开展工作，要按照市场调研与预测的原理、原则的要求，遵循科学合理的程序，采用各种有效的、先进的方法和手段开展市场调研与预测活动，向客户提供适用、详尽、正确的信息资料和高质量的市场调研与预测报告，为客户正确地认识市场，做出正确的决策提供可靠的依据。伦理道德要求市场调研与预测者坚持实事求是、诚实经营，尊重客户和被调查者的意愿，对涉及的商业秘密、隐私和人身权利，一定要遵循保密要求并保护其利益。

市场调研与预测委托方应严格执行国家的有关法规、方针、政策，严格信守合同，诚实经营；也应尊重市场调研与预测者和被调查者的意愿，保护其利益；还应坚持公平交易。委托方不能以市场调研与预测为由误导公众，进行不正当的竞争。应该把自己委托进行市场调研与预测的真正目的，所需解决的真实问题，所受到的时间、费用、资源等方面的限制如实地告诉承接者。各种隐瞒、作假、欺骗等行为都是不道德的。

被调查者有自主决定是否愿意成为某个市场调研与预测项目的被调查者或信息提供者的自由，但是，一旦自愿答应成为某个市场调研与预测项目的对象，就有责任采取诚实、合作、积极的态度。被调查者应该如实、全面地回答问题，提供信息，并对自己所做的回答和提供的信息负责，不应该弄虚作假、提供假信息。对商业秘密或其他秘密，被调查者有责任加以保密，不得泄露。

1.4　市场调查的组织方式分类

市场调查的组织方式可以归纳为全面调查和非全面调查两大类。具体如图 1-2 所示。

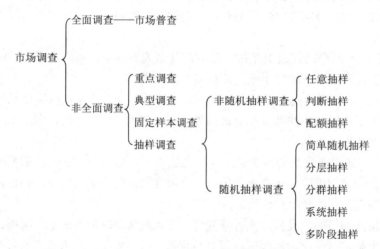

图 1-2　市场调查的组织方式

1.4.1　全面市场调查(市场普查)

市场普查是对市场调查对象的总体进行的无一遗漏的逐个调查和分析，是一种全面调查的组织方式。市场普查是一种一次性调查，其目的是把握在某一时间点上，一定范围内调查对象的基本情况，如市场上竞争厂商的数量、产品类型和商品库存。

全面调查的这种调查组织方式从理论上说，可以取得调查对象全体的可靠数据，这是其最大的优点。但是，从实践上来看，全面调查有很多缺点：①全面调查的工作量很大，需要耗费大量的人力和财力，很不经济；②全面调查由于工作量大、范围广、参与调查的人员杂，如果调查组织工作不够周密，调查中很容易出现遗漏、重复或登录误差；③全面调查时间较长，不能迅速得到调查数据，时效性较差。所以全面调查很少用于企业大范围的市场调查工作，只适用于某些小范围的市场调查。而企业通常会应用国家有关部门提供的人口或其他的普查资料，作为全面调查的数据来源。

1.4.2　非全面市场调查

1. 重点调查

重点调查是在所有调查对象(即总体)中选择一部分重点调查单位进行的一种非全面调查。所谓重点单位是指这些单位的某一与调查目的相关的指标总量占总体指标总量绝大比重的单位。如要对市场耐用消费品的销售趋势进行调查，可以在全国主要城市中销售规模超过一亿元人民币的商业零售单位中实施。在市场调查中，重点调查常用于商品需求和商品资源的调查与预测。采用这种方式能以较少的人力和费用开支，较快地掌握调查对象的基本情况。但是，因为重点调查的调查单位不一定具有普遍的代表性，所以重点调查的结论一般情况下不用来推断总体指标。

【案例 1-5】全国 70 个大中城市房地产价格统计调查方案

调查目的和任务

调查目的：

(1) 以翔实的数据资料反映房地产市场的价格变化趋势，服务于各级党政决策，服务于国民经济核算，服务于企业和社会公众的信息需求，引导和促进房地产业持续、健康发展。

(2) 满足国民经济宏观调控及预警和完善我国价格统计指标体系的需要。

调查任务：

(1) 调查和收集房地产市场中各种价格，及时、准确地掌握各种价格资料。

(2) 编制房屋销售、房屋租赁、物业管理和土地交易等价格指数，科学地计算各种房地产价格，准确反映房地产价格变动幅度和市场发展趋势。

(3) 结合房地产投资规模、投资效益和市场变化情况等主要指标，积极开展统计分析，及时、客观地反映新情况、新问题并提出合理的政策建议，为党政宏观决策和社会主义市场经济运行服务。

(4) 定期向各级党政部门和全社会公布各种房地产价格统计信息。

调查对象和调查单位

房地产价格调查在全国 70 个大中城市进行，调查对象包括以下几方面。

(1) 各级政府房地产行政主管部门，如房地产管理局、土地管理局、房屋土地交易中心等。

(2) 房地产企业。

(3) 房地产经营机构。

(4) 物业管理企业。

(5) 有关企事业单位、机关团体及部分居民。

调查项目

(1) 房屋销售价格。房屋销售价格主要包括新建房销售价格、二手房销售价格两部分。

(2) 房屋租赁价格。房屋租赁价格是指各类房屋的市场租金，主要包括住宅(经济适用房、廉租房、普通住宅和高档住宅)租金和非住宅(办公楼、商业营业用房和其他用房)租金等。

(3) 物业管理价格。物业管理价格是指物业管理企业按照物业服务合同的约定,对房屋及配套的设施和相关场地进行维修、养护、管理,维护相关区域的环境卫生和秩序,向业主所收取的费用。物业管理价格主要包括住宅、办公楼和商业营业用房物业管理价格等。

(4) 土地交易价格。土地交易价格是指房地产开发商或其他建设单位在开发之前,为取得土地使用权而实际支付的价格,不包括土地的后续开发费用、税费、各种手续费和拆迁费等。土地交易价格主要包括居住用地价格、工业用地价格、商业营业用地价格和其他用地价格等,土地交易方式主要包括拍卖、招标、挂牌销售、市场转让、市场抵押等。

调查地点和调查方式、方法

(1) 调查地点。房地产价格调查在北京、天津、上海等全国 70 个大中城市进行,调查范围为市辖区。调查城市名单及其辖区区划编码见附录。

(2) 调查方法。房地产价格调查为非全面调查,采用重点调查与典型调查相结合的方法。

(3) 调查方式。采用报表与调查员实地采价相结合的方式。

为保证房地产价格指数的科学性和可靠性,在选择调查单位时应遵循以下原则:

① 代表性强。为保证调查资料的可靠性和连续性,选择的调查单位要规模大、实力强,营业额占当地总营业额比重较大,经营状况比较稳定。选择调查单位时,要统筹考虑项目因素。一般来说,大的房地产经营服务项目具有较强的代表性。

② 兼顾不同企业注册登记类型。调查对象不仅要选择国有企业,也要选择集体、合资、外资等企业。

③ 兼顾各种用途的房地产项目。新建房的调查项目要包括经济适用房、普通住宅、高档住宅、办公楼、商业营业用房等,并要考虑其地段、结构等因素。在选择土地调查项目时,要考虑级别、用途、交易方式等因素。

④ 兼顾不同地理位置的房地产项目。由于存在着级差地租,不同地理位置的房地产单位面积价格差异较大。所以在选择调查单位时,要兼顾不同地理位置(地段)的房地产项目。

所选调查单位的房地产营业额总值一般应占本地区总额的 75% 以上。选中的调查单位对全部交易项目按房地产类型(编码)填报调查表。

调查组织实施计划

(1) 房屋销售价格数据采集办法:房屋销售价格实行月报。

(2) 房屋租赁、物业管理和土地交易价格数据采集办法:房屋租赁、物业管理和土地交易价格实行季报。

(3) 数据采集过程中需要注意的问题:房地产交易往往是一次性交易。因此在进行房地产价格调查时,要综合考虑房地产类型、区域、地段、结构等统计口径的一致性,保证上期、报告期价格同质可比。

(4) 资料上报时间和上报方式:省(区)调查总队在收集汇总各调查城市调查资料后,房屋销售价格月报要将汇总结果和原始资料一同于月后 3 日前(房屋租赁、物业管理和土地交易价格季报于季后月 3 日前)以 FTP 传输方式或其他指定方式,按要求上报国家统计局城市司。省内上报时间和上报方式由各省自定。

资料来源:百度文库. http://wenku.baidu.com/view/d128ec18964bcf84b9d57b60.html

2. 典型调查

典型调查是在全体调查对象(总体)中有意识地选择一些具有典型意义或有代表性的单位进行非全面的专门调查。典型调查有两个特点:一是典型调查是从调查对象中有意识选择的,所以选择出来的典型单位是否具有代表性完全取决于调查者对调查对象的认识程度;二是调查单位较少,人力和费用开支节省,运用比较灵活,调查内容可以多一些。运用这种方式有利于对问题做比较细致的调查分析。

因为典型调查方法较为细致,适用于对新情况的调研。典型调查具有省时省力的特点,但也有缺点——不够准确。典型调查一般用于调查样本较小,而调查者又对总体情况比较了解,同时又能较准确地选择有代表性对象的情况。

3. 固定样本连续调查

固定样本连续调查,是指把随机选定的调查样本固定下来,进行长期连续的观察和调查。主要目的是了解和掌握市场中营销事件(商品)在时间进程中的变化趋势,寻找营销事件(商品)变化、发展的连续性、可比性和规律性。如在我国各大型城市的城镇职工家庭和乡村农户生活调查中,主要工业产品如汽车的调查和电视节目收视率的调查等,都采用了固定样本的连续调查方式。详见本书第 4 章"市场调查的抽样理论与实践"及第 6 章"市场调查方法"。

4. 抽样调查

抽样调查,是指从调查总体中抽取出一部分子体作为样本进行调查,然后根据样本信息,对总体的状况进行估算和推断的一种市场调查方法。在市场调查的实践中,更多的是采用抽样调查的形式。详见本书第 4 章"市场调查的抽样理论与实践"。

关键词和概念

市场　市场调查与预测　市场调查与预测方法论　普查　重点调查　典型调查

本章复习题

一、思考题

1. 如何决定一项市场调查活动是采用自行调查还是委托调查?
2. 如何根据企业组织结构特点设置市场调查与预测机构?
3. 非全面市场调查有哪几种常用方法?各有何特点?

二、实践题

1. 现在学校有意委托一市场调查小组调查目前在校大学生每月生活费用支出情况,你认为这一调查该如何入手?
2. 根据【案例 1-6】分析以下内容:
(1) 结合 1.1.5 节的内容分析农夫山泉需要进行哪些类型的调查来辅助决策。
(2) 农夫山泉在管理过程中遇到了哪些困难?是如何解决的?
(3) 如何理解市场调查与预测和企业经营决策之间的关系?

【案例1-6】农夫山泉用大数据卖矿泉水

这里是上海城乡结合部九亭镇新华都超市的一个角落，农夫山泉的矿泉水堆头静静地摆放在这里。来自农夫山泉的业务员每天例行公事地来到这个点，拍摄10张照片：水怎么摆放、位置有什么变化、高度如何……这样的点每个业务员一天要跑15个，按照规定，下班之前150张照片就被传回了杭州总部。每个业务员，每天会产生的数据量在10M，这似乎并不是个大数字。

但农夫山泉全国有10 000个业务员，这样每天的数据就是100G，每月为3TB。当这些图片如雪片般进入农夫山泉在杭州的机房时，这家公司的CIO胡健就会有这么一种感觉：守着一座金山，却不知道从哪里挖下第一锹。

胡健想知道的问题包括：怎样摆放水堆更能促进销售？什么年龄的消费者在水堆前停留更久？他们一次购买的量多大？气温的变化让购买行为发生了哪些改变？竞争对手的新包装对销售产生了怎样的影响？不少问题目前也可以回答，但它们更多是基于经验，而不是基于数据。

从2008年开始，业务员拍摄的照片就这么被收集起来，如果按照数据的属性来分类，"图片"属于典型的非关系型数据，还包括视频、音频等。要系统地对非关系型数据进行分析是胡健设想的下一步计划，这是农夫山泉在"大数据时代"必须迈出的一步。如果超市、金融公司与农夫山泉有某种渠道来分享信息，如果类似图像、视频和音频资料可以系统分析，如果人的位置有更多的方式可以被监测到，那么摊开在胡健面前的就是一幅基于人的消费行为的画卷，而描绘画卷的是一组组复杂的"0、1、1、0"。

企业对于数据的挖掘使用分三个阶段，一开始是把数据变得透明，让大家看到数据，能够看到数据越来越多；第二步是可以提问题，形成互动，很多支持的工具来帮企业做出实时分析；而3.0时代，信息流来指导物流和资金流，现在数据要告诉企业未来，告诉企业往什么地方走。

SAP从2003年开始与农夫山泉在企业管理软件ERP方面进行合作。彼时，农夫山泉仅仅是一个软件采购和使用者，而SAP还是服务商的角色。

而等到2011年6月，SAP和农夫山泉开始共同开发基于"饮用水"这个产业形态中运输环境的数据场景。

关于运输的数据场景到底有多重要呢？将自己定位成"大自然搬运工"的农夫山泉，在全国有十多个水源地。农夫山泉把水灌装、配送、上架，一瓶超市售价2元的550ml饮用水，其中3毛钱花在了运输上。在农夫山泉内部，有着"搬上搬下，银子哗哗"的说法。如何根据不同的变量因素来控制自己的物流成本，成为问题的核心。

基于上述场景，SAP团队和农夫山泉团队开始了场景开发，他们将很多数据纳入了进来：高速公路的收费、道路等级、天气、配送中心辐射半径、季节性变化、不同市场的售价、不同渠道的费用、各地的人力成本甚至突发性的需求(如某城市召开一次大型运动会)。

没有数据实时支撑时，农夫山泉在物流领域花了很多冤枉钱。比如某个小品相的产品(350ml饮用水)，在某个城市的销量预测不到位时，公司以往通常的做法是通过大区间的调运，来弥补终端货源的不足。如华北往华南运，运到半道的时候，发现华东实际有富余，从华东调运会更便宜。但很快发现对华南的预测有偏差，华北短缺更为严重，再从华东往华北运。此时如果太湖突发一次污染事件，很可能华东又会出现短缺。

这种没头苍蝇的状况让农夫山泉头疼不已。在采购、仓储、配送这条线上，农夫山泉特别希望利用大数据来解决三个顽症：首先是解决生产和销售的不平衡，准确获知该产多少，送多少；其次，让400家办事处、30个配送中心能够纳入到体系中来，形成一个动态网状结构，而非简单的树状结构；最后，让退货、残次等问题与生产基地能够实时连接起来。

也就是说，销售的最前端成为一个个神经末梢，它的任何一个痛点在大脑这里都能快速感知到。

日常运营中，企业会产生销售、市场费用、物流、生产、财务等数据，这些数据都是通过工具定时抽取到SAP BW或Oracle DM，再通过Business Object展现。这个展现的过程长达24小时，也就是说，在24小时后，物流、资金流和信息流才能汇聚到一起，彼此关联形成一份有价值的统计报告。当农夫山泉的每月数据积累达到3TB时，这样的速度导致农夫山泉每个月财务结算都要推迟一天。更重要的是，胡健等农夫山泉的决策者们只能依靠数据来验证以往的决策是否正确，或者对已出现的问题做出纠正，仍旧无法预测未来。

2011年，SAP推出了创新性的数据库平台SAP Hana，农夫山泉成为全球第三个、亚洲第一个上线该系统的企业，并在当年9月宣布系统对接成功。

胡健选择SAP Hana的目的只有一个——快些，再快些。采用SAP Hana后，同等数据量的计算速度从过去的24小时缩短到了0.67秒，几乎可以做到实时计算结果，这让很多不可能的事情变为了可能。

这些基于饮用水行业实际情况反映到SAP全球执行副总裁孙小群这里时，他非常兴奋。基于饮用水的场景，SAP并非没有案例，雀巢就是SAP在全球范围长期的合作伙伴。但是，欧美发达市场的整个数据采集、梳理、报告已经相当成熟，上百年的运营经验让这些企业已经能从容面对任何突发状况，他们对新数据解决方案的渴求甚至还不如中国本土公司强烈。

这对农夫山泉董事长钟目炎而言，精准地管控物流成本将不再局限于已有的项目，也可以针对未来的项目。这位董事长将手指放在一台平板电脑显示的中国地图上，随着手指的移动，建立一个物流配送中心的成本随之显现出来。数据在不断飞快地变化，好像手指移动产生的数字涟漪。

以往要想建立一个物流配送中心，钟目炎的执行团队也许要经过长期的考察、论证，再形成一份报告提交给董事长，给他几个备选方案，到底设在哪座城市，还要凭借经验来再做判断。但现在，起码从成本方面已经一览无余，剩下的可能是当地政府与农夫山泉的友好程度等一些无法测量的因素。

有了强大的数据分析能力做支持后，农夫山泉近年以30%～40%的年增长率，在饮用水方面快速超越了原先的三甲：娃哈哈、乐百氏和可口可乐。根据国家统计局公布的数据，饮用水领域的市场份额，农夫山泉、康师傅、娃哈哈、可口可乐的冰露分别为34.8%、16.1%、14.3%、4.7%，农夫山泉几乎是另外三家之和。对于胡健来说，下一步他希望那些业务员收集来的图像、视频资料可以被利用起来。

资料来源：周恒星等. 徘徊的大数据门前[J]. 中国企业家, 2013.7.

第 2 章　市场调查与预测方案设计

学习目的与要求

    1. 理解编制市场调查与预测方案的意义；

    2. 掌握市场调查与预测的步骤；

    3. 掌握市场调查与预测计划书的编写方法；

    4. 理解市场调查与预测方案的可行性研究的方法。

> **引入案例**　陪伴与看护：机器人"走进"日本养老院
>
> 在日本东京的 Shin-tomi 疗养院，有 20 种不同类型的机器人负责老人的看护工作。
>
> 其中，小型格陵兰海豹 Paro 能对触摸和声音做出反应，当病人抚摸它或跟它交谈时，能够扭动头部与病人亲密互动。多功能机器人 Pepper 能与病人对话，在过道里值夜，还能记录体锻课上的情况。
>
> 疗养院里还有其他能帮助护工抬起、移动和监控老人们的机器设备。
>
> 日本制造机器人的技术在世界范围内领先，许多公司认为有看护功能的机器人有很大的市场。因为日本护理人员极其短缺，许多日本人对机器人感到亲近。相比护工，疗养院的老人们更喜欢机器人。最近一项全国性的调查发现，使用机器人看护能使超过三分之一的疗养院老人变得更加积极和自主。
>
> 资料来源：陪伴与看护：机器人"走进"日本养老院. 澎湃新闻. https://www.thepaper.cn/newsDetail_forward_2365731.2018-08-22

2.1　市场调查与预测方案概述

2.1.1　市场调查与预测方案的含义

市场调查与预测方案是指在正式调查之前，根据市场调查的目的和要求，对调查的各个方面和各个阶段所做的通盘考虑和安排。市场调查与预测方案是市场调研的核心环节，它是否科学、可行，关系整个市场调查工作的成败。

关于市场调查与预测的含义，应把握如下几个要点。

(1) 市场调查与预测方案围绕着所确认的信息需要而展开。

(2) 市场调查与预测方案几乎涉及市场调查与预测程序的每一个步骤，而且按照逻辑循序展开。

(3) 市场调查与预测方案实质上是一种数据质量保证系统，保证市场调研有目的、有系统地收集所需数据，保证为管理决策提供必要而充分的有效信息。

(4) 市场调查与预测方案是一个实际的调研项目的设计目标，必须在考虑成本费用的条件下形成最有价值的信息，而不是无条件追求最精确的信息。

(5) 市场调查与预测方案针对同一市场调研项目，可以形成不同精度的信息。

2.1.2　编制市场调查与预测方案的意义

"凡事预则立，不预则废"，此经验之谈同样适用于市场调查。市场调查工作具有复杂、严肃、技术性较强的特点，因此，在实施调查前必须设计一个科学、严密、可行的调查方案，对调查进行通盘考虑和安排。

编制市场调查与预测方案的意义有以下四点。

1. 市场调查与预测方案的设计成为定性认识和定量认识的连接点

虽然市场调查所收集的许多资料都是定量资料，但是任何调查工作都是先从对调查对象的定性认识开始的，也就是说任何市场调研都是为了解决某些问题而进行的，因此，在市场调查与预测的方案中首先也是最关键的问题就是要明确应解决怎样的问题，即界定市场调查的问题。只有正确界定了所要研究解决的问题，才能知道应该调查什么、怎样调查以及如何解决问题。因此，编制市场调查与预测方案不仅明确了研究的问题，也关系整个市场调查与预测工作的成败。

2. 市场调查与预测方案的设计起着统筹兼顾、统一协调的作用

市场调研是一个复杂的系统工程。在调查实践中，无论调查的规模如何都会涉及相互联系的各个方面和各个阶段，这就要求对调查进行横向与纵向的综合设计。一方面，要考虑调查所要涉及的各个组成项目。例如，对某市超市竞争能力进行调查，就应将该市所有(或主要)超市的经营品种、质量、价格、服务、商誉等方面作为一个整体，对各种相互区别又有密切联系的调查项目进行整体考虑，避免在调查内容上出现重复或遗漏。再如，抽样调查中样本量的确定，按照抽样调查理论可以根据允许误差和置信度大小，计算出相应的样本量，但这个样本量是否可行，要受到调查经费、调查时间等多方面条件的限制。另一方面，由于调查涉及资料收集、整理和分析的各个环节，故有必要对上述项目进行统筹安排，保证调查有序进行。

3. 市场调查与预测方案的设计是现代市场调查发展的需要

现代市场调查已由单纯的收集资料活动发展到把调查对象作为整体来反映的调查活动，因此，市场调查过程也要与时俱进，形成市场调查与预测方案设计、数据收集、数据整理和数据分析的一个完整工作过程，而市场调查与预测方案设计是这个过程的首个程序。

4. 市场调查与预测方案的设计是竞标中胜出的关键一步

目前的市场调查项目委托方一般都采取招标的方式选择最理想的合作者，为了能在竞标中获胜，调查机构提供一份高水平的方案设计书显得尤为重要。

【案例2-1】可口可乐新配方饮料的失败

1. 决策的背景

20世纪70年代中期以前，可口可乐公司是美国饮料市场上的"No.1"，占据了全美80%的市场份额，年销量增长速度高达10%。然而好景不长，70年代中后期，百事可乐的迅速崛起令可口可乐公司不得不着手应付这个饮料业"后起之秀"的挑战。

1975年全美饮料业市场份额中，可口可乐领先百事可乐7个百分点；1984年的市场份额中，可口可乐只领先了3个百分点，市场地位逐渐的势均力敌让可口可乐胆战心惊起来。百事可乐公司的战略意图十分明显，通过大量动感而时尚的广告冲击可口可乐市场。

首先，百事可乐公司推出以饮料市场最大的消费群体——年轻人为目标消费者群的"百事新一代"广告系列。由于该广告系列适宜青少年口味，以冒险、青春、理想、激情、紧张等为题材，赢得了青少年的钟爱；同时，百事可乐也使自身拥有了"年轻人的饮料"的品牌形象。随后，百事可乐又推出一款非常大胆而富有创意的"口味测试"广告。在被测试者毫不知情的情形下，请他们对两种不带任何标志的可乐口味进行品尝。由于百事可乐口感稍甜、柔和，因此，百事可乐公司此番现场直播的广告中的结果令百事可乐公司非常满意：80%以上的人回答是百事可乐的口感优于可口可乐。这个名为"百事挑战"的直播广告令可口可乐一下子无力应付，市场上百事可乐的销量再一次激增。

2. 市场营销调研

为了着手应战并且得出为什么可口可乐发展不如百事可乐的原因，可口可乐公司推出了一项代号为"堪萨斯工程"的市场调研活动。

1982年，可口可乐广泛地深入10个主要城市中，进行了大约2000次的访问，通过调查想了解口味因素是否是可口可乐市场份额下降的重要原因，同时征询顾客对新口味可乐的意见。于是，在问卷设计中询问了例如"你想试一试新饮料吗""可口可乐口味变得更柔和一些，您是否满意"等问题。调研最后结果表明，顾客愿意尝新口味的可乐。这一结果更加坚定了可口可乐公司决策者们的想法——秘不宜人，长达99年的可口可乐配方已不再适合今天消费者的需要了。于是，满怀信心的可口可乐开始着手开发新口味可乐。

可口可乐公司向世人展示了比老可乐口感更柔和、口味更甜、泡沫更少的新可口可乐样品。在新可乐推向市场之初，可口可乐公司又不惜血本进行又一轮的口味测试。可口可乐公司倾资400万美元，在13个城市中，约19.1万人被邀请参加了对无标签的新、老可乐进行口味测试的活动。结果60%的消费者认为新可乐比原来的好，52%的人认为新可乐比百事好。新可乐的受欢迎程度一下打消了可口可乐领导者原有的顾虑。因此，新可乐推向市场只是个时间问题。

在推向生产线时，因为新的生产线必然要以不同瓶装的变化进行调整，于是，可口可乐各地的瓶装商因为加大成本而拒绝接受新可乐。然而可口可乐公司为了争取市场，不惜又一次投入巨资帮助瓶装商们重新改装生产线。

在新可口可乐上市之初，可口可乐又大造了一番广告声势。1985年4月23日，在纽约的林肯中心举办了盛大的记者招待会，共有200多家报纸、杂志和电视台记者出席，依靠传媒的巨大力量，可口可乐公司的这一举措引起了轰动效应。

3. 灾难性后果

起初，新可乐销路不错，有1.5亿人试用了新可乐。然而，新可口可乐配方并不是每个人都能接受的，不接受的原因往往并非因为口味原因，而是这种"变化"受到了原可口可乐消费者的排挤。开始，可口可乐公司已为可能的抵制活动做好了应付准备，但不料顾客的愤怒情绪犹如火山爆发般难以驾驭。

顾客之所以愤怒是认为 99 年秘不示人的可口可乐配方代表着一种传统的美国精神，而热爱传统配方的可口可乐就是美国精神的体现，放弃传统配方的可口可乐意味着一种背叛。在西雅图，一群忠诚于传统可乐的人组成"美国老可乐饮者"组织，准备发起全国范围内的"抵制新可乐运动"。在洛杉矶，有的顾客威胁说："如果推出新可乐，将再也不买可口可乐。"即使是新可乐推广策划经理的父亲，也开始批评起这项活动。

而当时，老口味的传统可口可乐则由于人们的预期会减少，而居为奇货，价格竟在不断上涨。每天，可口可乐公司都会收到来自愤怒的消费者的成袋信件和 1500 多个电话。众多的批评使可口可乐迫于压力不得不开通 83 部热线电话，雇请大批公关人员来安抚愤怒的顾客。

面临如此巨大的批评压力，公司决策者们不得不稍作动摇。在之后又一次推出的顾客意向调查中，30% 的人说喜欢新口味可口可乐，而 60% 的人却明确拒绝新口味可口可乐。可口可乐公司又一次恢复了传统配方的 25 可口可乐的生产，同时也保留了新可口可乐的生产线和生产能力。

在不到 3 个月的时间内，即 1985 年 4—7 月，尽管可口可乐公司花费了 400 万美元，进行了长达 2 年的调查，但最终还是彻底失败了。

资料来源：百度文库. http://wenku.baidu.com/link?url=HASOVNj7PdPXBpE6hHYQIWPm5qufNsy8CAqorqI65k_GinmndEl3-xHf9CnaOYuTXlm_7jf_Z2faCCuu-Pa0be8LiiBi1for3cN4-dr3u2a

2.2　市场调查与预测的工作步骤

市场调查与预测方案设计作为正式开展市场调研工作的方案和蓝图，涉及市场调研活动的各个环节。一般认为，市场调查与预测工作由以下七个步骤构成。

(1) 明确市场调研问题。

(2) 分析市场情况。

(3) 非正式市场调查。

(4) 制订市场调研工作计划。

(5) 市场信息数据收集。

(6) 资料整理、分析，进行市场预测。

(7) 撰写市场调研报告。

其中前三个步骤经常被人们合在一起称为"非正式调查"阶段，而整个调查过程分为如下五个阶段，如图 2-1 所示。

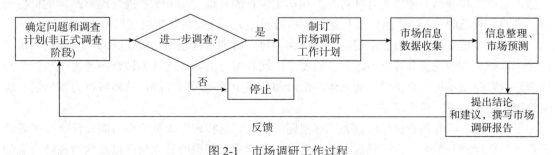

图 2-1　市场调研工作过程

2.2.1　非正式调查阶段

市场调查过程的第一阶段是非正式调查阶段。这一阶段工作的主要职能是对所要展开的调查课题进行非正式的摸底，包含三个步骤。

1. 明确调查问题

当市场调查人员接受一项市场调查任务或委托之初，尽管委托者会对调查课题的相关情况做介绍，但这种介绍并不总是充分详尽的。此时，市场调查人员必须切实搞清楚所要调查问题的实质究竟是什么，也要了解调查究竟是为了什么。虽然市场调查的每一个步骤都十分重要，但明确地定义问题乃是重中之重。调查问题的定义包括对整个问题的叙述以及确定调查问题的具体组成部分。只有问题定义清楚了，才能进一步去设计和开展市场调查活动。如果对问题缺乏正确的理解或对问题的定义存在缺陷，那么调查所花费的人力、物力，都可能没有用在真正需要解决的问题上，这将会造成极大的浪费。正所谓"对一个问题做出恰当定义就等于解决了问题的一半"。定义调查的问题时应遵循的法则是：给出的定义首先要让委托调查的调查者得到与既定管理决策问题有关的全部信息；其次要使承担调查工作的人员能够顺利地完成这一项目的调查工作。

调查者在定义问题时常会犯两类错误：第一类错误是由于调查问题定义得太宽泛造成的。过于宽泛的定义无法为调查的后续步骤提供明确的指引路线。下面就是一些定义太宽泛的例子：

(1) 调查企业的市场营销组合策略；

(2) 改善企业的资源获得能力；

(3) 改进企业的公众形象。

上述问题都不够具体，因而无法提示解决问题的可靠途径和调查方案设计的途径。

第二类错误正好相反，往往是由于将调查问题定义得太窄造成的。过窄的定义可能会对一些调查工作产生过分的约束，还有可能妨碍调查者涉及管理决策问题中的重要部分。例如，在一项为消费品公司进行的调查中，市场调查主题和营销决策问题就是要了解和解决如何应付某竞争对手发动的降阶行动。企业的调查人员定义的备选调查问题为：

(1) 进行相应的降价以适应竞争对手的价格；

(2) 维持原价但加大广告力度；

(3) 适当降价，但不必与竞争者相适应，适当增加广告投放量。

这些候选的调查问题看来都比较被动。通过对相关的市场调查专家进行咨询后，问题被重新定义为：如何提高市场占有率以及增加竞争产品的利润。这样就形成了有价值的调查问题和计划，并产生和导出其他更富有针对性的和切实可行的备选行动方案：提高现有品牌的价格同时引进两个新品牌——一个的价格与竞争者相适应，另一个将价格削得更低些。

为了减少定义问题时可能出现的两类错误，可以将调查问题用比较宽泛的、一般的术语来陈述，同时具体地规定其各个组成部分的要求。比较宽泛的陈述能够为调查问题提供较为长远的视角以避免出现第二类错误，而具体的组成部分集中于问题的关键，从而可以为如何进一步实施调查提供清晰的指引路线。

形成调查问题和调查目标应首先了解问题的所在，这样调查人员才有可能设计一个完备的调查计划。调查开始时，应明确提出需要解决哪些问题、问题的重点何在以及调查最终实现的目标是什么。

2. 市场情况分析

这是在明确调查问题的基础上，由市场调查人员利用自己的知识和经验，根据已经掌握的资料进行初步分析。分析的涉及面应尽量宽一些，包括对所要调查问题的本身、大致的范围、实施调查的可能性和难易程度。通过市场情况分析，调查人员应对调查问题的基本框架有一个大致的了解。

3. 非正式市场调查

非正式市场调查通常采用探索性调查法，主要作用是用来描述相关市场的总体概况，为下一步更为详细的市场调查工作做好准备。其调查结果更多的是定性的、描述性的"语言"。在市场调查的过程中，非正式市场调查阶段之所以必不可少，是因为它有助于节省人力、财力和时间。

非正式市场调查通常的做法是，市场调查人员找来一些掌握调查问题相关信息的或熟悉该方面情况的人士交谈，进一步了解有关情况，积累资料。非正式市场调查实际上也是一种调查，它可以弥补调查人员本身经验不足和掌握资料稀缺的问题，为判断是否进一步进行正式的市场调查提供更充分的依据。

在已展开的市场调查项目中，可能出现的情况无非是两种。

(1) 由于所确定的调查项目不甚恰当，往往会导致调查结果与当初既定的市场调查目标不合适，或者是在项目确立时是合适的，但随着时间的推移，主客观条件发生了变化，该调查项目变得不再合适；或者发现在目前的条件下，无法完成该项目的调查；或者是该项目已经有人做过；或是该项目开展不合时宜等。在这些情况下，如果一开始就进行正式的市场调查，会造成很大的浪费。而通过非正式市场调查阶段的工作，可以及时地中止一些"不合时宜"的调查项目，或者对现有的调查问题进行及时的调整，避免出现大的浪费。

(2) 当初决定的调查项目是合适的，即使在这种情况下，进行非正式调查也有其合理性。这是因为调查问题通常涉及的方面多、范围广且弹性大，通过非正式调查，可以合理地界定调查的范围和深度，节省人力和财力，也可相应地节省调查所花费的时间。

2.2.2　制订市场调查与预测工作计划

形成调查问题以后，根据调查的目的，市场调查的第二阶段是制订一个收集所需信息最有效的计划。在设计一个调查计划时，要求做出的调查决策有资料来源、调查方法、调查工具、抽样方法、接触方法以及调查预算等。这部分的内容详见本章"2.3 市场调查与预测计划书的撰写"的相关阐述。

2.2.3　市场信息数据收集

这是整个市场调研过程中的主体部分，涉及的内容很多。

调查数据的收集是一个花费最为昂贵也是最容易出错的阶段。收集信息的基本前提是尽可能全面、客观和公正。信息资料的来源主要有两个方面，即直接资料和间接资料。所谓直接资料又称一手资料，是调查者通过观察、询问、实验等手段和方法直接获得的资料。间接资料又称二手资料，包括内部资料和外部资料两个方面。内部资料有企业的各种凭证、报表、报告、预测等资料；外部资料可来自于政府机关、金融机构、咨询机构、报纸杂志等。

然后根据资料的性质，来决定采用何种调查方式。如有的间接资料可以利用的应尽量利用，这样可以省时省力。如果必须收集直接资料，那么应该决定收集方法、调查对象、调查地点、调查时间和调查频率。

如果没有适用的现成资料(二手资料)，那么原始资料(一手资料)的收集就成为调查的必要步骤。采用何种方式收集资料与所需资料的性质有关。收集的方式包括实验法、观察法和询问法。如需要收集关于消费者态度的资料，对此市场调查人员可以采用询问法。如果用询问方式收集信息，还需进一步运用其他一些"工具"，如调查表、自动记录设备、电话、电脑、信函等。一般情况下，对消费者的调查采用个人访问的调查方式比较适宜，便于相互间的深入交流。

数据收集工作必须通过调查员来完成，调查员的素质将会影响调查结果的准确性。调查员一般由具有大学的市场学系、心理学系或社会学系学历的学生担当最为理想，因为他们已受过相关调查技术与理论的训练，可有效降低调查误差。在进行市场调查时，必须采取科学合理的调查方法和技术，这样才能收到事半功倍的效果。具体市场调查的方法将在本书第6章"市场调查方法"中进行阐述。

而对于具体的收集数据来说，一套完整的数据收集步骤或许来得更重要。这主要是因为这套方案保证了数据收集过程中的完整性、准确性和及时性。

【案例2-2】用户驾驶活动调查的自动数据收集系统

一种用于获取用户驾驶活动市场调查信息的方法，包括以下步骤。

(1) 选择多个小组成员以组成一个用户驾驶活动调查小组。

(2) 为用户驾驶活动调查小组中的各个小组成员，在数据处理系统中保存与成员有关的小组成员属性数据。

(3) 各个可跟踪机动车辆和其旅程部分的抽样组之中的各个旅程部分，自动地产生带时间标注的汽车位置数据。

(4) 分析与旅程部分有关的带时间标注的汽车位置数据，以产生一组各种车辆的使用数据。

(5) 将数据处理系统中的旅程部分车用数据与可跟踪机动车辆相关联的调查小组成员的成员属性数据各单元关联起来。

(6) 利用数据处理系统，对车用数据及相关的成员属性数据进行统计分析，以获取用户驾驶活动的市场调查信息。

资料来源：cprs.patentstar.com.cn/Search/Detail?ANE=8HBA8FDA9ACB3CAAEHFA9EAB3CBA4BCAh

2.2.4　信息整理、数据分析，进行市场预测

将所收集的信息资料采用科学方法进行汇总、归纳、整理和编辑，对信息资料进行分类编号，然后对资料进行初步加工。比如进行统计汇总，计算各种比率及总和，并制成相应的各式统计图表。在调查信息分析过程中，调查与预测人员应努力采用一些先进技术和决策模型，以期能找到更多的、合理的预测结果，如可以应用 SPSS、Excel 等统计应用软件。

同时，为了保证市场预测工作的顺利进行，必须按预测工作的过程加强组织，以利于各环节的各种相互协调，进而取得成功。市场预测的内容详细分析请见本书第 10 章"市场预测原理与步骤"的相关阐述。

2.2.5　提出结论和建议，撰写市场调查报告

在数据分析的基础上，撰写并提交关于该市场调查工作的基本结论和关键建议的报告。调查研究报告是客户获得调查结果的最主要形式，一个好的调查研究报告不仅应充分解决客户在调查初期提出的需求，而且应适时地加入市场调查研究人员的专业判断。报告完成后，报告结果可采用书面形式，也可采用口头陈述的形式。口头陈述是市场调研项目结果展示的另一种形式，这种形式需要在书面报告的基础上进行内容提炼，并以图片辅助展示结果。

如何撰写市场分析报告在本书第 14 章"市场分析报告"中将有详细阐述。

2.3　市场调查与预测计划书的撰写

2.3.1　市场调查与预测计划书的内容

当市场调查与预测方案基本完成，项目的预算与日程确定后，应该准备和提交一份书面的市场调查与预测计划书(市场调查与预测策划书)，涵盖市场调查与预测过程和方案的所有阶段和内容。尽管市场调查与预测计划书的具体格式不尽相同，但基本上会包含以下几个部分。

1. 摘要

摘要是对计划书各个部分的要点的概述，提供了整个调查方案概况。

2. 背景

描述市场调查与预测问题相关的背景和来龙去脉。

3. 确定目的和任务

市场调查与预测的目的是指特定的调查课题所要解决的问题，即为何要调查、要了解和解决什么问题，调查结果可能带来的社会效益或经济效益，或是在理论研究方面的重大意义。调查任务是指调查目的既定的条件下，市场调查与预测应获取什么样的信息才能满足要求。明确调查与预测的目的和任务是其工作方案设计的首要问题，因为只有明确了"目的和任务"，才能确定调查的对象、内容、方法及时间，才能保证市场调查具有针对性。

> **【案例 2-3】某乳品公司市场调查方案建议——调查背景和目的**
>
> 1. 调查背景
> 某乳品公司为了解中国内地纯牛奶的市场竞争环境和客户需求情况，经由深圳市先行人某广告有限公司拟委托 DAOchina 策划及实施本次市场调查，以作为企业在市场营销方面的决策信息基础，辅助制定开拓全国市场的营销及推广战略。
> 2. 调查目的
> (1) 了解中国内地大城市(主要是省会城市、直辖市)纯牛奶市场的主要竞争品牌的市场份额。
> (2) 了解纯牛奶市场主要竞争品牌的知名度、美誉度、市场渗透率等信息。
> (3) 了解相关产品的消费者行为特征等。
> 资料来源：某乳品公司市场调查方案建议. 百度文库. ttps://wenku.baidu.com/view/fb2a7ad176eeaeaad1f330dc.html

4. 确定调查对象和调查单位

确定调查对象和调查单位是为了明确向谁调查和由谁来提供资料的问题。调查对象是根据调查目的和任务确定的一定时空范围内的所要调查的总体,它是由客观存在的具有某一共同性质的许多个体单位所组成的整体。调查单位就是调查总体中的各个个体单位,是调查项目的承担者或信息源。

【案例 2-3(续)】某乳品公司市场调查方案建议——调查样本选择方式(节选)

本次调查区域为中国内地大城市(主要是省会城市、直辖市),采用随机抽样。针对本次调查,我们建议的调查方法为计算机辅助电话访问和网络调查。

(1) 计算机辅助电话访问抽样(CATI)。根据调查区域的居民电话,系统化地抽取一定量的样本(调查区域内)邀请相关人员参与问卷调查(网络调查);就网上回函,从数据库中抽取一定量的回函通过电话访问予以核实和验证,提高调查的可靠性。

(2) 网络调查抽样(门户网站、地区主要网站、商务电子邮箱)。鉴于网络调查对象存在的不确定性,可以通过对参与者个人信息的辨别(如完整性),进行第一次过滤,并对通过第一次过滤的调查参与者进行电话抽查核实身份,以保证调查数据的有效性。

---

5. 确定调查项目

调查项目是对调查单位所要调查的内容,确定调查项目就是要明确向被调查者了解什么,也是问卷设计的前期工作。调查项目的确定取决于调查的目的和任务,以及调查对象的特点与数据资料收集的可能性。

【案例 2-3(续)】某乳品公司市场调查方案建议——调查项目

(1) 了解中国内地大城市(主要是省会城市、直辖市)纯牛奶市场的主要竞争品牌的市场份额。

(2) 了解纯牛奶市场主要竞争品牌的知名度、美誉度、市场渗透率等信息,包括消费者最喜欢的品牌、最经常饮用的品牌及选择原因、最佳替代品牌及选择原因、曾经购买的品牌、最近一次更换品牌的原因、广告印象最深的品牌等。

(3) 了解相关产品的消费者行为特征,包括获得品牌信息的主要途径、购买渠道选择、影响购买决策的主要因素、顾客最喜欢的促销方式、最经常购买的产品规格、最经常购买的产品类型、饮用纯牛奶的原因、平均每月消费量、饮用频率、饮用时间分布、最喜欢的口味、最喜欢的包装材料等。

---

6. 设计调查表或问卷

调查项目确定之后,就可设计调查表或者问卷,作为市场调查收集市场调查资料的工具。调查表或问卷既可作为书面调查的记载工具,亦可作为口头询问的提纲。调查表是用纵横交叉的表格按一定顺序排列调查项目的形式;问卷是根据调查项目设计的对被调查者进行调查、询问、填答的测试试卷,是市场调查收集资料的常用工具。

【案例2-3(续)】某乳品公司市场调查方案建议——调查问卷的内容构成

将在与贵机构深入沟通后进行调整和优化，调查问卷除了个性化信息内容外，共约 20 个问题，问卷结构如下。

1. 引言

说明背景和目的，以获得调查对象的配合与支持。

2. 调查对象个人及家庭信息

目的：获得调查样本的个性化特征信息，包括年龄、性别、收入、教育、婚姻、家庭人口、居住城市等信息，并作为分析变量与其他因素结合进行深入分析。

3. 对现有的市场认知状况

目的：了解纯牛奶市场的主要竞争品牌的知名度、美誉度、市场渗透率等信息，包括消费者最喜欢的品牌、最经常饮用的品牌及选择原因、最佳替代品牌及选择原因、曾经购买的品牌、最近一次更换品牌的原因、广告印象最深的品牌，在调查报告中还将结合消费者的个性化资料进行分析。

问卷问题设计：7 个左右的问题，问题类型包括选择式和开放式两种。

4. 消费者购买行为特征

目的：了解相关产品的消费者行为特征，包括获得品牌信息的主要途径、购买渠道选择、影响购买决策的主要因素、顾客最喜欢的促销方式、最经常购买的产品规格、最经常购买的产品类型、饮用纯牛奶的原因、平均每月消费量、饮用频率、饮用时间分布、最喜欢的口味、最喜欢的包装材料等。

问卷问题设计：13 个左右的问题，问题类型包括选择式和开放式两种。

7. 确定调查方式和方法

市场调查方式是指市场调查的组织形式，通常有市场普查、重点市场调查、典型市场调查、抽样市场调查、非概率抽样调查等。调查方式的选择应根据调查的目的和任务、调查对象的特点、调查费用的多少、调查的精度要求做出选择。市场调查方法的确定应考虑调查资料收集的难易程度、调查对象的特点、数据取得的源头、样本量的大小和可能的精度、数据的质量要求等做出选择。如果调查课题涉及面大、内容较多，则应选择多种调查方法获取数据和资料。既要获取现成的资料，又要获取原始资料。例如，商场顾客流量和购物调查，通常采用系统抽样调查的组织方式，即按日历顺序等距抽取若干营业日调查顾客流量和购物情况，而收集资料的方法主要有顾客流量的人工计数或仪器记数、问卷测试、现场观察、顾客访问、焦点座谈等。

【案例2-3(续)】某乳品公司市场调查方案建议——确定调查方式

本次调查建议的调查方法为计算机辅助电话访问和网络调查。

1. 计算机辅助电话访问(CATI)

作为面向社会大众的全国性调查，通过计算机辅助电话访问的方式可以节省大量的成本，在采用适当的监控方法后可以保证数据的真实和有效性，同时可以借助电话访问抽样确认回函者身份(如网上回函)。

(1) 电话访问。由电话访问员根据选取的电话联系调查对象，如果对方愿意接受电话访问(可以另行约定时间)，可以结合调查站点进行访问，并即时帮助被调查对象填写问卷，获得调查数据。

(2) 数据核实。在电话访问过程中由调查监督员通过即时的电话监听和之后的电话录音抽查核实记录的调查数据，并从中抽查一定量的调查对象，根据联系资料核实调查对象身份。

2. 网络调查(门户网站、地区主要网站、商务电子邮件)

互联网作为新兴的沟通渠道,虽然上网人群特征具有一定的局限性,但由于本次调查产品是大众消费品,调查区域主要是城市,这样可以避免网络调查的部分缺陷。因此我们认为采用网络调查可以作为主要的调查方法之一,既可作为决策参考,也可用于验证其他来源的数据。

(1) 网络调查站点开发和测试。根据定稿的评估问卷,开发与网上调查相关的数据统计站点、数据库、数据查询站点。站点开发完成后,测试共有三次,局域网模拟站点测试两次,上传后测试一次,以保证站点稳定性和数据回收准确性。

(2) 网络站点系统功能。实现调查数据在每阶段(如每季度)的调查工作完成后就可以即时通过一个通用平台安全而准确地发布给贵机构,所有的图表和数据都可以由具备权限的人员远程查询,应用于总部及各个分支机构的管理实践;可以查询全国的调查数据以及各个城市的调查数据,进行数据对比和趋势对比;可以在查询中实现不同城市之间的横向对比和同一城市在不同时期的纵向对比。

(3) 网络站点权限设置。根据授权机构需要的查询及管理权限,在系统中设置有权查看调查信息的人士的身份和权限,以便有序地使用调查数据。

8. 确定资料整理和分析的方法

采用实地调查方法收集的原始资料大多是零散的、不系统的,只能反映事物的表象,无法深入研究事物的本质和规律性,这就要求对大量原始资料进行加工汇总,其目的在于为市场分析研究提供系统化、条理化的综合资料。为此,应确定资料整理的方案,对资料的审核、订正、编码、分类、汇总、陈示等做出具体的安排。目前这种资料处理工作一般可借助计算机进行。如果是大型的市场调查还应对计算机自动汇总软件开发或购买做出安排。市场调查资料的分析研究是对调查数据进行深度加工的过程,其目的在于从数据导向结论,从结论导向对策研究。如今,越来越多的现代统计分析手段被作为定量分析的选择,为此,应针对这些分析技术的特点和适用性来制定分析研究的初步方案,对分析的原则、内容、方法、要求等做出安排。

9. 确定时间和期限

调查时间是指调查资料的所属时间,即应收集调查对象何时的数据。确定调查时间是为了保证数据的统一性,否则,数据无法分类和汇总,导致市场调查失效。调查时期现象(收入、支出、产量、产值、销售额、利润额等流量指标)时,应确定数据或指标项目的起止时间;调查时点现象(期末人口、存货、设备、资产、负债等存量指标)时,应明确规定统一的标准时点(期初、期末或其他时点)。

调查期限是指整个调查工作所占用的时间,即一项调查工作从调查策划到调查结束的时间长度。一般来说,应根据调查课题的难易程度、工作量的大小、时效性要求合理确定调查期限,并制定调查进度安排表。为了提高信息资料的时效性,在可能的情况下,调查期限应尽可能缩短。

通常一个市场调查项目的进度安排大致要考虑以下几个方面:

(1) 总体方案设计、论证。

(2) 抽样方案设计。

(3) 问卷设计、测试、修改和定稿。

(4) 调查员的挑选和培训。

(5) 调查实施、收集资料。对于大型抽样调查实施调查之前还需要进行试点。

(6) 数据的审核、录入、整理和分析。

(7) 调查报告的撰写。

(8) 有关鉴定、发布会和资料出版。

(9) 调研工作的总结。

> **【案例 2-3(续)】某乳品公司市场调查方案建议——项目阶段及时间安排**
>
> 本次市场调查将分为以下两个实施阶段(预计需要约××天时间，而 ABC 市场调查公司将力争在保证调查质量的前提下提前完成)。
>
> (1) 基础调研阶段。与授权机构和委托机构充分沟通，以充分把握授权机构的需求，为问卷设计奠定基础。
>
> (2) 实施阶段。该阶段将完成问卷设计、访问、回收、数据分析和编写调查报告，并向委托方提供市场调查报告。

序　号	阶　　段	预计时间/天
1	基础调研(初步了解市场情况)及问卷内容设计	××
2	数据收集、访问	××
3	数据整理、报告编写(初稿)	××
4	市场调查报告定稿	××
合计	—	××

10. 经费预算

在进行预算时，要将可能需要的费用尽可能考虑全面，以免将来出现一些不必要的麻烦而影响调查的进度。例如，预算中没有鉴定费，但是调查结束后需要对成果做出科学鉴定，否则无法发布或报奖。在这种情况下，课题组将面临十分被动的局面。当然，没有必要的费用就不要列上，必要的费用也应该认真核算出一个合理的估数，切不可随意多报乱报。不合实际的预算将不利于调研方案的审批或竞标，因此既要全面细致，又要实事求是。一般需要考虑列入的经费有总体方案策划费或设计费、抽样方案设计费、调查问卷设计费及印刷费、调查实施费、数据录入和统计分析费、调研报告撰写费、资料费、复印费、通信费、专家咨询费、劳务费、上缴管理费和税金、鉴定费、新闻发布会及出版印刷费等。

> **【案例 2-3(续)】某乳品公司市场调查方案建议——项目收费**

序　号	内　　容	预算费用/元
1	前期分析简报及问卷设计	××
2	调查及数据收集(××份，××元/份)	×××
3	礼品费(抽奖)	××
4	数据处理(录入、复核、过滤、规划)、报表导出、图表规划	××
5	数据分析、系统化研究、数据再处理、撰写调查报告	××
合计	—	×××

> 根据我们的惯例，有关的项目费用将按以下时间表收取。

序　号	时间段	支付费用/元
1	签订合同之日起 3 天内	××
2	第 2 阶段完成后 3 天内	××
3	第 3 阶段完成后 3 天内	××
合计	—	×××

11. 确定提交报告的方式

应对调查报告书撰写的原则、报告书的基本内容、报告书中的图表量的方法、调查报告书的编写形式和份数、成果的发布等做出安排。

12. 制订调查的组织计划

调查的组织计划是指为了确保调查工作的实施而制订的具体的人力资源配置计划，主要包括调查的组织领导、调查机构的设置、调查员的选择与培训、课题负责人及成员、各项调研工作的分工等。企业委托外部市场调查机构进行市场调查时，还应对双方的责任人、联系人、联系方式做出规定。

13. 附录

附录包括调查项目负责人及主要参加者的名单(说明每人的专业特长以及在该调查项目的主要分工。课题组成员的水平和经历对于调查项目能否获得有关委托调查单位的批准具有重要的影响)；抽样方案的技术说明及细节说明；问卷设计中的有关技术说明：数据的处理方法；所用软件等方面的说明。

市场调查与预测计划书应精心准备，一份完美的市场调查与预测计划书一旦被经营者或委托方认可，意味着市场调查与预测项目承担者与委托方之间对项目的看法达成一致，从而能起到协议的作用。此外，编制计划书的过程也是调查与预测人员加深对调查与预测项目理解的过程，计划书又是帮助和指导调查与预测人员开展调查与预测工作的蓝图。

> **【案例2-4】** 全国第六次卫生服务调查金台区实施方案
>
> 各相关街道办事处、辖区医院、社区卫生服务中心：
>
> 根据《国家卫生健康委员会关于印发全国第六次国家卫生服务统计调查制度的通知》(国卫办规划函[2018]576号)，国家卫生健康委定于 2018 年 8—10 月在全国范围内开展第六次国家卫生服务调查，金台区为全国第六次卫生服务调查国家级样本区县。为配合国家做好本次调查工作，结合我区实际，特制定以下实施方案。
>
> 一、调查目的
>
> 通过了解群众健康状况、卫生服务需求及利用水平特征、医疗保障制度的覆盖人群和保障水平、群众就医费用、经济负担及就医感受等，为推动实施健康中国战略、深化医药卫生体制改革提供数据支持。
>
> 二、调查内容
>
> 城区居民人口与社会经济学特征、卫生服务需要、卫生服务需求与利用、医疗保障、重点人群(妇女、儿童、老年人口、流动人口等)卫生健康服务利用情况等、医务人员工作特征、工作感受、执业环境等。

三、调查对象

本次调查是全国的抽样调查，健康调查对象为所抽中样本户的常住人口。我区调查样本点是中山东路街道办事处(沿河街社区、瓦厂街社区)、西关街道办事处(新福路东社区、福临堡社区)、东风路街道办事处(特殊钢厂社区、陈仓园社区)、卧龙寺街道办事处(昌荣社区、朝阳社区)、十里铺街道办事处(宏文路西社区、大庆路社区)，共涉及 5 个街道 10 个居委会。家庭健康抽样单位是户，每个居委会调查 60 户，全区共调查 600 户。

机构调查对象样本点是金台医院、金台区中医医院、东仁新城社区卫生服务中心、西关社区卫生服务中心、东风路社区卫生服务中心、卧龙寺社区卫生服务中心、十里铺社区卫生服务中心、新福路社区卫生服务中心，共涉及 2 所区属医院，6 个社区卫生服务中心。

医务人员调查样本对象是宝鸡市第二人民医院、宝鸡市中医医院、东仁新城社区卫生服务中心、西关社区卫生服务中心、东风路社区卫生服务中心、卧龙寺社区卫生服务中心、十里铺社区卫生服务中心、新福路社区卫生服务中心，共涉及 2 所辖区医院、6 个社区卫生服务中心的 120 名医护及防保人员(三级、二级医院医生 20 名，护理人员 10 名；社区卫生服务中心临床医生 5 名，护理人员 3 名，防保人员 2 名)。

四、调查方式和人员

本次调查利用平板电脑(iPad)开展面对面调查。由经过培训合格的调查员按照电子调查表项目，对调查户的所有成员逐一进行询问，离线填报电子调查表，调查指导员对每一户调查数据审核后，在线上报。

调查人员要求既具有一定的专业知识，还应具有高度的责任心，工作认真、耐心细致并具有一定社会交往能力。家庭健康调查工作要求每个街道安排 5 名调查员，其中入户调查员 4 名，调查指导员 1 名(样本社区工作人员各 1 名，社区卫生服务中心医务人员 2 名为调查员，社区卫生服务中心主任为调查指导员)。机构调查工作要求涉及医院及社区卫生服务中心安排 1 名工作人员，完成调查表的填写及录入工作。

五、调查安排

(1) 8 月 27 日—8 月 30 日：组织调查人员统一培训，培训地点：西安尚德大厦，尚德路 155 号。高铁站坐地铁 2 号线到北大街站换乘 1 号线到五路口站 B 出口出站即到，火车站向南直走 350 米五路口西南角即到。酒店联系方式：87445566。

(2) 9 月 1 日—9 月 30 日：完成现场调查、数据审核上报、质量控制等。

(3) 10 月 1 日—10 月 31 日：进行数据清理、分析，完成本级调查报告撰写。

资料来源：关于印发《全国第六次卫生服务调查金台区实施方案》的通知. 金台区人民政府. http://www. jintai.gov.cn/xxgkmlwj/index.jhtml

2.3.2　市场调查与预测方案计划书的评估[1]

通常针对复杂的社会经济现象进行的市场调查与预测所涉及的工作方案不是唯一的，需要从多个调查方案中选择最优方案。同时，工作方案的设计也不是一次完成的，而要经过必要的可行性研究，对方案进行试点和修改。可行性研究是科学决策的必经阶段，也是科学设计调查方案的重要步骤。

---

1 资料来源：陈启杰，江晓东，吴纪元. 市场调研与预测[M]. 3 版. 上海：上海财经大学出版社，2008.

市场调查与预测方案的总体评价可以从不同角度来衡量。但是，一般情况下，对调查方案进行评价应包括四个方面的内容：

(1) 调查方案是否体现调查目的和要求。

(2) 调查方案是否具有可操作性。

(3) 调查方案是否科学和完整。

(4) 调查方案是否调查质量高、效果好等。

对市场调查与预测方案进行可行性研究的方法很多，下面主要介绍逻辑分析法、经验判断法和试点调查法三种。

1. 逻辑分析法

逻辑分析法是指从逻辑的层面对市场调查与预测方案进行把关，考察其是否符合逻辑和情理。例如，要调查某城市居民的消费结构，而设计的调查指标却是全部居民的消费结构或职工消费结构，按此设计所得到的调查结果就无法满足调查的要求。因为居民包括城市居民和农民，城市职工也只是城市居民中的一部分。显然，居民、城市居民和职工三者在内涵和外延上都存在着一定的差别。逻辑分析法可对调查方案中的调查项目设计进行可行性研究，而无法对其他方面的设计进行判断。

2. 经验判断法

经验判断法是指通过组织一些具有丰富市场调查经验的人士，对设计出来的市场调查与预测方案进行初步研究和判断，以说明调查方案的合理性和可行性。例如，对个体户的从业人员数及生产经营活动情况进行调查，就不宜采用普查方式，而适合采用抽样调查；对于棉花、茶叶等集中产区的农作物的生长情况进行调查，就适宜采用重点调查等。经验判断法能够节省人力和时间，在较短时间内做出结论。但这种方法也有一定的局限性，这主要是由于人们的认识是有限的、有差异的，事物也在不断发展变化，各种主客观因素都会对人们判断的准确性产生影响。

3. 试点调查法

试点调查法是通过在小范围内选择部分单位进行试点调查，对市场调查与预测方案进行实地检验，以说明调查方案的可行性的方法。试点调查法是市场调查方案可行性研究中极其重要的环节，对于大规模市场调研来说尤为重要。试点调查法主要有以下两个任务。

(1) 对调查方案进行实地检验。调查方案的设计是否切合实际，还要通过试点进行实地检验，检查调查目标和调查指标等的制定是否恰当、正确，是否需要对一些项目做出增减或修补。试点后，要按照类别提出具体意见和建议，使调查方案达到科学和可操作的要求，并把人们对客观事物的了解推进到一个更高的层次。

(2) 作为预演，可了解调查工作安排的合理性以及需要加强的薄弱环节。

试点调查应该注意以下几个问题：

(1) 应建立一支精干有力的调查队伍。成员包括有关负责人、调查方案设计者和调查骨干，这是做好试点工作的组织保证。

(2) 应选择适当的、范围虽小但代表性较强的试点单位。

(3) 应掌握好试点的时机。

(4) 最后是应做好试点的总结工作。认真分析试点的结果，找出影响调查成败的原因，并提出解决问题的方法，以充实和完善原调查方案。

【案例2-5】第六次全国人口普查人户分离试点调查方案

为了解人户分离现状及原因，探索如何利用部门行政记录查准人户分离人口，2010 年第六次全国人口普查时的具体调查方案可扫描右方二维码进一步了解。

第六次全国人口普查
人户分离试点调查方案

4. 模拟实施

调查方案的模拟实施是只对那些调查内容很重要，调查规模又很大的调查项目才采用模拟调查，并不是所有的调查方案都需要进行模拟调查。模拟调查的形式很多，如客户论证会和专家评审会等形式。

另外，要强调的是市场调查与预测中潜在的误差很多，且涉及许多方面。这些误差如不消除，将会影响市场调查与预测结果的正确性，进而导致经营管理决策的偏差，造成损失。

完善市场调查与预测计划是防止和减少误差的有效途径之一。

(1) 某些误差本身是由于调查与预测策划不当造成的，完善市场调查与预测计划可以直接避免这部分误差。

(2) 通过完善市场调查与预测计划，可以防止、减少调查与预测过程中出现的误差。为此，市场调查与预测设计人员应树立完善设计、减少误差的意识，应懂得并真正了解哪些是可能产生或引起误差的因素，并采取积极的、有效的防范措施，把误差减到最低。

关键词和概念

市场调查与预测方案　市场调查与预测计划书

本章复习题

一、思考题

1. 什么市场调查与预测方案？编制市场调查与预测方案有何重要性？
2. 市场调查与预测方案的主要内容是什么？
3. 为何说明确调查的目的和任务是调查方案设计的首要问题？
4. 如何完善市场调查与预测的方案？
5. 怎样对市场调查与预测方案进行评价？

二、实践题

1.【在校学生生活费用调查】现在学校有意委托一市场调查小组调查目前在校大学生每月生活费用支出情况，请你为这一任务拟定一份市场调查与预测工作计划。

2. 某饮料公司为其主打饮料开发出了一个新配方，希望顾客能够喜欢，以便推向市场。但如果多数顾客都喜欢原配方饮料，那生产新配方饮料就没有意义。为此，该公司组织了一次市场调查，邀请一组顾客共 100 人进行品尝，目的是比较新配方与原配方饮料的受欢迎程度。

第一方案：让100名顾客都品尝新饮料，然后让他们说新饮料是否优于原饮料。如说"是"的明显多于说"不"的，则可以得出新饮料优于原饮料的结果；否则，则结论相反。

第二方案：取印有不同包装标记的新、原饮料各100包，让每名顾客品尝新、原饮料各一包，然后表态。

第三方案：将两种饮料都倒入相同的玻璃杯中，请顾客先饮原饮料，后饮新饮料，然后表态。

第四方案：先将两种饮料都倒入相同的玻璃杯中，然后将100名顾客随机分成两组，各带入一个房间，让一组顾客先品尝无标签的原饮料，后品尝无标签的新饮料；另一组则品尝顺序相反。最后把两组的意见综合到一起，得出结论。

要求：请为上述每种方案做出评价，并选出其中最优的方案。

3. 请根据【案例2-6】为了解老年人对智能家居、智能照护产品和线上社交App的需求设计一个调研方案。

📋 【案例2-6】养老公共服务智能化建设思考(改编)

智能养老服务的供给方式涉及社区、养老机构以及其他第三方社会组织等，是一项有赖于物联网技术、信息技术人才等要素运营的系统工程。其主要是指"利用互联网技术，搭建O2O社区养老综合服务平台，实现高效便捷的养老产品与服务输送体系，将健康、养生、享老送至床头，实现社区居家养老模式下的"康居养老"。当前，以依托物联网、云计算、大数据和空间地理信息管理等新一代信息技术，集合运用老年服务业技术和智能控制技术，为老年人提供"安全、便捷、健康、舒适服务"为特征的人工智能养老模式正在成为当前网络社会养老服务供给侧改革的新趋势。与传统养老模式相比，在缓解老龄化形势方面，社区层面的智慧养老具有其独到优势：一是拓宽了社区智能服务产品种类，为老年人提供多样化的便捷服务，如传感器、智能穿戴设备、智能家居、智能拐杖、智能轮椅、智能护理机器、智能服务机器人等一定程度上完善和延伸了养老服务的社区公共服务功能；二是可以节省人力成本，提升社会经济效益。例如，阿里巴巴推出的20平方米的智能养老单间，月租金为3500元/月，相较于养老护理员高昂的人力照护成本，其优势显而易见。

2018年8月20日，中国互联网络信息中心(CNNIC)统计数据显示，截至6月3日，我国60岁以上网民大约有4000多万人，占8.02亿网民数量的5.1%，银发经济市场隐藏的潜力不可小觑。而与此同时，面对我国日益庞大的老年人口群体及其多元化的养老需求，养老智能产品在种类、内容生产、供给形式等方面还存在不足。

(1) 老年智能家居实际应用受限。老年智能家居的概念在国外早已形成共识并据此打开了智能家居应用市场。相比之下，我国在这方面还有所滞后：从智能家居用品的市场供给来看，我国目前家居用品智能化设计主要面向中青年人群，针对迫切需要智能化家居用品辅助的老年人群的产品供给还较少。从政府现行优惠政策来看，以老龄化程度较高的北京为例，有的区县虽然面向符合一定条件的老人对建筑硬件、家具家装改造、康复辅助器具适配以及智能化助老服务设施配备等方面进行免费改造，然而由于政府补贴覆盖面较小、缺乏智能化家居应用的改造入户细则以及互联网植入养老设施技术尚不成熟，由此导致适老化家具的智能改造工作进展缓慢，与老年人的现实需求存在一定差距。

(2) 老年智能照护产品发展不充分。人工智能化的发展为老年人参与信息社会公共生活，享受信息社会的发展红利提供了技术支撑和福利保障。目前，面向老年大众的智能手环等智能穿戴设备正在由单纯的抽象概念跃然于触目可及的商场柜台，以独居老人为目标群体的"安全监测"和"精神陪伴"产品也已成功落地，一些大型企业(如阿里巴巴)致力于人工智能养老的研究与应用，并开发出一系列如"天猫精灵"等 AI 智能产品投入市场。尽管如此，由于从政府到公众对通过智能产品和新媒体方式来做好健康管理、满足老年人精神需求的认识不足，加之老年人认知能力有限，具有普适性的，尤其是面向老年人精神慰藉的养老公共智能服务产品仍然较为欠缺。

(3) 老年线上社交 App 应用开发不足。近年来，随着 4G 技术的广泛应用、5G 技术的日臻成熟，"广场舞"App、"老柚""友瓣""花镜"等老年直播软件的兴起开始成为互联网的增长点，互联网技术也成为满足老年人文化精神需求的有效黏合剂。而与此同时，以老年人为服务对象的垂直平台还较少，目前仅有"糖豆""友乐""彩视""北京大妈有话说"以及由爱奇艺出品的"锦视"等短视频 App 专门面向老年人群提供服务。此外，如麦克卢汉所说，"媒介即信息"，媒介在传播内容的同时，也在不断塑造着新的内容形态。流量经济时代，一些主要面向老年群体的短视频 App 由于其在内容生产方面偏重于短、平、快的碎片化、即时性，对于老年人具有一定误导性。为此，如何引导老年人健康使用短视频 App、网络直播等平台，值得我们进一步探讨。

资料来源：李金娟. 养老公共服务智能化建设思考[J]. 合作经济与科技，2019(6).

第 3 章　二手数据收集

学习目的与要求

1. 理解二手数据的含义及其特点；
2. 了解二手数据的来源及其构成；
3. 了解二手数据的评估；
4. 了解二手数据的标准化。

📋 引入案例　传音占领非洲市场

在深圳市南山区科技园一个新建的办公大楼里，藏身着一家看上去不太起眼的手机公司。这家名为传音的深圳公司目前主要市场在非洲，几乎没有几位中国用户用过他们的产品。但据 IDC 公布的数据，2018 年非洲智能手机市场出货量为 8820 万台，其中传音占据 34.3% 的市场份额，稳居第一；三星(22.6%)、华为(9.9%)则分居第二、第三。此外在功能机方面，传音同样以 58.7% 的份额遥遥领先。

从手机厂商波导公司走出的竺兆江，是传音公司的创始人，也是一手打下传音非洲江山的关键人物。2006 年，竺兆江成立了传音科技，专业从事移动通信产品研发、生产、销售和服务。2007—2008 年，竺兆江发现国内的手机竞争太过激烈，经过考察，他发现非洲市场是一个非常合适的选择，底子虽薄，但发展潜力巨大。非洲是仅次于中国、印度的全球人口第三多的市场，人口数达到 10 亿等级，但目前手机市场只有三星、诺基亚等少数品牌，当地人用手机就像中国人早年使用"大哥大"一样是身份的象征。看准了这个大而竞争不激烈的市场，竺兆江决定"转移阵地"。

Arif Chowdhury，孟加拉人，传音创始人之一，他参与了传音最早期的决策。Arif 说，"选中了新兴市场这个大范围之后，我们还要看各个市场的潜力如何，决定的标准就是手机的普及率"。

"基金公司 RoyceFund 的一项调查研究显示，在 2005 年前后，非洲大陆的手机普及率仅仅为 6%。到了 2008 年，这个数字稍有改善，提升到了 30%；而同时期的印度和中国，普及率已经达到了 40% 以上。像尼日利亚这样的国家，人口接近两亿，是世界上人口数量排名靠前的国家之一，但是那里的手机普及率就只有 20%～30%，这里就存在着空间。"他说："相对来说，非洲的市场竞争也要小于印度和国内。"

2007 年，传音试水非洲市场，利器之一就是在国内市场并不稀奇的双卡手机。当时的非洲市场只有单卡手机，不同运营商之间通话很贵，所以用户倾向于办理多张 SIM 卡。一部双卡手机等于两部单卡手机，这对消费者来说更划算。传音的双卡双待手机由于备货不足，不到一个月时间就卖空了。

之后双卡双待在非洲开始大行其道。根据行业研究公司 Wireless Intelligence 在 2012 年 11 月公布的一项研究显示，非洲的用户已有超过 7 亿张 SIM 卡，其中大部分用户都拥有至少两张 SIM 卡；市场研究公司 Informa 在 2012 年的一项调查则显示，以尼日利亚为例，当地的移动手机用户平均每人拥有 2.39 张 SIM 卡。

尝到了甜头后，传音开始将越来越多的资源投入非洲市场，并推出了越来越多针对当地用户个性化需求的产品。比如传音旗下手机品牌 TECNO 所推出的 Camon 系列手机，因为能够在暗光环境中识别出深肤色用户的脸庞而大受非洲人民喜爱。这简直是"杀手级"的功能，针对深肤色用户的夜间自拍效果秒杀 iPhone。另外还有四卡手机，以及随机赠送头戴式大耳机的音乐手机等。这些在我们看来觉得有点不可思议的"奇葩"产品，却深深地击中了非洲人民的痛点。

目前，针对非洲市场的不同用户群体，传音已经有三个细分手机品牌：TECNO、itel 和 Infinix。其中，TECNO 是传音最早在非洲推广的品牌，所提供的产品类型也最为多样，囊括功能机和智能机；itel 则面对中低端市场；Infinix 是三者之中推出最晚的，主打的机型也是最新潮的高端智能机。这三个子品牌一起帮助传音涵盖了几乎所有的用户群体，也帮助传音在非洲市场打响了名气。

资料来源：饶文怡. 揭秘传音：非洲市场占有 38%去年全球出货近 8000 万. 凤凰网资讯. http://news.ifeng. com/a/20170930/52246845_0.shtml；传音全球出货量 2 亿，这家称霸非洲的公司，99%的人竟然不认识 http://blog.sina.com.cn/s/blog_18efa0ba00102ycbt.html

3.1　二手数据的含义及特点

3.1.1　二手数据的含义

营销决策所需要的数据可以分为两类：一手数据和二手数据。一手数据是调研人员针对研究方案通过现场实地调查直接向调研对象收集的数据。

二手数据指的是那些并非为正在进行的研究项目而是为其他目的已经收集起来的"历史"数据，即非原始数据。如果信息的来源可靠且及时，二手数据在获取对研究问题有价值的见解方面是一种直接、快速且经济的方式。由于原始数据涉及研究过程的所有步骤，对于大多数二手数据无法满足要求的研究项目，研究人员才不得不专门收集一手数据，否则在开展市场研究时首先要利用二手数据。

使用二手数据来解决商业问题和寻找商业机遇呈逐年上升的趋势。随着信息技术的发展，许多公司可以通过搜索引擎、客户的邮件、聊天室等途径获得客户、竞争者及行业数据。二手数据的运用范围很广，不仅可以用来预测经济走势和生活方式的变化，收集行业信息、公司情报、国际数据、民意以及历史资料，还可以用于如商店选址等具体的项目研究。

为了阐明二手资料调研法在营销调研中所起的作用,由竞争情报从业人员协会(Society of Competitive Intelligence Professionals)组织的调研公司调查报告中提到,进行抽样调查的公司中约 60%定期使用二手资料调研法。调查表明它们还使用如下所列的二手数据。

(1) 监测竞争和商业情报——82%;

(2) 给一手资料调研项目提供功能支持——75%;

(3) 做管理报告——95%;

(4) 制定具体的商业决策——57%;

(5) 证明内部数据和一手数据收集的合理性——48%。

资料来源:小约瑟夫·海尔,罗伯特·布什,戴维·奥蒂诺. 营销调研——信息化条件下的选择[M]. 4 版. 北京:清华大学出版社,2012.

3.1.2 二手数据的特点

1. 二手数据的优点

(1) 省时、省事、省费用。收集一手数据涉及设计调查问卷、培训调查员、开展现场工作、数据录入与清理等一系列工作,费时、费事、费钱,而利用二手数据就节省了很多时间、精力及财力。

(2) 样本较大、代表性好、可比性较强。有些二手数据来自国家统计局、行业协会、大型专业数据供应商等权威机构,因此,数据不仅样本量大,代表性也好。并且有些数据是连续多年持续收集的,因此可比性也比较好。

(3) 有助于对相关问题、途径及方案的确定和对原始数据进行分析。二手数据虽然不可能提供特定调研问题所需的全部答案,但二手数据在许多方面都具有价值。例如,二手数据可以帮助我们明确问题,更好地定义问题,寻找处理问题的途径,构造适当的设计方案,回答一些调查问答题,检验某些假设,更深刻地解释原始数据。因此,考查研究可能得到的二手数据是收集原始数据的先决条件。

2. 二手数据的缺点

尽管二手数据有助于市场研究,但也存在如下局限性和缺点,研究者在使用二手数据时应当谨慎。

(1) 相关性差。二手数据不是专门为研究者需要解决的问题而收集的,它是为其他目的而收集的,这就不可避免地造成二手数据与项目要求的数据在很多方面不一致。有些二手数据的测量单位与研究者所要求的测量单位可能不一致。如收入信息分为总收入、税后收入、家庭收入、人均收入等。还有些二手数据的分类定义可能对研究者来说完全没用。例如,某豪华品牌汽车公司特别关注年收入在 30 万元以上的家庭百分比,但所收集到的二手数据却只能提供年收入在 10 万元以上的家庭百分比,此时该公司就不能使用这种被提炼过的分类方法的数据资料。

(2) 时效性差。二手数据就是在当前的研究项目之前已经存在的数据,因此在反映当前市场、消费者以及环境等信息方面存在差距。

(3) 可靠性低。二手数据是他人收集的，因此，数据的质量水平最终取决于数据收集单位、收集用途及收集方法等的差异。即便是政府部门的统计数据也存在一定程度的误差，甚至不排除部分数据有很大的水分。

3.2　二手数据的来源及评估

3.2.1　二手数据的来源

二手数据的来源主要可以分成两大类：内部数据来源和外部数据来源。

1. 内部数据来源

内部数据来源指的是出自研究的委托企业或公司内部的资料，包括会计账目、销售记录和其他各类报告等三部分。

1) 会计账目

每个企业都保存关于自己的财务状况和销售信息的会计账目。会计账目记录是出口企业或公司用来计划市场营销活动预算的有用信息。

2) 销售记录

市场营销调研人员也可从企业的销售记录、顾客名单、销售人员报告、代理商和经销商的信函、消费者的意见以及信访中找到有用的信息。本企业的营销信息系统和计算机数据库中储存了大量有关市场营销的数据资料，这种信息系统也是调研人员重要的二手资料来源。

3) 其他各类报告

其他各类报告包括以前的市场营销调研报告、企业自己做的专门审计报告和为以前的管理问题所购买的调研报告等信息资料。随着企业经营的业务范围越来越多样化，每一次的调研越有可能与企业其他的调研问题相关联。因此，以前的调研项目对于相近、相似的目标市场调研来说是很有用的信息来源。

2. 外部数据来源

外部数据指的是来自被调查的企业或公司以外的信息资料，一般包括公开的出版数据、辛迪加数据和互联网数据。

1) 公开的出版数据

公开的出版数据指的是那些可从图书馆或政府部门及其他实体(如贸易协会等)获得的公开出版的数据，可将其分为政府数据和普通商业数据。

(1) 政府数据。政府数据包括普查数据和其他政府出版物。普查数据是政府数据的最大来源。它通常由国家统计局负责组织和实施，并最终形成公开出版的普查报告。主要的政府普查报告包括人口普查、基本单位普查、经济普查和其他政府出版物。

① 人口普查。人口普查是政府提供的最具市场价值的二手数据，一般都相隔一定周期地进行全国性人口普查。我国于 1953 年、1964 年、1982 年、1990 年、2000 年、2010 年先后进行了六次全国性人口普查，人口普查结果成为企业市场分析的有力依据。

② 基本单位普查。我国基本单位普查的对象为中华人民共和国境内除城乡住户和个体工商户以外的所有法人单位及其所属的产业活动单位。迄今为止，我国政府仅在 1996 年和 2001 年

举行了两次基本单位普查。

③ 经济普查。除人口普查和基本单位普查数据之外，对市场营销研究机构和委托研究的企业而言，非常重要的普查数据还有农业普查、工业普查、服务业(第三产业)普查及综合性经济普查等。

④ 其他政府出版物。政府数据除了普查数据之外，还发布或出版大量的统计数据。非常有用的统计数据有工业增加值增长速度、工业主要产品产量及增长速度、全社会客货运输量、城镇固定资产投资情况、各地区城镇投资情况、社会消费品零售总额、居民消费价格分类指数、各地区居民消费价格指数、商品零售价格分类指数、各地区城镇居民家庭收支基本情况、消费者信心指数、宏观经济景气指数等月度报告的数据，还有一些重要的按季度、年度报告的数据。

除了发布统计数据之外，政府部门也出版一些定期的出版物，如《中国统计年鉴》《中国发展报告》《中国农村统计年鉴》《中国工业经济统计年鉴》《中国第三产业年鉴》《中国科技统计年鉴》《中国高技术产业统计年鉴》《中国连锁零售业统计年鉴》《中国城市(镇)生活与价格年鉴》《中国商品交易市场统计年鉴》等。

(2) 普通的商业数据。除了政府提供的大量二手数据之外，普通的商业数据也十分丰富。从形式上看有书籍、期刊、报纸、专题报告和行业数据等大量公开出版数据，也有帮助研究者搜索有关数据的工具出版物，如指南、目录、索引和其他非官方统计数据。

2) 辛迪加数据

辛迪加数据指的是向所有信息购买者提供的以标准化形式收集的具有高度专业化的信息数据，属于标准化信息范畴。比较典型的辛迪加数据有 AC 尼尔森电视监测数据与网络监测数据、爱必创(Arbitron)的广播听众调查研究结果以及央视市场研究公司(CTR)调研数据等。

3) 互联网数据

随着互联网和远程通信技术的不断发展和普及，以及收集、挖掘信息技术方便、快捷和经济的优点，利用互联网收集二手数据成为一种新的趋势。人们通过互联网可以获得大部分二手数据。人们利用网站、搜索引擎和关键词的搜索，可以轻松、快速地从网页上了解产品及服务的相关信息，了解企业结构和市场定位以及人们对其评价的相关信息。例如，利用"KnowThis"(www.knowthis.com，包含了超过 100 万个公司的网址)搜索竞争公司，利用"搜索合作信息"网站(www.corporateinformation.com，包含了来自 85 个国家的 39 000 家公司的信息)来获得关于公司管理、金融和销售等方面的信息。显而易见，随着科技的发展，互联网已经成为企业收集二手数据的重要工具。

【案例 3-1】新媒体数据分析之数据类别与来源(改编)

在新媒体运营的工作中，每个平台都会产生大量的数据。但因为平台不同，所以数据展示形式也不一样，自然统计方式和分析方式也会有一定的差别。因此要想快速了解新媒体数据分析方法，就必须要先了解和掌握常见的新媒体数据展现形式和类别，这样在日后的工作中才可以有针对性地去分析不同的数据。

新媒体的数据类别一般包括两种展现形式——数值型和图文型。数值型的数据主要是由数字组成，可以直观地对数字进行对应的统计和分析，可以很好地总结并评估运营的结果。常见的数值型数据包括阅读量、粉丝量、网店的销售数据、网站的浏览数据以及各种活动的参与统计数据等。另一种图文型数据是由数字和图片组合而成。图文型的数据一般是指网站栏目分类、账号粉丝分类、消费者反馈以及各种平台矩阵分布等。了解图文型数据的目的并非是制定考核指标的量化结果，而是这类数据可以帮助我们找到正确的运营方向。

目前新媒体运营的平台有很多，其中包括但不仅限于微信公众号、微博、今日头条、大鱼号、搜狐号、新浪看点、简书等。下面列举几个例子，以方便大家理解这些数据的来源。

(1) 微信朋友圈。这一类的数据来源多是通过个人统计出来的，一般是出自"朋友圈+社群运营"的结果，具体的数据来源主要有好友增长数(吸粉加好友)，朋友圈发布海报点赞评论数，以及通过朋友圈购买产品的销售数等。

(2) 微信公众号。微信公众号数据本身自有统计平台，运营者可以很直观地了解当天的运营情况，包括新增关注数、取消关注数、单篇文章阅读量、全部图文阅读量，甚至还可以选择时间阶段进行统计。

(3) 新浪微博。无论是个人还是企业都可以在微博后台查看详细的微博数据，作为运营人微博常见的数据有阅读数、浏览量、视频播放量、粉丝来源以及粉丝新增、取关数等。

除了以上三个例子，还有很多新媒体平台，其后台统计都很强大，作为运营者可以很直观地看到运营状况，根据运营现状及时调整运营策略。

资料来源：http://www.sohu.com/a/277581154_207847.2018-11-24

3.2.2 二手数据的评估

二手数据是为其他研究目的而不是为当前研究问题收集的，因此，二手数据的相关性、准确性及时效性上均有可能存在缺陷，二手数据收集的目的、性质和方法也不一定适合当前的情况。因而在使用二手数据之前，有必要先对二手数据进行评价。

1. 二手数据的评价标准

1) 研究目的

数据总是按一定的目标或用途来收集的，因此首先要问的基本问题就是——为什么要收集这些数据。了解到数据收集的目的，就可以知道在什么情况下这些数据可能相关或有用。研究目的与当前研究的目的越是一致，则数据的相关性越强。为一种具体目标而收集的数据不一定适用于另外一种场合。例如，为了了解各种品牌市场占有率而收集的数据，就不一定适用于为了分析消费者怎样选择品牌的调研问题。

2) 研究内容

研究的内容主要包括研究的问题、关键的变量、研究的总体、测量的单位、使用的分类，以及相互关系的研究方法等，由此判断这些数据是不是当前需要的有用的信息，这是相关性评价的一个重要方面。如果关键的变量没有定义，或者与调研者的定义不一致，数据的利用价值就很有限。假定找到了有关消费者对电视节目偏好方面的二手数据。要利用这些数据，重要的是必须知道对电视节目的偏好是如何定义的，是按照看得最多的节目来定义？还是按最需要的？最欣赏的？最有帮助的(提供最多信息)？或是对当地提供最好服务的节目来定义的？同样地，测量二手数据所用的单位不一定适用于当前的问题。例如，收集的二手数据的分类中只有关于年收入在 12 万元及以上的报告，但是调研者希望研究年收入 20 万元以上的高收入人群，这时二手数据就没有利用价值了。另外，相互关系的考察也是数据内容的重要方面。例如，如果调研者感兴趣的是被调查者"实际的"行为，那么，由自我报告的态度中"推断的"行为就没有什么参考价值了。

3) 研究方法

研究方法的考察是数据可靠性的主要依据。收集数据时所使用的方法或技术要求包括抽样方法、样本性质和大小、回收率和回答质量、问卷设计和执行、现场调查实施的程序、数据处理和报告的方法过程等。对这些方面的考查可以提供有关数据的可靠性和有效性方面的信息，也有利于帮助确定是否可以将这些数据用于解决手中现有的问题。

4) 信息的来源

数据是否可靠要通过考查专家鉴定、数据来源或调研机构的信誉、名声和是否值得信赖来判断。这可以通过询问曾经利用过该数据来源的机构或人们来检查。对于为了进行促销、为了特殊利益关系或为了进行宣传而出版发表数据要抱怀疑的态度。同样地，匿名发表的或是企图隐瞒数据收集方法和过程细节的二手数据也是令人怀疑的。还要考查二手数据是直接来自原始的收集机构还是间接地由再次进行处理后生成的？一般来说，使用来自原始收集机构的二手数据相对比较完全。因为这样的数据可能在收集方法等细节方面规定得很详细，而且比再加工的数据更为准确和完整。

5) 数据收集的时间

二手数据就是在当前研究展开之前存在的数据，因此这些数据在不同程度上都存在过时的问题，收集的数据越新，则时效性越强。

6) 收集的要求

对所收集到的数据做适当的处理和解释，才能使之成为制定营销策略的依据。因此，对二手数据的收集和处理是有严格要求的，最基本的要求是真实性、及时性、同质性、完整性、经济性和针对性。

2. 二手数据的收集步骤

二手数据的收集一般包括以下几个步骤。

(1) 明确数据需求。首先根据研究题目和研究框架确定需要什么数据，例如，用选择模型研究消费者对不同品牌的选择时，不但需要所研究品牌的产品属性和价格数据，还需要竞争品牌的产品属性和价格数据。

(2) 查询可能的数据来源。一旦确定了需要什么数据，下一步就是查询这些数据的来源有哪些。例如，人口数据的来源可以是公安部门的户籍登记数据，也可以是统计局的人口普查和调查的数据。

(3) 搜寻有关数据的资料。通过浏览有关网页或索取有关数据文件，可以了解数据的内容、格式、质量、价格和使用条件等，以便确定该数据对于手头的研究项目来说是否合适。

(4) 获得数据及有关资料。通过购买、交换或免费索取的方式获得数据和数据字典等相关资料。

(5) 数据质量和内容评估。通过对数据的初步分析，对其内容和质量进行评估。

3.3　二手数据的标准化

标准化信息是通过标准化的工作过程收集的二手数据。标准化信息分为两大类：辛迪加数据和标准化服务。

辛迪加数据是向所有信息购买者提供的以标准化形式收集的信息。辛迪加数据的标准化收集模式使得它们在不同时期收集的数据具有可比性。由于许多信息需求方需要相同的服务，这样使得每一个信息购买者获得信息的成本大大减少，因此，辛迪加数据的一个优点就是可以分摊信息的成本，另一个优点就是信息需要者可以快速获得所需的信息，原因在于辛迪加数据供应商总在定期地、不间断地用一套标准过程和方法来收集有关数据。辛迪加数据的主要应用在于：测量消费者态度以及进行民意调查，确定不同的细分市场，进行长期的市场跟踪。国外市场研究常用的辛迪加数据来源介绍参见【资料 3-2】。

标准化服务是指采用标准化市场调研过程为特定的顾客提供数据信息。标准化服务很少向顾客提供标准化数据，只是出于营销的目的使调研过程标准化而已，而辛迪加数据的收集过程、分析过程及数据本身都是标准化的。使用标准化服务使企业可以利用调研公司的经验减少试错的时间并积累经验，也可以降低调研成本，提高速度，但其定制能力有些不足。

【资料 3-2】 国外主要辛迪加数据信息介绍(节选)

1. 民意和态度测量类

这类二手数据数据库定期对大样本量的被访者(样本量多为 20 000 以上)进行民意和消费者态度调查，形成标准化二手数据产品。下面是几种比较著名的产品。

(1) 马瑞兹民意调查(martiz poll)。主要是对美国和欧洲消费者进行民意调查。调查的结果通常发布在各种媒体和自己公司的网站上，如美国联合通讯社、美国有线电视新闻频道《商业新闻》《金融时报》《路透社》及《今日美国》等。

(2) 哈里斯民意调查(harris poll)。哈里斯民意调查公司成立于 1963 年，哈里斯民意调查主要测量消费者对经济环境、政治、国际事务、法律等各种事件的态度和意见。调查每周一次，有些问题会重复出现，因此能通过动态数据了解其发展趋势。

(3) 盖洛普民意调查(gallup poll)。盖洛普民意调查开始于 1935 年，主要就国家问题、私人问题及国际事件进行公众态度的调查。该调查每年进行一次，每年都会自动覆盖以往的问题。盖洛普同时也为顾客提供定制化服务，即针对特定领域提供的流程标准化的调查服务。

(4) 扬科洛维奇调研(yankelovich monitor)。扬科洛维奇公司成立于 1971 年，主要从事社会价值观的调查，并对价值观的改变给消费者带来的影响进行研究。如对美国不同时代的消费者的研究，包括成年人群、婴儿潮一代和"X"一代。公司每年针对 16 岁以上人群在全年收集一次数据，样本容量为 2500 个，采用 90 分钟的家庭访谈和数小时的问卷调查方式获得数据。扬科洛维奇的研究主题比较宽泛，包括行为主义、营养学、医生、女性、压力、工作、电视、购物、报纸等。公司也会研究拉丁美洲和非洲年轻人的态度和价值观。

(5) 益普索声誉风险监测(ipsos global)。益普索声誉风险监测数据库的调研每年实施 2 次，为期 22 天，对 22 个国家的 22 000 个调查对象进行访谈，它可以帮助公司通过调查企业声誉来预警评估公司的风险。如百威英博公司使用声誉风险监测更好地了解顾客和重要的利益相关者是如何看待公司声誉的；比利时最大的比利时电信公司使用它来确立一些关键指标的基准；其他如法国航空和可口可乐公司也使用这个产品。

2. 地理市场细分类

这类二手数据库主要是通过收集全面的基础数据资料(如人口、生活方式、地理区域)，在此基础上进行不同的市场细分。

(1) 行业细分产品。这类数据库产品多是在国家行业分类标准的基础上，收集更加具体的组织或个人信息，以提供精准的基础数据信息。如邓白氏公司开发的邓白氏编码系统是一个9位编码的分类系统，前面6位与北美产业分类代码对接，后面3位为每一个公司设一个编码，这样可以在全球范围内识别出至少10亿家公司。如 Basket Kases 是一家生产木制礼品篮的公司，希望得到所有批发礼品篮公司的名单以开展一次营销活动。编码系统中 51990603 代表礼品篮批发商，由此可以找到美国中东部 8 个州的 83 家礼品篮批发公司。

(2) 地理人口细分数据库。这类数据库多是基于国家的基础普查数据，根据商业需要将其整合为不同的商业区域。如尼尔森克拉里德斯(Nielsen Claritas)公司利用邮政编码和普查中的各种分区统计数据——即商业区域，统计出这些商业区域的居民特征和生活方式等综合数据。当客户给出所需要的市场特征时，公司能根据这些特征找出与前述具体特征最匹配的地理区域。这种服务称为 PRIZM 服务。

(3) 生活方式细分数据库。这类数据库主要是详细统计出各个消费者的信息，包括性别、年龄、职业、兴趣(如喜欢养猫、户外旅行等)，然后将其划分为不同的生活方式。如 ESRI 公司是全球软件行业中地理信息系统技术方面的领头羊，其开发并向客户提供 Tapestry 市场细分系统，根据所选择的地理人口特征和社会经济特征把美国的居民区分为 65 个细分市场。如其中的两个细分市场：顶级客户市场和有抱负的年轻家庭市场，比较清晰地描述了这两个细分群体的生活方式、消费方式、工作内容、偏好的活动等。

3. 零售数据追踪类

这类数据库主要是通过定期地收集零售数据资料，形成动态的数据库，在此基础上分析商业环境的变化并进行相应的经营决策。比较有代表性的有以下几点。

(1) 尼尔森零售扫描数据库。尼尔森公司每周都会在上千个店铺中，针对上百万个不同的条目来收集上百万次购买信息。这些店铺包括 14 000 多家食品店、18 000 多家药店、3000 多家大卖场、2500 多家便利店、450 多家烟酒店、140 多家仓储俱乐部，以及 35 家以上的一元店。还有一些数据是针对零售商的调查获取的。扫描追踪数据可以提供不同层面的大量信息，如一份报告可提供美国 52 个市场中某一类别的所有商品信息，也可以只提供某一城市中某一品牌的信息。

(2) 家庭扫描类数据。这类产品主要是由家庭成员利用入户扫描器扫描所购买的商品的名称、数量等信息，也可能是调研人员深入住户家中进行扫描，以此来了解家庭消费购物的内容。这些方法多采用固定样本组进行调查。

4. 媒体使用研究类

这类数据库多是由各家公司进行市场细分后开发，从而形成自己的特色产品。典型的有以下几点。

(1) 追踪下载的音乐、录像和图书类数据库。包括尼尔森声音服务：动态跟踪几家大型网上音乐商店下载音乐和视频的情况；尼尔森视频追踪服务：由一些公司提供关于 VHS 和 DVD 录像的各销售点的相关信息，然后视频追踪再将这些信息进行整合；美国的图书扫描：追踪 30 万种以上不同图书的每周销售量，并在全球范围内设有分部。

(2) 电视收视率调查。尼尔森电视指数是衡量电视收视率的主要指标，其对美国 210 个指定区域进行收视率测量。收视率是指时长 15 分钟的电视节目，至少有一台电视机收看这个节目且观看时间超过 6 分钟的家庭所占的百分比。份额是指特定时间内至少有一台电视机在播放某个特定节目的家庭所占的百分比。尼尔森采用的是人员测试器，这种电子工具能自动记录家庭成员打开电视机后观看的频道。

(3) 广播收听率调查。从 1964 年至今，阿比创公司一直提供广播听众的服务。公司使用便携式人员测试器(PPM)从市场中收集 12 周的日账，测量时长以 15 分钟为一个时段。包括接收时间、收听某个电台的时长、收听的是哪个电台、在哪里收听，以及样本成员的年龄、种族和性别。

(4) 出版物调查。以 MRI 公司的斯塔奇读者服务为例，MRI 公司主要测量杂志广告到达率，还提供称为 adnorms 的联合服务，这种服务对 125 种以上消费者杂志和商贸杂志上进行关于 37 000 个广告的 840 个问题的调查。为了评估单个广告，斯塔奇也会分析影响读者的其他变量，如广告的规格、版面数量、黑白和彩色的效果差异、特殊的位置(封面、夹缝)以及产品分类等。广告客户可以了解自己广告的效果、品牌塑造情况和读者参与度。

(5) 多媒体使用情况调查。提供多媒体使用习惯、类型等方面数据的二手数据库。如西蒙斯全国消费者研究(simmons national consumer study)，每年采访约 25 000 位成年消费者，从而获得 8000 多个品牌媒体使用的相关信息。报告反映了与产品使用相关的媒体使用习惯，涵盖了 450 多种产品类型，涉及服装业、汽车业、计算机业及旅游业等。另外，西蒙斯公司还收集人口统计数据和心理学数据，用户可以利用这些信息判断某类产品和品牌的消费者观看和收听媒体的习惯。

资料来源：杨晶. 从国外经验看我国市场调查行业发展战略——以国外商业性二手数据库开发为例[J]. 市场研究, 2012(11).

国内市场营销研究常用的辛迪加数据包括消费者年度调查数据、消费者固定样本组数据、媒体固定样本组数据、读者调查数据、零售研究数据等。[1]

1. 消费者年度调查

使用阈限设计的问卷对国内主要城市的大量消费者进行访谈，调查内容一般包括心理测量、生活方式、品牌认知、消费行为和媒体习惯等。这类数据的主要来源是央视市场研究公司(CTR)的全国消费者年度调查。这类数据的主要用途包括市场细分、市场渗透率分析、市场潜力估计、市场份额分析等。这类数据的主要优点是样本的代表性较好，缺点是购买行为信息都是靠调查对象的回忆获得，因此不够可靠。

2. 读者调查

这是有关人们生活形态、媒体接触习惯与产品消费习惯的重复性横截面调查。这类数据可以用于分析不同媒体的平均每期阅读率、读者构成、读者的媒体接触习惯等。例如，CTR 的全国读者调查(CNRS)在 36 个城市对城市居民的媒体接触习惯、产品及品牌消费习惯和生活形态进行问卷调查。该调查年样本量达到 80 100 个，涵盖近 400 家全国及各地的主要报纸、约 200 份杂志、近 300 个广播频道、400 多个电视频道和约 100 个网站；提供了城市居民媒体接触习惯、接触方式、媒体发展和竞争状况，以及城市居民产品/品牌的消费行为和生活形态等信息。

---

1 资料来源：涂平. 市场营销研究方法与应用[M]. 2 版. 北京：北京大学出版社, 2012.

3. 零售研究

即由专门的公司从各种类型及规模的零售终端所收集的数据，可用于对快速消费品的终端销售状况进行追踪，分析产品的销售额、市场份额及其变化趋势，还可以用来评估不同渠道的市场占有率。例如，AC 尼尔森(http://cn.nielsen.com/)运用店内产品代码扫描信息和专业人员店内访问，提供涵盖食品、家庭用品、保健美容产品、耐用品、糖果及饮料产品的销售数据。这类数据在零售层面，提供了许多不同产品流动情况的相对准确的信息，而且可以按许多重要的标准(如品牌、渠道类型和地区)提供。当然这类信息也有局限性，最主要的缺点是遗漏(尤其是新兴渠道的覆盖较差)和缺乏消费者特征及厂商的营销投入方面的信息。

4. 消费者固定样本组

消费者固定样本组是由在较长的时间段定期提供特定信息的调查对象样本构成，调查对象在购买行为发生时将之记录下来，按规定的时间将日常记录返还给研究机构，常常能够补充调查数据的局限。消费者固定样本组数据可用于销售预测、市场份额分析、品牌忠诚度和品牌转换分析、促销效果分析等。与消费者年度调查相比，固定样本组能够提供真正的纵向数据，排除了由于回忆可能产生的误差，因此调查数据比较准确可靠。其主要缺点包括样本缺乏代表性，调查对象由于参与时间长而产生反应偏差等。CTR 是提供中国消费者固定样本数据的权威机构。

5. 媒体固定样本组

媒体固定样本组是通过电子设备或让调查对象填写收视日志，记录样本户的收视行为，对样本户的收视行为进行连续跟踪。利用这些数据，可以对电视频道的收视率进行连续监测，对受众进行细分和描述，制定正确的媒体与广告投放策略。例如，央视—索福瑞媒介研究有限公司(http://www.csm.com.cn/)拥有庞大的广播电视受众调查网络，覆盖 5.65 万余户样本家庭。截至 2019 年 4 月，其在中国内地建立了 1 个全国调查网、29 个省级调查网(含 4 个直辖市)，113 个城市级调查网，同时，建立了中国香港特别行政区调查网络。

关键词和概念

原始数据　二手数据　内部数据　外部数据　辛迪加数据　消费者固定样本组

本章复习题

一、思考题

1. 如何获取二手数据和原始数据？

2. 访问提供辛迪加数据的数据供应商的网站，了解其提供的主要服务产品。

3. 选择一个市场调查与预测主题，收集相关二手数据。

二、实践题

1.【在校学生生活费用调查(续)】请根据已拟定的"在校大学生每月生活费用支出情况"市场调查与预测工作计划，收集相关的二手数据以用于本次调查分析对比，并进一步修改完善工作计划。

2. 假设一个欧洲的清洁用品公司，为了进入华东市场，应从哪些二手数据中搜寻经销商、代理商、终端店铺的信息，并做出合理的选择？

3. 根据【案例3-2】的二手数据，思考针对不同类型的游戏玩家应该怎样进行营销。

【案例 3-2】Newzoo：超过 10 亿的女性是活跃的游戏玩家(节选)

第三方市场情报研究机构 Newzoo 2019 年发布的一项新研究显示，女性几乎占所有游戏玩家的一半。

这项研究将全球 30 个市场的所有类型的玩家根据他们的喜好和花在游戏上的时间划分为 8 个不同的类型。

在这 8 种类型中，46%的玩家是女性，人数超过 10 亿。

最常见的女性游戏类型是所谓的"消磨时间类"，最有可能是在移动设备上玩，36%的女性属于这一类别，而男性中这一比例为 19%。女性几乎占了所有"消磨时间类"游戏玩家的 2/3。

17%的女性被认为是"云游戏玩家"，是最受女性玩家喜爱的第二大类别。"云游戏玩家"更喜欢高质量的游戏。

14%的玩家被归类为"爆米花玩家"，他们喜欢玩游戏，但更喜欢通过短视频等网站观看游戏内容。在所有的"爆米花玩家"中，女性占 46%。21 岁至 35 岁的男性最有可能属于这一类，占"爆米花玩家"的 22%。

在所有男性玩家中，超过 1/5 是"云游戏玩家"，这是他们的首选类别，其次是"消磨时间类"。第三是"终极玩家"，即那些既喜欢玩游戏又喜欢拥有游戏，并且把最多的时间投入游戏中的人。15%的男性被归类为"终极玩家"，女性玩家中有 9%属于这一类。

那些"终极玩家"的女性年龄最有可能在 26~30 岁之间，而"消磨时间类"的女性年龄最有可能在 51~65 岁；"传统玩家"的女性年龄则最有可能在 36~40 岁，她们更喜欢单独玩游戏，而且很少看游戏内容。

资料来源：199IT 互联网数据中心. http://www.199it.com/

4.【案例 3-3】中的哪些数据资料对企业制定网络营销战略有价值？

【案例 3-3】2019 年第 43 次中国互联网络发展状况统计报告摘要

中国互联网络发展状况趋势特点具体如下。

(1) 基础资源保有量稳步提升，IPv6 应用前景广阔。

截至 2018 年 12 月，我国 IPv6 地址数量为 41 079 块/32，年增长率为 75.3%；域名总数为 3792.8 万个，其中 ".CN"域名总数为 2124.3 万个，占域名总数的 56.0%。在 IPv6 方面，我国正在持续推动 IPv6 大规模部署，进一步规范 IPv6 地址分配与追溯机制，有效提升 IPv6 安全保障能力，从而推动 IPv6 的全面应用；在域名方面，2018 年我国域名高性能解析技术不断发展，自主知识产权软件研发取得新突破，域名服务安全策略本地化定制能力进一步增强，从而显著提升了我国域名服务系统的服务能力和安全保障能力。

(2) 互联网普及率接近六成，入网门槛进一步降低。

截至 2018 年 12 月，我国网民规模达 8.29 亿，普及率达 59.6%，较 2017 年年底提升 3.8

个百分点，全年新增网民 5653 万。我国手机网民规模达 8.17 亿，网民通过手机接入互联网的比例高达 98.6%，全年新增手机网民 6433 万。

2018 年，互联网覆盖范围进一步扩大，贫困地区网络基础设施"最后一公里"逐步打通，"数字鸿沟"加快弥合；移动流量资费大幅下降，跨省"漫游"成为历史，居民入网门槛进一步降低，信息交流效率得到提升。

(3) 电子商务领域首部法律出台，行业加速动能转换。

截至 2018 年 12 月，我国网络购物用户规模达 6.10 亿，年增长率为 14.4%，网民使用率为 73.6%。电子商务领域首部法律《中华人民共和国电子商务法》正式出台，对促进行业持续健康发展具有重大意义。在经历多年高速发展后，网络消费市场逐步进入提质升级的发展阶段，供需两端"双升级"正成为行业增长新一轮驱动力。在供给侧，线上线下资源加速整合，社交电商、品质电商等新模式不断丰富消费场景，带动零售业转型升级；大数据、区块链等技术深入应用，有效提升了运营效率。在需求侧，消费升级趋势保持不变，消费分层特征日渐凸显，进一步推动市场多元化。

(4) 线下支付习惯持续巩固，国际支付市场加速开拓。

截至 2018 年 12 月，我国手机网络支付用户规模达 5.83 亿，年增长率为 10.7%，手机网民使用率达 71.4%。线下网络支付使用习惯持续巩固，网民在线下消费时使用手机网络支付的比例由 2017 年年底的 65.5% 提升至 67.2%。在跨境支付方面，支付宝和微信支付已分别在 40 个以上国家和地区合规接入；在境外本土化支付方面，我国企业已在亚洲 9 个国家和地区运营本土化数字钱包产品。

(5) 互联网娱乐进入规范发展轨道，短视频用户使用率近八成。

截至 2018 年 12 月，网络视频、网络音乐和网络游戏的用户规模分别为 6.12 亿、5.76 亿和 4.84 亿，使用率分别为 73.9%、69.5% 和 58.4%。各大网络视频平台注重节目内容质量提升，自制内容走向精品化。网络音乐企业版权合作不断加深，数字音乐版权的正版化进程显著加快。越来越多的游戏公司开始侧重海外业务，国产游戏在海外市场的影响力进一步扩大。短视频用户规模 6.48 亿，用户使用率为 78.2%，随着众多互联网企业布局短视频，市场成熟度逐渐提高，内容生产的专业度与垂直度不断加深，优质内容成为各平台的核心竞争力。

(6) 在线政务服务效能得到提升，践行以民为本发展理念。

截至 2018 年 12 月，我国在线政务服务用户规模达 3.94 亿，占整体网民的 47.5%。2018 年，我国"互联网+政务服务"深化发展，各级政府依托网上政务服务平台，推动线上线下集成融合，实时汇入网上申报、排队预约、审批审查结果等信息，加强建设全国统一、多级互联的数据共享交换平台，通过"数据多跑路"，实现"群众少跑腿"；同时，各地相继开展县级融媒体中心建设，将县广播电视台、县党报、县属网站等媒体单位全部纳入，负责全县所有信息发布服务，实现资源集中、统一管理、信息优质、服务规范，更好地传递政务信息，为当地群众服务。

(7) 新兴技术领域保持良好发展势头，开拓网络强国建设新局面。

2018 年，我国在基础资源、5G、量子信息、人工智能、云计算、大数据、区块链、虚拟现实、物联网标识、超级计算等领域发展势头向好。在 5G 领域，核心技术研发取得突破性进展，政企合力推动产业稳步发展；在人工智能领域，科技创新能力得到加强，各地规划及政策相继颁布，有效推动人工智能与经济社会发展深度融合；在云计算领域，我国政府高度重视以其为代表的新一代信息产业发展，企业积极推动战略布局，云计算服务已逐渐被国内市场认可和接受。

资料来源：http://www.cac.gov.cn/2019-02/28/c_1124175677.htm

第4章 市场调查的抽样理论与实践

学习目的与要求

1. 了解抽样过程；
2. 理解抽样目标群体、样本框架、调查发生率等概念；
3. 掌握确定样本大小的几种方法；
4. 掌握概率抽样的几种方法；
5. 掌握无概率抽样的几种方法。

引入案例 UPS：《2018 年网购消费者行为调查报告》

UPS 发布的《2018 年网购消费者行为调查报告》显示，在竞争激烈的零售业市场环境下，随着亚洲网购消费者的数量不断增加，其日益增长的预期推动了对免费配送、加急配送以及以客户为中心的退货政策纳入行业标准的需求。

在持续常态和新兴趋势的影响下，中国、中国香港特别行政区、日本，以及美国、加拿大、墨西哥、欧洲和巴西地区网购消费者的行为和偏好发生着变化。此次调研结果分为三个类别解读：常态、变化和新兴趋势。

(1) 常态。亚洲网购消费者满意度低，继续寻求免费、快速的配送和退货服务。

值得注意的是，仅有 57% 的亚洲购物者对网购体验表示满意，此比例与其他调研地区相比为最低，并自 2015 年起(当年调查满意度为 46%)该指数仅提升 11 个百分点，这表明亚洲地区针对客户满意度问题的改善进程非常缓慢。

零售体验其他方面的重要性逐年递增，影响了网购者的购买行为，包括免费的快速配送，以及免费且简单的退货政策。值得关注的是，亚洲网购消费者的订单中平均有 85% 享有免费配送，这说明免费配送能为提供该服务的零售商带来竞争优势。

近三分之二的亚洲网购消费者表示免费配送是结账过程中的一个重要因素，46% 的消费者会因此购买更多的商品来满足这一条件。另外，约有半数亚洲网购消费者曾因为无法提供配送日期或配送时间过长而放弃购物，平均配送等待 11 天将导致消费者放弃购买。

与此同时，方便易懂的退货政策可提高销售额和客户满意度，67% 的亚洲消费者表示：选择在线零售商时，免运费退货非常重要。虽然仅有四成亚洲网购消费者在过去一年内有过实际的网购退货行为，但只有 47% 的购物者对退货的便捷度表示满意。亚洲零售商必须采取更多措施来改善这方面的服务。

此外，对 79% 的消费者来说，他们的退货订单比例仅为 10% 或更少。在这其中，69% 的消费者在门店退货网购商品后会购买新的商品；而 67% 的消费者则选择在网上退货后购买新的商品，这证明了无忧退货服务带来的巨大商机。

(2) 变化。近年来，亚洲消费者越来越习惯使用智能手机购物、选择门店自提，以及在国际零售商和小零售商处购物。

智能手机的使用在亚洲购物者中越来越普及，使用智能手机购物成为寻常之事。77%的消费者在手机上下单(此比例为全球最高)，较 2015 年 55%的比例有所上升。相比之下，仅有48%的美国智能手机用户在其设备上进行网购。

门店自提越来越受到欢迎(2017 年有 37%的消费者采用这一方式，其中 59% 的消费者计划明年将更多地采用这一方式)。值得注意的是，这可能会为零售商带来丰厚的利润。在过去一年内采用门店自提方式的亚洲网购消费者中，有 60%在店内购买了其他商品。这一比例在中国内地甚至更高，达到了 74%。

研究发现，55%的亚洲网购消费者欣然接受国际零售商。其中，49%的消费者在海外零售商处购物是因为品牌或产品无法在国内买到，或是因为海外市场存在更好的质量(39%)或价格(38%)。

值得亚洲企业注意的是，亚洲网购消费者强烈倾向于在亚洲零售商处购物。

77%购买国际商品的亚洲消费者都是在本地区内的零售商处采购，而 31%曾在美国零售商处下单。中国香港地区的网购消费者购买国际商品的比例最高，达 82%；其次是中国内地，为 64%。与此同时，仅有 21%的日本地区消费者从本国以外的地区购买商品，这表明他们对本国商品具有强烈的偏好。

(3) 新兴趋势。新兴趋势是可能在未来发挥更大作用的零售新领域。

与其他地区相比，快递备选配送站在亚洲最受欢迎。71%的消费者，特别是千禧一代和城市消费者，他们更愿意为节省运费而选择更长的时间将包裹递送至快递备选配送站。购物者对备选配送地点的偏好已经从 2015 年的 46%显著增长至 2018 年的 59%。

亚洲消费者也非常喜欢网上商城，其中 98%曾在一家网上商城购物，超过三分之一的消费者表示明年将更多地使用网上商城。更优惠的价格(64%)和运费减免(42%)是消费者选择在网上商城而非直接在零售商处购物的主要原因。

资料来源：2018 年网购消费者行为调查报告. http://www.100ec.cn/detail--6447093.html

4.1　抽样基本理论与步骤

4.1.1　抽样调查的意义

在调查者确定如何收集数据的方案之后，下一个需要关心的问题就是如何在目标人群中抽取样本。抽取样本的方法可以分为随机抽样与非随机抽样两种。在随机抽样中，总体样本中的每个元素都有确定的被抽到的非零机会，在这样的情况下，抽样变量就能被计算出来，抽样结果也适用于一切总体样本。相反，由于非随机抽样(如任意抽样)中，每个元素被抽到的机会是不确定的，因此样本变量无从计算，其结果从严格意义上讲也不能应用于总体样本。但这并不意味着随机抽样是"好"的或非随机抽样方法是"差"的，而是这两种方法在市场调查中都有各自适合的用处。

抽样，这一主题在数学定义上是十分严格的，其严格程度最终取决于抽样的特定应用。有时抽样只需要运用一些最基本的、普通的观念，而有时却要运用十分复杂的统计概念和大量的数学公式。简而言之，抽样就是要确定一组可以通过通信、电话和上门访问联系到的个人或家庭数量，以便通过收集和了解他们提供的信息来进行市场研究的过程。

一个逻辑上基本的问题就是，究竟为什么要抽样？回答是简单而直接的：抽样对市场调查研究工作来说既实用又经济。市场调查研究的目的是要描绘和解释所选定的，代表某一组个人、家庭、机构和现象一定的特性及其市场反应。然而，企业研究市场要对整个市场群体进行普查，几乎是不可能的，因为它所要花费的时间、金钱及人力、物力实在太大，而且在理论上也完全没有必要通过调查群体中每一个单位来获得一个对群体的精确描述。

抽样调查的适用性主要有以下几个方面：

(1) 不能进行全面调查的事物。有些事物在测量或试验时有破坏性，不可能进行全面调查。例如，电视的抗震能力试验，灯泡的耐用时间试验等。

(2) 有些总体从理论上讲可以进行全面调查，但实际上不能进行全面调查的事物。如了解某品牌产品市场占有率情况，职工家庭生活状况如何等。

(3) 抽样调查方法可以用于工业生产过程中的质量控制。

(4) 利用抽样推断的方法，可以对于某种总体的假设进行检验，来判断这种假设的真伪，以决定取舍。

抽样的目的是不通过普查就能得出一些群体的情况。也就是说，在研究样本信息的基础上来推断和估计整个群体的状况。用作抽样的样本必须满足三个条件：

(1) 样本大小、规模能够满足调查的需要。

(2) 样本必须从目标群体中挑选，以便使样本能代表整个群体。

(3) 对样本的调查分析可以用来估算整个目标群体的情况。

当然，抽样并非都是必要的。市场分析员要尽可能利用一切可以利用的二手资料，而不是立刻向人群提问，后者通常是昂贵的、耗时的。

4.1.2　大数据时代的抽样调查

1. 抽样调查有存在的必要性

即便是大数据时代，也不可能通过所有的分析获取全部信息，进而完成全数据分析。因此抽样调查仍然有存在的必要性。但是在大数据时代，面对大量的数据源，如何科学地选择抽样调查方法、构建合理的样本框架、抽取最具代表性的样本，保证调查的有效性，这是大数据时代下，抽样调查需要解决的问题。

2. 抽样样本实现动态化管理

来自大数据的总体是实时变化的，但传统抽样调查的样本一旦获得就是静态的。在动态的总体下，如何保证样本的代表性，直至抽样推断的有效性呢？如可以通过记录新发生数据的频数与频率，判断新数据的代表性和重要性，来确定是否应该调整入样本，然后在原有的抽样模型基础上，调整样本构成结构，以满足抽样推断的精度要求。

3. 无概率抽样依然"有效"

大数据并不代表获取了所有调查对象的"全部"数据。所以，抽样不应该因为数据比以往更多而拘泥于概率抽样或更强调概率抽样。非概率抽样依然有被使用的价值，如对于达到一定频数和频率的数据按既定的抽样规则直接被列入样本中，而不影响其他已经被列入样本的数据被使用，或者是某些具有典型意义的数据直接成为样本"要素"。

4.1.3 抽样过程

抽样过程是指在市场调查研究活动中，确定样本选择原则和样本数量的过程。在抽样过程中第一步要确定研究计划所要收集的数据，它由市场调查的目的和背景所决定。一旦研究者或调查经理决定了所要收集的信息，那么第二步就是确定目标群体。这时调查者或经理必须定下调查的目标群体，决定相关抽样数量、决定发生率和选择抽样框架。抽样过程的第三步涉及数据收集问题或收集数据应选择的方法，收集数据的方法会影响抽样设计的其他方面。如果数据收集是电话访谈和街头询问行人，从这两种方式所得出的调查发生率就会不同。

样本大小的选择是抽样设计中最先要解决的问题。在确定样本大小方面有许多方法。有些方法是以统计理论为基础的，其他的方法则建立在市场实践的基础上。在抽样过程的第二步同时要求选定一种抽样方法。样本可以是随机样本也可以是非随机样本，每一类都有不同的确定抽样方法。抽样过程的最后一步是关于无偏差的问题，也就是要研究有哪些样本要素会影响调查结果的正确性。

在确定收集数据后的每一步内容都会在本章中得到论述。图 4-1 中的框图将抽样过程按抽样顺序进行了划分。这张框图只是指导抽样设计所必须着手的一些活动概览。这些活动都是相互关联的，每一步的决策是在以前几步的决策都已经过修正或完善的基础上做出的。

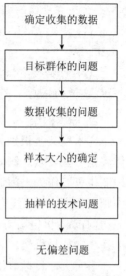

图 4-1 抽样过程概览

4.1.4 抽样目标群体

1. 抽样目标群体概述

一个样本不必代表整个群体，但它必须代表被研究的那部分群体，被研究的那部分群体叫作目标群体。精确地确定目标群体是非常重要的，如果不能在抽样过程中及时正确地确定目标群体，那么抽样结果将可能对所要解决的市场问题毫无用处。

确定目标群体的关键问题是对选择样本中包含哪些与调查目的相关的要素。若考虑一种新的面部保湿产品的营销调查，如【案例 4-1】所示，那么谁将是合适的目标群体呢？所有的女性？用过保湿面霜的女性？在近 30 天内使用过保湿面霜的女性？18 岁以上的女性？这些问题的回答对确定目标群体都是很重要的，不同的回答会产生不同的目标群体。【案例 4-1】中的调查就将一组在 30 天内使用过保湿面霜的，18 岁以上的生活在沿海地区的女性作为目标群体。

> **【案例 4-1】营销调查的目的：观念与产品测试**
>
> 商品：保湿面霜。
> 项目：观念与产品测试。
> 背景和目的：①具有保湿功能；②具有美容功能。
> 调查方法：选择 200 名在近 30 天内使用保湿面霜的女性作为测试对象。根据抽样的数据将不同年龄参加者的比率归纳为表 4-1。

表4-1 不同年龄女性的比率

年　　龄	占总体比重/%
18～34 岁	45
35～54 岁	30
55 岁以上	25

让每个被调查者带回一袋产品使用一周，一周后电话反馈产品使用后的情况。

希望在反馈的电话中获得以下的信息：

(1) 观念信息，包括购买兴趣、喜欢不喜欢、产品主要的利益、特征的共识程度、其他突出问题。

(2) 行动标准信息，包括通过调查获得被调查者对产品中的哪些观念的响应，以及认同程度高低的信息。

2. 样本框架

样本框架是识别和鉴定目标群体的一系列属性和概念(如地区性要求)，它意味着对目标群体限定一些要素。例如，作为电话调查，样本框架可以是一份名字和电话号码的清单；住所的地图也可以作为上门调查的样本框架；一份从当地公共事业部门获得的家庭住址的清单可以用作邮寄调查。如果没有目标群体的清单或不能有规律地细分属性的话，那么地区抽样(像街头拦截访问)或随机电话访问可能是较好的备择方法。在随机抽样中一个很重要的工作就是要得到一个适当的抽样框架。

事实上，目标群体的清单或分地区目标群体的资料可从不同的来源得到。

【资料 4-1】银行家问卷调查

银行家问卷调查是由中国人民银行和国家统计局合作完成的一项制度性季度统计调查。

中国人民银行调查统计司和国家统计局服务业调查中心双方共同负责调查问卷的编制、调查方案和指标体系的制定、计算方法的确定；中国人民银行调查统计司负责银行家调查的具体实施、数据分析以及调查报告的撰写等；调查结果由中国人民银行和国家统计局共同对外发布。

调查采用全面调查与抽样调查相结合的调查方式，对我国境内地市级以上的各类银行机构采取全面调查，对农村信用合作社采用分层 PPS(与信用社规模成比例)抽样调查，全国共调查各类银行机构 2850 家左右。调查对象为全国各类银行机构(含外资商业银行机构)的总部负责人及其一级分支机构、二级分支机构的行长或主管信贷业务的副行长。

资料来源：四季度银行家信心指数回落货币政策感受指数下降. https://cloud.tencent.com/info/da69cbe21884f99d449d227d4b56427f.html

【资料 4-2】抽样调查样本来源

一般在当地公共事业部门如户籍管理机构就有一份相当完整的住户清单，也可以通过与当地电话局的合作来获得一份调查对象的清单。杂志订阅、联谊会成员花名册、信用卡公司、企业名录大全等也是众所周知的清单来源。当然，尽管有了目标群体的清单，但是实际上仍很难完全与目标人群相符合。例如，一份某社区住户清单中通常没有从清单编制后搬入的新住户的记录，会导致清单不是完整的。另外，清单经常包含重复记录，一户人家可能拥有多个电话号码或多个家庭成员的名字，地址两次或更多次地出现在清单里，这样有可能增加他们被选择的机会，这样的一份清单会产生对目标人群的描述过度或描述不足的情况。在确定抽样框架时，应该尽量缩小抽样差距，否则抽样结果的潜在误差也就越大。

3. 调查发生率

调查发生率是指被选定的样本中，接受了调查并且对调查予以配合的单位数占样本单位数的比率。发生率是估计调查成本及时间的一个重要因素。发生率的高低决定了在被调查单位数确定的前提下，样本单位数的大小。

在这里还要对毛发生率做出估计(一般由市场调查机构提供)，毛发生率是指在某个市场中曾经使用过该品牌、产品的人数占整体人数的比率。净发生率是从毛发生率中去除某些因素后的比率，包含了所有目标群体的资格，也被称作有效或者总体发生率。

📋 【案例4-2】调查发生率计算示例

某项调查中，合格的被调查者需要达到以下要求。

- 家庭中的女性成员
- 18~55 岁(没有年龄上的特定选择)
- 在过去一个月中曾使用过一种冷霜
- 没有任何健康限制、药物过敏
- 不从事市场调查、广告或药物制造工作
- 在过去的三个月中没有接受过市场调查

产品经调查得到使用率为 60%。这就是调查的毛发生率，也就是说，过去一个月内在这个市场上有 60%的人使用过冷霜。接着就是要计算调查的净发生率，即毛发生率中符合调查要求的人数比率。假设使用街头拦路访问的方法来计算人群中合格者的比率(注意筛选/收集数据的方法将会影响合格的百分率)。

$$净发生率=毛发生率×资格比率$$

经验数据表明存在这样的资格比率关系：

家庭中的女性成员	87%
年龄 18~55 岁之间	92%
没有健康限制、药物过敏者	88%
没有从事某些工作的	97%
没有接受过调查的被调查者	96%

合格比率＝87%×92%×88%×97%×96%＝65.6%

净发生率＝60%×65.6%＝39.4%

净发生率就决定了根据样本大小及数量所需要调查访问的次数：

$$调查访问次数=所需合格的被调查者的人数/净发生率$$

这样，如果需要有 100 名合格的被调查者，净发生率为 39%，那么需要调查访问的次数为(在假定无人拒绝调查的情况下)：100÷39%＝256 次。而根据毛发生率 100÷60%＝167 次，我们仅需要做 167 次调查访问，所以可以看到如果误把毛发生率算作净发生率后的严重性。更甚者，访问次数的差异在估计样本大小或容量时会继续扩大。

【案例 4-2】中发生率和样本大小的考虑涉及四个因素：①被调查者数量的划分依据；②有效回答的判断标准；③发生率划分依据；④完成率。

在这里主要讨论一下发生率和完成率两个因素。发生率一词是和所需进行有效调查的次数联系在一起的。也就是，如果进行电话或邮寄调查，有多少人会正确回答你所提出的问题呢？

同样，发生率的精确度是确定合适样本大小的关键。因为如果发生率很高，而精确度不高，如果调查结果被应用，那么就会导致样本估计不足。因为在问答问题时还可能有语言或交流方面的误差，即使一个成年人在电话调查中按要求回答了提问，一般还是要在成人电话回答比例上乘以 90%，予以调整。

现在来讨论有关完成率的问题。完成率是指符合调查样本框架要求且愿意接受调查的被调查者的比例。

在估计完成率时，有一些重要因素可供考虑：①访谈的时间长度；②问题的敏感度；③在一年中的什么时间进行访谈；④希望被调查者回答的渴望程度；⑤整个调查持续的时间。

【案例4-3】猫粮购买习惯调查

某地进行一项全范围内猫粮购买习惯的调查，需要同买猫粮的人交谈。但是买猫粮者的发生率是多少呢？研究表明该地家庭购买猫粮者回答的比例大约为 30%。

假设调查活动将进行 10 分钟的谈话，并且问题不太尖锐。现在需要确定一个完成率。

调查持续 4 天。在调查中，调查组织者一开始试图在收到的回电中努力得到 1/3 的合格率。

由于访谈相对较短，问题也不敏感，调查组织者预计将能获得 50%的完成率。但由于 8 月正值休假期，调查很难拜访到人，因此有必要将完成率降低到 45%。

如果延长访谈时间(15 分钟以上)，那么就要从完成率中再扣去 5%～10%。如果是敏感性话题也同样(如个人隐私问题)要从完成率中减少 5%～10%。最后，如果调查中又要减少打电话的次数，那还要在完成率中减少 5～10 个百分点。

最后把要获得有效回答的被调查者的确切数量定为 300 次访谈，并运用电话本随机抽取样本，并假定这一样本能得到 55%的有效电话回答率。这样就具备了估算样本大小的所有信息。首先将 300 次访谈数除以有效电话率 55%，得到 545。然后，将结果再除以 30%的猫粮购买者回答净发生率，得到 1847。最后，我们再除以完成率 45%，得到的样本大小为 4038。

这样是不是就可以说完成了有关调查的样本设计了？还没有。在完成率中还有一个时间因素，即整个调查只持续 4 天，在这样短的时间里不可能收到所有的回电，因此有必要在调查短于一周的样本中再追加上一个 20%的比例。这样，最终得到的样本数量为 4845。

4. 数据收集问题

选择数据收集方法是抽样计划设计中的重要问题。在调查时，可选择电话访谈、通信、拦路随访、上门拜访等方式。

【案例4-4】进行一个"购买×牌咖啡"的街头拦路访问

该访问要求合格的被调查者必须是家庭中的女性成员，并通过职业的可靠性筛选，且在过去的三个月中没有接受过此类调查，但买过×牌咖啡。据此期望的发生率估计在 30%，这个数字代表了此次调查的有效研究发生率。也就是说，在访谈的每 10 个女性中能筛选出 3 位作为合格的被调查者(通过筛选性问题或自我介绍来决定)。

在调查数天后，报告显示计划比预计进行得慢，原因是由主管的筛选报告引起的。

$a = 20$——非家庭中女性成员；

$b = 30$——在相关企业中工作(未经可靠性筛选)；

$c = 15$——在过去三个月内被查访过；

$d = 200$——被拒绝(筛选信息不完全)；

$e = 15$——有语言障碍；

$f = 300$——在过去三个月内没有买过咖啡；

$g = 500$——在过去三个月内没有买过×牌咖啡，但买过其他牌子的咖啡；

$h = 25$——合格，但不愿意接受调查；

$i = 5$——合格，但在调查过程中终止；

$j = 200$——完成了访谈。

总数：$a + b + c + d + e + f + g + h + i + j = 1310$(人)

被筛选掉总数：$a + b + c + d + e + f + g = 1090$(人)

合格者总数：$h + i + j = 230$(人)

由于筛选是不完全的(公式是指所有被筛选下来的，而非指希望访谈者总和)，注意被拒绝和语言障碍者不能被纳入。合格的 230 人(包括没有完成访谈的人)除以被筛选掉的 1090 人就得出了发生率。在这则例子中，真实的发生率21%低于预计的30%，并且解释了为什么我们要花更长的时间及比预期更多的努力去进行调查。

另外，在抽样设计方面，数据收集方法的选择直接牵涉①需要调查访问的次数；②获取的样本类型；③如何决定样本大小。表 4-2 中比较了上门拜访与电话访谈两种方法所需的调查访问次数。

表 4-2　上门拜访与电话访谈的净发生率比较

样本单位条件	上门拜访	随机电话访谈
家庭中女性比例	87%	72%
18～55 岁	92%	86%
在过去 1 个月中使用过非处方药膏的人	60%	60%
无健康限制/药物过敏	88%	88%
以往未接受过查访	96%	96%
非广告代理处、营销调查的公司或药物生产商的雇员	97%	97%
净发生率	39%	30%
需调查访问的次数(按要求有效回答人数 100 人计算)	256 人	333 人

4.1.5　样本大小的确定问题

1. 确定样本大小的意义

在抽样调查中一个重要的问题就是要抽取多大的样本。但是确定样本容量的大小又是比较复杂的问题，既要有定性的考虑，也要有定量的考虑。从定性的方面考虑样本量的大小，其考虑因素包括：决策的重要性、调研的性质、变量个数、数据分析的性质、同类研究中所用的样本量、发生率、完成率、资源限制等。具体地说，重要的决策需要更多的信息和更准确的信息，这就需要较大的样本。探索性研究的样本量一般较小，而结论性研究如描述性的调查，就需要较大的样本。收集有关许多变量的数据，样本量就要大一些，以减少抽样误差的累积效应。如果需要采用多元统计方法对数据进行复杂的高级分析，样本量就应当较大。如果需要特别详细的分析，如做许多分类等，也需要大样本。针对子样本分析比只限于对总样本分析所需样本量要大得多。

合理地确定样本容量也有着非常重要的意义。这是因为：

① 样本容量过大，会增加调查工作量，造成人力、物力、财力、时间的浪费。

② 样本容量过小，则样本对总体缺乏足够的代表性，从而难以保证推算结果的精确度和可靠性。

③ 样本容量确定的科学合理，一方面，可以在既定的调查费用下，使抽样误差尽可能小，以保证推算的精确度和可靠性；另一方面，可以在既定的精确度和可靠性下，使调查费用尽可能少，保证抽样推断最有效的效果。

通常的情况下，大样本一般比小样本精确。也就是说，如果在条件相同的情况下，运用大样本研究结果更具代表性一些。然而，大样本也伴随着高成本。

【案例4-5】样本大小与抽样调查成败

《文摘》(Lilerary Digest)是一本创刊于1890年，极富影响力的大众杂志，曾多次通过调研，准确地预测了美国总统大选。大家早已习惯于将该杂志的调研结果视为对未来事件的准确预测。但是，该杂志对1936年大选的预测却令人大失所望，以至于严重损害了杂志的信誉(导致1938年被《时代》杂志收购)。但这一事件却激发了人们对调研抽样技术的深度思考。

阿尔夫·兰登(Alf Landou)当时任堪萨斯州州长，并作为共和党总统候选人与民主党在任总统富兰克林·罗斯福竞争总统宝座。《文摘》杂志抽取了三类人作为抽样框来代表美国选民。首先，它给200万《文摘》杂志订阅者发去明信片。接着又将电话用户和汽车用户的样本加入抽样框中，以增大样本量。根据这些样本的调查结果，《文摘》杂志预测兰登将以压倒性优势获胜。结果却出现了倒向罗斯福的局面，他赢得了48个州中的46个，只有马里兰州和新罕布什尔州将选票投给了兰登。《文摘》杂志使用前所未有的大样本却得出了错误的结论，为什么会出现这种情况？答案很简单：抽样方法有误。

请注意，1936年正值大萧条的谷底。那些订得起杂志、用得起电话、开得起汽车的人经济状况远好于普通民众，并且这些"上层"公民多数是共和党人。所以，《文摘》杂志调查的绝大多数选民都是共和党人，所使用的抽样方法不能保证民主党人获得同样的被调查的机会。

这个故事告诉我们，任何调研都要有一个好的抽样方法，一旦用错了抽样方法，即使样本容量巨大也无法得出正确的结论。相反，当年有些样本容量不大的调研，却准确地预测了罗斯福的当选。尽管这些小样本调研当年受到了不少嘲笑，但调研的预测结果却对了。原因在于它们使用了正确的抽样方法。在这些准确的预测中，有一个名叫乔治·盖洛普(George Gallup)的年轻人，他后来成立了一家以自己名字命名的调研公司——盖洛普公司。

国际市场中包含着数以亿计的人，国内某个市场中也有成百上千万个个体，即使是一个本地的市场也活跃着成千上万的家庭。想要从市场中的全部个体获取信息几乎是不可能的，也是无法操作的。

资料来源：抽样调查技术. http://www.doc88.com/p-9032657511828.html

2. 确定样本大小的方法

市场调查者至少要运用 5 种不同的方法来决定样本的大小：胡乱猜测、统计精确度、贝叶斯决策、成本限定、产业标准。

1) 胡乱猜测

胡猜很明显是最无数理概念的一种决定样本大小的方法，只是通过直觉来估计样本的数量。这种决定样本大小的方法是绝对主观武断的，也没有考虑调查结果的精确度和取样的成本问题。

2) 统计精确度

具体确定样本量还有相应的统计学公式，不同的抽样方法对应不同的公式。根据样本量计算公式，我们知道样本量的大小不取决于总体的多少，而是首先取决于研究对象的变化程度；其次是所要求或允许的误差大小(即精度要求)；最后是要求推断的置信程度。也就是说，当所研究的现象越复杂，差异越大时，样本量要求越大；当要求的精度越高，可推断性要求越高时，样本量越大。

3) 贝叶斯决策

贝叶斯决策分析方法同样能被用作确定样本大小。贝叶斯决策方法的特点在于以从样本中获取信息的期望价值和采用这一样本的费用为依据，决定抽取多大的样本。但是这一方法在实际中并不常用，这一方法牵涉从不同的样本大小中计算出不同的期望净收益，并选择其中含有最大确定期望净收益的样本大小。

4) 成本限定

成本限定法或称"你可承受法"，是以分配给调查项目的预算作为依据来决定样本大小的。这一方法牵涉：①从可计算的预算中除去非抽样成本(如设计调查、准备问题、分析数据、撰写报告等固定成本)；②样本调查的估计成本。这一方法是不能令人满意的，因为它只注意成本而忽略了其他因素，尤其是精确度。

5) 产业标准

产业标准，即是那些从经验中发掘出来的产业市场调查一般共识的数量标准。在传统准则中，样本大小随市场调查的种类及调查中包含的单位数的变化而变化。通常非随机抽样以传统方法来确定样本大小。尤其在定额样本中，如每组样本被调查者人数通常不少于 50 人。

【资料 4-3】样本容量经验值

对于规模较小的总体(1000 人以下)，研究者需要比较大的抽样比率(大约 30%)，为了有较高的精确性，这时需要大约 300 个样本；对于中等规模的总体(如 10 000 人)，要达到同样的精确度，抽样比率为 10%或大约 1000 个样本量就可以了。就大规模的总体(超过 150 000)而言，抽样比率为 1%或大约 1500 个样本量就能得出正确的结果。如果是非常大的总体(超过 1000 万)，研究者可以使用 0.025%抽样比或者大约 2500 个样本，就能够得出精确的结果。当抽样比率非常小时，总体大小的影响力就不那么重要了。从 2 亿总体中抽取一个 2500 左右的样本，与从 1000 万总体中抽出同样规模的样本，它们的精确程度是完全相同的。

通常情况下，1000~1500 通常是国内市场调查随机样本的合理大小。同样，选择 200~300 个样本单位也是典型观念或产品测试的传统标准。表 4-3 列出了各种商业市场调查最小样本数量和典型样本数量的概要。

表 4-3　在不同的营销调查中样本大小的经验数值

调查项目	最小样本数量	典型样本数量(范围)
市场研究	500	1000～1500
战略研究	200	400～500
试验市场深度研究	200	300～500
观念/产品测试	200	200～300/单元
名称测试	100	200～300/单元
包装测试	100	200～300/单元
电视商品测试	150/商业	200～300/单元
广播测试	150/广播	200～300/商业
印刷品广告测试	150/广告	200～300/广告

4.1.6　抽样误差

抽样调查结果和真实值之间存在的差异称为误差。抽样调查理论的中心任务之一，便是研究抽样调查中的误差。在抽样调查误差理论中将全部误差分解为随机误差和系统误差两部分。

随机误差是由于样本与总体之间的随机差异导致的，它存在于所有取样过程中，是无法避免的，这种类型的误差不会影响估计参数的均值，通常所计算的抽样误差就是这部分随机误差。对随机误差的研究，由于有强有力的概率论与数理统计理论和方法的支持，其理论已非常成熟，只要能设计出样本估计量，就能给出相应估计量的随机误差公式。但是对抽样调查中的系统误差，由于导致其产生原因很多，而且多属非随机性因素，主要受主观因素的影响，致使系统性误差的出现是无规律的。

构成系统误差的因素有多种，大致可归纳为四种类型。

1. 设计误差

因在抽样调查方案设计过程中的错误而导致产生的系统性误差。

2. 估计量的偏误

所选择的估计量(实则是估计方法)破坏了估计的优良标准之一——无偏性，致使产生统计性误差。

3. 调查误差

即在取得样本数据资料过程中产生的误差。这部分误差通常与调查者、回答者、资料收集方式和问卷等因素有关，它们会形成在调查过程中出现无回答和回答出现偏误等情况，进而形成系统性误差。

4. 编辑误差

即在取得样本资料之后，在整理、汇总、归类、计算、录入等过程形成的误差。因此，为了提高调查精度，一方面可以采取完善抽样调查方案、合理选择抽样方法、提高抽样调查数据的准确性、减少编辑误差和调查误差等手段，即减少系统误差；另一方面要合理确定样本量的大小，即减少随机误差。

通过对误差分析可知，如果要提高调查的精度，一个重要方面就是确定合理的样本量。样本量大小的确定是一个平衡问题，如果在数据收集和分析过程采用大的样本容量，达到给定研究目标和精度要求的费用就很高。太少的样本则使结果受变异性的影响。

【资料 4-4】国外消费者信心调查制度的特点及启示(节选)

　　美国大企业联合会的消费者调查制度，以及英、法、德、意、日等国家的消费者调查均采取简单随机抽样方式，但密歇根大学采取了较为复杂的局部替换式定群追踪抽样，每次调查 60%是新样本，40%是原有样本。各国样本量存在较大差异，密歇根大学为控制调查成本，样本量仅 500 户，而大企业联合会建立的美国消费者调查以及日本的调查样本量达到 5000 户，各国实际有效样本平均约 2000 户。尽管密歇根大学抽样方式较为严谨，但由于样本量小，因此更容易受到测量误差的影响，波动随机性高于其他调查。

　　资料来源：国外消费者信心调查制度的特点及启示. http://www.docin.com/p-491578157.html

---

4.2　抽样方法

　　抽样设计的一个必须被解决的重要问题是抽样的方法。其中包括两大类：概率抽样和无概率抽样。图 4-2 列示了我们将要提到的一些抽样技术的分类。

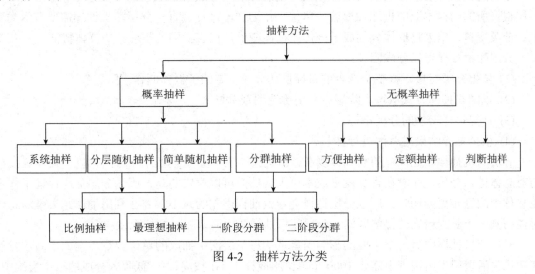

图 4-2　抽样方法分类

4.2.1　概率抽样

　　所有的概率抽样都有两大基本特征。

　　(1) 抽样之前，每一个给定数量的(2 个、3 个……)从群体中抽取的样本都可以被确定，并且抽到每个样本的概率也能定下。

　　(2) 每个抽样单位都必须有被选择到的无零机会。

　　这样，在随机抽样中，群体可被明白地确定下来，以使得调查者知道哪些抽样单位属于利益群体，而哪些则不是。这就意味着要有一个可能实现的抽样框架(目标人群的清单或其他有机分类)。这并不要求每个潜在样本都有同样的被抽取机会，但样本中每个样本被抽取的概率都能被确定。

　　确定概率的可能性大小就意味着在调查后可以确定的特征估计值的精度。也就是说，在给定确定水平的前提下，真正的群体价值所落入的置信区间能被计算出来。并且，这能使调查者从抽样中推断出目标人群。最主要的概率抽样方法有简单随机抽样、分层随机抽样、分群抽样和系统抽样。

1. 简单随机抽样

简单随机抽样是随机抽样中最简单的一种方法，调查者以纯粹偶然的方法在母体中随机抽样，任何可能的样本都具有相同的被抽取的机会。简单随机抽样可以利用随机数表。

值得一提的是，样本抽取的方法一般可以分为两种：一种是不重复抽样，又称为无放回的抽样，一般情况下，特别是对商品(产品)是破坏性的市场调查(检验)中，都是不重复抽样。另一种是重复抽样，又称为有放回的抽样。当总体单位数很大，或者样本容量占总体单位数比重小于3%时，可用重复抽样的抽样误差代替不重复抽样的抽样误差。

简单随机抽样的优点是容易被理解和使用，而且人们能预计目标群体的抽样结果。但是，简单随机抽样因为没有保证所抽取的样本对总体来说具有代表性，最终会导致抽样的结果与实际情况相差较大。

2. 分层随机抽样

分层随机抽样是把被调查的总体先按一定的标准划分成若干组，每一组称为一层，然后每一层根据所需的样本数随机地抽取若干单位，作为样本进行调查。分层随机抽样需要有两类变量：分类变量，用来将群体分割成子群体；抽样变量，代表我们期望估计的群体特征。

分层随机抽样可以分成四步：

(1) 依据分类变量，将整个调查的目标群体分成特定的子群体叫作"阶层"。

(2) 以随机抽样方式从每个阶层中分别挑选调查单位。

(3) 计算抽样误差的分析指标。

(4) 根据抽样结果对总体进行推断。

分层随机抽样要比简单随机抽样复杂，因为至少有一个变量要用于分层，以便在实施抽样前对总体进行分层，而潜在含义就是成本更大。然而可以肯定的是，因为分层抽样保证了样本在总体中的分布更为均匀，所以分层抽样会导致抽样误差的减小，并在利用抽样结果推断总体时能得到一个更为精确的置信区间。分层随机抽样要比简单随机抽样有效得多。

分层随机抽样中另一个重要的影响因素是从每个层次中抽取的单位数量。例如，假定我们在居民生活费用支出调查中需要1000个单位组成样本，在按高、中、低收入分成的三个层次中，每个层次应该抽取多少居民。一般情况下会采用以下两种方法进行分层随机抽样。

(1) 成比例分配，保证每个层次抽取的单位比重与样本所占的总体比重相等。

(2) 非比例的理想分配，进行最精确可靠的估计。理想分配要考虑两个因素的影响。第一个是每个分层中单位规模的影响，就像按比例分配抽样一样。第二个受到每个分层中同一分层里各单位之间相对的差异程度的影响。

分层随机抽样是一个颇受欢迎的抽样方式，因为它将容易的简单随机抽样和潜在获得的精度相结合。当今的趋势是将分层随机抽样用于电话访谈。稍后的【案例4-8】便描述了一个专门用于提供电话访谈的电话号码的抽样过程。这个过程结合了系统抽样和分层随机抽样的原理来有效地进行随机的电话访问。

3. 分群抽样

分群抽样的特征具体如下：

(1) 以分群变量或自然分组为基础，总体可被分为相互独立的、完整的若干个群体，称为群。

(2) 每个抽样群内以概率样本方法为基础加以挑选，如简单随机抽样。

(3) 简单随机和分层抽样中的调查单位往往是一个一个被抽取的，而在分群抽样中被抽中的群内所有单位都将成为调查单位。

分群抽样有许多不同类型的抽样方法。在最普通的情况下，分群抽样可涉及一个至多个阶段。通过的第一阶段我们只能简单地说是抽样过程的第一步。

单阶段分群抽样只有一个抽样阶段，一旦选定了群，则所有群内的单位就都包括在样本中了。如果群是简单随机抽取的，并且在一个群中包含了所有的抽样单位，那么称这样的方法为简单一阶段分群抽样。

多阶段分群抽样包含有 2 个以上步骤。例如，首先在电话调查中要抽取区的样本。其次，再从每个区的样本中抽取城镇的样本。再次，从城镇样本中抽取电话交换局号的样本。最后，在电话交换局号中抽得电话号码。另外，多阶段抽样中有一个以上的抽样框架被用来抽取样本，在群的抽取过程中可以采用各种不同的抽样方法。但如果第一阶段是以简单随机抽样抽取的，第二阶段也应用同样的方法来抽取。

分群抽样不论是在性质上还是在方式上都与分层抽样法不同。在应用中，分层抽样法适用于界质分明的调查对象(总体)，而分群抽样法则适用于界质乱度较高的调查对象(总体)。

【案例 4-6】城市居民多阶段抽样调查

由于一个城市中居民的户数可能多达数百万，除了一些大型的市场研究机构和国家统计部门之外，大多数企业都不具有这样庞大的居民户名单。这种情况决定了抽样设计只能采取多阶段抽选的方式。根据调查要求，抽样分为两个阶段进行，第一阶段是从全市的居委会名单中抽选出 50 个样本居委会，第二阶段是从每个被选中的居委会中抽选出 20 户居民。

(1) 对居委会的抽选。从统计或者民政部门，可以获得一个城市的居委会名单。将居委会编上序号后，用计算机产生随机数的方法，简单地抽选出所需要的 50 个居委会。

如果在居委会名单中还包括了居委会户数等资料，则在抽选时可以采用不等概率抽选的方法。如果能够使一个居委会被抽中的概率与居委会的户数规模成正比，这种方法就是所谓 PPS(probability proportional to size)抽样方法。PPS 抽样是一种"自加权"的抽样方法，它保证了在不同规模的居委会均抽选 20 户样本的情况下，每户样本的代表性是相同的，从而最终的结果可以直接进行平均计算。

当然，如果资料不充分，无法进行 PPS 抽样，那么利用事后加权的方法，也可以对调查结果进行有效推断。

(2) 在居委会中的抽样。在选定了居委会之后，对居民户的抽选将使用居委会地图来进行操作。此时，需要派出一些抽样员，到各居委会绘制居民户的分布图，抽样员需要了解居委会的实际位置、实际覆盖范围，并计算每一幢楼中实际的居住户数。然后，抽样员根据样本量的要求，采用等距或者其他方法，抽选出其中的若干户，作为最终访问的样本。

(3) 确定受访者。访问员根据抽样员选定的样本户，进行入户访问。以谁为实际的被调查者，是抽样设计中最后一个问题。如果调查内容涉及的是受访户的家庭情况，则对受访者的选择可以根据成员在家庭生活中的地位确定，例如，可以选择使用计算机最多的人、收入最高的人、实际负责购买决策的人等。

如果调查内容涉及的是个人行为，则家庭中每一个成年人都可以作为被调查者，此时就需要进行第二轮抽样，因为如果任凭访问员人为确定受访者，最终受访者就可能会偏向某一类人，如家庭中比较好接触的老人、妇女等。

在家庭中进行第二轮抽样的方法是由美国著名抽样调查专家 Leslie Kish 发明的，一般称为 KISH 表方法。访问员入户后，首先记录该户中所有符合调查条件的家庭成员的人数，并按年龄大小进行排序和编号。随后，访问员根据受访户的编号和家庭人口数的交叉点，在表中找到一个数，并以这个数所对应的家庭成员作为受访者。

这是一个典型的两阶段入户调查的现场抽样设计，从设计的全过程可以看到，随机性原则分别在选择居委会、选择居民户和入户后选择受访者等环节中得到体现。在任何一个环节中，如果随机原则受到破坏，都有可能对调查结果造成无法估计的偏差。调查中的抽样设计是一个复杂的技术环节，非专业的研究人员对此问题需要给予特殊关注。

分群抽样一般来讲是有效的、低成本的抽样方法。如入户访问，若以人口普查的地区作为分群抽样的分组标准，那么一旦从中选择样本，区域中的住户也就被选定了，这比在整个地区采用简单随机抽样抽取住户确定样本的方法要经济得多。同时在不同普查区入户访问的成本也要比在同一普查区入户访问的做法成本高。

4. 系统抽样

运用系统抽样方法是按某一标志首先对调查对象中所有的单位进行排队，其次，按抽取比例随机地在所有单位中选取一个起始点，最后，从每 n 个单位中挑选一个来组成样本。

【案例4-7】系统抽样示例

如果某市场调查公司想从 3600 个单位中选取 60 个单位，组成样本进行调查。那么，第一步，按某一标志把 3600 个单位按顺序从 1 排到 3600；第二步，按比例确定应该是每 60 个单位中抽出一个，假如在第 1 到第 60 的单位中随机抽中第 21 个单位作为起始点，那么第 81，141，201，…，3561 个单位和第 21 个单位共同组成调查样本。

系统抽样使用起来尽管十分简单，但要注意在抽样前必须按照一定的"标志"进行排队，这样才能对总体中的所有单位进行编号，以方便抽样。例如，按姓氏笔画排队或按电话号码排队，或按收入状况排队等。值得一提的是，对于同一项调查会因为选择排队"标志"的不同而最终影响抽样的结果。如调查某企业职工的消费情况，可以对该企业职工按年龄排队，也可以按工资多少排队，但其结果是按年龄排队的抽样误差会大于按工资多少排队的抽样误差。

系统抽样的推算方法一般情况下会采用简单随机抽样法的推算方法，但其实际的抽样误差会小于等于计算结果。

【案例4-8】电话访问抽样过程

(1) 按城镇分层。为使抽样地区的电话用户抽取概率相同，样本先按调查地区内，电话用户在每个城镇的分布比例进行系统分层。再由几个城镇组成的地理区域被确定后，可以计算估计的电话用户数量，被所需要的样本规模相除而得出抽样间隔。

总的估计电话用户值÷需要样本大小=间隔

750 000÷6 000= 125

从 0～125 之间随机选取一个数作为起始数，每次越过 125 抽取一个单位。假定随机的起始数是 86，那么第 86，211，336，461，…的记录将被选作样本单位。这是系统随机抽样，因为从随机起始点每过 N 个数就抽取一个。任何城镇电话住户的群体扩大了，样本间隔就会自动扩大，同样电话住户减少了，样本间隔也会等比例缩小。

以样本为例，样本大小为 6000，假设地理区域覆盖 3 个城镇。抽样间隔所允许样本在 3 个城镇成比例分割情况如表 4-4 所示。

表 4-4　系统抽样等比例分割

城　镇	住户总数	电话覆盖率/%	估计电话户数	样本抽取率/%
城镇 A	223 404	94	210 000	28.0
城镇 B	393 258	89	350 000	46.7
城镇 C	204 301	93	190 000	25.3
总计	800 963	—	750 000	100.0

(2) 城镇中电话号码的选取。对于抽样地区中的每个城镇，可以从该城镇电话交换的局号中以系统抽样方式选择 1 个以上主要的电话号码。一个电话局号中包含 100 个连续的电话号码，包括 3 个以上家庭住户电话。如电话号码 6598-3280，电话局号为：6598。

在这个例子中，电话局号为 6598，整个区的号码共有 3230～3329。既然样本数量已分配好，那么抽样间隔就以城镇注册的电话住户总数除以分配到的样本数量得出。在前一个例子中，A 城镇应抽取 6000 个样本中的 28%，即 1680 个样本。每个局号就按照它们注册电话住户的分配来加权。如果数据中城镇注册电话总数为 159 600，那么除以 1680 后得出以 95 为间距的样本间隔。

接着，从 1～95 中随机抽取起始数，抽样间隔内的局号是以系统抽样为基础的抽样。下一步，在 0～99 区间内随机选取 2 个以上数字，并加在每个选择的样本间隔后。结果是由局号、样本间距和 2 个随机数组成的一个完整电话号码(如 6598+03+73)。依此类推完成抽样。

5. 抽样调查方法综合运用

各种抽样调查方法有着各自的优势，而在同一个抽样调查方案中，结合多种抽样方法可以达到很好的调查效果，具体如下。

(1) 最大限度减少调查无回应的现象。

(2) 通过多种方法所获得的资料具有可比性。

(3) 综合所有调查方法得到的结果，可以得到一个合理有效的结论，减少结论出错的可能性。

以分层抽样、整群抽样为例，这两类调查在实际的抽样调查中有着广泛的结合应用的空间。究其原因，分层抽样能够较大地提高抽样的精度，而整群抽样则由于组织实施简单，能够较大地节约调查的费用和时间。如果要同时兼顾精度和费用，可以将分层抽样与整群抽样结合在一起使用。

由此可见，多种方法结合可以扬长避短，发挥各种方法的优点，提高数据的准确性、真实性和客观性，更好地实现调研目的。

【案例 4-9】中国人民银行城镇户调查抽样方案的设计(节选)

本项目采用多级、多层、PPS 与等概率相结合的混合抽样方法，在考虑实际条件和限制的情况下，尽可能地使抽样的科学性和可操作性得到较好的结合，设计切实可行的抽样方案。主要思路有以下几个方面。

1. 科学性与可操作性的结合

2. 总体的划分和抽样指标的确定

调查的总体为全国范围所有城市的储户。第一级抽样抽取城市；第二级抽取储蓄所；第三级抽取储户。总体的划分首先是将城市分层(子总体)，其次是将抽中城市的储蓄所分层。

所考虑的抽样指标有三种类型，指标的确定主要根据其与所研究问题的相关程度，指标的初选由广播学院调查统计研究所提出，经由中国人民银行的有关专家研究后认定。

(1) 确定分层指标。分层的主要目的是提高精度。分层指标要按照使层内方差尽可能小、层间方差尽可能大的原则来选择。第一级城市分层确定了五个指标："1996 年城乡居民储蓄年末余额""1996 年年末市区人口数""职工平均工资""社会消费品零售额""人口密度"；第二级储蓄所分层由于没有更多的基础资料，只选用了一个可操作的指标："储蓄所所在区域"。

(2) 确定各层抽取单元数的指标(简称单元数指标)。单元数指标的确定关系是否能够得到一个近似自加权的最终样本。第一级抽样中，先确定每层应抽取的城市数目。拟采用"市区储户总数"这个比较理想的指标，但考虑到为获取该资料所需投入的财力和时间是得不偿失的，因此采用了与该指标高度相关的、容易获取的"市区人口数"为单元数指标。第二级抽样中，先确定每层应抽取的储蓄所数目，理想的指标是"储蓄所储户总数"，由于没有这个资料，采用了相关的"1998 年年底储户头数"这个指标。

(3) 确定各层单元抽中概率的指标(简称入样指标)。入样指标是 PPS 抽样中确定单元"大小"或"重要性"的指标。第一级抽样中，每层按与"1996 年城乡居民储蓄年末余额"大小成比例的原则抽取城市；第二级抽样中，每层按与"1998 年年末储蓄余额"大小成比例的原则抽取储蓄所。

3. 抽样框的准备

三级抽样的抽样框的形成如下。

(1) 第一级抽样的抽样框是比较完整的。按《中国城市统计年鉴 1997》的汇总，全国共有 666 个城市，其中 11 个小城市因五个分层指标的数据不完整而不得不略去。

将 655 个城市的名单及其五个分层指标录入数据库，形成了一级抽样的抽样框。

(2) 第二级抽样的抽样框是按二相抽样的不同要求准备的。第一相抽样的抽样框是完整的，内容包括抽中城市的全部储蓄所名单、所属的银行及其所在的区域。第二相抽样的抽样框为 100 个一相样本的名单、"1998 年年底储蓄户头数"和"1998 年年末储蓄余额"。

(3) 第三级抽样没有现成的抽样框，不过由于调查的实施将采取在储蓄所现场访问的方式进行，因此暂且将在调查期间(2~3 天)前来储蓄所取款或存款的所有储户看成是抽样框的一个近似的缩影。

4. 样本量的确定

本项调查的目标量几乎都以比例的形式出现(共有 111 个选择项，其中 108 个是要估计的总体比例；另外 3 个是平均人口数：家庭人口、劳动人口和就业人口)。因此，样本量(按储户数计算)的确定和精度的估算可以按照总体比例 π 取 0.5 时最保守的方法来估算。即对于简单随机抽样，当抽样比很小时，若取置信度为95%，则所需的样本量 n_0、目标估计量 π、π 的最大允许绝对误差 Δ 之间有如下的关系：

$$n_0 = 1.96^2 \pi (1-\pi)/\Delta^2 = (0.98/\Delta)^2$$

或 $\Delta = 0.98/\sqrt{n_0}$

实际的最终样本量为 $n=20\,000$(储户)，其中第一级抽取 50 个城市、第二级抽样每市抽取 8

个储蓄所(共计 400 个储蓄所)、第三级抽样每个储蓄所抽取 50 位储户。样本量的确定综合了如下的考虑：

(1) 根据以往的经验，以及大量国内外大规模抽样调查的实例，取设计效应 $drff=2$，则有实际样本量 $n=2n_0$。

(2) 在对全国城镇储户这个总体进行估计时，取置信度 95%，最大允许绝对误差不会超过 1%，完全可以满足研究的要求：

$$\Delta = 0.98/\sqrt{n_0} = 0.98/\sqrt{10\,000} = 0.0098 < 1\%$$

在需要对 5 个子总体分别进行估计时，取置信度 95%，那么最大允许绝对误差分别不会超过：

4.9%——特大城市 $n=800$；

3.0%——大城市 $n=2000$；

3.5%——人口密集的大中城市 $n=1600$；

2.0%——经济活跃的中等城市 $n=4800$；

1.3%——经济欠发达的中小城市 $n=10\,800$。

上述误差也基本上可以满足研究的要求。虽然对"特大城市"(只包括北京和上海)这一子总体单独进行估计时，误差比较大(近 5%)。但是事实上研究者对这一子总体是比较了解的，因为对北京和上海已进行过大量的相关研究。

(3) 虽然本设计的总样本量 $n=20\,000$ 与中国人民银行以往调查的总样本量是相同的，但是由于采用了分层抽样的方法，同时又增加了第一级和第二级抽样的单元数，因此新方案估计的精度必将显著提高。

具体的抽样程序分成以下几个步骤。

第一级抽样：抽取城市

(1) 分层。根据所确定的 5 个分层指标："1996 年城乡居民储蓄年末余额""1996 年年末市区人口数""职工平均工资""社会消费品零售总额""人口密度"，分别利用 SPSS 和 SAS 软件，把五个指标的数据标准化，使各个指标的数量级相同，然后进行聚类分析，经反复测试，将 655 个城市分为五层的结果比较合理。

(2) 确定每层应抽取的一级单元数。根据所确定的单元数指标"市区人口数"，按比例分配每层应抽取的城市数如表 4-5 所示。

表 4-5 每层应抽取的城市数

层	特征	所包含城市数	每层市区人口数/万人	每层占全部的百分比/%	应抽取城市数
一	特大城市	2	1689.42	3.3	2
二	大城市	13	4599.08	9.0	5
三	人口密集的中大城市	49	3822.44	7.5	4
四	经济活跃的中等城市	156	12 772.74	25.1	12
五	经济欠发达的中小城市	435	28 066.03	55.1	27
合计		655	50 958.71	100.0	50

(3) 在各层中抽取城市。根据所确定的入样指标"1996 年城乡居民储蓄年末余额"，按照 PPS 抽样法，使各层内每个单元被抽中的概率等于该单元"1996 年城乡居民储蓄年末余额"与该层"1996 年城乡居民储蓄年末余额"之比。

具体的操作过程如下。

① 对每层中的全部城市按储蓄余额的大小顺序排列；

② 对全部城市储蓄余额求和；

③ 确定每个城市的储蓄余额占全部城市储蓄余额总和的比例及累计百分比，使总和为100；

④ 利用 Excel 软件所产生 0～1 之间均匀分布的随机数，根据随机数落在各城市对应累计百分比的范围，确定被抽中的城市；

⑤ 如果一个城市被抽中两次以上，则以排在前面的城市来代替。

第二级抽样：抽取储蓄所

(1) 第一相抽样。按照分层指标"储蓄所所在区域"，将每个抽中的城市分成四层：商贸区、居民区、机关区、工业区，按照每层内储蓄所数目占总数目的比例，确定每层应抽取的储蓄所数；然后随机地抽取相应数目的储蓄所。每个城市共抽100家储蓄所，反馈给各个城市。然后收集、上报所需的100家储蓄所的第二相抽样指标资料："1998 年年底储蓄户头数"和"1998 年年末储蓄余额"。

(2) 第二相抽样。按照单元数指标"1998 年年底储蓄户头数"，先确定每层应抽取的储蓄所个数。然后根据入样指标"1998 年年末储蓄余额"，按照 PPS 抽样法，使各层内每个单元被抽中的概率等于该单元"1998 年年末储蓄余额"与该层"1998 年年末储蓄余额"之比。具体的操作过程与第一级抽样相同(省略)，为了操作上的方便，每个城市抽取了两套方案(每市 8 个储蓄所)，可任选其一。

第三级抽样：抽取储户

计划在每个抽中的储蓄所内，按储户进门的时间顺序，每间隔 m 人调查 1 人，直到调查到了 50 个为止。m 的大小根据调查实施的时间要求及各储蓄所的要求及各储蓄所储户的来所情况决定。

资料来源：柯惠新，肖明，沈浩，丁迈，孙江华. 中国人民银行城镇户调查抽样方案的设计. 北京广播学院调查统计研究所.

4.2.2 无概率样本

所有无概率样本都有一个共同的特征，即不能确切判定抽到每个单位的概率。因此，使得估计(即统计量)不能在数学分析上体现整个群体的特征。我们并不是说无概率样本肯定不精确，且总比概率样本差些，而是无概率样本的好坏(有无代表性)取决于选取样本时的方法和控制手段。主要的无概率抽样方法包括方便抽样、判断抽样和定额抽样。

1. 方便抽样

如果采用方便抽样，那么对抽取何人作为样本几乎无须控制。如果答题者是志愿的，那么方便抽样就开始运作了，如 100 个妇女在购物过程中被采访，并且参与调查者无数量和资格上的限制，此时，我们便无法控制样本的代表性。邮寄调查常常造成方便抽样。由于是自由选择和志愿参加数据收集，无回答者的问题极其严重。

2. 判断抽样

判断抽样牵涉选定一定的被调查者参与调查。回答者被选择的理由是他们有可能代表利益集团或满足调查的特定需要。判断样本通常在商业市场调查中被采用，如【案例4-1】描述了只有过去 30 天内使用过保湿面霜的消费者才能参与的观念/产品测试。

一种特殊的判断抽样法叫作雪球法，如果得到一个小型的、特殊的目标群体的话，往往可以运用雪球法，即在访问调查之后，由每个回答者来确定下一个目标群体的成员。

3. 定额抽样

定额抽样是指选择一定量的回答者，这些人都具有或可能具有影响调查的一些特征。这在以年龄、性别、收入为基础的市场调查中是十分常见的方法。定额样本保证选取的样本类似于利益群体的特征，即样本代表着整个群体。【案例 4-1】中描述的观念与产品测试就运用了定额抽样设计。年龄的定量规定可能影响在全部保湿面霜市场的所有型号的使用者，或者是构成目标市场的部分型号的使用者。

定额样本是否能择出有代表性的样本是一个很难回答的问题。如果一些影响调查对象的重要特征被忽略了，那么定额样本将不具代表性。因为定额样本通常在街头拦路访问调查中被采用，那样可能一些经常通过渠道购物的消费者就会被忽略。为提高街头拦路随访定额样本的质量，建议按以下准则来进行：

(1) 在不同社区选取不同商业街抽样，使得它们中的区别得以体现。

(2) 使交通流、停车流等原因引起的倾向达到最小化，通过街道的入口位置分层，从每个入口分别抽样。

(3) 使不同的购物方式带来的倾向极小化，按时间段分层，如周末、工作日晚上、工作日——在每个时段进行采访。

无概率样本通常在商业市场调查中使用，在许多事例中，如果要通过收集需要的信息做出决策的话，运用全国性的概率样本是昂贵的。在实际情况中，如观念、产品、包装、名称调查都要用到无概率样本，一般不会调查所有的品牌，只需要知道领先购买分值和最受欢迎品牌的特征。不仅如此，既然这些调查都典型地集中在购物街上，那么沿街的店主们就能给出一个适当的群体，所以，街头拦路访问的定额抽样方法就被采用了。

当面临有无概率方法的抉择时，市场调查者必须从显著性和效率性中选其一。概率样本使目标群体得到统计的突出结果，但就每位回答者所耗成本来看效率不高。而无概率样本中每位被调查者的信息收集的效率较高，但统计特点不明显。如果目标调查客体无需统计特征的话，那么无概率抽样可在每位被调查者消耗成本较少的情况下提供需要的精度。

如果在要用概率样本时误用了无概率样本，那是不合理的，市场调查单位就有责任向委托单位说明样本统计精度上可能有的问题。

综上所述，抽样调查的各种方法各有其优缺点，应根据企业调查的目的、调查对象的特点、调查人员的水平、被调查对象情况掌握程度等，合理地加以选择，达到以尽可能少的人力、物力、财力和时间，取得满意的调查结果。抽样决策并不复杂，因为没有唯一正确的方法可供选择。当我们重点考虑抽样成本、可靠性和影响样本设计的方便程度、实际情况时，往往会采用一些折中方案。

关键词和概念

抽样组织　样本　样本容量　抽样误差　随机抽样　概率抽样　非概率抽样

系统抽样　分层抽样　分群抽样　方便抽样　定额抽样　判断抽样

本章复习题

一、思考题

1. 简述抽样调查的意义。

2. 简述抽样过程与步骤。

3. 选择抽样方法时应该考虑哪些要素？

4. 试述决定抽样误差大小的因素。

二、实践题

1.【在校学生生活费用调查(续)】请根据已拟定的"在校大学生每月生活费用支出情况"市场调查与预测工作计划，确定样本框架和样本单位数，并完成抽样，并进一步修改完善"工作计划"。

2. 某汽车经销商委托高校市场调查研究中心调查研究甲城对家用轿车的需求分析，希望从家庭收入、家庭人口、家庭居住住址、住房面积、家庭成员所从事职业等方面，分析这些因素对家用轿车需求量的影响，并要求定量分析，建立统计模型，且该模型能够用于统计预测。该中心研究人员经过多次与销售商沟通，设计出调查问卷，并得到经销商的确认。在确定调查方案时，研究人员初步提出以下三种调查设想。

设想一：根据该市各区(县)的户数比例、分配样本量，在各区(县)中随机抽取样本户，进行问卷调查。

设想二：充分利用学校学生众多的优势，展开调查，具体做法是根据学校学籍登记表得到学生学号，从中随机抽取一定量的学生，针对这些被抽中学生的家庭，进行问卷调查。

设想三：安排该校学生在街头随机拦访一定量的行人，进行问卷调查。

要求：根据三种不同的设想回答以下问题。

(1) 请说明该调研中调查对象总体是什么？

(2) 你认为该项调查理想的抽样框和抽样单位是什么？

(3) 说明上述三种抽样方案各是什么抽样方法？

(4) 对上述三种抽样方案进行评价。

3. 根据【案例4-10】回答下列问题：①你认为，这两种抽样调查方法有缺陷吗？若有缺陷请具体说明。②同一事件不同的抽样调查方法最终可能会导致调查结果的差异，说明在市场调查中正确确定抽样方法的意义。③简述【案例4-10】带来的启示。

> 📝 **【案例4-10】分众、聚众公布市场占有率引发市场调查的尴尬**
>
> (1) 调查公司——避"趟浑水"。一方是全球著名的市场调查公司——AC 尼尔森，一方是国内最大的市场调查公司——央视市场研究(CTR)。由于市场调查的委托方聚众和分众再次挑起口水战，两家调查公司因出具不同的调查结果而被推到风口浪尖。
>
> 两家调查公司负责人分别表示，由于调查时间、范围和方法不同，导致调查结果的不同很正常，但两份调查报告都是真实客观的，只是委托公司在发布时对内容有所选择才凸显矛盾。
>
> (2) 调查结果——49.8%还是70%。2005 年 10 月 31 日出现在某媒体上的一份 AC 尼尔森

楼宇广告调查数据显示，聚众传媒和分众传媒两大行业巨头共占有楼宇总量 96.5% 的市场份额，其中聚众传媒的楼宇占有率为 46.7%，分众传媒占有率为 49.8%。

但在 2005 年 5 月，央视市场研究 (CTR) 受分众委托调查和发布的一份报告指出，针对全国 13 个城市，在覆盖楼宇数量上，分众传媒以 70% 的份额稳居第一，聚众传媒仅为 28%。

对此，AC 尼尔森大中国区有关人员表示，AC 尼尔森只是受聚众的委托做了一次市场调查，数据结果也只供聚众作内部参考所用。由于 AC 尼尔森与 CTR 采用了不同的调查方法，而且楼宇广告市场变化非常大，所以调查结果不同是可以接受的，应当说两份报告都是客观真实的，调查方法也是科学的。

CTR 上海地区负责人也认为，在整个楼宇电视的调查过程中，一些步骤会对结果产生关键性的影响，两份报告的差异与调查方法的选择有根本的联系。

(3) 委托双方——调查有侧重。分众传媒 CEO 江南春称，对于市场覆盖率的争执并不能改变市场的真实格局，更重要的是看各自的影响力，就像评估电视节目好坏的参数是收视率而不是电视台的覆盖面积。

聚众传媒董事长兼 CEO 虞锋表示，聚众只是从行业角度选择一种更适合的调查方法，来真实反映市场占有情况，从而做出决策判断。虞锋称聚众与分众在渠道上已经有很大的差异，一个集中在公寓楼和便利店，一个集中在商业楼宇和大卖场，所以在选择调查范围时各自都会有所侧重。

(4) 分析：不同调查方法引发争议，市场最终认同分众传媒。AC 尼尔森认为，此次调查从 2005 年 7 月 30 日至 8 月 30 日历时一个月，根据 2004 年广告花费排名，选取了北京、上海、广州、深圳 4 个一线城市，以及武汉、杭州、南京、重庆、成都、天津、沈阳和大连等其他 8 个广告消费能力较强、商业环境较好的二线城市，采取随机抽样的方式对写字楼、宾馆、商场、商住公寓楼等 7 种楼宇电视覆盖面较大的场所进行调查。为了确保抽样范围的全面和结论的真实客观，此次调查在每个指定行政区内，以随机抽样方式抽选实地查核地点，每个地点划分的面积大小约一平方公里。对每个核查地点的 7 个不同场所进行调查统计后，再汇总同一个城市所有查核地点已安装液晶屏广告媒体的情况，按每个城市每种场所安装的液晶屏数量计算出各公司份额。这种抽样方式能够最大限度地避免抽取到个别公司屏数特别集中的样本，或个别场所特别集中的样本，力求样本选择上的公正客观。

另据介绍，CTR 所做的调查范围只针对以写字楼为主的商业楼宇，在调查方式上，CTR 采用的是扫街的线状调查方式，因为以写字楼为主的商业楼宇绝大多数都在街面上，有人认为这种街面调查方式是对商业楼宇调查的最科学的方式。

相比之下，AC 尼尔森的调查还包括了公寓楼、便利店等非商业楼宇，是针对全部楼宇的份额调查。而 AC 尼尔森采用的是网格状的调查方式，这一方式有利于公寓楼、便利店占很大比例的情况。

分众传媒新闻发言人嵇海荣据此认为，很可能是调查对象的不同导致了结果的差异，因为 CTR 的调查主要集中在写字楼，这是分众传媒的强项。

聚众传媒的一位内部人士也表示，聚众传媒虽然把写字楼、酒店与公寓楼当作"老三篇"，但相比起来对公寓楼的占有率更有优势，这在 AC 尼尔森的调查中体现得更多。

资料来源：分众聚众俩掐架 各自称老大 市场调查很尴尬. 每日经济新闻；楼宇电视广告成寡头垄断 终端"抢位"之势. 中国经营报；楼宇电视广告调查结果迥异 分众聚众争老大. 北京晨报；楼宇广告调查结果迥异 分众聚众再挑口水战. 新闻晨报.

第5章 量表设计

学习目的与要求

1. 掌握量表设计相关重要的概念；
2. 理解四种测量尺度；
3. 掌握市场研究中常用的量表；
4. 理解信度与效度的概念。

📋 **引入案例 美国报告第一期：2018年北美消费者报告(节选)**

《消费者报告》(*Consumer Report*，CR)是由美国消费者联盟 Consumer Union 主办出版。这个联盟出版的杂志从未刊登过任何广告，也不看任何企业脸色行事，只把消费品评估报告的信誉放在第一位。自1936年发刊至今，《消费者报告》已经成为北美地区最受消费者们信赖的中立汽车价值评估报告机构之一。

CR 的年度榜单分为五个部分。

道路测试成绩(road-test)：评分由 CR 自家相关车手在测试中心进行50多项路试而得出。

质量可靠性(predicated reliability)：根据超过50万辆车主使用报告分析车辆状况，以及召回次数、投诉数量等大数据分析得出。

车主满意度(owner satisfaction)：采用调查消费者们在购买车型后，是否愿意再次购买同一款车的百分比而得出。

车辆安全性(vehicle safety rank)：所有测试车型必须在美国道路安全机构以及"IIHS"测试中获得良好以上的成绩。

总分评估(overall score)。

Rank	Brand	Overall Score	Road-Test Score	Predicted Reliability	Owner Satisfaction
1	Audi	81	86	⌃	⌃
2	Porsche	78	88	!	⌃⌃
3	BMW	77	86	!	⌃
4	Lexus	77	74	⌃⌃	⌃
5	Subaru	74	81	!	⌃
6	Kia	74	77	⌃	!
7	Mazda	73	75	⌃	⌃

⌃⌃ 优秀 ⌃ 良好 ! 一般 ⌄ 较差 ⌄⌄ 差

总体评估分数 Overall Score | 道路测试成绩 Road-Test Score | 可靠性 Predicted Reliability | 消费者满意度 Owner Satisfaction

以2018年度汽车品牌满意度为例，通过这份榜单我们发现，CR 并不是单单依靠质量可靠性等方面评论车型好坏的，他们评测的是车型综合实力。

资料来源：美国报告第一期：2018年北美消费者报告. 爱卡汽车. http://info.xcar.com.cn/201803/news_2002355_1.html

5.1　测量与测量尺度

5.1.1　测量与测量尺度的概念

我们知道，收集的信息是用来分析和解释的，所以必须要对调查问题的答案按照一定的方法给出数值，并进行测量，这些数字在对有关问题的答案如何被解释和分析方面具有重要作用。

1. 测量概念

测量是用具体数值来反映一件事物、一个人、一个机构或一个国家所具有的某种属性，包括将这种属性数值化的过程和规则。在这里，市场调查的测量并不是物理学定义上的测量，而更多的是对事件或产品所具有的属性或特点的测量和判断。测量的关键在于确定将一定的数值赋给相应被测事件特点的规则。一旦选定测量规则，事件或人的特性仅在所指定的数字中具有意义。比如在考虑消费者对品牌忠诚度的特性时，可以用下面显示的一定时期内两个假设消费者的购买模式来测量(式中 A、B 、C 为品牌名称)。

消费者甲：A B C A B B

消费者乙：A C B C C C

假设品牌忠诚度是通过计算最常购买的品牌在总购买次数中所占比例而测量的，那么消费者甲对 B 品牌的忠诚是 3/6=0.5，乙对 C 品牌是 4/6=0.67。如果品牌忠诚度是通过购买品牌的个数加总而测量的，那么两个消费者的品牌忠诚度都是 1。由此可知，对这两个消费者的品牌忠诚度的结论是取决于调查者所采用的测量规则。

从上例可见，在市场调查中研究的许多特性都可以用多种方式来测量。在调查时，对调查的目的、所测特性的精确定义、测量规则和特性之间的关系一定要格外注意。

2. 概念与定义

概念是指我们希望测量的特性的名称，是对特定调查对象形成的抽象和归纳。定义是用来描述给定概念的主要特性的。定义使我们能够从类似但有差异的概念中把要调查的概念辨别出来。测量性定义把基本定义分成必要遵循的步骤，以便给出待测特性定义的确定数值，它保持了调查概念与现实世界之间的一致性。这样，测量性定义可以清晰地规定哪一个可以测量的事件要被测量，以及对概念赋值的程序，它也决定了哪一个问题会被调查。

在典型的市场调查中，许多概念是可以直接测量的。例如，销售额与市场占有率，相反，态度、产品知晓或消费者满意等概念牵涉个体消费者心态，因此要间接地测量。无论概念是否可以直接或间接测量，调查者都必须精确地对被调查的概念进行定义。

5.1.2　测量尺度

如果我们明确了要测量的基本概念的特性，并应用了正确的规则，那么就基本把握了所要调查的概念。测量的最终结果是对每一个个人、家庭或事物给定一个数值来反映其所具有的某种特性的量值。这样个人、家庭或事物的特点就能通过不同的、给定的数值而被分辨、区分开来。

测量尺度是指赋予测量对象的数字和符号的含义及其允许数学运算，因此形成了不同测量水平的测量量表(又可称为测量尺度)。基本的测量尺度可分为定类尺度、定序尺度、定距尺度和定比尺度。这些尺度都具有完备性和互斥性，它的完备性和互斥性保证了研究范围内的每一个测量对象都能被赋予一个测量值，且只赋予一个测量值。测量可在不同层次上进行，从不同的层次来测量可以保证赋给各种属性或特性的数值具有判断的一致性，并有利于对所赋数值进行数学运算。

1. 定类尺度

定类尺度是对测量对象类型的鉴别，是测量尺度中最低的一种，也是其他各层测量的基础。定类尺度的数字分配仅仅是用作识别不同对象或对这些对象进行分类的标记。例如，在日常生活中学号、性别、身份证号码等都属于定类尺度。在营销研究中，定类尺度常用来标识不同的被调查者(一个编号对应一个受访对象)、不同的性别(男性记为 1 或 M，女性记为 2 或 F)、不同的品牌、不同的商品特性(如大、中、小)和不同的商店(将控制组标记为第 1 组，实验组标记为第 2 组)等。定类尺度的数字不能反映对象具体特征的性质和数量，因而只能计算发生频度以及和频率有关的一些统计量，不能比大小，更不能加减乘除。

2. 定序尺度

定序尺度是一种排序量表，分配给对象的数字表示对象具有某种特征的相对程度，如足球赛的名次、文化程度、产品质量的等级等。针对消费者态度、偏好、感受等领域的研究常常用到定序尺度。定序尺度只能区分次序而不能确定距离。例如，文化程度在定序层次只有高低之分，不能判定各文化程度之间的间隔大小。因此，定序尺度可以比大小，但不能进行加减乘除的运算。除了计算频度，定序尺度还可用来计算百分位数、四分位数、中位数、秩次数等运算。只要能保持对象间基本的顺序关系，就可对定序尺度表施以任何变换。只有当目标的基本序列一定时，才能使用顺序数据的转换。例如，我们可以给品牌 C 赋值 40，D：35，A：30，B：10，这种赋值维持了四种品牌的相对偏好序列。

3. 定距尺度

定距尺度是对测量对象之间的绝对差距的衡量。定距尺度除具有定类尺度和定序尺度的特征外，其测量值之间的距离具有实际意义，如温度、智商、比赛积分、态度和偏好等均是常用的定距尺度的例子。定距尺度相邻数值之间的差距是相等的，例如，1 和 2 之间的差距就等于 2 和 3 之间的差距，也等于 5 和 6 之间的差距。定距尺度可以比大小，可以进行加减运算和计算百分比，但乘除却没有意义。

虽然定距尺度有定类尺度与定序尺度的属性，但它没有一个自然的或绝对的基准(零点)，因此，事物之间的数值的绝对大小不能被比较。换句话说，不能说有 4 的物体的特性两倍于有 2 的物体的特性。

4. 定比尺度

定比尺度是确立测量对象之间的比率，兼具了定类尺度、定序尺度和定距尺度的特征外，还具有真正的零点。例如，身高、体重、年龄、收入、销售额、生产成本、市场份额、消费者数量都是常用的定比尺度测量的变量。用定比尺度测量年龄，其真正零点就是刚出生的瞬间，因此可以说 20 岁是 10 岁的 2 倍；但温度就不能进行定比测量，因为 0℃ 并不是没有温度，温度没有真正的零点，所以不能说 20℃ 是 10℃ 的 2 倍，只能说 20℃ 比 10℃ 高 10℃。基于定比尺度的特征，其数值不仅可进行加减乘除四种数学运算以及前三种尺度可进行的统计运算，还可以计算定比变量的几何均值、调和平均值和变动系数等，而且其运算结果都有实在意义。

表 5-1 是对以上四种测量尺度的特征的汇总。

表 5-1　四种测量尺度及其特征

尺　度	允许的变量转换	允许的四则运算	允许的统计计算	应用举例
定类	$y=f(x)$ $f(x)$为一一对应	—	百分比 排列顺序 卡方测定 二次检验	给属于特定群体的事物编号(男女、职业、商店种类、产品种类、品牌、销售区域等)
定序	$y=f(x)$ $f(x)$只增加	—	中位数 百分位 顺序相关符号测定 集合测定	对产品、企业的意见或态度(非常好、好、不好说、坏、非常坏),比较几种品牌的喜好程度或购买者的社会阶层等
定距	$y=a+bx$ $b>0$	加减	算术平均数 平均差 标准差 t 检验 F 检验	利用五等级法、七等级法测量对产品或企业的意见、态度等
定比	$y=ax$ $a>0$	加减乘除	几何平均 调和平均 变动系数	消费者的年龄、收入,顾客数量,销售数量,销售金额等

　　测量尺度的分类并不一定是完全无关的和独立的,其中就有可能会用定序数据来测量有关次序的信息或顺序。另外,应用了一种测量尺度来测量某种特性,那么在分析统计时也必须按照这种测量尺度的数值关系来界定和计算相关的数据。表 5-2 是四种测量尺度的例子。

表 5-2　四种测量尺度的例子

栏目名称	定类尺度	定序尺度	定距尺度	定比尺度
	栏目编号	按喜好程度排序	按喜好程度打分(1～7 分)	上月内收视时间/小时
A	1	4	5	20
B	2	2	7	40
C	3	1	4	0
D	4	3	6	35
E	5	1	7	50

5.2　测量技术

5.2.1　测量技术简述和态度评价

1. 测量技术简述

在营销调研中常用的量表技术可以分成两大类:可比较的与非比较的尺度。在可比较尺度中，调查问题要求直接对两个调查的对象进行比较。因为这种测量尺度是可比较的，其结果一定要用具有顺序特性的数值来加以说明。比较性尺度的一大特点是能辨别出事物间的微妙区别，而且比较性尺度是为被调查者所易于理解的。

在非比较尺度中，被调查者被要求评估独立于其他被调查的事物的每一个目标，因为每个调查的事物都是独立地被提出来的。非比较尺度是市场调查中使用最广泛的测量技术。分项评分量表是指提供给调查对象的量表上每个类别都有一个数字或与某一类别相关的简要描述，要求调查对象选出最能描述被评分物体的特定类别，回答者能够非常快地找到最适合或较适合描述自己态度的答案。李克特量表和语义差别量表是分项评分量表中较常用的两种。

量表技术分类如图 5-1 所示。

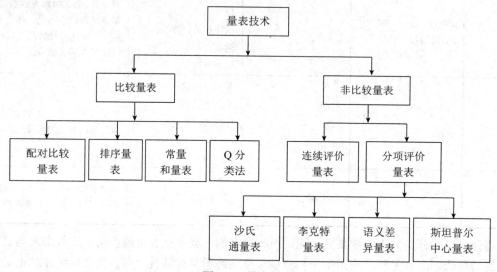

图 5-1 量表技术

2. 态度评价

态度代表一个人基于某种信念对事物做出的评价，而这种评价在某种程度上决定了今后对该事物的反应。大多数学者同意下面的定义：态度是一种习惯地对给定事物的一贯好恶倾向。这个定义包括了态度的三个基本特征：①态度是习惯的；②态度是行为的预兆；③态度是稳定的。态度包括三个成分：认知、情感及行为因素。

在市场竞争中，越来越多的卖家试图更多地了解顾客对它们的产品质量、服务质量、配送系统、竞争对手以及对企业忠诚度的态度。这需要以量表为中心来收集消费者的认知、情感和行为意向反应方面的数据。

态度是一个复杂的过程，要想了解消费者的态度，需要使用适合的测量量表。下面来介绍常用的测量态度和行为的测量技术。

5.2.2 常用的测量技术

1. 配对比较(成对比较)

配对比较是指在同一时间给被调查者提供两个调查目标物，并要求其根据一定的标准(如质量、品牌知名度等)选择其中一个。配对比较实际上是一种特殊的等级量表，不过要求排序的是两个对象。这种尺度类型经常被应用，尤其是当调查目标物是有形物体的时候。配对比较做起来较简单，其结果也相对容易分析和解释。

一般来说，有 n 种品牌，就有 $n(n-1)/2$ 种比较，所以，当有 k 种标准时，就有 $k \times n(n-1)/2$ 种比较。很明显品牌与标准越多，比较的总次数就会越多。另外，因为一次比较两个，被调查者的判断并不遵循传递规律。如果大量非传递性存在，那么配对比较的数据将难以被解释。一般可以将配对比较的数据进行变换，然后用其他数学方法加以进一步的统计运算。表 5-3 是配对比较的例子。

【案例 5-1】 配对比较示例

请对 A、B、C 三个洗发水品牌中的每一对品牌进行比较，指出你更喜欢其中的哪一个？在选中的品牌旁□处打勾(√)，如表 5-3 所示。

表 5-3 洗发水品牌的配对比较量表

序 号	品 牌	选 项	品 牌	选 项
①	A	□	B	□
②	A	□	C	□
③	B	□	C	□

2. 等级顺序尺度(多项比较题)

等级顺序尺度是被调查者同时被提供几个目标，并要求对它们进行"排序"或分级。

等级顺序尺度作为在营销调研中应用最广泛的比较性尺度技术，其优点是这种题目容易设计，也比较容易掌握回答的方法。但由于只给出了顺序信息，无法了解各因素之间的差距大小。另外，为方便应答者选择，一般进行比较对象仅限于 6～7 个。表 5-4 是手机品牌的等级顺序量表的例子。

【案例 5-2】 等级顺序尺度示例

请根据对各品牌的喜爱程度进行排序，分别给予 1 到 5 个等级(见表 5-4)。等级 1 表示最喜爱的品牌，依此类推，等级 5 表示最不喜欢的品牌。

表 5-4 手机品牌的等级顺序量表

手机品牌	苹果	三星	vivo	华为	小米	OPPO	魅族
品牌等级							

3. 常量和量表

常量和量表又称固定总数量表或大小估计量表。常量和量表测量工具是从心理学的领域发展起来的，主要用于产品与态度的研究。它要求被调查者给事物、品牌、态度说明等标上数字，通过应用一定的标准，将被调查者对事物属性的感受用数值的大小来反映。在态度研究中，要求被调查者陈述对某种态度表示同意或不同意。一旦被调查者表明了感受的意向，他(她)就会自由地用 0 到 100 之间的数字去表明其感觉的强度。该方法提供了对被调查的事物做出强度比较的信息。

【案例5-3】市场调查问句

请把 100 分分配给下面这些汽车保险公司的特性，使分数的分配能反映出你在选择汽车保险公司对各个特性相对重要性的看法。

B1 投保便捷(　　)　　　B2 车险条款清晰(　　)　　　B3 品牌知名度高(　　)

B4 价格适中(　　)　　　B5 个性化服务(　　)　　　B6 客户服务完善、方便(　　)

B7 救援速度快(　　)　　B8 事故车辆查勘定损快(　　)　　B9 理赔速度快(　　)

B10 投诉处理快(　　)

4. Q 分类法

Q 分类量表被发展出来是为了快速地在相对大量的物体当中进行判别。Q 分类法是等级顺序量表的复杂形式，根据一些标准物体的相似性，将其分为几组。例如，给调查对象 100 种关于个人磁卡的态度陈述，并要求他们将这些陈述从"最同意的"到"最不同意的"范围分成 11 组(见表 5-5)。Q 分类法需要大量卡片，被分类的物体数目不应少于 60，也不应多于 140；60～90 是一个合理范围。

表 5-5　Q 分类法

最同意的										最不同意的
10	9	8	7	6	5	4	3	2	1	0
3	4	7	10	13	16	13	10	7	4	3

表 5-5 中第一行数字表示从最好特性到最差特性的等级排序的连续体，10 代表最佳特性，0 代表最差特性，5 代表中性。第二行数字表示每组卡片的数量。对应特性值 10 的是三张卡片，对应特性值 9 的是 4，依此类推，对应特性值 0 的是三张卡片。一般在 Q 分类法中有 11 组特性组，可根据每组拥有的不同数量的卡片来确定每组的相关等级，并由此判断具有相同偏好的个体群。

5. 连续评价量表

连续评价量表也叫图示评价量表，它是由研究人员事先将各种可能的选择标示在一条直线上，由调查对象通过在该直线上的适当位置做出标记来为物体评分。一般连续评价量表要求应答者在从某一极端到另一极端的图示连续体上进行选择，因此，调查对象不会受到研究人员设定好的分数的限制。

连续评价量表形式多样，可以灵活使用。

【案例5-4】为华为智能手机评分

形式1：

可能最差 — — — — — — — — — — — — — — — — — —可能最好

形式2：

可能最差 — — — — — — — — — — — — — — — — — —可能最好

0　1　2　3　4　5　6　7　8　9　10

6. 语义差别量表

语义差别量表是用评价性措辞定义一个对给定事物的态度的。每个人要根据自己对给定事物的态度在一系列反映对象与对象的行为两极化形容词间进行选择。

语义差别量表是评价态度最常用的方法之一,典型的过程应包括确认 5～10 个与评估范围相关的两极化形容词。被调查者对每个项目进行回答,每个项目回答的得分从+3 到-3(或从 1 分到 7 分),正值反映赞成的评价。被调查者在每个项目上的总分和所有项目的平均分作为其态度得分的指标。

【案例 5-5】语义差别量表示例

该调查是想评价人们对一种新的剃须膏的态度。管理者让男士在家里使用这种产品一周,周末时每个男士拿到一份含有 10 个项目的语义差异问卷,让他们对这种剃须膏做出评价(见表 5-6)。

表 5-6　语义差别量表

我认为使用代号 4-11 的剃须膏是
喜欢的 ＿＿｜＿＿｜＿＿｜＿＿｜＿＿｜＿＿｜＿＿ 不喜欢的
好的 ＿＿｜＿＿｜＿＿｜＿＿｜＿＿｜＿＿｜＿＿ 坏的
冷的 ＿＿｜＿＿｜＿＿｜＿＿｜＿＿｜＿＿｜＿＿ 热的
不愉快的 ＿＿｜＿＿｜＿＿｜＿＿｜＿＿｜＿＿｜＿＿ 愉快的
锋利的 ＿＿｜＿＿｜＿＿｜＿＿｜＿＿｜＿＿｜＿＿ 钝的
有用的 ＿＿｜＿＿｜＿＿｜＿＿｜＿＿｜＿＿｜＿＿ 无用的
乏味的 ＿＿｜＿＿｜＿＿｜＿＿｜＿＿｜＿＿｜＿＿ 有趣的
有益的 ＿＿｜＿＿｜＿＿｜＿＿｜＿＿｜＿＿｜＿＿ 有害的
吸引人的 ＿＿｜＿＿｜＿＿｜＿＿｜＿＿｜＿＿｜＿＿ 没吸引力的
积极的 ＿＿｜＿＿｜＿＿｜＿＿｜＿＿｜＿＿｜＿＿ 消极的

7. 李克特评分法

李克特评分法作为态度测量的总评方法,已被广为接受,是问卷设计中运用十分广泛的一种量表。

李克特评分法的整个过程是从大量描述的信念和意图的项目开始,然后根据每个项目是否反映了被调查者态度的好恶,把那些含糊和中性、无偏袒的项目去掉,最后被调查者对每个项目在下面的五分制标线上做记号。李克特评分法如图 5-2 所示。

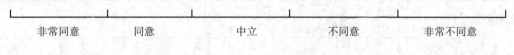

　　非常同意　　　　同意　　　　　　中立　　　　　不同意　　　　非常不同意

图 5-2　李克特评分法

李克特量表构作的基本步骤如下。

(1) 收集大量(50～100)与测量的概念相关的陈述语句。

(2) 有研究人员根据测量的概念将每个测量的项目划分为"有利"或"不利"两类,一般测量的项目中有利的或不利的项目都应有一定的数量。

(3) 选择部分被调查者对全部项目进行预先测试,要求被调查者指出每个项目是有利的或不利的,并在下面的方向—强度描述语中进行选择,一般采用所谓"五点"量表:

　　a. 非常同意　 b. 同意　 c. 无所谓(不确定)　 d. 不同意　 e. 非常不同意

(4) 对每个回答给一个分数,如从非常同意到非常不同意的有利项目分别为 1、2、3、4、5 分,对不利项目的分数就为 5、4、3、2、1 分。

(5) 根据被调查者各个项目的分数计算代数和，得到个人态度总得分，并依据总分多少将被调查者划分为高分组和低分组。

(6) 选出若干条在高分组和低分组之间有较大区分能力的项目，构成一个李克特量表。如可以计算每个项目在高分组和低分组中的平均得分，选择那些在高分组平均得分较高并且在低分组平均得分较低的项目。

李克特量表示例可见【案例5-6】。

【案例5-6】消费者针对电视、广播广告的评价

被调查者态度的得分是这样得出的：对赞成的项目非常同意的得5分，非常不同意的得1分。相反，对不赞成项目非常不同意的得5分，非常同意的得1分，那么个人的态度仍是所有项目得分的总和，得分越高说明越赞同。

表 5-7　李克特评分法

项　　目	非常同意	同意	中立	不同意	非常不同意
1. 广告是安慰人的	5	4	3	2	1
2. 广告没有娱乐性	1	2	3	4	5
3. 广告有侮辱性	1	2	3	4	5
4. 广告很傻	1	2	3	4	5
5. 广告的产品是卖不出去的东西	1	2	3	4	5
6. 广告的特征不现实	1	2	3	4	5
7. 广告没有创意	1	2	3	4	5
8. 广告清楚解释了产品的优点	5	4	3	2	1
9. 我会记住这个广告	5	4	3	2	1
10. 广告对我有用	5	4	3	2	1

各项目要经过检验以确保李克特评分法的内部一致性原则被满足。因而在第二步，初步的态度得分与每个组成项目都有联系，而最终的李克特评分法的评价标准是由15到20个相关性最高的项目构成(见表5-8)。

表 5-8　10 个李克特评分法项目的应答和单项目的总体相关性

被调查者	项　目										总　分
	1	2	3	4	5	6	7	8	9	10	
1	5	5	1	3	1	2	5	2	5	2	31
2	3	4	2	2	2	1	5	3	4	3	29
3	4	2	4	2	5	4	2	4	5	5	37
4	1	4	2	3	2	1	4	1	4	3	25
5	3	1	5	4	4	2	4	3	5	5	36
6	3	4	3	3	2	2	5	1	4	3	31
7	4	3	3	3	2	3	3	3	4	4	32
8	3	4	2	3	1	1	4	2	4	3	27
9	4	2	5	3	5	5	2	4	5	5	40
10	3	5	1	3	1	2	5	2	4	2	28
单项目总体相关性	0.58	-0.75	0.84	-0.14	0.87	0.96	-0.77	0.82	0.79	0.81	—

8. 斯坦普尔量表

斯坦普尔量表是一个单极的评分量表，是语义差别量表的简化版，它只使用一个极点，没有中立点。这种量表通常被垂直地展示，正数得分越高，描述该对象所用的形容词就越好(见表 5-9)。使用此量表可对每个被访者的分数进行加总，并可与其他被访者的总分进行比较。

【案例 5-7】斯坦普尔量表示例

请评价每个单词或短语对每个啤酒特性描述的精确程度。

表 5-9　斯坦普尔量表

+3	+3
+2	+2
+1	+1
口味清爽	价格低
−1	−1
−2	−2
−3	−3

9. 沙氏通量表

在市场营销研究中，经常涉及某一主题的态度测量，如人们对于电视商业广告的态度、对人寿保险的态度等。沙氏通量表通过应答者在若干(一般 9~15 条)与态度相关的语句中选择是否同意的方式，获得应答者关于主题的看法。一个测量态度的沙氏通量表，其构作的基本步骤如下。

(1) 收集大量的与要测量的态度有关的语句，一般应在 100 条以上，保证其中对主题不利的、中立的和有利的语句都占有足够的比例，并将其分别写在特制的卡片上。

(2) 选定 20 人以上的评定者，按照各条语句所表明的态度有利或不利的程度，将其分别归入十一类。第一类代表最不利的态度，依此类推，第六类代表中立的态度……，第十一类代表最有利的态度。

(3) 计算每条语句被归在这十一类中次数分布。

(4) 删除那些次数分配过于分散的语句。

(5) 计算各保留语句的中位数，并将其按中位数进行归类，如果中位数是 n，则该态度语句归到第 n 类。

(6) 从每个类别中选出一两条代表语句(各评定者对其分类的判断最为一致的)，将这些语句混合排列，即得到所谓的沙氏通量表。

沙氏通量表的语句是根据各评定人员的标准差确定的，有一定的科学性，而且使用操作很简单。但沙氏通量表也有以下三个不足之处：第一是其量表构作比较麻烦，量表确定费时、费力；第二是评定人员的选择有一定的差异性，因此，当评定人员态度和实际被调查者态度发生较大差异时，会使这种方法失去信度；第三是无法反映被调查者的态度在程度上的区别。

沙氏通量表示例如表 5-10 所示。

表 5-10　电视商业广告态度的沙氏通量表[1]

项目	非常同意	同意	不确定	不同意	非常不同意
1. 所有电视商业广告都应该被法律禁止	5	4	3	2	1
2. 看电视广告完全是浪费时间	5	4	3	2	1
3. 大部分商业电视广告是非常差的	5	4	3	2	1
4. 电视商业广告枯燥乏味	5	4	3	2	1
5. 电视商业广告并不过分干扰欣赏电视节目	5	4	3	2	1
6. 对大多数电视商业广告无所谓好恶	5	4	3	2	1
7. 有时喜欢看商业电视广告	5	4	3	2	1
8. 大多数电视商业广告是挺有趣的	5	4	3	2	1
9. 只要有可能，喜欢购买在电视上看到过的广告商品	5	4	3	2	1
10. 大多数电视商业广告能帮助人们选择更好的商品	5	4	3	2	1
11. 电视商业广告比一般的电视节目更有趣	5	4	3	2	1

在表现形式上，沙氏通量表与李克特量表有相似点：两者都要求被调查者对一组与测量主题有关的陈述语句发表自己的看法。区别在于，沙氏通量表只要求被调查者选出同意的陈述语句，而李克特量表要求被调查者对每一个与态度有关的陈述语句表明同意或不同意的程度。另外，沙氏通量表中的一组有关态度的语句按有利和不利的程度都有一个确定的分值，而李克特量表仅仅需要对态度语句划分是有利还是不利，以便事后进行数据处理。

5.3　信度和效度

在这一部分将讨论两个规范的评价准则：信度和效度。信度表明评价的准确程度；效度是指评分差异在反映评价对象性质上与真实差异的程度。之所以要讨论信度和效度，是因为我们期望被调查者采用某种评价方法得出的一个态度评分，能充分反映人们的真实态度，但实际上由于个体特性、评价手段自身原因、短期人为因素、情境因素、评价执行方式变动等诸多因素，其评价结果与真实态度之间总是存在误差，因此，有必要确认所采用的评价方法的有效性和评价结果的可靠性。

5.3.1　信度

信度也被称为可靠性，表明了测量结果是否具有稳定性和一致性的程度，也就是说，评价结果不会因为每次抽取样本的不同而发生变化，所有的评价结果继续保持稳定不变和一致。

从理论上来看，由于评分是评价误差在真实评分基础上增减后得到的，所以评价误差是引起不可信的主要原因。再进一步来看，评价误差是由系统误差(每次检测时都以同样的方式影响评分，如评价工具因素)和偶然误差(它在每次都以不同的方式影响评分，如短期人为因素)两部分构成。

评估信度一般的做法是计算评价方法中系统误差所占的比例。为做到这一点，要确定两套

---

1 资料来源：百度文库. https://wenku.baidu.com/view/3865a3167f21af45b307e87101f69e314332faf0.html?from=search

所含项目极为相似的评分标准得出的评分之间的关系，如果两套标准得出的评分相一致则评分标准有信度。评估信度主要用相关系数来衡量，相关系数的值介于+1 和-1 之间，+1 代表完全正相关，-1 代表完全负相关。有关相关性问题将在本书第 10 章做进一步的讨论。

衡量信度的方法有以下三种。

(1) 重复抽样的评分信度评估。在重复抽样调查的评分信度评估中，被调查者要在不同时间、相同条件下做两份相同的问卷，一般建议的时间间隔为两周。这时对信度的评估有一些问题要引起注意：第一，它对检测的时间间隔很敏感，间隔越久，信度越低；第二，如果两次抽样时调查的现象发生了变化，信度会很低；第三，得出的信度会因为两次问卷中相同问题的相关性而被放大。在计算相关系数时，两次问卷中不同项目的相关性是不包括在内的，但有理由认为问卷中相同项目间存在相关性。所以，相关系数可能会因为问卷中相同项目的高相关性而变得很高。

(2) 内部一致信度评估。内部一致信度的一种简单评估法是求出问卷中单个项目与全部项目间的相关性。根据内部一致性原则，态度的得分与被调查者对相同项目赞同的可能性成正比。更具体来说，个人态度越赞同，就越可能保持对赞同项目的选择，相反则越不会保持对不赞同项目的选择。因此，如果某个项目明显与态度得分相关，那么这个项目就满足内部一致性的准则。

此外，还可以采用折半信度来计算内部一致信度。这种方法是把问卷的项目用某种方法分成两部分，那么两部分得出的评分应当是相关的。它们之间的高相关性反映了内部一致性准则。但存在的问题是分成两部分的方法不同，得出的相关系数也不同，克服这一问题的常用方法是找出所有可能的分法，求出这些相关系数的平均数，并进而评估内部一致性。

(3) 选择形式信度评估。在选择形式信度的评估中，相同的主题在不同的时间被调查两次，一般的间隔为两周，两次检测使用的内容相似但标准不同，以使得第一次检测的评分对第二次检测的评分没有什么影响。相关系数就可以从这两套选择性的标准所得的评分中得出。

选择形式信度评估也隐含了对两个不同标准在内容上等价性的评估。如果采用这种方法，选择的项目标准有等价的含义、差异和内部相关性，可以假定本质上等价的形式是可以找到的。但是即使这些条件满足了，也可能很难从内容上评估选择项目的等价性。选择形式评分的低相关性可能是因为低可信度或是内容上不等价。这种方法最适合短期内研究所调查的问题会发生变化的情况。这种情况下，选择形式的评价使调查者可以发现这些变化。

5.3.2 效度

即使一种评价法是可信的，但并不一定是有效的。也就是说，一种评价法能得出相同或相近的一致性评分，但评分并不一定反映的是所要调查的想法。信度不能保证效度是因为效度最直接与评价法的对象相联系。所以，信度是对效度的又一层限制。有效的评价应当能够真实反映评价的(调查)问题在特性上的差异，并以评分的形式表示出来。

效度的关键是非偶然误差。非偶然误差的存在使得评价项目代表了期望评价的问题之外的东西，可能是一个完全不同的其他问题。例如，如果调查者用一套评价品牌忠诚度的项目得出了实际上反映重复购买行为的单一态度的评分，那么从反映品牌忠诚度的角度来说，评价是无效的。

效度依赖于评价过程中非偶然误差的程度，正如信度是一个度的问题，效度也一样是一个度的问题。对于评价某种态度的评价法如果不可避免地反映了其他内容，则这种评价法无论如何也不会有效。例如，品牌忠诚度的评价中得高分的人不仅包括真正的忠诚顾客，同时还包括因为经济上的原因而不得不购买同一品牌的人。

1. 效度的类型和评估

效度有多种类型，以下介绍几种应加以注意的类型，并简要了解它们的评估。

(1) 内容效度。内容效度偏重于评价项目是否包括了所要调查问题的整个范围。例如，态度的调查问题就可能包括与个人的好恶、信念和行为意图相关的三个方面。有效的态度评分就应当包括所有三方面的评价项目。内容效度是通过评价调查问题特性项目的完整性来进行估测的。

(2) 集中效度。这种效度表示用于评价某一调查问题的评价项目是否是相关的。在态度评价中，评价态度情感方面的项目应当与评价认识方面的项目相关，因为两类评价项目都反映了态度。集中效度通常是用来对评价同一调查问题不同方面的项目间的相关程度进行估测的。

(3) 区别效度。这种效度检验评价的是采用方法的新颖程度和它是否反映了其他变量的程度。评价法可能相互之间有很高的相关性，引用一篇有关集中效度和区别效度的文章，文章中说："意图不同的评价法间相关性很高，则检测无效。"如果假定相异的评价法高度相关，与其说它们评价的是不同特性或问题，不如说评价对象是具有同一特性的或同一问题。假设评价态度时情感方面的项目与认识方面的项目相关性很高，甚至达到统一，则两类评价项目不能相互区分，所以可认为两类项目在实质上反映了态度的同一分量。区别效度是通过检验意图不同但相互相关的评价之间的相关程度来估测的。

(4) 准则效度。这种效度是用来检测评价方法能否得出期望的问题与其他问题相关的评估。例如，在调查态度想法时，调查有赞成态度的人做出赞成行为的倾向。准则效度是通过确定得到的评分能预测一些评价准则的程度来估测的。因为这个原因，准则效度有时被称作预测效度。

2. 获取真实想法的程序

基于以上讨论，可以列出得到真实想法的建议程序的五个必要步骤。

(1) 详细说明问题的定义。包括所调查问题整个范围的明晰、准确的定义。

(2) 详细说明评价和进行评价的规定。包括说明要询问的项目及项目的评分标准。

(3) 项目分析。各项目组成问卷后，从目标市场上抽样，收集数据，进行项目分析。构成问卷的项目应有较高的单个项目与整体的相关性，也就是符合内部一致性原则，相关性较低的项目应当删去。

(4) 信度检验。项目分析之后，新数据从项目整理后的问卷中得出，然后进行信度检验。

(5) 效度检验。信度检验之后，做进一步的效度检验，在适合的情况下应检验各种效度。

5.3.3 信度分析实例及 SPSS 应用

【案例 5-8】某地区居民消费结构分析示例

某地区欲对其居民的消费结构进行分析，现调查了 23 位居民，了解他们在食品、衣着、医疗保健、交通通信、教育文化娱乐、居住和其他 7 个方面的 2018 年全年消费支出情况。

现要求根据表 5-11 所示信息，分析该项调查的信度。

表 5-11　被调查者 2018 年全年的消费支出情况

单位：元

被调查者	食品	衣着	医疗保健	交通通信	教育文化娱乐	居住	其他
1	2566	587	493	686	971	715	233
2	3558	830	738	1223	1486	953	329
3	2238	558	318	502	536	487	165
4	3104	576	348	867	898	878	240
5	1979	480	264	465	664	573	133
6	2051	790	444	638	931	551	200
7	1662	602	443	533	629	566	157
8	2279	669	397	571	843	655	162
9	2179	621	391	680	993	586	209
10	3583	559	616	1272	1437	1196	311
11	2305	373	322	608	797	801	177
12	2463	279	413	601	630	604	190
13	2702	735	459	790	1025	741	187
14	2240	536	425	586	823	580	166
15	1968	524	291	561	714	422	179
16	2506	594	545	763	735	445	162
17	3542	1129	310	1183	596	468	369
18	1662	602	443	533	629	566	157
19	2279	669	397	571	843	655	162
20	2179	621	391	680	993	586	209
21	3583	559	616	1272	1437	1196	311
22	2305	373	322	608	797	801	177
23	2463	279	413	601	630	604	190

1. SPSS 操作主要步骤(见图 5-3 和图 5-4)

图 5-3　"信度分析"步骤一

图 5-4　"信度分析"步骤二

2. SPSS 分析数据及结论

应用 SPSS 统计分析软件，得到以下分析数据表和分析图(部分)。

表 5-12 显示调查结果的信度系数为 0.827，标准化后信度系数为 0.907，信度系数较高。

表 5-12 可靠性统计量

Cronbach's Alpha	基于标准化项的 Cronbach's Alpha	项数
.827	.907	7

23 位被调查者 2018 年全年在食品、衣着、医疗保健、交通通信、教育文化娱乐、居住和其他等 7 个方面的各项平均消费支出和标准差(见表 5-13)。

表 5-13 项统计量

项目	均值	标准偏差	N
食品	2495.4783	589.290 70	23
衣着	588.9130	182.653 40	23
医疗保健	426.0435	115.199 62	23
交通通信	730.1739	255.607 95	23
教育文化娱乐	871.1739	270.412 76	23
居住	679.5217	210.950 85	23
其他	207.6087	63.292 78	23

食品、衣着、医疗保健、交通通信、教育文化娱乐、居住和其他 7 个方面的相关系数矩阵(见表 5-14)。从相关系数矩阵中可知，食品和交通通信的相关系数最高(0.940)，衣着和居住的相关系数最低(-0.093)。

表 5-14 项间相关性矩阵

项目	食品	衣着	医疗保健	交通通信	教育文化娱乐	居住	其他
食品	1.000	.349	.543	.940	.654	.683	.895
衣着	.349	1.000	.189	.461	.205	-.093	.527
医疗保健	.543	.189	1.000	.653	.775	.596	.496
交通通讯	.940	.461	.653	1.000	.742	.686	.935
教育娱乐	.654	.205	.775	.742	1.000	.827	.611
居住	.683	-.093	.596	.686	.827	1.000	.545
其他	.895	.527	.496	.935	.611	.545	1.000

23 个被调查者在 7 个调查项目上的基本统计描述指标，如表 5-15 和表 5-16 所示。其中可以发现，相关系数的全距为 1.033，方差为 0.065，这表明各个调查项目的相关程度存在一定的差异。

表 5-15 摘要项统计量

项目	均值	极小值	极大值	范围	极大值/极小值
项的均值	856.988	207.609	2495.478	2287.870	12.020
项方差	82 980.210	4005.976	347 263.534	343 257.557	86.686
项之间的相关性	.582	-.093	.940	1.033	-10.101

表 5-16 摘要项统计量

项目	方差	项数
项的均值	568 616.418	7
项方差	1.422E10	7
项之间的相关性	.065	7

剔除了某个调查项目后信度系数的变化情况，如表 5-17 所示。我们可以发现在剔除了食品或者衣着的消费数据之后，信度系数分别从 0.827 提高到了 0.836 和 0.837。特别是我们可以联系衣着的消费数据相关系数，其显示的结果都较低。可见，如果将"衣着"剔除可以提高调查的信度。

表 5-17 项总计统计量

项目	项已删除的刻度均值	项已删除的刻度方差	校正的项总计相关性	多相关性的平方	项已删除的Cronbach's Alpha 值
食品	3503.4348	769 308.621	.848	.910	.836
衣着	5410.0000	1 808 902.455	.308	.610	.837
医疗保健	5572.8696	1 775 866.209	.666	.686	.816
交通通讯	5268.7391	1 356 834.838	.960	.963	.744
教育娱乐	5127.7391	1 425 730.111	.766	.847	.773
居住	5319.3913	1 574 869.885	.707	.847	.791
其他	5791.3043	1 837 805.676	.885	.910	.823

标度统计量和重复调查数据的方差分析结果如表 5-18 和表 5-19 所示。所谓重复调查数据的方差分析是将每个被调查对象在不同项目上的调查数据看成是对同一特征反复测量的结果，并且它们之间不存在相关性。分析显示，F 检验的概率接近于 0，远小于既定的显著性水平 0.05。

表 5-18 标度统计量

均值	方差	标准偏差	项数
5998.913 0	1 993 691.265	1411.981 33	7

表 5-19 ANOVA 检验

项目		平方和	df	均方	F	Sig
因子之间		6 265 886.832	22	284 813.038		
因子内部	项之间	78 469 065.627	6	13 078 177.605	265.055	.000
	残差	6 513 065.516	132	49 341.405		
	总计	84 982 131.143	138	615 812.545		
总计		91 248 017.975	160	570 300.112		

所以，可以认为各个调查项目的总体均值存在显著差异，即当地居民在各个不同项目的消费水平是显著不同的。

关键词和概念

量表　　量表尺度　　比较量表　　非比较量表　　李克特量表　　语义差别量表
固定总数量表　　信度　　效度

本章复习题

一、思考题

1. 试述四种测量尺度各自的特征及相互间的区别。

2. 列举几种比较性尺度的优缺点。

3. 什么是信度？什么是效度？信度和效度之间有什么联系？

二、实践题

1. 【在校学生生活费用调查(续)】请根据已拟定的"在校大学生每月生活费用支出情况"市场调查与预测工作计划，围绕调查的某一方面，设计一份调查"量表"。

2. 针对本章【引入案例】涉及的概念和测量方法进行分组讨论。

3. 针对某一行业的某公司进行的顾客满意度调查设计一份顾客满意度量表，并提出工作方案和步骤。

4. 在市场调查方案或调查结果的信度和效度检验往往是通过调查的数据加以实现的。而对于定性调查来说，有相当一部分的调查结果是无法量化的，所以有人说："有些定性调查不存在信度和效度检验。"你认为这句话对吗？如果你认为定性调查也可以进行信度和效度检验，又应该如何进行？

5. 已知某地区对当地 30 位居民 2018 年全年相关收入的调查结果如表 5-20 所示。要求根据该结果分析调查的信度及结果。

表 5-20　居民相关收入的调查结果

单位：元

被调查者	可支配收入	工薪收入	经营净收入	财产性收入	转移性收入
1	13 882.62	10 152.14	314.19	174.67	4318.30
2	10 312.91	6663.54	468.96	96.41	3742.66
3	7239.06	4924.32	279.23	118.82	2286.06
4	7005.03	5527.89	302.37	87.23	1529.41
5	7012.90	5235.96	614.22	83.73	1417.66
6	7240.58	5204.18	314.61	63.26	2250.65
7	7005.17	4828.31	575.10	100.76	1807.06
8	6678.90	4489.37	511.68	38.03	1928.94
9	14 867.49	11 525.99	376.71	130.05	4347.49
10	9262.46	6091.04	638.82	151.13	3031.10

被调查者	可支配收入	工薪收入	经营净收入	财产性收入	转移性收入
11	13 179.53	9692.52	1 171.51	373.97	3057.39
12	6778.03	4878.30	371.10	114.37	1792.14
13	9999.54	7499.01	547.79	285.75	2483.78
14	6901.42	5108.21	366.43	63.76	1615.26
15	8399.91	7418.42	227.91	109.78	1301.47
16	6926.12	4757.86	362.92	84.64	2039.58
17	7321.98	5847.66	238.62	85.03	1574.45
18	7674.20	5984.74	356.17	100.65	1703.50
19	12 380.43	10 413.47	621.51	307.52	2108.62
20	7785.04	6149.78	402.44	169.18	1572.50

第6章 市场调查方法

学习目的与要求

1. 掌握各种市场调查的方法及应用；
2. 了解市场调查中发生的各类问题及解决方法；
3. 掌握如何提高在线调查反馈率的方法。

📋 **引入案例** 颠簸的街道——对不起，"n=All"只是一个幻觉

波士顿市政府推荐市民使用一款智能手机应用(APP)——"颠簸的街道(street bump)"。这个应用程序可利用智能手机中内置的加速度传感器，检查出街道上的坑洼之处——在路面平稳的地方，传感器加速度值小；而在坑坑洼洼的地方，传感器加速度值就大。市民只要下载并使用这个应用程序，开着车、带着手机，他们就是一名义务的、兼职的市政工人，这样就可以轻易做到"全民皆市政"。市政厅全职的工作人员就无须亲自巡查道路，而是打开电脑，就能一目了然地看到哪些道路损坏严重，哪里需要维修。

然而，从一开始，"颠簸的街道"的产品设计就是有偏的(bias)，因为使用这款 App 的对象，"不经意间"要满足 3 个条件：①年龄结构趋近年轻，因为中老年人爱用智能手机的相对较少；②使用 App 的人，还得有一辆车，虽然有辆车在美国并不稀奇，但毕竟不是每个人都有；③有钱，还得有闲。前面两个条件这还不够，使用者还得有"闲心"，想着开车时打开"颠簸的街道"这个 App。想象一下，很多年轻人的智能手机安装的应用程序数量可能两位数以上，除了较为常用的社交软件如 Facebook 或 Twitter 记得开机运行外，还有什么公益软件"重要"得一开车就记得打开？

《大数据时代》的作者舍恩伯格教授常用"$n=All$(所有)"来定义大数据集合。如果真能这样，那么就无须采样了，也不再有采样偏差的问题，因为采样已经包含了所有数据。

"颠簸的街道"的理念在于，它可以提供"$n=All$"个坑洼地点信息，但这里的"$n=All$"也仅仅是满足上述 3 个条件的用户记录数据，而非"所有坑洼点"的数据。上述 3 个条件，每个条件其实都过滤了一批样本，"$n=All$"注定是不成立的。在一些贫民窟，可能因为使用手机的、开车的、有"闲心"的 App 用户偏少，即使有些路面有较多坑洼点，也未必能检测出来。

资料来源：张玉宏. 大数据陷阱：需要读懂的 10 个小故事. https://new.qq.com/rain/a/20151223040979

6.1　市场调查的分类及作用

6.1.1　市场调查的类型

　　市场调查方法主要包括观察法、实验法、访问法和问卷法。其中访问法又可以分为结构式访问、无结构式访问和集体访问。结构式访问是用事先设计好的、有一定结构的访问问卷进行的访问。调查人员要按照事先设计好的调查表或访问提纲，以相同的提问方式和记录方式进行访问，提问的语气和态度也要尽可能地保持一致。无结构式访问是没有统一问卷，由调查人员与被访问者自由交谈的访问。它可以根据调查的内容，进行广泛的交流，如对商品的价格进行交谈，了解被调查者对价格的看法。集体访问又可分为专家集体访问和消费者集体访问。而问卷法是指通过设计调查问卷，让被调查者配合完成调查表的方式获得所调查对象的信息。在实地调查中，以问卷采用最广，同时问卷调查法在网络市场调查中运用得较为普遍。

　　另外，从期望获得的调查结果性质来看，又可分为定性调查和定量调查。定性调查是以小样本为基础，无结构式的、探索性的调查研究方法，目的是对问题的定位或启动提供比较深层的理解和认识。而定量调查是对一定数量的有代表性的样本，进行封闭式(结构性的)问卷访问，然后对调查的数据进行计算机的录入、整理和分析，并撰写调查报告的方法。

　　定性调查与定量调查是相辅相成的。这不仅表现在调查内容侧重的方面有所不同，也表现在二者功能上的互补关系。一方面，定量调查的结果依赖于统计，希望通过对相对较多的个体测量推测由大量个体构成的总体的情况；定性调查则更多侧重于问题的选项而非变量的分布。另一方面，从调查顺序来看通常是定性调查在先，定量调查在后。如问卷是定量调查的工具，但在问卷设计的过程中，为了完善问卷的内容、措辞乃至结构，普遍做法是进行数次访谈，也就是定性调查。

　　表 6-1 比较了定性调查与定量调查的主要特点，具体的问卷设计方法详见本书第 7 章"问卷设计及调查技术"。

表 6-1　定性调查与定量调查的特点比较

比较项目	定性调查	定量调查
问题类型	探索性	有限的探索性、描述性
样　本	少量样本、目的性强	大量有代表性的样本
数据收集	低度或非结构化	高度结构化
分析方法	主观的、解释的	统计分析
优　点	·能够深层次、多角度、多途径地发掘消费者的购买动机 ·允许客户根据项目的进展调整研究重点 ·项目所需的时间短 ·最适合做探测性研究	·研究结论可以推断市场的整体情况 ·通过统计分析可以找出主要的影响因素 ·可提供跟踪对比分析 ·研究结果可以作为决定依据
缺　点	·不能推断总体，很难对整个市场下结论 ·研究结果受到研究人员的经验、能力影响较大 ·提供"软性"的信息而非"硬性"的信息	·耗时长、不能快速得到最终结果 ·项目费用相对高昂 ·研究过程中内容不可更改 ·操控性相对较差 ·无法发掘深层原因

6.1.2 市场调查的作用

任何一个企业都只有在对市场情况有了实际了解的情况下，才能有针对性地制定市场营销策略和企业经营发展策略。在企业管理部门和有关人员要针对某些问题进行决策时，如进行产品策略、价格策略、分销策略、广告和促销策略的制定，通常要了解的情况和考虑的问题是多方面的。主要包括本企业产品在什么市场上销售较好，有发展潜力；在某个具体的市场上预期可销售数量是多少；如何才能提高企业产品的销售量；如何掌握产品的实际销售价格；如何制定产品价格，才能保证在销售和利润两方面都能上去；怎样组织产品推销，销售费用又将是多少等。这些问题都只有通过具体的市场调查，才可以得到具体的答复，而且只有通过市场调查得来的具体答案才能作为企业决策的依据。否则，就会形成盲目的和脱离实际的决策，而盲目则往往意味着失败和损失。

另外，由于现代化社会大生产的发展和技术水平的进步，商品市场的竞争变得日益激烈。市场情况在不断地发生变化，而促使市场发生变化的原因，不外乎产品、价格、分销、广告、推销等市场因素和有关政治、经济、文化、地理条件等市场环境因素。这两种因素往往又是相互联系和相互影响的，而且在不断地发生变化。因此，企业为适应这种变化，就只有通过广泛的市场调查，及时地了解各种市场因素和市场环境因素的变化，从而有针对性地采取措施，通过对市场因素(价格、产品结构、广告等)的调整，去应付市场竞争。对于企业来说，能否及时了解市场变化情况，并适时适当地采取应变措施，是企业能否取胜的关键。

6.2 访谈调查法

访谈调查有正式的，也有非正式的；有逐一采访询问个别访谈，也可以开小型座谈会进行团体访谈。

1. 访谈调查的一般步骤

(1) 设计访谈提纲。

(2) 恰当进行提问。

(3) 准确捕捉信息，及时收集有关资料。

(4) 适当地做出回应。

(5) 及时做好访谈记录，一般还要录音或录像。

2. 访谈调查收集资料的主要形式

访谈调查收集资料的主要形式是"倾听"。"倾听"可以在不同的层面上进行。

(1) 在态度层面上，访谈者应该是"积极关注的听"，而不应该是"表面的或消极的听"。

(2) 在情感层面上，访谈者要"有感情的听"和"共情的听"，避免"无感情的听"。

(3) 在认知层面上，要随时将受访者所说的话或信息迅速纳入自己事先设定的调查结构中加以理解和同化，及时进行对话交流，充分理解被调查者表示的真实含义。

访谈调查法主要有焦点小组访谈、深度访问和入户调查等方式。

6.2.1　焦点小组访谈

1. 焦点小组访谈的含义

焦点小组访谈法又称为小组座谈法，是市场研究中一个常用的重要调查方法，其所需费用大概占定性调查总费用的 85%～90%。焦点小组访谈法具体做法是选取一组具有代表性的消费者或客户，在一个装有单面镜和录音录像设备的房间里，在经过训练的主持人的组织下，以一种无结构的自然的方式与整个小组的人就某个专题进行讨论，从而获得对于一些有关问题的深入了解。这种方法的价值在于常常可以从自由进行的小组讨论中得到一些意想不到的发现。从市场研究的实践来看，被列入《福布斯》杂志上世界 500 强的企业，如通用、AT&T 和 IBM 等企业，都采用焦点小组访谈小方法作为他们市场研究的有效方法，主要应用于消费者使用与态度测试、产品测试、概念测试等领域。

焦点小组访谈法有以下几个目的：

(1) 理解消费者对某类产品的认识、偏好，以及消费者的行为，为今后的定量研究做准备。

(2) 为更好地构建定量研究中对消费者进行调查的问卷提供帮助。

(3) 对整个产品提供一个完整的背景信息。

(4) 为新产品提供一个初步的信息。

(5) 了解一些对老产品的全新想法。

(6) 了解消费者对一些全新的概念的反应。

(7) 对之前得到的定量研究的信息进行解释。

(8) 理解消费者对品牌的情绪反应。

【案例 6-1】 焦点小组访谈帮助 Corning 公司开发新产品

Corning 公司为开发一种可携式炊具(transportable cookware)，邀请了几组妇女讨论她们如何运送食物以及在该过程中会遇到什么麻烦。结果发现人们主要关心的问题是如何不让食物泼洒以及如何保温。在此讨论的基础上定义了产品的特性——特定的构造防止泼洒、特殊的隔热材料以便保温，并设计出了产品原型。再交由第二轮焦点集体讨论如何改进其大小、颜色、形状、产品命名以及包装的意见。

资料来源：百度文库.https://wenku.baidu.com/view/145c296c011ca300a6c39077.html

---

2. 焦点小组访谈的特点

1) 焦点小组访谈的优点

焦点小组调查访问方法往往是市场营销问题研究过程中的第一步，常常被用在市场调查研究过程的早期和探索的阶段。它的主要用途是提供定性的、描述性的信息，这些信息将有助于公司对市场和消费者有一个最初的了解。焦点小组访问的优点具体如下。

(1) 取得的资料更广泛、深入。小组调查访问方法相对结构化的调查表调查能够获得对相关问题更复杂的一系列回答。

(2) 速度快、效率高。三至四个地理上散布的小组访问以及最终报告可以在四到五周之内被完成。

(3) 科学监测。相关企业人员可以亲自观看座谈的情况，获得第一手资料，并可以将讨论过程录制下来用作后期分析。

(4) 费用较少。焦点小组访谈与定量研究相比成本费用相对较少,但会根据访问的时间长度和目标人数的多少而变化。

(5) 方式灵活。在调查访问过程中,可以不断完善和更新调查的主题。

2) 焦点小组访谈的局限性

(1) 对主持人要求较高,调查结果的质量依赖于主持人的主持水平,而挑选理想的主持人又往往是比较困难的。

(2) 因回答结果相对散乱,使用者对资料的分析和说明有一定的困难。

(3) 受会议时间的限制,有时很难进行深入细致的交流。有些讨论涉及隐私、保密等问题,也不宜在会上多谈。

(4) 小组访谈法不会提供快速的和确定性的结论,因此不能被用于以"多少"等定量为目的的市场调查问题。

(5) 小组访谈的结果不一定具有代表性,其结论的适用范围一般不大,因此,这种方法不能作为定量分析的替代方法。

3. 焦点小组访谈的步骤

(1) 明确座谈目的,准备调查提纲。会议的主题应该简明、集中,且应是与会者共同关心和了解的问题。调查提纲是小组座谈的问题纲要,既要给出小组要讨论的所有主题,还要合理安排主题的顺序。

(2) 征选参与者。焦点访谈的参与者一般都要经过甄别。焦点访谈法一般以 6 至 12 人为一个调查小组,成员要预先选聘,并满足某些限定的特性和条件,如年龄、性别、使用过某些产品和使用产品的频率等,并且对参与者分组,一般以某个参数是否同质为准,同质同组。总体而言,调查的市场主题越敏感或越复杂,参与小组访问的人数就越少。参与者应该尽量"普通"些,如果没有必要,应该把有"专家"行为倾向的人排除在外,包括一些特殊职业(如律师、记者、讲师等)的消费者,因为他们很容易凭借自己的"健谈"过多占用发言时间,并且影响其他参与者,同时增加了主持人的控制难度。一般情况下,如果有专业人士参与其中,小组的人数规模通常是 7~8 人。小组访问的参与者是被雇用的,组织者须向参与者支付一定的报酬和费用。

(3) 选择主持人。拥有合格的受访者和一个优秀的主持人是焦点小组访谈法成功的关键因素。合格主持人应该是训练有素的调研专家,对调研背景、调研目的、调研程序、分组情况都应该了如指掌。主持人应有如下职责:与参与者建立友好的关系;说明座谈会的沟通规则;告知调研的目的并根据讨论的发展灵活变通;探寻参与者的意见,激励他们围绕主题热烈讨论;总结参与者的意见,评判对各种参数的认同程度和分歧。

(4) 实施焦点小组访谈。小组座谈的实施一般可分为以下三个阶段。

① 建立融洽的气氛。在座谈会开始之前,应准备糖果、茶点。座谈会一开始,主持人入座进行自我介绍并把调研目标清楚地传达给座谈成员,把活动规则解释清楚,然后请座谈成员一一自我介绍。

② 促使小组成员一起开始热烈讨论。主持人在讨论阶段要做好以下三方面工作:要善于把握访谈的主题,避免访谈的讨论离课题太远;做好小组成员之间的协调工作,鼓励小组成员畅所欲言,解决冷场、某个成员控制整个谈话等问题;做好访谈记录。

③ 小结。当有关问题都讨论后,可简要地概括一下讨论的内容,并表示谢意,发放礼金或

礼品。

(5) 编写焦点小组访谈报告。首先要分析资料和数据，通过回顾和分析访谈情况，检查记录是否准确、完整，是否需要其他方法继续深入调研。其次是根据需要做必要的补充调查，对一些关键事实和重要数据进一步查证核实。最后是编写访谈报告，包括解释调研目的、调查的主要问题、访谈过程、总结发现及提出建议。

4. 焦点小组访谈的其他形式

(1) 电话焦点小组访谈法。这种技术的产生是因为某种类型的小组受访者，比如医生常常很难征集到。使用这种方法，受访者就不必再到测试室去了。

(2) 双向焦点小组访谈法。这种方法是让目标小组观察另一个相关小组。

(3) 视频会议焦点小组访谈法。

(4) 名义编组会议。在一些特定的情况下可使用名义编组会议取代焦点小组访谈法。名义编组会议是焦点小组访谈法的变异形式，对于编制调研问卷和测定调研范围尤其有价值。名义编组会议是根据目标消费者认为的重点问题进行研究，而不是让受访者讨论调研者所认为的重点。

(5) 儿童焦点小组访谈。儿童组成的焦点小组与成人的有很大不同，原因在于儿童比成年人更爱提出质疑、更为真诚和放松。

5. 焦点小组访谈的应用

(1) 焦点小组访谈实际应用于如下几个问题的研究：了解消费者关于某一产品种类的认知、偏好行为；获得新产品概念的印象；产生关于旧产品的新观点；为广告提出有创意的概念与文案素材；获得有关价格的印象；获得关于特定营销项目的消费者初步反应。

(2) 焦点小组访谈在方法上的应用：更准确地定义问题；提出备选的行动方案；提出问题的研究框架；得到有助于构思消费者调查问卷的信息；提出可以定量检验的假设；解释以前得到的定量结果。

6.2.2 深度访问

深度访问方法经常用于"一对一"的调查，用来揭示消费者潜在的对敏感问题的动机、偏见、态度等。深度访问就像心理咨询分析，一般通过一个专业的调查人员来组织实施，由他(她)来组织调查问题的引导、提问和记录。

深度访问经常被用于品牌名称研究，用来了解消费者对品牌名称的感觉和反应，以及对广告创意的评价等。例如，向被调查者询问在听了一个广告之后回想起什么或者他们感觉到了什么。

深度访问必须严格遵循一定的规则，具体如下。

(1) 避免表现出优越或使用带着优越感表示关心的用语，尽量使用访问者熟悉的专业术语。

(2) 不直接地提问。

(3) 保持独立、公正和客观，在提出"为什么"的问题之前，首先让被调查者描述他对某个调查问题的观念和感觉。

(4) 不接受简单的"是"或"不是"的回答。

(5) 探查所有细节和潜在的感觉。

(6) 鼓励被调查者围绕主题自由地谈话。

深度访问试图揭示目标市场的特征群体对市场问题的理性、公开和明显的解释，了解被调查者对市场问题的感觉和动机。深度访问采用精神分析和精神治疗的方法，同时在访问中需使用录音器材及其他相关设备，并且访问会持续较长一段时间，最后记录也必须由一个掌握研究技术和对市场问题有经验的心理学专家来分析，因此费用是比较昂贵的。

在某种特殊的情况下，调查者可以利用一定的访问技巧得到被调查者对相关问题的感觉和潜意识里的想法，这种技巧一般来源于临床的心理学。在调查中，被调查者也被允许通过在了解其他人的行为后，说出他们自身的感觉和观念。

> **【案例6-2】至察人性，史玉柱踏上《征途》**
>
> 2004 年 10 月，盛大公司的一批研发人员走出来寻找投资。史玉柱连忙投入 2000 万元网罗这批人才，开发起一款名为《征途》的游戏。
>
> 开发这款游戏，史玉柱不止是一个简单的投资人而且是一个研发的领军人物。没有经验，是史玉柱从事所有创业的资本。他不需要经验，他只需要把自己与繁华的世界隔离开来，专注于网游研发。他的方式很奇特：找玩家聊天。据说，史玉柱坚持在开发这款游戏的过程中与 2000 个玩家聊天，每人至少 2 小时。按 2 小时计算，2000 个人就是 4000 个小时。一天按 10 个小时算的话，也要聊天 400 天。这是多么浩大的工程！他本可以找十几个人聊聊天就行了，其他凭借想象，也可以有个八九不离十。可史玉柱不这样想，他认为每个人都是一个宇宙，都有闪光点，把分散在许多人身上的闪光点汇集在一起，就有了无人匹敌的竞争力。跟人聊天很容易，尤其是目的性不强的聊天，很可能是难得的消遣。可是真要咬定目标去与新新人类聊天 400 天而不生出厌倦来，史玉柱怕是第一人。在 4000 多个小时的聊天过程中，他一个个洞悉了网游的乐趣、激情、义愤、郁闷、心跳、欢畅、紧张、算计、张狂、好奇、窃喜、嫉妒、悔恨、无奈、宣泄、控制、霸气、说一不二，倚剑昆仑、饮马天河的干云豪气等。所有这些复杂的甚至对立的情绪，他先前还没有体验过，甚至连想象都不可能，现在他却了如指掌。给所有这些情绪一种载体，一种释放机制，正是《征途》最吸引人的地方。40 多岁的史玉柱，平心静气地进入了十几岁少年的情怀。对人性的这种把握和定力，是史玉柱主导的《征途》不同于任何一个网游的根本所在。
>
> 2006 年 12 月，史玉柱被评为"中国互联网新锐人物"。而仅仅一年后，盛大已傲视群雄，处于互联网领头羊位置。史玉柱说，那是一种市场感觉，使他与众不同，这种傲视群雄的市场感觉，说穿了就是一种潜入价值链相关者心智中的技能。
>
> 资料来源：王育琨. 至察人性，史玉柱踏上《征途》[N]. 上海证券报，2008(01).

6.2.3　入户调查

入户调查法是指调查者从被调查者中选择一些样本家庭，面对面地进行访问调查的方法。入户调查法是所有数据收集方法中最灵活、涵盖最广泛的一种方法，可以包含家庭成员在内的"焦点小组访问"、针对某一家庭成员的"深度访谈"，或是最简单直接的问卷调查。其中，入户调查中调查表长度和内容安排具有较大的自由度。一份完善或复杂的调查表，包括它的省略模式、问卷的规模、突出强调的部分、调查彻底的程度、反向查询和不同的终止点等，都可以被一个有经验的访问者很便捷地使用。对于入户调查法访问者的责任是：

(1) 找出适当的样本。

(2) 问被调查者一系列问题。

(3) 记录被调查者的回答。

1. 入户调查的优点

(1) 访问者在入户调查时可以直接观察被调查者，以确保所提问题得到充分的理解，并且访问者能够及时注意到哪些调查问题是被调查者最为感兴趣的或是最为反感的，上门访问能产生比电话访问更深入的回答和更完整的数据。

(2) 入户调查法能够收集到的数据的信息量超过了其他各种数据收集方法。同时，该方法以家庭作为抽样的基础，通过运用可能的样本设计，可以抽取到能够充分代表总体的样本家庭。特别需要指出的是，采用家庭私人访问法，研究者可以有效地确定访问对象，即访问哪些样本家庭中的哪些成员。

(3) 上门调查最具吸引力的特点在于访问者能够向被调查者呈现产品的视觉效果。因为在调查中，访问者和被调查者是相互作用的，在访问调查中被调查者除了回答访问者提出的问题之外，还会提供其他有价值的信息。例如，在包装测试研究中，访问者可以记下被调查者是否会像被设想的程序那样打开包装，以及被调查者认为包装设计是否存在缺点。如果样本能有效地分布在几个市场内，并且每个市场范围的访问能够同时进行，可能会相对快地完成一项大的调查。总的来说，入户调查比邮件调查完成得要快，但可能没有电话调查快。与邮件调查和电话调查相比，入户调查的成本相对要高一些。

入户调查中的回答率一般都会达到或超过 80%。在这里，回答率指的是已联系家庭中访问数量/(完成的访问数量+被拒绝的数量+终止的数量)。通过增加回访可以获得更高的回答率。有关"回答率"的详细论述可见本书第 4 章"市场调查的抽样理论与实践"。

2. 入户调查的局限性

(1) 在上门调查过程中，可能因为访问者与被调查者之间的相互作用，被调查者不愿意精确地回答一些尴尬的问题，并且对于敏感性问题给出非自愿的，而是社会上普遍接受的答案。另外访问者可能变动问题，改变被提问的问题的顺序，改变问题的提法，并且通过他们的语气、措辞给出故意或非故意的提示，结果导致每个被调查者可能得到不同理解意义上的调查文件。

(2) 一些迹象表明，访问者的年龄、性别、种族、社会等级、权威性或观念会影响被调查者对问题的回答；访问者也可能有目的地歪曲访问。但所有这些潜在的影响均可以通过适当的控制和设计使调查出现的差错最小化。

对于入户调查最好的建议是：雇用经过训练的有经验的访问者。虽然由访问者引起的偏差在某种程度上不可能避免，但是可以运用主观上的控制和统计学上的知识加以调整，从而降低误差对调查结果的影响。为了防止访问者的欺骗行为，一般性的做法是通过对调查样本中的几个或少部分家庭再次提出之前的几个调查问题来证实访问者的工作，这一做法也能用来帮助确定访问是否实际上发生和准确地实施了。

随着回访的增加，入户调查的成本猛涨，因为访问者为了完成一份访问可能不得不重复拜访一个遥远的城市住户。同时，社会治安问题使得很多人对于让陌生人进入家门甚至向陌生人开门变得很谨慎。历史上因为电话拥有率低和不存在购物中心区域，家庭个人访问被经常使用，而今天更多的则是采用购物中心的街头拦截访问。

6.3　固定样本调查

固定样本调查，又称连续样本调查，是社会和经济问题研究中常用的一种数学方法，它可以直接利用截面数据和时间序列数据进行定量分析，因此在市场调查领域有较好的应用前景。我国最早的固定样本组调查是我国台湾地区 1968 年由国华广告公司开始做的，内地最早做的则是央视。国内许多知名调查企业都拥有自己的固定样本组，足以说明固定样本调查方法的重要性。

6.3.1　固定样本调查的含义和特点

所谓固定样本调查，即是对固定的调查对象在一定期间内施以反复数次的调查。其主要目的在于明了消费者的习惯在长时间的变化及变化的原因、商品销售情形的长期变化及变化原因等问题。至于其调查的实务程序则与一般访问调查或观察调查法相同，只不过是将实务程序的部分重复若干次而已。

固定样本调查一般常用的方式是利用调查日志记录，即将日志分送给随机选出的受访者，如家庭主妇，请她将每日购买的日用品逐日据实记录，项目可包括种类、品牌、包装单位、价格、数量、购买场所、购买者、赠品名称以及所收看电视节目或所收听广播节目的名称，或者所订阅报纸、杂志等名称。

消费者固定样本调查有如下特点。

1. 固定样本调查的优点

(1) 可以了解变化事项的动态变化，因此对长期趋势调查而言，利用价值很大，此点是其他仅以记忆或统计预测方法寻求长期资料的调查法所无法比拟的。

(2) 调查表回收率较高。因为固定样本连续调查的调查次数不止一次，通常都会安排调查预算，用于逢年过节向被调查人赠送礼品。因此，调查人与被调查人之间会逐渐建立起深厚的友谊，故回收率较高。

(3) 利用固定样本调查可以连续观察一群消费者的活动形态，从而了解消费者行为态度的规则性或变动趋向。这是其他调查方法难以办到的。

(4) 只对同一样本做连续的、多次的调查，不需要每次都重新找样本，可以减少许多抽样上的麻烦。

(5) 利用固定样本调查不用每次重复收集样本的基本分类资料，如性别、年龄、职业、教育程度等，可使研究人员集中注意力于特定的需要信息上面。

2. 固定样本调查的局限性

(1) 调查时间长、费用高，因此时效性较差。

(2) 被调查户由于成年累月接受调查，容易产生倦怠而发生敷衍了事的情形。

(3) 由于调查时间长，中途常会发生被调查者迁移或拒绝接受调查等不合作的情形，无法继续调查，必须另补样本，遂失掉固定样本的原意。

(4) 发生记录误差。主要原因包括被调查者不知道其家人的购买；忘了调查活动而漏记了应记录的事项；因记忆模糊而记错；伪造或曲解问题；发生反应误差。

人们还可能因为加入了固定样本调查而改变了原有的习惯，如某家庭平常都喜欢收看综艺类的电视节目，但在加入一项收视率调查的固定样本调查后，可能因为警觉到其收视行为将经由记录器自动记录下来，便改看了新闻类的节目。

6.3.2　固定样本调查的应用

消费者固定样本调查可利用的范围相当广泛，并且可提供相关市场的信息。

1. 新产品的渗透情形

固定样本连续资料调查是长期且不间断的，因此可得到一种趋势分析，以调查新产品到达消费者手中的时间，可表现出渗透的过程。

2. 广告投资与购买的关系

对于企业所投广告费用的市场效果，是营销管理者急于知道的重要资料，事实上这种资料不易获得。但是借助固定样本连续数据调查，将所获得的连续资料加以分析，则可获得客观的结果。

3. 品牌忠诚度

品牌忠诚度包括购买者的诚意和意志，此种数据唯有从不断的固定连续样本中才可获得。品牌忠诚度的高低受被调查者家庭特性(包括出身、兴趣、娱乐、年龄等)影响很大，需将忠诚度与家庭的特性加以配合进行研究分析。

4. 购买路线及购买方法的推定

消费者的购买路线、购买方法等购买习惯虽然相当固定，但有时也会有变化，尤其是随着网络购物市场的发展，消费者的购买渠道在不断发生变化，成为企业不可忽视的市场问题之一。从固定样本连续调查中，可以获得购买路线及购买方法的资料。

5. 购买期间与累积购买频率

大部分的调查资料仅是代表家庭个别的购买率和使用率。换言之，就是将继续移动的情况割下一段就某一瞬间来观察而已。只有固定样本连续调查才能获得每隔几天购买一次、单位量可使用几天，以及累积购买的情形等问题。

6. 每户购买率分析

可根据统计数字绘制统计图表分析每户对各商品购买率的高低，以比较各商品的销售情形。

7. 每户购买金额分析

由每户购买金额的合计数字可以了解该户花在该项商品的费用，更可根据统计总数计算同一种商品不同厂牌的个别市场占有率。

8. 知名度分析

知名度高的商品，表示其广告效果高或商品品质好，反之则差。

9. 购买原因分析

分析消费者购买某一厂牌的商品是受到哪一因素的影响，从而决定其广告政策，或提供企业从事促销活动的参考。

【案例6-3】2018 中国综合小康指数：87.4

我国的小康指数 2005 年由《小康》杂志社调研发布。《小康》主要是通过经济建设、社会建设、政治建设、文化建设和生态文明建设五大方面的状况来反映中国的全面小康进程。调查采用了基于实名制的 NetTouch 网络调研方法，对我国东中西部的公众进行调查，为保证样本的代表性，调查样本框的确定兼顾性别、年龄段、受教育程度、职业等分布。2018 年的问卷调查全国执行周期是从 2018 年 10 月至 11 月，对每个区域的实名固定样本组进行随机问卷发布。

2017 年，全面小康 11 个关键词(消费指数、饮食指数、公共服务指数、生命指数、生态指数、居住指数、平安指数、信用指数、教育指数、休闲指数和幸福指数)组成的小康指数中有 5 项得分在 80 分以下。2018 年，中国小康指数得分均突破了"80 分大关"，其中，得分最高的是生命小康指数，为 89.5 分；进步最快的是公共服务小康指数，得分为 86.2 分，比 2017 年提高了 6.1 分。此外，休闲小康指数和教育小康指数进步也非常明显，得分分别为 83.2 分和 82.0 分，均比 2017 年提高了 6.0 分。经过对"2018 中国综合小康指数"调查与 2018 年度发布的全面小康 11 个关键词组成的小康指数调查的加权综合处理，得出"2018 中国综合小康指数"为 87.4 分，比 2017 年提高 3.9 分。

资料来源：刘彦华. 2018 中国综合小康指数 87.4：房价重回国人关注焦点之首. 中国小康网. http://www.chinaxiao kang. com/zhongguoxiaokangzhishu/2018zgxkzs/2018zgzhxkzs/2018/1203/569527_1.html

6.4　问卷调查

问卷调查也称问卷法，它是调查者运用统一设计的问卷向被选取的调查对象了解情况或征询意见(如什么因素影响顾客满意度)的调查方法。

问卷调查是以书面提出问题、收集信息的一种研究方法。调查者将所要研究的问题编制成问题表格，以各种不同的方式让被调查者"填答"，从而了解被调查者对某一现象或问题的看法和意见，所以又称问题表格法。问卷调查的运用关键在于编制问卷，选择被试和结果分析。有关问卷设计详见本书第 7 章"问卷设计及调查技术"的相关内容。

问卷调查根据载体的不同，可分为纸质问卷调查和网络问卷调查。纸质问卷调查是最传统的问卷调查方式，调查公司必须通过问卷的发放和回收，才能获取信息。网络问卷调查通常是依靠被调查者登录在线调查网站，完成问卷填答，调查公司以此获取信息。

问卷调查根据问卷填答者的不同，还可分为自填式问卷调查(如信函调查、网络调查)和代填式问卷调查(如街头拦截访问、电话调查)。

6.4.1　街头拦截访问

街头拦截访问调查法是在购物中心的路上或在机场、中央广场对过路人拦截访问的一种调查方法。这种访问方法的基本原理是：让被调查者到访问者这里来比让访问者到被调查者那里去更有效率。这种方法已使用了 50 多年，最早可以追溯到第一条被围起来的位于美国的购物林荫路。

街头拦截访问调查比入户调查具有更多的灵活性和多样性。拦截访问调查的主题可以是观念、产品、包装或广告(通过视觉和展示)。与入户调查相比，由于被调查者通常很匆忙，街头拦截访问的时间相对有限，一般应把访问时间控制在 5～10 分钟以内。

由于访问者要确定拦截哪些被调查者，这里就产生了两个问题。首先，经常前往购物中心的人有更大的机会被包含在调查的样本中；其次，一个潜在的被调查者可以故意避免或主动与访问者发生联系。但容易接近被调查者是街头拦截访问的一个明显的优势，入户调查中很多的限制不存在了。如果调查有年龄、性别的限定，拦截访问也容易确定迎面走过来人群中的哪个人是可以成为被调查者的。

来自街头拦截访问调查数据的整体质量与电话访问相当。另外，因为具有对访问过程严密监督的机会，访问者的偏见可以被缩减。与电话访问相比，街头拦截访问调查容易获得更精确、更少被歪曲的回答。但缺点是在食品测试和广告测试的调查中，周边嘈杂的环境会潜在地影响被调查者做出偏离真实、准确的回答。另一个影响街头拦截访问总体质量的因素被称为"林荫路火灾"，即同一个人可能被重复访问。还因为有时候只有三分之一被拦截的人同意参与调查，选择样本的偏差可能性相当高。

拦截调查的回答率通常可以与入户访问调查的回答率相当。拒绝接受调查的百分数一般在10%～30%之间变动，这相对于电话调查稍低一些。拦截调查即使是中等规模(如 5000 个被调查者)也可以在几天内完成。除电话调查外，街头拦截访问调查是最快捷的调查方法。从调查成本来看，街头拦截访问的费用总体而言要比入户调查少。

6.4.2　信函调查

信函调查需要对样本中的每个被调查者发出一份结构性较强的调查表，调查表直接以信函(普通纸质信件、网络邮件)的方式传至被调查者，要求被调查者将完成的答卷以邮递或网络邮件的方式送回调查企业。信函调查表也可以附属在产品上，随着产品质量保证卡一起发出去或作为杂志的插页发出。

从信函调查的样本选择来看，可以分为直接信函调查和固定样本邮寄调查。

1. 直接信函调查

直接信函调查是指将调查表送给一组陌生的、事先没有同意参与这项调查的人的调查方法。因为信函调查是由被调查者实施完成的，因此调查表必须简单、易懂，问题必须以固定的顺序出现。同时由于没有调查者当面向被调查者澄清他们不能理解的问题，所以，每个问题都必须经过仔细设置与复核。尽管产品的图画和照片可以被应用在信函调查的问卷中，但是无法提供产品原型给被调查者参照，所以信函调查的方式缺乏直观的效果。

确定谁将成为直接信函调查样本中的一员是困难的。信函调查要求列出符合样本条件的个人或家庭的明确清单，这张清单称为样本结构。其中，采用纸质信件邮寄必须具备被调查者的姓名和详细地址；通过网络邮件发送则必须有被调查者的网络邮箱。然而在很多实例中，信函调查的清单要么没有，要么不完整或是过时的。

直接信函调查的特点具体如下。

(1) 直接信函调查的优点。采用直接信函调查的方法可以消除人员调查访问中调查人员的主观导向，剥离了问卷中有变动的问题、克服了外貌或语言对被调查者的影响；避免了调查者不合理的提问方法或欺骗所造成的影响，也就是消除了一个调查者对调查活动全部或部分歪曲所导致的调查失真。并且，直接信函调查也不包含调查者与被调查者之间任何社会性的相互影响。事实表明，对于敏感性的或令人尴尬的问题(如有关饮酒习惯、银行借贷的问题)，直接信函调查比面对面访问或电话访问调查能够获得质量更高的数据。最后，因为直接信函调查是自我实施的，被调查者能以自己的节奏来回答。

直接信函调查相对便宜的成本是这种方法最具吸引力的特点之一。对于信函调查来说，采集数据的成本(不包括调查结果分析和报告的费用)，可以低至每一次完成访问的费用只有几元(邮费加印刷费)。但如果返回率低，实际成本包括追踪邮递，则可能会比其他方法更贵。

(2) 直接信函调查的局限性。由于没有了调查者，被调查者对调查问题的疑惑不能得到澄清和解释，所采集数据的质量可能因迷惑性的问题而导致不准确。就信函调查来说，被调查者在回答调查表之前可以自由地通读整个调查表，并且，因为核心问题的回答结果一般是在靠近问卷末尾处出现的，被调查者可能改变前面问题的答案。另外，由于缺乏对样本中反馈对象的控制，那些交回完成问卷的被调查者往往并不一定是总样本中最具代表性的。例如，对一个新产品的信函调查中，交回问卷的被调查者可能是对这种新产品具有极端好恶的人。

在实施过程中，低返回率是困扰信函调查最严重的问题。返回率是指完成调查表的被调查者人数除以符合条件的被调查者人数。这里符合条件的被调查者人数等于送出的调查表数量减去因为地址不准确、被调查者死亡等原因而退回的数量。由于直接信函调查返回率的高低与被调查者对调查主题的兴趣有关，被调查对象可能选择不回答也是直接信函调查的一个严重缺陷。对一个向随机选择的被调查者名单发出的直接信函调查，如果没有任何事先或事后的邮件衔接，那么一般情况下调查表的返回率不超过 10%。如果具有事前或事后邮件，可能产生 80%的返回率，甚至可能更多。

通常完成的调查表返回过程可能要花上几周的时间。如果要求追踪邮件，那么完成一个信函调查需要花费更多的时间，每一个追踪邮件可能需要两周或更多时间来确定能被接受的返回率是否被实现。这样，一个较大规模的信函调查可能要花费几个月来完成。

直接信函调查的方式经常用于行政措施、工业产品或医学技术等资料的收集，出版商与读者关系的研究通常也采用直接信函调查方法来进行。这些被调查者一般对调查主题抱有较大兴趣，并且调查的样本很小，在地理位置分布上是分散的。直接信函调查方法很少用在有关消费品、服务态度和商品使用功能方面的市场调查，因为低返回率使调查的结果缺乏可信度。

2. 固定样本邮寄调查

固定样本邮寄调查是对在某区域范围或全国范围内的、数量较大的、具有代表性的家庭样本实施的调查。这些样本家庭一般已同意定期参与邮递问卷、产品测试或电话调查。因此，固定样本邮寄调查是给政府和企业提供集中被调查者的一个重要来源。这些被调查者已准备好参与调查研究，并且在被要求的任何时候回答问题。为提高调查的质量，调查机构可以采取不同形式的激励方式，对那些同意参与固定样本邮寄调查的家庭经常给予一定的补偿。

6.4.3　电话调查

1. 电话调查的含义

电话调查是从符合某些特征的人口集合中抽取被调查者样本，通过打电话的方式请他们回答一系列问题的调查方法。

2. 电话调查的特点

(1) 电话调查的优势。首先，与邮件调查相比较，电话调查的问题更趋向于不包括有关收入和个人财务的信息。其次，因被调查者和访问者之间的相互作用，对敏感性和令人尴尬的问题被调查者往往会给出社会能接受的回答。就此而言，电话调查的失败率介于邮件调查和个人访问之间。再次，一方面，访问者减少了被调查者的困惑，允许被调查者澄清他们的回答。但另一方面，即使调查者在访问过程中并不与被调查者面对面，他们也可以传递导致被调查者偏差的提示。访问者能够呈现出热心的或冷漠的声音"形象"，或者通过变音或说话的语气来传达他们自己的态度。最后，电话访问允许监管此调查的人员对每一个调查者的一部分工作进行监听，从而保证调查表得到很好的管理并且没有欺骗行为发生。

在电话调查中，回答率是一个重要的指标。回答率是指对被联系者完成的访问的数量/(完成访问的数量+被拒绝的数量+访问终止的数量)。电话调查中一般回答率在60%～80%范围内变动，这样高的回答率是通过与潜在的被调查者建立联系来获得的，就电话调查来说，几乎不用什么成本，答案回收就可完成。

(2) 电话调查的局限性。电话调查可以采用省略模式、彻底调查、回头打听等方法，以及信函调查不可能具有的不同的终止点等方式进行调查。然而，电话调查并不能达到个人访问所具有的复杂度和多样性。观察被调查者的面对面的访问调查可以保证所需调查的问题已被他人所理解，而通过电话，复杂的、较大规模的或没有一定结构的问题是难以进行调查的。另外，在电话调查中无法向被调查者展示任何东西。因此，一些测试的调查，如广告测试或包装测试等一系列依靠视觉提示来进行的调查则不能通过电话来进行。在一定距离范围内，电话调查的这一缺点可通过在进行电话访问前邮递给被调查者一个视觉上的提示信息加以克服。然而，不能运用视觉上的提示仍是电话调查的一个固有的问题。

电话调查的时间一般仅能持续几分钟。首先，被调查者可以根据他们自己的意见结束电话交谈；其次，被调查者可能不信任电话交往，而拒绝电话调查。当然，如果被调查者对调查的主题极其感兴趣，他们可能会延长电话交谈的时间。从调查样本的区域来看，电话调查就像直接信函调查一样，可以到达地理位置上分散的被调查者以及人员访问难以到达的地区。但是电话调查是无法对一些发展中国家中没有电话的家庭实施调查的。

3. 电话调查的样本设计

在电话调查中通常以姓名、地址录为基础进行抽样设计。抽样时，电话号码是按一些规定的方式从姓名、地址录中选取的，如果样本仅限于有印刷的电话号码的家庭或个人(手机)，那么新移入此电话号簿覆盖地区的家庭和个人可能不被包括在样本中。而且，如果被抽样的区域并不与电话号簿覆盖的区域一致，那么必须检查每个被选择的电话号码的地址是否符合调查群体的条件，这是一个麻烦而又容易出错的过程。

4. 电话调查系统运作方式

计算机辅助电话访问系统(CATI)是目前最为常见的电话调查的运作方式，其大大提升了电话调查的工作效率。计算机辅助电话访问系统包含着一个计算机化的市场调查方案和调查表。调查表被输入进一个大型的计算机系统或者是个人电脑中，而调查者则在计算机终端前进行访问。调查者从屏幕上读出问题后，通过运用终端键盘或光感屏幕把被调查者的答案直接记录进计算机数据库中。另外，CATI能提供节省劳动力的功能，如自动控制等。CATI系统允许每个被调查者运用"个人化"的调查表，这就是说，每位被调查者依靠对以前问题的回答而接收到一系列问题。另外，问题的表达、版式和顺序易变化，并且回答选项的顺序可以轮换，而额外成本几乎不发生。数据被收集的同时，数据分析和报告形成也可以展开。因为数据直接被输入内存，中间报告每天可以产生，而且初步的数据分析(如框架报告)可以以一个更及时的方式产生。

5. 电话调查的适用性

当调查对象是分散在各个地区时，电话访问可能是接触到他们的唯一可行的方法。电话调查已经代替了很多对消费态度和产品使用研究的挨家挨户的个人上门访问，特别是应用在定期了解消费者心理、态度和使用行为的市场跟踪方面的研究。同时，电话调查也用在产品被试用后的意见调查。当被访者通过邮件调查或个人访问都被联系过后，电话调查更多地被认为是回收调查问卷的一个有效方法。

各种不同的问卷调查方法有各自不同的特点，适用于不同的市场调查目的。几种问卷调查方式对比如表 6-2 所示。

表 6-2　几种问卷调查方式对比

问卷种类	街头访问	信函调查	电话调查	报刊调查	送发问卷
调查范围	较窄	较广	可广可窄	很广	窄
调查对象	可控制和选择，代表性较强	有一定控制和选择，但回复的代表性难以估计	可控制和选择，代表性较强	难控制和选择，代表性差	可控制和选择，但过于集中
影响回答的因素	便于了解、控制和判断	难以了解、控制和判断	不太好了解、控制和判断	无法了解、控制和判断	有一定了解、控制和判断
回复率	高	较低	较高	很低	高
回答质量	不稳定	较高	很不稳定	较高	较低
投入人力	多	较少	较多	较少	较少
调查费用	高	较高	较高	较低	较低
调查时间	较短	较长	较短	较长	短

6.5　网络调查

网络调查发端于 20 世纪 90 年代，兴起于 21 世纪初。1994 年，美国佐治亚理工学院 GVU Centre 进行的关于互联网使用情况的调查，被认为是最早的网络调查。1998 年搜狐网与零点调查公司携手进行的网络调查被业界视为中国调查业步入网络时代的标志。近 20 多年来，随着互联网络的迅猛发展，我国网络调查也得以在市场营销、图书馆学、旅游、体育、新闻传播等领域应用开来。

6.5.1　网络调查的含义和特点

网络调查是以网络为载体，收集、整理、分析特定对象统计资料的一种新型的调查方式方法。也就是说网络调查是一种以各种基于互联网的技术手段为研究工具，利用网页问卷、电子邮件问卷、网上聊天室、电子公告板等网络多媒体通信手段来收集调查数据和访谈资料的一种新型调查方法。

1. 网络调查的优势

(1) 调查范围扩大。被调查者可以不受地域和时差限制参与调查，利于开展国际性调查项目。

(2) 调查时效性强。网络调查可以 24 小时不间断进行，并且，计算机具有高速数据处理能力和信息反应速度，这是传统调查方法无法比拟的。

(3) 调查成本低廉。与传统调查方式相比，网络调查的发放、回收、数据录入等大部分过程由计算机辅助完成，而且网络调查实现"无纸化"操作，节省了大量的人员、材料等费用。

(4) 匿名性强。降低社会期待效应，有效减少调查中的故意回答误差。网络调查条件下，被调查者无须面对访员，在一种相对轻松和从容的气氛下接受调查，较好地保全了被调查者的隐私，有效避免了被调查者因被问及敏感性等问题不愿意做出真实回答而产生的误差，从而保证了调查结果的客观性。

(5) 可操控性强。在网络调查方式中，利用 IP、cookies 等技术手段，以及编写特定的程序，在受访者答题过程中同步进行题目空答识别验证(即当被访者未完成全部题目而选择提交时，系统会自动跳出提示窗口，提示被访者缺答的题目)，可以非常好地保证问卷回答的完整性和有效性。

(6) 人为误差小。由于网络调查采用计算机代替手工处理，所以大大减少了人为造成的登记、汇总、计算等过程中的计量误差。

(7) 问卷形式丰富，具有较强互动性。一是通过应用计算机多媒体技术，可以在问卷中加入图片、声音、视频、动画等，使调查内容更加广泛，调查主题更加鲜明，辅助解释调查问题；并且使问卷界面更加友好、人性化，从而吸引更多网民参与调查。二是通过将计算机程序技术与问卷设计结合起来，实现交互式问卷设计。例如，实现"自动跳答"，可以根据被调查者前面回答问卷的情况或已有的问卷统计分析结果动态调整后续问卷的调查内容；自动辨别被调查者的输入错误并给出相应的提示内容等。三是可利用计算机了解更多关于问卷的额外辅助信息。例如，用户回答某一问题的时间、回答某一问题的修改次数、完成问卷的全部时间、问卷回答者的 IP 地址，从而实现智能化问卷技术。

2. 网络调查的局限性

(1) 网络普及程度不够影响了调查取样的范围。随着我国经济的发展，互联网的用户量也在以惊人的速度增长，但是用户分布并不平均，经济发达地区明显比相对不发达地区用户量要多。在做世界范围调查时，各国网络分布也不平衡。这在一定程度能够影响取样范围。

(2) 调查样本缺少代表性。在假设没有出现其他误差的前提下，样本数量越大测量精确度越高。但是在网络调查中，调查实施者却经常忽视上述调查准确度与样本量之间关系的假设前提，片面地强调样本量的规模。另外，由于网络对于用户的资料具有一定的保护，所以很难知道调查者的职业、年龄等个人资料，即使知道也不一定是真实资料。这样容易造成网络调查的总体、抽样框难以界定，抽样难以实现调查目的，从而产生代表性误差问题。

(3) 网络调查的安全性得不到保障。由于现阶段网络技术安全还没到完美的地步，仍存在技术漏洞，一旦产生电脑病毒或黑客侵入，则对调查系统和数据安全产生威胁，调查资料容易被盗、被黑。

(4) 网络调查的无应答误差问题。网络调查面临的另一个误差问题就是无应答问题。有研究表明，网络调查的问卷反馈率非常低，而且受到调查主题和反馈技术等因素的制约。

综上所述，网络调查与传统市场调查相比较，具有时间短、费用低、调查覆盖面广、形式多样化等特点，但同时如果实施的是互联网随机调查，则有可能会面临问卷回收时间无法控制的问题。在确定的调查对象的前提下，传统市场调查中的小组调查访问、上门访问、深度访问、投射调查和固定样本调查都可以通过互联网调查来实施。

6.5.2 网络调查的类型

按照研究方式，可将网络调查划分为网络定量调查研究和网络定性调查研究两类。

1. 网络定量调查研究

1) 电子邮件调查方式

电子邮件调查是以电子邮件为传输媒介，内嵌电子版的问卷，将问卷直接发送到被访者的电子邮箱中，引起被访者的注意和兴趣，从而主动填答并将问卷通过电子邮件方式传回。电子邮件调查方式覆盖面大，是几种网络调查方法中相对较快、较简单的。但是，这种调查方式需要收集目标群体的电子邮件地址作为抽样框。由于电子邮件调查只限于平面文本格式，格式较为固定，无法实现跳答、随机化、错答校验等较为复杂的问卷设计；而且调查的质量在很大的程度上取决于抽样框的完备性和回收率的高低。

2) 网站(页)问卷调查方式

即应用网站制作技术实现调查问卷，被访者一般只需轻松移动、点击鼠标即可实现问题的填答和提交，并且这样的问卷结合网页设计技巧，将配色、图片、表格应用进来，较为吸引人，从而可以提高问卷的填答率。该方式可与其他方式结合应用，例如，使用电子邮箱向被访者发出邀请信，附上调查问卷的网址，被访者直接点击网址或将网址复制到 IE 地址栏直接参与调查。网站(页)式网络调查方法还可以应用数据库技术，将网页式调查问卷的题目和答案均进行编码写入数据库，当被访者参与调查提交了答案，则数据库自动获取该问卷数据进行保存，形成固定数据表格。也就是说在网络问卷编制过程中就完成了编码工作，而且问卷填答和数据回收同步进行，从而大大缩短调查周期，统一格式的电子数据也便于快速处理。但这种类型调查的缺点主要是主动回答的样本可能不具有代表性，为此需要采用有效的邀请方式、奖励方式等提高被访者兴趣，从而优化样本代表性。并且为了保证是所邀请的人在答卷，同时防止一人回答多次，在技术上常采取的方法主要有以下两种：注册用户方式——要求答者在调查问卷的首页输入其用户名和所给的密码；给每一个答卷者一个唯一的网络调查问卷地址链接。

3) 定向弹出窗口方式

网民浏览到某网站时，可能会弹出一个窗口，窗口中有邀请网民参与调查的说明、地址链接或直接进入调查的按钮。如果网民有兴趣参与，点击链接地址或按钮，会进入含有网页式调查问卷的窗口，填答过程同网站(页)式调查方式相近，同样实现调查数据的线上提交。该方式的独特之处在于有一个专门抽取被访者的软件或程序，可按照一定的方法(如等距、随机或一定比例)自动地抽取被访者。这种调查类似于传统调查中的拦截式调查，得到的一般也不是真正意义上的随机样本。由于"拦截"根据的是"访问"而不是"访问者"，因此经常访问者被拦截抽中的可能性要大于偶尔访问者。这种调查较为适用于了解网站使用情况的调查，因为网站可能更重视其经常浏览者的意见，并且为了保证一个访问者最多只能填答一次问卷，常采用跟踪文件的方式(cookie)进行验证。

4) 全程跟踪方式

全种跟踪方式是主要针对网络用户获取其网上活动的基本数据而采用的一种调查方法。法国的 Net Value 公司就采用此方法进行调查。其重点在于监测网络用户的网上行为，是一种"基于互联网用户的全景测量"。它的具体操作是：首先通过大量"计算机辅助电话调查"获得用户基本数据，然后从抽出的样本中招募自愿受试者，下载软件到用户的电脑中，由此记录被调查者的全部网上行为，获取相关数据。该方式会涉及较多个人隐私，被调查者一般会有所顾虑，因而该方式应用范围不是很广。

5) 网上固定样本

此方法将互联网技术与传统调查技术相结合，通过随机的抽样调查(如电话或入户访问)，征募目标总体的一个有代表性的固定样本(panel)，样本户可能是网民，也可能不是网民。对不是网民的样本户提供电脑和上网的条件(对已有上网者可考虑不再提供电脑)，对这个样本进行定期的网上调查(利用 E-mail survey 或 web-survey)。这种调查类似计算机辅助调查(CAPI)的固定样本，不过这种固定样本一般不用于调查网上行为。如果固定样本的抽样和征募质量较好，这种方式的调查则具有较好的代表性，而且快速、可靠，利用多媒体技术还可以增加调查的趣味性。当然，开始建立固定样本所需投入的费用也是相当高的。采用该方式的调查机构有美国的 InterSurvey 公司等。

2. 网络定性调查研究

虽然目前网络调查在实际应用中较多地使用定量研究的方式，但实际上还是很适合于开展定性研究的，而且常常能得到较高质量的数据。

利用互联网技术进行定性研究的方法主要有：在线焦点小组访谈、一对一的在线深度访谈。网络技术的飞速发展使得焦点小组访谈、深度访谈可以通过网络技术实现跨地区的在线"交流"。例如可以利用即时通讯软件、"网络视频会议系统"软件或在网络论坛上可以进行实时的访谈会，或利用电子邮件开展非实时的"交流"，提问和回答均通过电子邮件来实现。

另外，网络文献资料分析也是常用的网络定性调查的方式之一。网络文献资料分析是指从研究对象的一些电子文档资料中，补充和加深研究者对所研究问题或现象的理解。这些资料主要包括：记录每天活动或时间的日记或日志、个人的传记、自传、博客等。优点是资料均为电子文档，避免因手写造成的模糊、字迹不清、手写体难于辨认等问题，并且易于保存和收藏，不占空间，便于复制和备份；可跨地区收集，范围广大。而且，这类资料可以是文字、图片、表格、数据、音频、视频等多种形式，内容丰富、具体、生动，具有很好的参考价值。

收集这些资料的方法有两种：请示式的和非请示式的文献资料征集。请示式的征集是直接向研究对象提出征集请示，希望他们能提供相关内容的自传资料或日记式记录的资料。非请示式的征集是通过各种可能的手段去收集有关的资料。传统的文献资料研究主要通过图书馆、档案馆、个人收藏品等来收集资料。与传统的方法相比，网上的资料如个人信件等要比写在纸上的资料"短命"得多，但是互联网提供了在众多公共网站寻找有关资料的极好条件。利用现有的网络技术，有可能搜索到许多相关的甚至是保密的资料。不过网上资料的著作权问题可能是一个更难解决的世界性问题。此外关于资料的可靠性和真实性问题也同样存在。

> **【案例6-4】澳大利亚某出版公司的网络问路**
>
> 澳大利亚某出版公司计划向亚洲推出一本畅销书，但是不能确定用哪种语言，在哪个国家推出。后来决定先在一家著名的网站做一下市场调查，方法是请人将这本书的精彩章节和片段翻译成多种亚洲语言，然后刊载在网上，看一看究竟用哪种语言翻译的摘要内容最受欢迎。过了一段时间，他们发现，网络用户访问最多的网页是使用中文简体字和朝鲜文字翻译的摘要内容，于是他们跟踪一些留有电子邮件地址的网友，请他们谈谈对这部书的摘要的反馈意见，结果大受称赞。于是该出版公司决定在中国和韩国推出这本书。该书出版后大受读

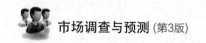

者的欢迎，获得了可观的经济效益。

资料来源: (美)Carl McDaniel,Jr. Roger Gates. 范秀成译. 当代市场调研[M]. 4 版. 北京: 机械工业出版社, 2000.

【案例6-5】良品铺子利用用户信息改进产品和服务

良品铺子有 2000 多家终端店，2013 年开始全面拥抱"互联网+"。2017 年，其六成销售来自线上，四成来自线下。

良品铺子做电商有两个核心的任务: 第一，是为了获得更强和更广域的数据; 第二是突破实体店的有限空间和有限区域里面的影响覆盖，能够到更广域的空间触及消费者，这是良品铺子做电子商务最核心的目的和价值。

2015 年，良品铺子依托客服体系打造了"顾客心声"全面质量管理监控管理系统，成为重要的逆向顾客体验改善工具。截止到 2018 年 7 月，全域顾客声量数据共计 1334 万，其中全网评论数据 1300 万，梳理 0.76%顾客真挚而有效的抱怨信息，成为良品铺子全面顾客体验管理优化的重要数据依据和行动改善计划。

良品铺子还根据粉丝个性化需求的大数据分析，定制社交零食产品。根据数据银行里面的数据匹配和交换，五款高颜值定制零食被推出，共售出 80 000 笔订单。

资料来源: http://m.sohu.com/a/281175828_384789

6.5.3 网络调查的设计原则和方法

1. 网络问卷的设计原则

为了提高受访者参加填写的兴趣，友好的反馈界面的网络问卷设计要遵循以下几个原则:

(1) 技术兼容性原则。即在设计网络问卷时，必须充分考虑调查对象在计算机设备、浏览器及网速等方面的差异，防止受访者因问卷使用了一些高级的技术手段而无法读取、填写问卷。

(2) 操作方便性原则。在设计网络问卷时，必须充分考虑和权衡计算机本身的操作方法与受访者预先设想的问卷填写操作方法两者之间的逻辑一致性。

(3) 混合应用性原则。设计的网络问卷要求既可用于网络调查，同时也可适用于传统问卷调查方式。

2. 网络问卷的基本设计方法

网络问卷的设计主要包括: 如何在网络问卷调查中充分利用电子媒体的诸种优势; 如何设计出简洁明快的问卷版面，以及如何设计用户界面、方便问卷填写等。

1) 首页的设计

(1) 在问卷首页增加一个欢迎页面，强调本问卷填写的便捷性特点，以便提高受访者的参与动机。

(2) 问卷的第一个问题应能在一屏内完全显示，无须使用滚动条。同时问题措辞应简洁明了，问题选项含义一目了然。

(3) 不要在问卷页首单独提供冗长的问卷操作指南，而应在调查问题之后加入相应的操作说明。

2) 版面设计

(1) 问卷中每一个问题的版面编排格式应尽量与通常的印刷问卷保持一致。

(2) 尽量避免冗长的问题提问方式，控制每行问题的长度，以减少对象在计算机屏幕上阅读问题时视线来回移动的幅度。

(3) 在设计网络问卷时，应尽量采用单页形式的问卷，以便使调查对象能够自由上下浏览问卷中的每个问题。

(4) 在设计问卷时，当问题选项所占的位置超出一屏所能显示的范围时，可以考虑将选项设置为平行排列的格式，但同时应增加适当的指导说明。

3) 导航和续填设计

(1) 在设计问卷时，可利用图形标志或文字来随时提示问卷填写的进度情况。但应注意的是尽量避免使用各种高级编程技术，以免影响问卷的下载和填答速度。

(2) 问卷设计应允许调查对象在中断回答之后能够再次续填。

4) 提醒的选择与设计

(1) 在设计问卷中，应谨慎使用那些已被证明在印刷问卷中可能会导致测量误差的问题结构，如"可全选"题和"开放"题型等。

(2) 精心选择问题选项类型以减少反馈误差。

5) 数据检验功能的设计

许多网络问卷设计软件都提供了类似的功能，即在填写过程中，对象若不完成前一个问题，则无法进入下一个问题。但此功能有强迫受访者回答确实不知道如何回答的问题。因此，在设计网络问卷时，调查者可以为每一个问题都增加"不愿回答"或"不知道"选项。不过，这个原则也有一个例外，那就是在问卷开始填写之前的筛选题通常都应设置为必答。另外，从理想的角度来说，为受访者提供的错误提示信息应被置于出错问题的正上方或正下方，以便受访者能够很容易发现错误所在之处。

6) 隐私保护声明

在网络问卷设计中，确保受访者的隐私权，并在调查中突出强调这一问题，将可能对消除受访者的疑虑和提高反馈率有一定帮助。为了防止网络传输数据时被他人截获，网络问卷应被置于一个经过数字加密保护的网页之上，并在受访者填完问卷尚未离开加密网页前提供一条提示，告知其填答的问卷已经被安全传递至数据库，点击"确定"即可进入其他未加密的网页。

6.5.4　提高网络调查的反馈率[1]

与信函调查类似，问卷的反馈率一直是影响调查数据质量的一个关键因素。影响网络调查反馈率的因素除了有效的问卷设计(详见本书第 7 章"问卷设计及调查技术")外，主要包括调查说明、调查界面设计、网页操作设计和网络调查实施方式等。

1) 网络调查的说明

在网络调查中有关调查项目的介绍和说明同样对调查的反馈率有重要的影响。精心设计的调查简介和说明有助于提高调查的反馈率，如参与调查将给予红包奖励或可以抽奖等的文字说明。

2) 网络调查界面的外观设计

调查页面的文字、颜色、排版等都直接影响被调查者完成网络调查的意向，视觉增强型的网络调查页面比文本型的页面对被调查者的吸引更大。有研究表明，网络调查中使用非白色的调查网页背景与服装图形设计可以增加 5%以上的回收率。因此，网络调查的实施者应该站在被调查者的角度考虑网页的视觉设计，而不是单纯按照调查的内容和性质来定位页面的视觉效果。

---

1 资料来源：赵国栋. 网络调查研究方法概论[M]. 北京：北京大学出版社，2013.

3) 网络调查界面的操作设计

研究发现，网络调查页面操作的响应速度很大程度上影响着被调查者完成网络调查的意愿。答题操作的顺畅、图片或 flash 的加载速度、问卷提交的快慢都是决定被调查者完成网络调查的关键因素。因此，网络调查实施者应该考虑网络调查页面设计中响应速度的设计，在保证网络调查效果的基础上加快网络调查页面的响应速度。例如，尽量避免使用下拉式的回答形式，以减少操作时间；使用自动逻辑跳转的设计，从而节省时间，减少被调查者的困扰。

4) 网络调查的实施方式

统计结果显示，运用预先联系的方式会提高调查反馈率并使反馈的时间比较集中。通常利用商业数据库、网站或论坛等方式获得调查对象的电子邮箱并不困难，但若直接与受访者联系，一般得到的反馈都比较低，因此，最佳方法是先利用电子邮件与受访者事先打声招呼，这样会使受访者感觉好一些，也使其更愿意参加调查。

【资料 6-1】潜意识全程市场调查——直击灵魂最深处(整理)

根据认知神经科学家的理论，很多时候人的大脑的信息处理过程并不受意识的控制，人们在日常生活中 5%的认知活动是有意识的。换言之，人们的认知活动有高达 95%是无意识的。也就是说，人们的决定、态度、情绪乃至行动很多是超出了自身的意识。由此可知，人们对于传统的市场调查所做出的回答很大一部分并不是自己的真实心理反应。传统的市场调查手段如问卷调查、电话访问调查、专家组调查、集体座谈调查等都只能得到准确度很低的测量数据，难以为企业提供精确的营销指导。那么，究竟什么样的市场调查方式能够触摸到人的潜意识，直击人们灵魂的最深处呢？

在整个潜意识全程市场调查的过程中，各种调查方式由于技术、设备、资金以及调查后处理的不同使得各种调查方式较之传统调查方式表现出各种优点与不足，且应用领域也各不相同。详情如表 6-3 所示。

表 6-3　潜意识全程市场调查

	搜索引擎调查	神经调查	体验调查	评论式调查
定义	通过如百度、Google 等搜索网站特有的搜索引擎，记录消费者对自身感兴趣商品的关键词输入而形成的数据资料所进行的调查	运用脑部成像技术(如核磁共振波谱法、脑电图扫描等)对消费者脑部活动信息进行测量并绘制出图形，通过分析比较出脑部图形信息可以准确地了解人们对于各类营销信息的真实心理反应，从而洞悉消费者的偏好	以无偿赠送产品、提供服务或者有偿为顾客提供产品和服务为基础，通过合作者提供的反馈数据进行的市场调查	借助网络平台和反馈调查问卷对消费者关于商品的评论的调查
优点	性价比高、针对性强、可控性强、低成本、见效快以及与消费者形成互动，数据的纯度更高	深层次挖掘人们的潜意识，洞悉消费者的偏好	信息准确度高，消费需求及其明确，更是一次积极有效的营销传播方式	全方位、全视野、客观的评价，并且调查价格最为低廉，获取途径最为简便

(续表)

	搜索引擎调查	神经调查	体验调查	评论式调查
缺点	技术要求高，只能在如 Google 和百度这样专业性较强的搜索引擎网站实现	调查费用高昂并且易受环境的影响	体验效果受到体验者年龄、收入、消费能力和社会地位的约束	评论的开放性，使得该调查不能形成数据而不方便进行处理
应用	在新产品研发期间，洞悉消费者的潜在需求，将隐性需求转化为显性需求	在产品导入市场前所需进行的营销传播期间，如选择广告播出时段和广告内容	在产品导入市场后并开始渗入市场时期，通过结合问卷调查获得消费者对产品需求的信息	在产品销售得以实现后，根据评论对产品进行改进和升级。从这些评价中看到和把握动态中的市场走向，及时调整营销策略，并且能够迅速地将一切消费者提出的隐患消灭在萌芽状态

资料来源：申星.新七月，潜意识全程市场调查——直击灵魂最深处[J]. 市场研究，2009(6).

6.6 观察法

观察法是指调查者在现场对被调查者的情况直接观察、记录，以取得市场信息资料的方法，主要是凭借调查人员的直观感觉或是借助于某些摄录设备和仪器来跟踪、记录和考察被调查者的活动和现场事实，来获取某些重要的市场信息。另外，利用这一调查方式可以有效地掌握销售渠道运营情况的第一手资料，而且也能较好地观察竞争对手产品的市场表现。观察法具有直接性、客观性、全面性的特点。

【案例6-6】宝洁：深入消费者生活(节选改编)

2004 年，宝洁中国营销部和研发部共同组建了若干个由十人组成的小组，到安徽省六安市的一些村子，与那里的村民一起生活了一天。

这些小组亲眼看到了当地居民当作一项集体活动来做的一件事情——洗衣服。村民们在大街上用脸盆一起洗衣服，这是个长时间的社交活动。这些小组还了解到，村民们对洗涤用品的看法很保守，他们所需要的是具有基本清洁功能，而价格又不贵的洗衣粉，他们不需要那些对高端客户们很重要的洗涤功能，比如说熨烫和软化衣物等功能。

这些小组回来以后进行了交流，完全改变了对那个地区洗熨衣服的看法。宝洁开发了单包装汰渍洁白洗衣粉，每包便宜到只要几毛钱。变化不仅在包装上，媒体规划变了，配方变了，广告也变了，新的广告反映了这些村民的价值观和生活方式，宝洁的业务突飞猛进。

资料来源：[美] Constantine von Hoffman，王欣红译，宝洁：深入消费者生活. http://itrain.blog.bodu.com/bloggermodule/blog_viewblog.do?id=12708869

观察法经常用于以下方面。

(1) 商品资源和商品库存观察。用于判断商品资源数量，提出市场商品供应数量的报告。

(2) 顾客行为观察。用于了解顾客的构成、顾客的行为特征、偏好及成交率等重要的市场信息资料。

(3) 营业状况观察。用于综合分析判断企业的经营管理水平、商品供求情况。

(4) 人流量观察。借以评定、分析该地域的商业价值或交通情况。

观察的过程大致可以分为三个步骤：感知、记录、描述。感知就是收集对象所呈现出来的现象；记录就是记述观察所得；描述就是对现象间的关系进行说明，形成观察报告或做出有关对象的事实判断。

一般来说，进行科学的观察必须遵循以下几个基本原则：

(1) 具有明确的目的性和计划性。

(2) 坚持观察的客观性。

(3) 观察要系统、周密。

此外，在观察过程中要做好记录。这样才能为归纳和分析提供科学的基础。如果仅凭记忆，会使许多重要的情况被忽略和遗漏，影响观察结论的可靠性。

观察方法也有它的局限性。这不仅表现在观察受到感官的生理条件和特定时期的技术手段的限制，而且由于观察是在自然发生的条件下考察对象的，观察者不能变革客体、不能控制某个过程的条件和进程，只能对调查对象在自然状态下所呈现出来的情况进行感知和描述，无法超出被观察对象所处的运动状态的限制。然而人们对客观事物的认识，是不能仅仅停留在这种静观默思的认识方式上的。观察的这些缺点将在其他的认识方法中得到克服。

观察法常用的方法是神秘顾客调查。神秘顾客可以通过观察和询问，以检验企业营销策略的市场表现和有效性。但是，由于秘密访问者在调查时不是当场而是事后填写一份问卷，这就会因潜在的遗忘而导致调查报告缺乏准确性。

📋 【案例6-7】加油站的神秘顾客检测

我国某石油公司委托第三方即国内某市场研究公司对其加油站开展了神秘顾客检测项目。此项目以提升加油站管理和服务水平，最终提高顾客满意度和忠诚度为目的，每月对某地区所有某加油站进行神秘顾客检测一次。

检测内容分为油站环境、员工形象、安全服务、加油服务、便利店服务和卫生间六大项、60多个指标，力求从顾客角度全方位地考察加油站的管理服务水平。作为加油站"潜伏"的质量监督员，神秘顾客均从社会上招募，经过严格筛选和培训，选择其中责任心强、观察能力优秀、遇事灵活的有车人士参加，在项目安排上实行跨区操作，并定期更新，对不合格的神秘顾客坚决淘汰，有效地保证了检测过程的神秘性和检测结果的准确性。

百余名受过专业培训的神秘顾客活跃在某石油公司的各个加油站中，他们系统地浏览着加油站，关注着影响服务质量的所有细节，他们以典型消费者的视角寻找着每一家加油站的薄弱环节，并利用录音和录像设备记录下整个的加油消费过程。最后，神秘顾客会在他们观察和体验的基础上提供一份最准确的服务质量评估报告，并提出他们对各个加油站的改进建议。

资料来源：陈悦，郝杰. 对神秘顾客帮助企业提升服务质量的研究分析[J]. 中国新技术新产品，2012(09):234.

【资料6-2】神秘顾客

神秘顾客的定义

神秘顾客是指第三方公司的人员，以普通消费者的身份到客户公司指定的销售终端或服务终端，通过购买产品、体验服务、业务咨询等行为，抽查销售终端人员的真实表现，运用专业的记录工具，准确记录受访人员的现场表现，并把这些信息完整地反馈给客户，帮助客户发现终端不足的一种市场监督机制。

由于这些"特殊的消费者"与普通的消费者没有区别，不容易引起服务或销售终端人员的察觉，非常神秘，所以行业内把这些特殊的顾客称为神秘顾客。以第三方的角色出现，与公司、受访终端没有直接或间接的联系，能保证抽查的公正和公平，同时还能帮助客户从这些烦琐的监督事项中解脱出来，节省时间和精力。

由于需要调查人员假扮成顾客，接受服务，记录并反馈。因此为了保证调查的质量，神秘顾客在进行暗访之前要经过一系列的筛选和培训，合格之后才能正式开始神秘顾客的工作。

神秘顾客所涉及的行业

神秘顾客作为一种商业调查方式，一般广泛地应用了政府行政窗口、连锁酒店、汽车4S店、加油站、通信营业厅、银行网点、专卖店、连锁餐厅等注重窗口服务的行业。

神秘顾客的类型

按照神秘顾客专业程度的不同，神秘顾客的类型可以分为普通型、专业型和专家型三个类别，见表6-4。

表6-4　神秘顾客分类

神秘顾客类型	定义	优点	缺点
普通型	经过系统培训后，充当某个项目的神秘顾客	真实性，不易被发现	观察相对不够细致，专业管理相对复杂
专业型	专门从事神秘顾客工作的暗访人员	经验丰富，灵活性及专业性强，且成本较低	需要加强质量监控，否则有可能会发生作弊的现象
专家型	由某些领域或行业的专家充当神秘顾客	可能发现普通人难以发现的细节，发现管理漏洞	暗访结果不易控制，且成本较为昂贵

神秘顾客的作用

通过神秘顾客的调查可以弥补企业内部管理过程中的不足，在购买商品和消费服务时，他们以中立的身份观察到的是服务人员最真实的工作状态。具体而言，神秘顾客有如下几个方面的作用。

(1) 神秘顾客的暗访监督，在与奖罚制度结合以后，带给服务人员无形的压力，引发他们主动提高自身的业务素质、服务技能和服务态度，促使其为顾客提供优质的服务，而且持续的时间较长。

(2) 神秘顾客可以从顾客的角度，及时发现、改正商品和服务中的不足之处，提高客户满意度，留住老顾客，发展新顾客。

(3) 神秘顾客的监督可以加强企业的监督管理机制，可以改进服务人员的服务态度，加强内部管理，提高培训效果。

（4）神秘顾客在与服务人员的接触过程中，可以听到员工对企业和管理者"不满的声音"，帮助管理者查找管理中的不足，改善员工的工作环境和条件，拉近员工与企业和管理者之间的距离，增强企业的凝聚力。

（5）通过神秘顾客对竞争对手的考察，了解与竞争对手相比的服务优势和差距。

（6）通过神秘顾客发现的问题，系统地分析深层次的原因，能够提升管理方法，完善管理制度，从而增强企业竞争力。

资料来源：我要调查网. http://www.51diaocha.com/typical/smgk/10001.shtml

6.7 投射调查

6.7.1 投射调查的含义

投射调查是一种无结构、非直接的定性调查技术，来源于临床心理学。投射调查目的是通过激励将被调查者的动机、态度或情感投射出来，一般用于了解消费者对敏感议题的态度。投射技术的具体操作方式是提供给被试者一种无限制的、模糊的情景，要求其做出反应，让被调查者将他的真正情感、态度投射到"无规定的刺激"上，绕过他们心底的心理防御机制，透露其内在情感。

投射调查的优点在于真实性强，有利于收集关于敏感或秘密问题的信息。由于投射技术测试目的的隐蔽性以及被调查者的反应较少受到情境线索和他人观点的影响，往往会表现出其真实的感受和想法。

投射调查的缺点就是投射技术要求有一个专业的、高技巧的访问人，并且调查的内容须经过有经验的专业人员分析和解释。比较其他类型的研究访问方法，投射访问法每次的花费是相当高的，因此，除了词的联想经常使用在品牌名称的研究上，投射访问法通常不是很广泛地被用在商业营销研究中。

6.7.2 投射调查的分类

投射调查的测试情景可以是一些没有规则的线条、一些有意义的图片、一些只有头没尾的句子，也可以是一个故事的开头，让被调查者来编故事的结尾。常用的投射法包括联想法、完成法、结构法和表达法。

1. 联想法

联想法是在被调查者面前设置某一刺激物，然后了解其最初联想事物的一种方法。

（1）罗夏墨迹测验。罗夏墨迹测验是瑞士精神科医生 H. 罗夏于 1921 年首创的一种测验，因利用墨渍图版而又被称为墨渍图测验，是一项著名的人格测验，在临床心理学中使用非常广泛。罗夏墨迹测验通过向被调查者呈现标准化的由墨渍偶然形成的模样刺激图版，让被调查者自由地看并说出由此所联想到的东西，然后将这些反应用符号进行分类记录，加以分析，进而对被调查者人格的各种特征进行诊断。罗夏墨迹测验来源于荣格和精神分析派的思想，以知觉与人格之间存在着反映和被反映关系的基本假说为理论前提。当调查者要求被调查者描述自己在偶然形成的墨渍刺激中"看到了什么"并说出自己的知觉体验时，被调查者必然以自己独特的方式进行反应。在这些反应中，被调查者会无意地或不知不觉地将真实的自己暴露出来，有时甚至会反应出连自己也完全意识不到的某些人格特征。

(2) 词语联想法。词语联想法是最常用的联想方法，其操作方法是调查者提供给被调查者一系列单词，一次一个，然后要求被调查者说出什么词是立刻进入脑海中的。根据回答的频度、所费的时间和不能在允许时间内回答的人数，调查者记录和分析被调查者对相关问题的反应。所费的时间是很重要的，因为一次犹豫就可能说明被调查者正在搜寻一个社会性的、可接受的回答，而不是其真实想法和态度的回答。

2. 完成法

完成法是指给出不完全的一种刺激情景，要求被调查者来完成。具体分为以下两种。

(1) 句子完成法。与词的联想相似，完成句子的测试是基于自由的联想，要求被调查者完成许多仅有一个词或词组的不完整的句子，调查结果可以在回答句子的内容上进行分析。例如，购买苹果手机的人是……

(2) 故事完成法。被调查者被要求完成故事的结尾，或说出为什么故事中的演员会那样做。

3. 结构法

结构法要求被调查者根据他所看到的图画等，编造出一个包括过去、现在和未来发展的故事，可以从故事中探测其个性。

(1) 主题统觉测验。在调查时，调查者提供给被调查者一系列黑白的图片和漫画，其中消费者和产品将是主要的注意中心。访问要求被调查者指出什么正在发生或什么将会是下一个发生的，这种方法使被调查者能够自由地把他们的感觉和观念融入图片和漫画所描绘的环境之中。因此，主题统觉测验之所以能够被应用在市场调查中，其核心前提在于该方法用图画和漫画的形式充分地表现了调查主题。

(2) 漫画测试法。完成卡通漫画的测试是提供给被调查者一个特定环境的卡通形象，要求他们联想一个卡通角色对另一个卡通角色进行评论。

4. 表达法

表达法是指给被调查者提供一个语言或视觉场景，要求将场景与别人的感受和态度联系起来。表达法是一种相对容易使用的投射调查方法。

(1) 角色扮演法。营造一个文字或虚拟的环境，在其中要求被调查者叙述第三人的感觉和观念，例如，作为一个朋友、一个邻居或是一个"典型"的人。回答按照这种预先设定的情况，而不是直接地表达被调查者对环境的感觉和观念。

(2) 第三人称法。第三人称法给被调查者提供一个语言或者视觉的情景，询问被调查者与第三者相关的信念与态度，而不是直接表达个人的信念与态度。由于被调查者反映的是第三者立场，因此减轻了被调查者个人的压力，得到的答案也更真实。

【案例 6-8】购物篮——词语联想法

将三个可乐品牌——可口可乐、百事可乐、非常可乐分别放在三个购物篮中，消费者会继续在这三个购物篮里放些什么呢？

我们得到的购物篮如下。

可口可乐篮：家庭清洁用品、家用保鲜膜、汰渍洗衣粉、《幽默大师》杂志、中国足球队服、中国结、红色的桌布、足球、沐浴露、冰棍、卡通人物玩具等。

百事可乐篮：漫画人物玩具、时尚背包、偶像明星的唱片、阿迪达斯足球、网球拍、滑板车、耐克运动鞋、荷氏薄荷糖、飘柔洗发水。

非常可乐篮：蔬菜肉类、雕牌肥皂、蜂花洗发膏、黑妹牙膏、水饺。

由篮子中的选择，我们可以分析出：最清晰的是百事可乐的定位，时尚年轻一族所拥有的装备基本都反映得出来。百事可乐的装备，百事购物篮中各品牌或产品本身属性的叠加，就已经能充分地表现出百事可乐的"年轻、动感、潮流"的品牌个性。

非常可乐的品牌个性也非常清晰，非常可乐作为一个主打农村市场的品牌，亲民、朴实的品牌个性，通过购物篮中的物品显露无疑。

最后在可口可乐的购物篮中似乎不易发现什么规律，但我们不能武断地认为这个购物篮所反映出的信息是无价值的。通过深入分析购物篮，我们可以发现：可口可乐的品牌形象已经广泛深入家庭，被家庭成员所接受，品牌个性中已经加入了一些中国本土化的个性，如中国结，并且透露着一种"喜庆、欢乐、大气"的品牌个性。

资料来源：百度文库. https://wenku.baidu.com/view/4b7a34c1172ded630b1cb6ed.html

6.8 实验法

实验法是指从影响调查对象的许多因素中选出一到两个因素，将它们置于一定条件下进行小规模的实验，然后对实验结果做出分析的调查方法。如某种商品在改变品种、包装、设计、价格、广告、陈列方法等因素后，观察这些因变量对商品销售量的影响。实验法的最大特点是把调查对象置于非自然状态下开展市场调查，将实验变量或所测因素的效果从多因素的作用中分离出来，并给予检定。实验法是研究特定问题各因素之间的因果关系的一种有效手段，可提高调查的精度，但是其结果不可用于预测。

实验法可用于产品试验，主要是对产品的质量、性能、规格式样、色彩等方面的市场反应进行调查，其基本方法是举办产品试用实验(试穿、试戴、试尝、试饮等)。实验法也可以进行新产品的试销实验。新产品在大量上市之前，可以以有限的规模在有代表性的市场范围内进行试销，然后得出销售效果。其中，商店试销是最简单和成本最小的实验方式。

实验法的特点包括：

(1) 实验法的结果具有一定的客观性和实用性。

(2) 实验的内容具有可控性。实验法可以有控制地分析、观察某些市场现象之间是否存在着因果关系，以及相互影响程度。

(3) 通过合理的实验设计可以提高实验结果的精确性。

(4) 运用有一定的局限性并且费用较高。实验法只适用于对当前市场现象的影响分析，对历史情况和未来变化则影响较小。由于实验所需的时间较长，而且实验中要实际销售、使用商品，因而费用也较高。

6.8.1 实验法常用的变量

实验法是了解和研究因果关系的主要方法之一，常使用的不同类型的变量如表 6-5 所示。

表 6-5　实验法常用的变量

变量种类	内　容
自变量	独立变量(X)，是指可以被操纵的、对特定因变量有影响的变量。例如，价格水平、产品/包装设计、广告诉求类型、促销方法和力度等
因变量	受自变量影响的变量(Y)，即是对实验过程中的结果的测量，包括销售额、市场份额、利润、顾客满意度、品牌偏好和忠诚度等
控制变量	被调研者控制的变量，它的存在不会影响实验中包括的自变量和因变量之间的函数关系，即不允许自由变化或随有关的自变量系统地变化的变量
外生变量	无关变量，是指除自变量以外的可能对因变量产生影响的所有变量。外生变量是不可控制的变量，它的存在会干扰自变量对因变量的测量，导致实验结果无效或变弱

6.8.2　实验法的有效性

用实验法调研，首先要考察直接影响调查设计的效度问题。其原因是外生变量的存在可能对所调查的函数关系造成污染，进而影响实验结果的有效性。效度是指实验所得结论的正确程度，即通过操纵自变量发现的因变量的不同是否真正反映了因果关系。有关测量效度的方法详见本书第 5 章"量表设计"相关内容。

1. 内部效度

内部效度是指研究设计是否准确说明因果关系，也就是说能否排除其他因素对实验的干扰。影响内部效度的因素有以下几个方面，如表 6-6 所示。

表 6-6　影响内部效度的因素

内部效度影响因素	内　容
历史	不受研究者控制，发生在实验的开始和结束之间，并影响因变量数值的任何变量或事件。开始和结束之间的时间间隔越长，这类实验受外部干扰的可能性越大。例如，促销前后销量的变化，受宏观经济环境的变化、竞争对手的营销策略、季节性波动等的影响
成熟	实验对象在实验过程中随着时间流逝而发生的变化，这些变化并不是由自变量引起的。在长期实验中，被调查者随着时间的推移变得更有经验、疲倦、厌倦或不感兴趣时，就发生了成熟，进而会影响实验结果。例如，对品牌的了解，商店的外观、装饰的变化等
测试效应	又称前测效应，是指测试可能影响被调查者的行为，进而干扰实验结果。例如，一般来说被调查者在进行第二次测试时都会变得较为敏感，因而都会比第一次测做得更好
工具化	测量工具、方法或标准发生了变化，从而影响实验结果的有效性。例如，实验前后采用了不同的量表或测量指标，问题的措辞、访员的变化等
统计回归	在某一次观察中处于极端状态的个体有向平均水平回归的趋势
选择偏差	由于不正确地将被调查者分派到不同的处理组，而导致的偏差
死亡	实验过程中由于被调查者拒绝参与实验或失去联系而导致的被调查者流失
含糊性	由于不清楚的因果关系确认造成的对实验结果的干扰

2. 外部效度

外部效度是指实验结果发现的因果关系可以推广到目标总体的程度，即实验结果能否应用于现实世界。实验的外部效度主要取决于实验条件能否很好地反映现实情况，以及实验对象是否对目标人口具有代表性。

(1) 实验情景。实验情景与现实差距越大，实验的外部调度越差。例如，在新产品试销时，因为选择的是特定的而不是常规的渠道，因此比较容易得到渠道的配合，可能会得到比较乐观的结果。

(2) 样本的代表性。样本的代表性越好，实验的外部效度越好。

3. 提高外部效度的方法

外生变量的存在将影响因变量，从而干扰实验结果。因此，需要对外部变量进行控制，以提高外部有效性。

(1) 随机化分组。即通过将被调查者随机分派到实验组和控制组，同时，处理条件也随机地分配到各个组，从而控制外生变量的干扰。例如，测试不同广告对目标受众的品牌态度和偏好的影响时，将被调查者随机分摊到不同组中，每组接触不同的广告版本，然后测量其品牌态度和偏好。

(2) 匹配分组。即将被调查者分派到各组之前，按照关键变量对它们进行匹配，目的是保证实验组和控制组在这些变量上没有差异。例如，在销售展示实验中，可以根据年销售额、营业面积和位置对各家商店进行匹配，然后对匹配的每对商店分别作为实验组和对照组来分配。

(3) 统计控制。它指的是采用统计分析的方法去测量外生变量并修正其影响。

6.8.3 实验法的分类

常用的实验方法有以下几种。

1. 前后无控制对比实验

事前对正常情况进行测量记录，然后再测量记录实验后的情况，通过这种进行事前事后对比，观察了解实验变化的效果。这种实验观察简单易行，一般用于改变产品功能、规格、款式、包装、价格、广告投放等因素变化的市场效果测试。

2. 前后有控制对比实验

在同一时间周期内，随机抽取两组条件相似的单位，一组作为实验组，另一组作为控制组(即非实验组，与实验组对照比较的)，在实验后分别对二组进行测定比较。例如，某电脑公司欲测定不同黑白两色笔记本电脑的市场效果，选定 A 数码城作为实验组，销售黑色笔记本电脑，B 数码城作为控制组经销白色笔记本电脑，实验期为两周，通过实验前后的销售量的统计来判断哪个颜色更受市场青睐。这种实验方法变数多，有利于消除实验期间外来因素的影响，从而可以大大提高实验变数的准确性。

3. 控制组、实验组对比实验

即同一时间内对控制组与实验组进行对比的实验调查法。其中，实验组按给定实验条件进行实验，控制组按一般情况组织经济活动。例如，控制组在实验前后均经销原产品，实验组在实验前经销原产品，实验期间经销新产品，然后通过数据处理得出实验结果。

4. 单因子随机对比实验

前后无控制对比实验、前后有控制对比实验以及控制组、实验组对比实验一般是在对调查对象比较熟悉，实验单位数目不多的条件下通过判断分析选择实验单位进行的。但是，当实验单位较多时，按照主观判断就比较困难。因此，在这种情形下，可以采用正规实验设计，采取随机抽样法选择实验单位，从而保证实验结果的有效性。

完全随机对比实验就是随机地选取实验单位进行实验。例如，为了测试一款饮料的视频广告脚本效果，随机选择 30 名消费者分组观看两个视频广告，并给不同广告效果给出评分。

5. 双因子随机对比实验

研究者除了考察基本自变量因素的影响外，还可将某个主要的外部因素孤立起来研究。双因子随机实验是同时考察两种因子对实验变量的影响，借以寻找两种因子的最佳组合。例如，研究商店规模和价格条件两个因子对产品销售量的影响，寻找最佳的商店规模和价格的最佳组合。

> **【案例 6-9】某公司改进咖啡杯的市场实验**
>
> 美国某公司准备改进咖啡杯的设计，为此进行了市场实验。首先进行的是咖啡杯选型调查，他们设计了多种咖啡杯，让 500 个家庭主妇进行观摩评选，研究主妇们用干手拿杯子时，哪种形状适合；用湿手拿杯子时，哪一种不易滑落。调查研究结果显示，四方长腰果形杯子最实用。然后对产品名称、图案等也同样进行造型调查。接着他们利用各种颜色会使人产生不同感受的特点，通过调查实验，选择了颜色最合适的咖啡杯子。他们的方法是，首先请了 30 多个人，让他们每人各喝 4 杯相同浓度的咖啡，但是咖啡杯的颜色分别为咖啡色、青色、黄色和红色 4 种。试饮的结果如下：使用咖啡色杯子的人都认为“太浓了”的占 2/3，使用青色杯子的人都异口同声地说“太淡了”，使用黄色杯子的人都说“不浓，正好”，而使用红色杯子的 10 人中，竟有 9 个说“太浓了”。根据这一调查，公司店里的咖啡杯以后一律改用红色杯子。该店借助于颜色，既可以节约咖啡原料，又能使绝大多数顾客感到满意。结果这种咖啡杯投入市场后，与市场上的通用公司的产品开展激烈竞争，以销售量比对方多两倍的优势取得了胜利。
>
> 资料来源：百度百科. https://baike.baidu.com/item/%E5%AE%9E%E9%AA%8C%E6%B3%95%EF%BC%88%E5%B8%82%E5%9C%BA%E8%B0%83%E6%9F%A5%EF%BC%89/15169181

关键词和概念

定性调查　定量调查　访谈调查法　焦点小组访谈　深度访问　固定样本调查
问卷调查　街头拦截访问　信函调查　电话调查　网络调查　投射调查　实验法

本章复习题

一、思考题

1. 简述定性调查与定量调查的区别。
2. 访谈调查法有哪些不同形式？试述访谈调查法的优缺点。
3. 分析网络调查的优劣势及其应用领域。
4. 问卷调查的不同方式各适用于什么情境？

二、实践题

1.【在校学生生活费用调查(续)】请根据已拟订的“在校大学生每月生活费用支出情况”市场调查与预测工作计划，讨论各类市场调查方式的可行性，确定最终的市场调查方法，并进一步修改完善“工作计划”。

2. 某商品在同时进行了包装更新和价格调整后，销售量急剧增加。可能是价格原因，也可能是包装原因的改变导致的结果，或者还有促销的因素。请设计一个实验调查方案可以用来分析该商品销售量急剧增加的原因。

3. 观察法实践：运用神秘顾客法调查肯德基店面服务的质量。

(1) 目标。结合当地肯德基店面分布的实际情况以及店面服务的特点，利用神秘顾客调查法的相关知识并借助相应的工具，设计测试肯德基店面服务质量的流程和测试重点。

(2) 实验准备具体如下：

① 当地肯德基店面分布图。

② 神秘顾客内容对照表，如表6-7所示。

表6-7　神秘顾客内容对照表

1. 时间和地点
2. 店铺名称
3. 进店时目测雇员总数量
4. 进店后等候多长时间才有人招呼
5. 有多少员工跟你打招呼
6. 打招呼是否友好真诚
7. 顾客提问，希望找到合适产品
8. 给你出示的产品类型
9. 该员工是否尝试达成交易，如何做的
10. 该员工是否邀请顾客再次光临
11. 店内环境的整洁度和装饰如何
12. 服务速度怎样
13. 对服务、店铺外观以及问候、展示等标准的满意程度评价

(3) 步骤与要求具体如下：

① 以小组为单位，共同商议完成神秘顾客调查方案设计。

② 要求小组成员在开始设计之前必须至少前往观察地点进行预调查一次。

③ 要求提供整体观察方案和一套完整的观察提纲，方案整体设计必须包括如何选择观察地点、观察内容、观察人员和设备设置、观察数量等详细信息，同时还要求给出整个调查的预算和具体日程安排。

④ 观察提纲设计完毕之后，需要小组成员实地测试；希望能够为神秘顾客提供事先准备好的肯德基厅店面服务评价表，可以参考表6-7列出的参考项目来进行设计。

(4) 实验结果。完成肯德基店面服务质量的报告。

(5) 讨论。采用神秘顾客调查法实施对肯德基店面服务质量的调查时碰到了哪些困难？如何克服了这些困难？是否有更好的克服困难的办法？

4. 访谈调查实践：手机品牌形象测试调查方案设计。

(1) 实验目的具体如下：

① 通过调查研究，对手机品牌外在形象进行评价，包括价格、质量、性能、规格、款式、档次、包装设计等。

② 通过调查研究，对手机品牌内在形象进行评价，包括使用者心理满足程度、产品创新能力等。

③ 该手机品牌的消费者形象定位。

④ 掌握焦点小组访谈的"全过程"。

(2) 实验步骤及要求。采用焦点小组访谈完成以下内容。

第一阶段：

① 明确调查目的和要求。

② 拟定调查计划和方案，包括组织实施计划；确定样本标志和容量、调查小组数量等。

③ 设计调查提纲。

第二阶段：

① 制定"焦点小组访谈"执行手册。

② 组成督导小组、调查小组(调查进行过程中可以互换"角色")。

③ 完成调查提纲测试，并修正。

第三阶段：

① 实施正式调查。

② 汇总、分析调查数据。

③ 撰写并完成"焦点小组访谈"调查报告。

(3) 实验结果。完成手机品牌形象测试"焦点小组访谈"调查报告。

(4) 讨论以下问题：

① 评价焦点小组访谈对品牌形象测试的优势和局限性，对于同一个调查主题，是否还存在其他更适合的调查方式？为什么？

② 讨论本次焦点小组访谈的样本构成理由。

(5) 完成本次实验总结。

第7章　问卷设计及调查技术

学习目的与要求

1. 理解问卷设计的意义；
2. 明确问卷设计的基本目标；
3. 了解问卷设计的基本程序；
4. 学会应用问卷设计的要点；
5. 如何处理问卷调查中遇到的问题。

引入案例　调查结果是否可用于开发大学生的生活计划

某高校管理者进行了一项"生活在学校"计划，以确定和更好地了解丰富在校生学术和社会经验的相关因素。这项计划的主要目的是保证学校提供高质量的在校生活设施，以吸引更多的学生报考该校，使学校的宿舍达到100%的入住率，使学生继续居住的水平得到提高，以此来促进学生延长住校合同的可能性。MPC咨询集团是一家本土公司，他们专门承接校园住房评估项目，该高校聘请了此公司来监督这个项目。虽然这家公司的声望很好，但是他们不了解基本的市场调研应该怎样进行。

在"生活在学校"这一计划的目标被确定之后，MPC决定使用自填问卷式的调查方式来获取学生对于在校生活体验的信息、态度和感受。这一调查的实施将借助学校最近流行的"黑板"电子邮件系统。采取这种方式的主要依据是43 000名学生都有使用电子邮件的机会，而且还可以节省时间和成本。MPC咨询团队经过精心挑选得出的问题有59个，这些问题将面向最近注册入校的住校生和非住校生。这份问卷开始先提问个人人口统计学特征方面的问题，随后是与学生宿舍的当前情况相关的问题，并要求对宿舍情况做出评价。然后有一系列的问题是关于宿舍特征的重要性的，再后面的问题就是关于学生住校或不住校的意向及原因。其中有一些是关于婚姻情况和孩子的问题，以及对住房结构和设施的期望。问卷的最后一部分是对儿童照看服务要求的个人看法。

通过电邮发给学生的问卷有24页，其中包含了6个筛选登记表，在答题过程中，被访者需要在各项之间来回跳跃。问卷发出之后过了3周，对问卷做出回答的学生只有17人，这其中还包括了未将问卷全部完成的8个人。学校负责人对于这种回答率感到很失望，向MPC提出了3个问题，这些问题看似简单，但却都是关键性的：

(1) 为什么会有这样低的回答率？

(2) 使用问卷是收集所需资料的最后方式吗？

(3) 所收集的数据有利于既定目标的实现吗？

请你根据自己的知识及对良好的数据收集方式的理解，回答上述问题，并找出MPC实施调查过程中存在的潜在问题。

资料来源：小约瑟夫．海尔·罗伯特．布什·戴维．奥蒂诺．营销调研——信息化条件下的选择[M]．4版．北京：清华大学出版社，2012.

问卷调查法也称问卷法，它是调查者运用统一设计的问卷向被选取的调查对象了解情况或征询意见的调查方法。研究者将所要研究的问题编制成问题表格，以邮寄方式、当面做答或者追踪访问方式填答，从而了解被调查者对某一现象或问题的看法和意见。问卷调查的运用，关键在于问卷设计、选择被调查者和结果分析。

7.1　问卷设计的意义、目标与程序

7.1.1　问卷设计的意义

获取足够的市场信息资源是市场调查与预测的基础，其中，第一手资料的获取具有重要的作用。无论采用哪种市场调查的方法获取市场第一手资料，都不可避免地要使用到问卷。当研究人员准备进行问卷设计时，应该用一系列调查型问题来替代原来的市场问题，这些调查型问题应采用调查对象所熟悉的语言和词汇来表述，同时通过有效的、合乎逻辑的组合从而形成(设计)一份有效的、合乎逻辑的问卷，以期望取得有价值的调查结果。

市场调查是否能够获取足够、适用和准确的信息资料，很大程度上取决于调查问卷的设计质量，进而影响市场调查与预测的结果。所以，有效的调查问卷设计是成功的市场调查的基础。

7.1.2　问卷设计的目标

问卷设计的根本目的是设计出符合调查与预测的需要，能够获取足够的、适用的和准确的信息资料的调查问卷，以确保访问调查工作能正确、顺利、圆满地完成。为实现这一目的，调查问卷的设计至少应满足以下具体要求。

(1) 调查问卷中问题的设计要与所需资料相适应。不应增加一个调查问题去取得不需要的资料，也不应减少一个问题以造成所需的资料残缺不全。

(2) 便于调查人员展开调查。要能使调查人员能够顺利发问、记录，并确保所取得的信息资料正确无偏差。

(3) 便于被调查者回答。要使被调查者能够充分理解调查问题，能够回答，乐于回答，正确回答。

(4) 便于问卷结果的处理。问卷在调查完成后，所获得的调查结果要能够方便地检查其正确性和适用性，便于对调查结果进行整理和统计分析。

总之，一份好的问卷要求它的设计人员既透彻了解调查计划的主题；又能拟出适当的调查问题，以便能从被调查者那里获得尽可能多的、较为准确和有效的资料。同时，还需要设计人员能够对整个调查问卷进行总体的优化。

7.1.3　问卷设计的程序

拟定问卷的过程必须遵循一个合乎逻辑的顺序，其基本步骤如下。

1. 明确调查主题与所需的资料

市场调查项目，委托人往往只给出一个大致的问题范围，调查机构需为之明确调查的主题以及设计调查方法。问卷设计时，必须充分明确调查项目的主题是什么，以及调查时需要收集哪些方面的资料等问题。在拟定问卷之前，调查人员往往先着手收集比较容易获取的第二手资料，因此问卷设计必须建立在掌握第二手资料的基础上，明确问卷所需进一步得到的资料内容。而对于已掌握的第二手资料，除非需要进行证实，通常不再出现在问卷之中，从而保证整份问卷的严谨和篇幅的紧凑。

2. 明确调查对象的类型

不同的调查对象具有不同的特点，问卷必须针对调查对象的具体特点进行设计，才能确保问卷设计的合理性。为此，在正式设计调查问卷时应明确调查对象是企业还是个人，是生产商还是经销商，是现实消费者还是潜在消费者等，并掌握各类调查对象的特征。

3. 设计问卷

按照调查对象的特点，对所需收集的资料运用问题形式将调查目标分为若干题目，以便于调查的实现。问题与问卷的设计将在本章 7.2 和 7.3 中进行阐述，此处不再赘述。

4. 测试问卷

测试问卷的具体内容将在"7.4 问卷的编码与测试"中重点论述。

7.2　问卷设计的技术

对于缺乏经验的调查者来讲，调查提问看起来是一项简单的工作，因为普通的提问是人们交往中经常发生的一种行为。但事实上，调查问题和提问方式的细小变化都会导致被调查者的回答产生巨大的变化。调查问题的设计被认为是调查问卷设计中最为关键的部分，而问题的用词都将直接影响调查所获得的资料是否有效。

7.2.1　问卷设计的一般准则

在构思问卷时，要经常问自己："我为什么提这个问题？"必须能够解释每个问题同所要调查的市场问题有多大关系。

下面的三个一般准则会有助于设计出一份好的问卷：

(1) 在对所调查的主题做了完整的思考后才能写下所需调查的具体问题。

(2) 在编写每一个问题时，不断地考虑问题与所调查主题之间的关系。

(3) 编写每一个问题时都需要解释一下从这些问题中所得到的信息对所要调查的主题有何帮助。

也许同类调查问题已经存在令人满意的问题设计，所以在开始编写新的调查问卷之前，阅读一下以前别的调查者对类似课题所制作的问卷将会对问卷设计有所帮助，因为一些过去曾用过的调查问题常常能够被有效地融合新的调查问卷中。事实上，甚至一些新设计的问题也可能是过去调查问题的翻版。在市场调查中对于过去使用过的调查问题进行翻版是被允许的，同时在市场调查理论和社会学中也鼓励使用翻版的问题。在市场研究中重复地使用已使用过的问题有助于提高调查结果的可靠性和有效性，并且这样的重复可使得调查工作具有：①减少测试所需的时间；②可以同其他相关调查做比较；③提高调查结果的可靠性等优点。

7.2.2　问卷设计的基本原则

问卷应具有逻辑性，并能清晰、全面地呈现给被调查者回答。在日常生活中，我们经常被问做了些什么，接着讨论一些细节问题，然后才可以将话题转移到另一不相关的事物上去。这也是在市场调查中典型的流程，调查问卷是合乎逻辑地逐步展开的。比如，在一项产品观念的测试中，当消费者已经对此新产品有了一定了解之后，才能考虑下面一系列问题：评估该新产品的购买意向；诊断该新产品的购买意向产生的原因、唯一性、信任程度、希望的使用频率和产品优点的排序；细分该新产品的人口特征，如年龄、婚姻状况、家庭人数、学历、职业和收入等。

在提问时，一些方法有助于调查活动的进行，并能够取得预想的效果，主要遵循以下一些基本原则来设置和提出问题，这些基本原则也被称作提问的艺术。

1. 简洁明了

所提问题应定义明确，问题的含义对调查者和被调查者来说理解是一致的，并且问题的回答能同预期设想的可能结果相一致。

> **📋【案例 7-1】　问卷设计示例 1**
>
> 比较以下两个对咖啡消费量的提问。
>
> (1) 在一个工作日内，你喝了多少杯咖啡？
>
> (用数字表示)
>
> (2) 你喝咖啡的频繁程度(请选择)
>
> 极频繁　　1
>
> 经　常　　2
>
> 一　般　　3
>
> 从　不　　4
>
> 我们可以发现第二题是不明确的，它既没有指明消费的时间，即指的是每日、每周或每月，而且其结果的度量也是不确定的。第二题所产生的次序性质的回答，对于市场调查来讲，只会产生毫无实际意义的数据。对于第二题，由于每一个回答相同答案的调查者所指的消费量极有可能是不同的，因此该调查问题的设计不能对被调查者的实际消费做出合理的比较。相反，第一题产生的结果反映了咖啡消费的实际数量，因此其结果更具有市场价值。

2. 答案不可相互重叠

在问卷中要求可选择的答案清晰、界定明确、相互排斥，不允许出现两个答案相交叉的问题，即每个问题可能的选择答案不能相互重叠。

> **📋【案例 7-2】　问卷设计示例 2**
>
> 比较以下哪一个选择描述了你家 2018 年的总消费。
>
> (1) 少于人民币 30 000 元
>
> (2) 界于人民币 30 000～50 000 元

(3) 界于人民币 50 000～80 000 元

(4) 大于人民币 80 000 元

对上述问题，你会发现对于收入刚好 30 000 元或 50 000 元的家庭就有可能产生两种选择。所以这里问卷的选择(2)和(3)应改成 30 000～49 999 元和 50 000～79 999 元，或者在调查前就明确"(1)少于人民币 30 000 元"中的 30 000 其实际的含义就是 29 999.999……"(2)界于人民币 30 000～50 000 元"中的 50 000 其实际含义就是 49 999.999……，依此类推。对于调查问题来讲，如果答案不是相互排斥的，那么市场调查就很难找到"真正"的答案。

3. 使用自然熟悉的语言

在调查中要根据调查样本群体的特点，用通俗的、调查对象所习惯的语言来设置和提出问题。同一个问题或概念不仅在不同宗族和不同社会团体之间存在各不相同的表述和认识，即使是同一国家中不同地区的人们也可能会产生不尽相同的理解。例如，用面包制成三明治，在一个国家的不同地区会被称为"夹心面包"等。这并不是说我们的意图是用家常闲聊式的谈话语言来组织问卷，而是要求在调查中应以清晰、明确的方式来表达调查问卷的意图，并且能够准确地将信息传递给被调查者。从市场调查的实践来看，利用被调查者熟悉的语言已被证实可以帮助被调查者对既定的问题做出有效的回答。但同时，当被调查者熟悉的日常用语出现在问卷中时，有时会引起带有偏差的回答，在某些情况下会导致被调查者对一些问题的回答效率降低。

【案例 7-3】 问卷设计示例 3

以调查醉酒问题为例。标准形式的问题应是：在过去的一年里，你饮用带酒精的饮料时喝醉的频繁程度是多少？

被调查者拥有以下可选项：

(1) 从不。

(2) 一年一次或更少。

(3) 每隔几个月一次。

(4) 每隔几个星期一次。

(5) 一星期一次。

(6) 一星期内多次。

(7) 每天。

【资料 7-1】 问题答案是问题措辞的一个函数

一个早期的盖洛普民意测验(Gallup Poll)显示，问题的答案通常是问题措辞的一个函数。"人们被问到是否拥有某种股票(stock)。在美国西南部的访问中，股票的拥有率出人意料的高，因为那里的应答者很自然地想到牲畜(stock)。这个问题就不得不重新进行措辞，以指称为'在任何一家证券交易所上市的有价证券'"。

很多调研专家都认为，问题措辞的改进可以更大程度地提高精确度。实验已经显示，由于模糊问题或是含混词语的使用而导致的误差范围，可能达到 20 或 30 个百分点之高。想想下面这个说明选择具有正确含义的词语的极端重要性的例子。下列问题的差异仅仅体现在应该、可以、可能这些词语的使用上。

(1) 您认为应该做任何事情，来让人们为医生或医院账单付费变得更容易吗？

(2) 您认为可能做任何事情，来让人们为医生或医院账单付费变得更容易吗？

(3) 您认为可以做任何事情，来让人们为医生或医院账单付费变得更容易吗？

从匹配的样本中得到的结果：82%的人回答说应该做些事情，77%的人认为可能做些事情，而 63%的人觉得可以做些事情。在应该和可以这两个极端之间相差了 19 个百分点。

资料来源：张灿鹏，郭砚常. 市场调查与分析预测[M]. 2 版. 北京：清华大学出版社，北京交通大学出版社，2013.

4. 避免使用引导性问题

如果所提的问题暗示了调查者的观点和见解，或者指出了调查者的立场，将可能诱使被调查者的回答偏向于调查者，那么所提的问题就是引导性问题。在这种情况下，被调查者失去了公正地表达自己意见的机会，就可能会造成调查结果的偏差。

【案例 7-4】问卷设计示例 4

以问卷调查中的一个问题为例："在试用这种产品后，你觉得本产品有何不足之处？"假如被调查者并没有觉得该产品存在不足之处，那么这样的问题就没有给被调查者另外一种回答的可能。更好的提问方式是：

试用后，你觉得本产品是否存在不足之处？

A. 有　　　　B. 没有

5. 避免交叉提问

如果提出的问题中有两个观点交织在一起就叫作交叉问题。这样的问题会使得被调查者必须同时回答两个问题，甚至问题包含的两个观点是背道而驰的。

【案例 7-5】麦当劳服务调查

你认为麦当劳是否提供了快速、礼貌的服务？

A. 是的　　　　B. 没有

这个问题就涉及了调查问题的两个不同的方面：麦当劳快餐的服务速度和服务态度。如果被调查者认为麦当劳提供了快速的服务，却未提供礼貌的服务，他该选择哪一个答案呢？

6. 可选项陈述明确

是否存在明确陈述的可选项对调查回答的结果具有很大的影响。

【案例 7-6】美国人对坛装意大利通心粉进行测试的两组提问

(1) 假如在你经常光顾的商店里有坛装意大利通心粉，你是否会购买？

A. 购买　　　　B. 不买

(2) 假如在你经常光顾的商店里，同时有坛装意大利通心粉和罐装意大利通心粉，你会：

A. 只买罐装　　　B. 只买坛装　　　C. 都买

第 2 种型提问方式用可选项提供了对问题可能产生的答案的明确陈述。在实际调查中，若采用第 1 种问卷，那么被调查者中有 42%的被调查者提出他们会购买坛装意大利通心粉；而当调查采用第 2 种问卷时，指出会购买坛装意大利通心粉的被调查者人数跌至 24%。

7. 问题是有效的、可靠的

为了保证调查活动顺利展开，调查所提的问题对于被调查者来说应该是生活中有所经验的和能够理解的，否则，被调查者不能准确地回答调查问题，调查的有效性与可靠性也会大打折扣。对此，在调查时要注意以下两个方面。

(1) 恰当性。向一个对所提问题一无所知的人提问，并企图获得结果，那是不可能的。因为这样的被调查者从未接触过此类事物，这样的问题对于被调查者是不恰当的。此外，被调查者在回答问题时，如果没有设计提示他们对某方面情况缺乏了解的问题，就可能会降低该调查的有效性。此类问题可通过以下方法避免：①选择恰当的目标群体；②通过解释问题或在选项中增加"不知道"一栏从而允许被调查者指出他(她)在某方面缺乏了解。

(2) 记忆。在许多情况中，被调查者会被问及一些过去发生的事情，而他(她)可能对此已经遗忘。遗忘会造成以下三种类型回答：遗忘、缩紧、臆造。遗忘是指被调查者不能记起已发生过的事情。缩紧是指被调查者收缩了事物发生的时间，或认为事物发生要比实际发生得早。臆造是指被调查者"想到"从未发生过的事情。一方面，对过去事件的提问，如果没有提示问题，即不提供线索，可能导致调查可靠性的下降；另一方面对被调查者过去事件的提问也可能形成有提示的问题，即提供线索的问题能帮助被调查者确切地回忆，但同时可能会增加收缩时间和臆造的错误。对此可通过以下方法进行消除：①仅对在近期内发生的重要问题进行提问；②告诉被调查者对于有提示问题的回答允许包含一些不精确的成分。

7.2.3 问题的形式

在进行问卷调查的实践中，调查问题往往按是否给出回答选项来区分调查问题的形式。大体上可分为两种形式：开放式和封闭式问题。

1. 开放式问题

开放式提问法又称自由回答题，调查者事先拟出问题，被调查者可以在问题所涉及的范围内自由地给出其认为恰当的回答。

> **【案例7-7】相关广告调查提问**
>
> (1) 广告中说了什么？
> (2) 广告中放映了什么？
> (3) 在你刚看过的广告中你喜欢什么？
> 这些问题允许被调查者在描述广告时选用自己的语言。

调查采用开放式提问一般在一份调查表中只能占小部分，也并不是所有的问卷都必须具有无约束问题。但是，在调查问卷中一旦出现此类问题，那么它的意图主要是为了获得被调查者对某一事物的描述、理解和反应。例如，有关广告、广告节目、包装、产品、观念等方面的问题。

(1) 开放式问题的优势，具体如下。

① 被调查者可以充分发表个人的意见。

② 可以用来检验封闭式问题的结果，同理，开放式问题也可以用来寻找到比封闭式问题更宽领域内的回答和反应。

③ 当在同一测试中存在两个以上的话题(事物)(如产品、价格)，开放式问题可以用来获得

直接的对比和对该话题(事物)更为细致的评判。

④ 可以用来检验特定的传播手段(如广告节目、消费观念)是否传递了预期的信息。无约束问题也可以用来确定被调查者对一些刺激(如广告节目、产品包装)的情感反应。

(2) 开放式问题的劣势，具体如下。

① 不适合自行实施的调查，因为大多数的被调查者不太可能会做详尽的回答。

② 在运用开放式问题进行调查时，常常会在调查中出现对问题看法的分歧。

③ 开放式问题编辑和诠释的难度较大。

④ 被调查者受其表达能力的影响，回答可能含义不准确，每个被调查者的回答偏差程度可能较大，加以归纳分析存在一定的难度等。

以下是一个开放式问题的例子：

请问您近期购买的洗发水的品牌？

在被调查者指出近期购买的品牌之后，调查者可以将获得的回答与其预先开列的常用品牌进行核对，那么，这种形式的无约束问题从调查者的角度来看，是被当作了封闭式问题来对待。

【案例 7-8】智能门锁品牌调查问题的两种形式

(1) 在下列智能门锁品牌中，你听说过的是哪些？还有其他听说过的智能门锁品牌吗？
　　A. ASUS 华硕
　　B. Yale 耶鲁
　　C. Samsung 三星电子
　　D. VOC
　　E. 第吉尔
　　F. 亚太天能
　　G. 其他(请详细填写)_____、_____
(2) 在智能门锁品牌中，你听说过的有哪些？

_____、_____、_____、_____

2. 封闭式问题

所谓封闭式问题就是被调查者已被提供了一个或几个答案的备选方案，并且仅仅被要求去选择其认为最恰当的一个或几个答案的提问形式。封闭式式问题可采取很多种形式，如判断题、多项选择题和标度回答题以及成对比较题等。

调查采用封闭式问题的优点在于应用和实施时比较简单和方便，有助于减少调查时可能带来的分歧。封闭式问题假设预先设定的答案备选方案能够包含被调查者一切可能的、相关的回答，因此为了使调查有效，要求调查者在设计封闭式问题时能够基本把握封闭式问题可能出现的答案，且不会引起数据上的歪曲。

封闭式问题又有如下几种形式。

(1) 判断题，也称为二项选择法。这种方法适合于只有两种答案的问题，被调查者可以用"是"或"否"，"有"或"无"来回答。

【案例 7-9】网络游戏《王者荣耀》调查

(1) 您是否玩过《王者荣耀》？

(2) 您认为《王者荣耀》的皮肤购买价格合理吗？

(2) 多项选择题，也称为多项选择法。调查者事先对要调查的问题拟定几个可能的回答，供被调查者选择其中一个或几个。

【案例7-10】消费品牌调查

(1) 您使用的手机是什么品牌的？请在答案选项旁的括号内打上√号。

苹果( )　　　华为( )　　　小米( )　　　OPPO( )

Vivo( )　　　　三星( )　　　魅族( )　　　其他( )

(2) 您知道哪些品牌汽车在提供新能源汽车车型么？请您在认为正确的答案旁打上√号。

比亚迪( )　　丰田( )　　　吉利( )　　　本田( )　　　奇瑞( )

奥迪( )　　　奔驰( )　　　雷克萨斯( )　　宝马( )　　　大众( )

多项选择可以缓和二项选择法的强制性，能够区分出意见不同的程度。采用选择题时应注意设计答案编号，以便统计；事先拟定的答案既要尽可能包罗所有可能的情况，又不能重复；被选择的答案不宜过多，一般不超过 10 个。

(3) 标度回答题，也称顺位法。此类问题要求被调查者根据自己的专业知识或生活经验，对调查者给出的答案或选项按照一定的标度排出先后顺序。

【案例7-11】新能源汽车相关调查

请您根据自己对新能源汽车以下问题的关注与不关注的程度将其排序：

A. 价格　　　　　B. 技术　　　　　C. 安全

D. 维修保养　　　E. 配套设施　　　F. 动力性能

从关注到不关注的顺序是：

调查也可不预先给出各种可能的答案，而完全由被调查者根据自己的认识顺序写出各种答案。在使用顺位题进行调查时，让被调查者决定顺位的答案数目不宜过多，一般不超过 10 个。有时也让被调查者根据自己的认识，在众多的答案中筛选出几项，然后再排出顺序。

(4) 成对比较题，这种方法是请被调查者将几个类似的产品或服务按给定的标准进行比较。

【案例7-12】轿车耐用程度调查

请比较表 7-1 右边与左边各种品牌轿车在耐用程度上的差异。

表 7-1　各种品牌轿车在耐用程度上的差异

耐　用							不耐用
品牌	非常	相当	稍微	相等	稍微	相当	非常	品牌
奔驰								别克
别克								大众
大众								尼桑
尼桑								本田
本田								奔驰

这种方法的优点就是可以让被调查者对于不同的对象进行直接的比较，也便于被调查者回答；其缺点是工作量较大，例如有 10 种产品进行比较，则需要进行 $C_{10}^2 = 45$ 次的比较。另外此类问题的答案整理、统计的工作量也较大。

7.3 问卷结构及相关问题

7.3.1 问卷结构

一份完整的问卷是由下列部分组成的。

1. 问卷的介绍

问卷的介绍也称说明词。许多被调查者在最初会有一些疑问，为什么调查的是他们。因此在问卷的开头，必须对问卷进行相应的介绍。在问卷介绍中应阐明调查的目的、调查的性质和方法。在个人采访中，调查者要首先明确自己的身份和所代表的组织，应当用一至两句话来描述此次调查的目的。而在信件调查中，这些性质和目的是放在问卷前段。问卷介绍一般包括以下几点。

(1) 调查的内容及调查的意义。

(2) 被调查者参与调查的重要性。

(3) 信守保密以及对问卷中问题的介绍。

(4) 对于参与调查的奖励办法。

(5) 如何解决调查中出现的问题。

(6) 致谢。

2. 收集资料部分

这是问卷最主要的，也是占最大篇幅的部分，是整个问卷的主体，由一个个具体的调查问题组合而成。

3. 样本特征分类资料部分

这部分是被调查者的基本资料部分，包括年龄、性别、职业等人口特征的相关资料。样本特征分类有助于依据调查的目的来选择符合特征的调查对象的答案，并做进一步的分析之用。

4. 计算机编号

这部分资料是调查者为便于将来数据分析和数据保存而为每份调查问卷设定的编号。

5. 作业证明记载

这部分内容主要满足调查访问管理的需要，通常包括被调查者姓名或名称、访问地点、调查员姓名、访问时间等。

7.3.2 问题的顺序

1. 问卷开始的问题

问卷开始的一些问题应当是简单的、无危险性的，如果有可能的话，应具有对该调查的一定意义。一些调查专家建议，问卷开始可以用简单有趣而无针对性的问题开头，甚至可以是一些与调查无关的问题，比如，关于天气的问题。而将回答难度较大的，或具有很强针对性的问题置于问卷的尾部。在个人访问调查中，通常提问是从有关调查主题的无约束问题开始的。这就要求被调查者首先集中回答有关的无约束问题，并给予他们阐述自己观点的机会，而在邮件调查及其他一些自行调查问卷中，提问通常是以封闭式问题开始的。

2. 敏感问题

例如，人口统计的问题是有针对性的，在有些人看来人口统计的问题是个人隐私，因此，此类问题往往会被置于问卷的最后。很明显，假如收入是问卷的最后一题，那么被调查者拒绝回答也不会影响调查的结果。总之，避免一开始提出此类敏感的问题。

3. 漏斗形、倒置漏斗形顺序

当确定被调查者对调查主题有所了解以后，调查经常采用漏斗形的提问顺序，也就是首先问一些最普通的问题，之后才是一些要求比较严格的问题。这种方法避免了前后问题可能产生的分歧。当调查者知道并能确定被调查者回答问题的基本框架时，采用漏斗形的提问顺序是有效的。在个人调查中使用漏斗形的提问顺序可以有效地降低干扰。对于一些无明显主题的问题，可以用一般的问题开头然后转向特定的问题，在问一个总的观点之前先问一些分支问题是必要的。

在另一些情况中，倒置漏斗形顺序也是有效的，倒置漏斗形的提问顺序就是以特定的问题开始，然后让被调查者扩展他的想法和观点，再由调查者加以归纳和总结成不同的调查结果。这种方法有利于调查者确定所有被调查者的评估是否基于相似因素的基础上。倒置漏斗形的提问方式对无明显特征的问题最为有效，即被调查者对话题没有鲜明观点的一类问题。

值得注意的是，漏斗形问题仅限于应用于个人调查和电话访问，相反，倒置漏斗形问题的方法既能用于个人调查，也能用于邮寄调查。

4. 过滤型问题

过滤型问题是用来明确下一步提问内容的问题。一个简单的做法就是为过滤型问题做一个逻辑流程图来确定是否所有的情况和可能都包括在问题中。然后在这张流程图的基础上，编写过滤型问题并设计结构。图 7-1 就是一张用于新品牌市场测试的过滤型问题的流程图。

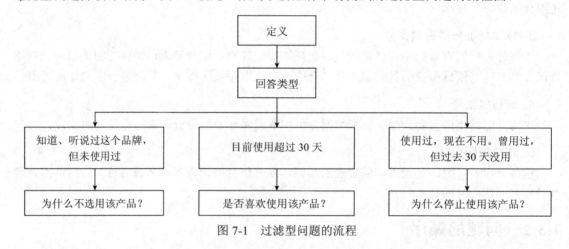

图 7-1　过滤型问题的流程

过滤型问题要求不能占据很多空间以致被调查者需要浏览一页以上的问卷(翻页)，也不要求被调查者记住前面问题的答案。过滤型问题在问卷中的放置位置是很重要的。假如只有一个过滤型问题，应将它置于有关分支问题的前面，或者越近越好，尽量避免调查者前后翻页；如果有多个过滤型问题，应将其置于更为详细的问题前面。

另外，假如有多个话题，问卷应在开始新的话题之前结束前一个话题的所有问题。在转换话题时，使用转折短语以帮助被调查者调整思维。

7.3.3　问卷设计的注意事项

(1) 使用调查小册子。使用调查小册子这种形式至少有四点理由：

① 避免问卷内页遗失或乱放。

② 使调查员和被调查者更易于翻阅。

③ 可以使占有两页的问题变成一页，以帮助阅读。

④ 调查中使用小册子看起来更专业和易于行事。

有时在自行调查时，调查问卷的封面对被调查者是否配合调查起着巨大的作用，问卷的封面要具有专业性质，注明日期、调查科目以及进行调查的组织名称等。

(2) 一份邮寄调查或自行问卷应是便于回答的，并且应有专业的设计和印刷。日期、调查题目、调查组织者的名字应在问卷的第一页中列示。

(3) 问题不要太挤。对于无约束问题要留有一定的回答空间，预计的答案一般不应超过所提供的空间范围。留有空地的问卷看起来简单，并且在减少差错的同时可以得到更高的合作率。

(4) 使用色彩对于调查者是有帮助的。必须明确问卷是用来给别人做的，用色彩对比的方法来设计问卷可以使调查工作简单化，也使得数据整理的过程加快。

(5) 问题编号。在问卷中给问题编号至少有两个原因：第一，问题编号便于发现问卷中的问题是否被遗漏了。第二，问题编号提供了一个可辨识的系统，这个系统在提高问题提示方面，特别是在跳跃式问题中被证明是有效的，对所有的封闭式问题预先编号有助于数据收集和分析。

(6) 避免割裂问题，割裂一个问题或割裂回答的选项都是不可取的。假如存在割裂的问题，被调查者就会认为这个问题在这一页已经结束了，结果会引起回答的不完整和潜在的误导。

(7) 问卷中提供的访问指导，应尽量地置于靠近问题的地方。通常是放在问题的前面或紧接着问题，假如介绍是有关怎样回答和问题的形成，那么访问指导应置于问题的前面。如介绍答案该怎样记录或者调查者该怎样提问，那么访问指导应置于问题的后面。为了区别介绍和问题，经常用的方法是区分字体(如大写、斜体)，以避免将介绍认为是问题的一部分。

(8) 回答栏使用垂直形式。初次设计问卷者的一个倾向是将栏目横置，认为这样可以节省空间。但一般接受的形式是垂直式的，这样调查者和被调查者就只需阅读垂直的一栏。

(9) 将跳跃问题的回答指导置于答案后面。跳跃问题的指导有两种形式：字面的指导或指向另一问题的箭头。两种方法都是可取的。在使用跳跃问题指导时，应遵循两个原则：第一，应紧跟在答案后而不是问题后，这样就可保证调查者不会遗漏和忽略指导。第二，当两个问题之间还有问题时，不要将跳跃问题指导置于后面的问题前面。

例如，被调查者如果回答第 11 题"是"的，要求其转到第 15 题，否则转到第 12 题。这样的指导如置于第 15 题前，就可能会使被调查者回到第 11 题。对于这种情况，跳跃问题的指导应置于过滤型问题的回答后面，相应的回答栏应置于系列问题的前面。

> **【案例 7-13】**2019 年《经济日报》读者问卷调查
>
> 亲爱的读者朋友们，2019 年的《经济日报》读者有奖调查问卷活动又同大家见面了。我们诚挚邀请您的参与，为我们进一步办好《经济日报》建言献策。

参与方式:

1. 请扫描二维码参与答卷。欢迎下载经济日报新闻客户端或关注经济日报微信公众号。

2. 登录中国经济网(www.ce.cn)参与答卷,并提交。

奖项设置及奖励办法:

为感谢广大读者积极参与此项活动,我们将从所有有效问卷中抽出一、二、三等奖及纪念奖。抽奖结果将在《经济日报》,中国经济网和经济日报微博、微信公众号、新闻客户端上公布。

一等奖 10 名,各奖 1000 元现金;二等奖 15 名,各奖 800 元现金;三等奖 20 名,各奖 500 元现金;纪念奖 500 名,各获纪念品一份。

活动说明:

1. 问卷调查表将同时在中国经济网、经济日报客户端、经济日报微信公众号(订阅号、服务号)以及经济日报微博上发布。

2. 请您按照题目要求在表格里真实勾选或填写。

3. 问卷上个人信息我们将严格保密。

4. 本活动解释权为经济日报社。

一、您对经济日报的品牌认知

1. 2018 年您对经济日报媒体的关注度(共 5 分,1 为最弱,5 为最强):

最弱   最强
□ 1   □ 2   □ 3   □ 4   □ 5

2. 您对经济日报的总体评价(共 5 分,1 为很差,5 为很好):

很差   很好
□ 1   □ 2   □ 3   □ 4   □ 5

二、您的阅读和参与互动情况

1. 您平时阅读经济日报媒体资讯的途径(可多选):
   □纸质报纸   □报纸电子版   □新闻客户端   □微信公众号   □中国经济网

2. 目前,您在移动端已关注或下载的经济日报媒体(可多选):
   □新闻客户端   □微信公众号   □法人微博

3. 您是否在中国经济网、经济日报微信公众号、客户端上参与互动活动(单选):
   □经常参加   □偶尔参加   □从未参加

4. 您经常在经济日报法人微博、微信公众号、客户端上获取哪些资讯(可多选):
   □时政新闻   □政策解读   □财经新闻   □深度调查   □新知识   □民生信息
   □热点新闻   □环球资讯   □创业故事

5. 您经常以何种形式参与经济日报的读者互动(可多选):
   □法人微博   □电子邮件 jjrbdzfw@163.com   □信函   □座谈会
   □参与财经早餐留言   □客户端文章留言   □微信公众号留言

6. 您在移动端的关注或下载经济日报媒体的途径(单选):
   □他人推荐   □主动关注或下载   □其他(请填写)_____

7. 阅读经济日报报纸内容时,您首先选择的是(单选):
   □一版导读   □标题浏览   □图片图表   □文章

8. 阅读经济日报新闻客户端各频道资讯时，您首先选择的是(可多选):
　　□头条　□推荐　□政务　□观点　□数据　□公司　□产业　□证券
　　□金融　□科技　□数码　□时尚　□旅游　□国际　□地方　□专题

9. 阅读经济日报微信公众号文章内容时，您比较喜欢选择的栏目是(可多选):
　　□财经早餐　□中经创业榜　□中国名片　□大美中国　□夜间荐读
　　□夜读　□新规　□观市　□热点　□身边　□新知　□独家　□健康

10. 通常情况下，您在什么时间段阅读经济日报新媒体资讯:
　　□当天上午　□当天下午　□次日上午　□次日下午　□第三天及以后

11. 您是否在微信朋友圈分享过经济日报新媒体的内容(单选):
　　□经常　□偶尔　□从不

12. 您是否参与过经济日报法人微博、微信公众号、新闻客户端的互动(单选):
　　□有(请填写)_____　　□没有

13. 您希望通过经济日报法人微博、微信公众号、客户端参与哪些互动?
　　□线上留言交流　□线下活动交流

14. 您是否关注过中国经济网及移动端内容(微信、微博、手机版):
　　□有，(请填写)_____　　□没有

15. 您是否对经济日报某一版面保持经常关注(单选):
　　□有，(请列举)_____　版面、栏　□没有

三、您对经济日报媒体内容的评价

1. 请您对经济日报新媒体内容的满意度做出评价(共5分，1为很不满意，5为很满意):
　　很不满意　　　　　　　　　　　　　　　　很满意
　　□ 1　　　□ 2　　　□ 3　　　□ 4　　　□ 5

2. 您认为经济日报的最大优点(可多选):
　　□信息量大　□版面灵活　□新闻性强　□可读性强　□权威性强　□知识性强
　　□服务性强　□标题新颖　□图片图表运用得当　□其他(请填写)_____

3. 请您对中国经济网(www.ce.cn)的内容做出评价(共5分，1为很差，5为很好):
　　很差　　　　　　　　　　　　　　　　　很好
　　□ 1　　　□ 2　　　□ 3　　　□ 4　　　□ 5

四、您的基本信息(请真实填写，避免抽奖名单无效)

1. 姓名:
　　性别:　　　　　　　　　　年龄:
　　邮政编码:
　　通信地址:
　　工作单位:
　　手机:
　　电子邮箱:

2. 学历: (单选)
　　□大专及以下　□本科　□硕士　□博士及以上

3. 职业: (单选)

□国家机关　□党群组织　□事业单位　□科研机构　□制造业　□金融业

□服务业　□农民　□在校师生　□军人及武警　□自由职业　□离退休人员

□其他(请注明)＿＿＿＿＿＿＿

4. 家庭居住区域: (单选)

□直辖市或省(区市)会城市　□地(市)级城市　□县级城市　□乡镇(场)　□村(社区)

资料来源: 中国经济网. http://www.ce.cn/xwzx/gnsz/gdxw/201812/31/t20181231_31149710.shtml

7.4　问卷的编码与测试

7.4.1　问卷的编码

不管采用何种调查方式,当市场信息通过问卷被收集起来以后,各种数据资料总是分散的、不系统的。因此,必须对这些通过市场调查收集来的数据进行整理,使其形成统一、完整的数据库,以便于计算机进行统计分析。因而建立完整的数据库是市场调查之后资料整理阶段的核心内容。在此基础上对调查资料进行定性和定量分析,是整个调查最为重要的工作之一。

组建数据库的程序为制定编码方案、编码和录入、检查、验收等 4 个环节,下面将分别介绍。

1. 制定编码方案

编码方案是一组将市场调查数据资料转化为容易为计算机判读的数字规则,即何种数字代表何种回答或资料。编码方案应能使转化后的数据完全保持原始资料的特性,并为减少编码过程和统计过程的误差打下坚实的基础。编码方案的基本要求和操作要点包括如下几方面。

(1) 对无回答或无效回答的编码。在实施调查中,产生漏答、拒答、误答或按要求可以不答某个问题是很难避免的。为了保持原始市场调查资料的完整性,并为以后在统计分析时很好地识别它们,在指定编码方案时必须明确规定如何对待无回答或无效回答编码。在实际操作上至少应分 3 种情况:①对不确定的无效回答的编码,即对应当得到回答的问题没有提供回答的编码(空项),其产生的原因可能是调查对象拒答、漏答,也可能是由于调查人员工作失误造成的漏问或漏记。②对"误答"的编码,即有回答但该回答属于明显的错误回答,例如,不符合上下文逻辑关系,比如,没有去过医院,但回答住院天数,或从来没有得过某种疾病,但回答了得某种疾病的年龄。③对"不知道""不好说"等确定性的无效回答的编码,一般来说这类回答可以看作拒答。有时这种回答是无意义的,可依据调查的目的给予鉴别。总之,一定要分配给各种无效回答以特定的编码,过于空洞和笼统是在制定编码方案中常见的失误。

(2) 使编码的内容保持一致性,通常的操作技巧是用固定的数字顺序表示问卷回答项的次序。例如对所有测量等级、程度内容的项目答案,都以从小到大的原则分派编码。比如,"1"表示最次、最差或最不喜欢;"2"表示较次、较差或不太喜欢等。此外,可以用固定的数字表示无回答或无效回答。例如对所有项目中的无效回答都有"0"或"00"等编码;而对各种误答用"9"或"99"等。总之,编码的意义越一致,就越能减少在编码过程中产生误差的可能性。

(3) 尽可能用真实的数字作为编码,例如,对年龄、收入等调查时获得的真实数字,在编码时,就以这些真实数字作为编码。如"45 岁"就编码为"45";"570 元"就编码为"570"。这样做的目的是保持数据库资料的"原始"性质。

(4) 对于"自由回答"或"开放性问题"的处理，要先分类后编码。对这类文字性的回答编码，首先要阅读部分(当然最好全部)的回答，记录和分析出所包括的类别。这些类别应该是相互独立的并包括所有的可能性。然后对这些类别编码。当然，在实际操作中，也可以在调查之前就已经定出所关心的类别及其编码，而对问卷或其他形式收集到的超出已经制定的编码范围时，一律作为"其他"类别编码。

总之，制定编码方案是组建数据库的每一步，其质量的高低将决定今后编码过程的难易，更为重要的是决定了数据库的类型和质量。依据编码方案，编制出编码手册，即以准确的语言和清晰的格式说明每一个问题、每一种回答的编码是什么。或者说，在该次调查资料数据库中，每个数字或每组数字代表的含义是什么。

2. 编码和录入

在现代市场调查中，尤其是在大型调查中，编码过程和输入编码过程是两个相互独立的过程，在人员配置上也相应地分为"编码员"和"录入员"。

编码员的任务是严格依据"编码手册"的规定，对各类原始的市场调查资料，如经检验合格的问卷或访谈记录等逐题逐项地编码。这一环节要做到准确无误，一般要建立严格的复查制度。

录入员的任务是将"编码"输入到计算机里。目前通用的方式是直接用计算机输入编码，这一环节也要求做到准确无误。一般控制录入质量的方法有 3 种：

(1) 重复录入两次或更多次，指示计算机将两者比较检查。当发现同一位置的数字前后录入不同时，计算机将给显示，以便纠正。

(2) 预值控制，即事先依据编码手册规定输入编码的范围值，并编制自动对照程序。当输入的数字超出该范围值时，计算机自动拒绝接受并发出警告的信号。

(3) 对于数值类报表、统计表输入时，可采用平衡检测法控制输入的质量，即把报表中某组数值相加作为平衡项。如果录入的平衡项数值与计算机的数值相同时，则计算机接受；如果数值不等，计算机则不接受并发出警告信号。

3. 数据库的检查

当完成输入编码的工作后，数据库就组建起来了，但是，应当对其进行严格的检查和验收，才能提交做下一步分析使用。

检查的内容和要求包括以下几点。

(1) 单位完整性的检查。需要依据调查的整体方案，检查调查单位的数量，看有无遗漏。

(2) 逐个问题进行频数统计，以确保数据库的每个数字都在合法的数值范围之内，例如，性别的合法数值分别为 1(男)、2(女)、9(无效回答编码)，那么就不应该出现"3"或其他数字。这对没有设定"预值控制"的录入过程是很重要的一项检查项目。

(3) 对于具有相互关系的问题做交互分类统计，以确保数据库的每个数据是合法的。

(4) 做一定比例调查单位的全面检查，通常比例可取 1%。即将一小部分数据取出，与原始的市场调查数据全面核对。如果误差率较大，则需进一步深入检验。

4. 数据库的验收

经过严格检验的数据库仍不能立即用于统计分析，还须对其进行验收。数据库的验收是以抽样方案为参照物，检查和验证用于市场分析资料的代表性。其主要内容为：检查数据库的构成结构与抽样方案所规定的结构是否一致。只有验收合格的数据库，方能用于分析。

7.4.2　问卷的测试

问卷精心设计与编排之后,仍不能直接使用。投入现场工作之前,有必要将问卷进行小范围的试验。首先,必须将问卷交付委托单位审核,听取委托方(客户)的意见,力求问卷能够全面、清楚地表达委托人的调查意向;其次,可以在同事中或经挑选的普通用户中进行小组试验,一般来说,问卷测试找 20 个访问对象即可,要有一定代表性,但不必像抽样设计那样严格、正规。一个完整的问卷测试可以对调查问卷潜在的错误做出修正。

(1) 问卷测试的内容。它包括所有的问卷问题、问卷构思、问题顺序、问题难度、问卷指导等。

(2) 问卷测试的目的。鉴定调查问题是否能被调查对象充分理解,鉴定问卷内容是否能够充分反映所需资料的内容,提供可能有助于多项选择问句的答案,同时也可以确定调查访问所需花费的平均时间。

(3) 问卷测试的方式。问卷测试应被置于一个正式环境中进行测试。在进行问卷测试的过程中,一项重要的工作是汇总和备忘录分析。在被调查者回答完问卷后对答案要进行汇总,它包括被调查者是如何解释他们的答案的,是如何陈述每个问题的含义的以及如何看待他们所做的题目的。备忘录分析就是要求被调查者在回答提问时设想一些在实际调查中可能遇到的问题和解决方法,以及将这些方法应用在实际调查活动中的效果评估。

(4) 问卷测试的组织。通过电话和个人访问,可以邀请一定数量的调查者参与问卷测试。调查项目负责人应当负责自行的问卷测试,同时也应该遴选一些有调查经历的人和相对陌生的调查者共同参与问卷测试。

(5) 问卷测试的被调查者。在问卷测试中的被调查者应尽量是那些对主题具有一定熟悉程度的,且在与主题相关的态度、行为、背景等方面具有相似性的对象,这对于问卷测试的有效性是至关重要的。

(6) 问卷测试的样本。问卷测试的样本需多大,目前还没有一致的看法。但是有这样一种观点,问卷测试的样本在很大程度上依赖于将来实施调查的样本的大小。如果调查样本是不同种类的,问卷测试就会采用较大的样本。此外,对于复杂的问卷采用较大样本也不失为一个好的选择。

通过测试的问卷经过整理和完善就可能应用到实际的市场调查研究活动中去了。但是,要指出的是,并不是通过问卷测试的问卷就能获得最有效的市场调查结果。要获得有效的市场调查结果还需要其他相关工作的协同配合。

7.5　处理问卷调查中的问题

7.5.1　不响应

没能从选进样本的作为目标群体的被调查者处获得信息,这就是调查中的不响应问题。对于不响应的情况,首先要考虑是不是预定的研究问题设置得不对,其次是考虑在调查中方法是否有差错,以便在今后的调查中予以纠正。图 7-2 显示了试图通过电话取得联系的几个可能结果。

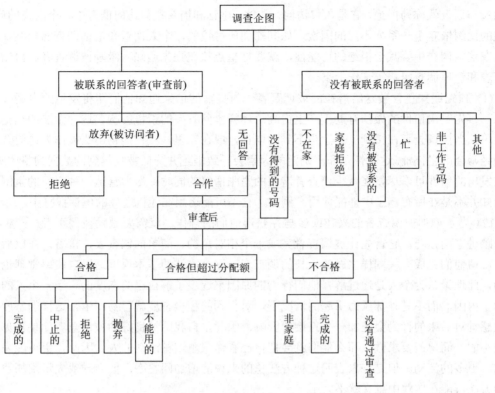

图 7-2　电话联系可能的结果

7.5.2　不在家(不在场)

由于被调查对象不在家(不在场)导致的低回答率是个人上门调查和电话调查中的一个严重的问题。然而，可以运用一系列的回访来大大减少不在家的百分比。

消费者调查中最小数量的回访一般是 3 到 4 次。不在家的百分比按照以下因素变动：①被调查者的属性。与单身或离婚的人相反，最可能在家的人包括结过婚、有孩子的人；②拜访的日期和时间。周末比其他日子更可能联系上，晚上比下午的调查更有效；③访问情况。如果其他方面相等，通过电话或邮件提前约定可以增加联系上的机会。

回访的成功使用基于两个假设：①如果通过回访使回答的可能性增加，减少不在家的数量，那么证明此努力是正当的。如果肯定不合作的人的零回答数量很大，那么回访也将无结果。②回访对象应该与那些已包括在样本中的被调查者有所区别。

为回访规定一个计划可以实现对回访的控制。在电话调查中用一个回访记录单记录每一次试图联系的结果。一般，大多数的回答在第一次访问时可以获得，在第二次和第三次的拜访中，都可以有更进一步的回答。回访发动和完成时，应对被回访的被调查者与已包括在样本中的被调查者之间的不同进行评价。如果不同较小或如果趋势显现出对调查结果的不确定的影响，那么就几乎没有理由再发动回访或者根本没有深入回访的必要了。

7.5.3　拒绝

导致低回答率的第三个原因是拒绝。被调查者根本不愿意或不能够回答特定的问题或者不愿意参与调查就称为拒绝，它是入户访问、邮件、电话和街头拦截访问调查中一个潜在的问题。拒绝的比例依赖于一系列不同的因素，如同前面所讨论的，个人调查和电话调查的拒绝率比较高。在这些调查中要减少拒绝的可能性，就要把重点放在预先通知、激励被调查者、恰当设计调查表和管理调查问题等工作上来。

(1) 预先通知包含着送给潜在的被调查者一封提前的信来通知他们即将发生的电话或个人联系。事先发出信件的做法有助于产生提高总体样本回答率的积极影响。这种做法的理论基础很简单：当被调查者在接到一个意想不到的电话，或在家里，或在购物街头被作为访问者时，他们经常会产生怀疑。这种怀疑和不确定的因素会导致拒绝并降低被收集到的数据的整体质量。事先发出的信件可以尽量在减少调查者潜在的紧张情绪的同时，尽力营造一种合作的氛围。事先通知并不是在所有例子中都能使用。例如，它不可能运用在随机选择的电话拨打中。

(2) 为了增加被调查者的兴趣或参与并获得他们的合作，就需要激励被调查者。一种方法叫作踏进家门技巧，它首先让被调查者完成一个相对短的、简单的调查表，接着，在以后的时间里，请他们完成有关同样主题的较长的调查表。这个方法的基本原理是以自我感觉理论为基础的，此理论认为个人是通过解释他们行为的原因来逐步了解自己的态度的。当一个人的行为是由于内因，而不是外部压力引起的情况下，对行为的积极态度就容易产生。这样的态度或称自我感觉对后来的行为会施加一个直接的影响。因此，自我感觉良好的被调查者如果预见到先按照小的、简单的要求做，那么他们就会把自己看作从事这种活动的人，因此，更可能完成相似的、更多的活动。但是迹象表明这种方法总的来说能增加回答率，但会导致大量附加费用，这种方法可能在实践中意义就不大了。

(3) 恰当设计和管理调查过程与设计调查表的人以及管理调查表的人的技能、专门知识有关。如果访问者掌握了在怎样的程度上寻根问底、触及被调查者的秘密、考验被调查者的耐心，同时又不会伤害到他们的调查技巧，就可能大大缩减拒绝的比例。有技能的访问者能够不用附加请求，通过应用相关语言和劝说技巧，婉转地获得信息来减少拒绝比例。这种方法被称为拒绝转化或劝说。

在减少拒绝的措施中也包括可以在发出调查表的同时，增加一份附信。附信对邮件调查来说是必要的组成部分，并且可能是最符合逻辑的和效率最高的提高回答率的手段。附信是被调查者可能读到的将要参与调查的第一部分，它介绍调查项目并激励被调查者填写调查表并将其尽可能快地寄还给调查组织者。

7.6 提高问卷回答率的方法

7.6.1 研究成果综述

为了减少市场调查被拒绝的可能，相关人员对此提出了一些提高回答率的技巧。

(1) 调查表的长度可能与回答率近于毫无关联。实际的调查迹象显示，调查表长度和回答率之间存在非常弱的相关性。

(2) 不管是提前支付的或承诺的金钱刺激，都会增加回答率。提前支付的金钱刺激比承诺的更能增加回答率。另外，支付的数量与回答率之间有很强的积极的关系。但是，大量金钱刺激的使用可能完全超过了通过回答率的增加而获得的额外信息的价值。

(3) 在一些研究活动中发现，非金钱刺激，即提供奖励和奖品(如钢笔、铅笔或书)也可增加回答率。

(4) 调查人员在以下几个方面的工作可以提高回答率：

① 预先的通知。

② 个人化。

③ 跟踪信件。

但是，促进调查表回答的某些因素并不会对回答率产生积极的影响，它们包括：

附信、匿名、期限设定、邮费、呼吁(既无社会效用也无助于调查组织者)。

7.6.2　处理不回答

几种不同的对不回答偏差的纠正法已被提出，下面讨论处理它的 5 种方法。

(1) 估计影响。调查者应试图估计不回答对市场调查产生的影响。一种有效的方法是把不同的回答率与不回答的影响连接起来。

第一步，不回答率应该总是得到汇报。正如前面所指出的，虽然高的回答率自身不足以说明不回答偏差很小，但它减少了不回答影响的可能性。在大多数例子中，有理由假设较低不回答率不会对样本的中间值(平均值)产生较大影响。第二步，要估计不回答的影响，必须联系不回答规模来估计被调查者与不愿被调查者之间的差别，关键是找出有关这些差别的信息。这个信息可以从样本自身获得，例如，从对不愿被调查者的一个子样本的跟踪中获得，或从任何通过提问发现的差别中推断这些信息。另外一个有关这些差别的信息的主要来源是过去研究中积累的知识基础。

(2) 简单的加权。加权程序通过给数据分配权数帮助寻找不回答的原因来消除不回答偏差。假设在一个全国调查中，回答率在 4 个主要地区是不同的。假设东部的回答率是 80%，南部是 50%，北部是 75%，西部是 60%，对东部来说，权数将是 1.25(100/80)，南部是 2.00(100/50)，北部是 1.33(100/75)，西部是 1.67(100/60)，与他们回答率相反的加权子集能纠正他们之间的差别，然而，这种加权有可能损坏了样本设计的自我加权性质。

(3) 替换。对不回答的替换仅仅意味着代替——不回答的被调查者简单地被其他的被调查者代替。这种方法是以把整体样本分成子集为基础的，如果这个子集建立起来了，那么可以识别出与特定的不愿被调查者相似而不是已存在于样本中的被调查者相似的代替者。如果不是这样，而是用一个与其他已被调查者相似的被调查单位来代替非被调查者时，那么对减少不回答偏差毫无用处。

(4) 转嫁责任。这种方法以一系列被调查者与非被调查者所共有的特性为基础，把不回答归因于特定的问题或整张调查表。转嫁责任基于这样的观点：如果在一定的条件下，回答的答案之间是相互关联的，利用这种相关也可以合理地对遗漏(不回答)的答案做出好的预测。在很多调查中，转嫁责任是通过调整引起不回答的被调查者的权数来进行的，与前面描述过的简单加权方法相似，或通过一个替换程序，将以前已经回答的调查表来代替现在的一个不回答的调查表。

(5) 代替。如果这次的调查存在不回答时，可用一个在早期的相似的抽样程序中没有被调查者的地址来代替这个不回答的被调查者的地址。这个方法最初在家庭(住所)个人调查中提出，通过较小的修改也能用于其他调查环境。显而易见，这种代替方法在企业开展的包含相似的调查抽样程序情况下最适用。

为了使代替方法获得成功，必须具备三个条件：①早期调查中的没有被调查的对象的地址必须足够多并且有非常高的回答机会而使努力不白费；②早期调查中的没有被调查的对象的地址必须与已包含在样本中的被调查者不同；③当前调查的不回答与获得代替地址的早期调查的不回答在性质上具有相似，正式调查和代替调查的时间间距要短并且两个调查应该用相似类型的被调查者。

一般情况下，如果调查过程中，不回答的被调查者样本数量超过 30%，那么替代方法也是无效的，必须重新进行调查设计的整个过程。

关键词和概念

问卷调查　　问卷设计　　开放式问题　　封闭式问题

本章复习题

一、思考题

1. 简述问卷设计的基本原则。

2. 用示意图表示问卷设计的步骤及过程。

3. 举例说明问卷设计中各种提问方式的适用性。

4. 如何应对问卷调查中出现的问题？

5. 如何提高问卷的调查和回答(反馈)率？

二、实践题

1.【在校学生生活费用调查(续)】请根据已拟定的"在校大学生每月生活费用支出情况"市场调查与预测工作计划，拟定一份调查问卷。包括：引导词；用 3 种以上不同的提问方式提出 20～25 个问题(含调查量表)。

2. 根据【案例 7-14】"汽车销售满意度市场调研问卷"回答下列问题。

(1) 为"汽车销售满意度市场调研问卷"编写一份问卷说明词。

(2) 指出"汽车销售满意度市场调研问卷"中问题设计的种类及方法。

(3) 分析"汽车销售满意度市场调研问卷"，指出其需要完善之处。

(4) 对问卷进行编码，并对 20 位被调查者的调查结果进行汇总。

(5) 若要分析目前航空旅客状况以及对航空服务的评价，结合"汽车销售满意度市场调研问卷"，说明还需要收集哪些相关的二手资料，并着手收集。

【案例 7-14】汽车销售满意度市场调研问卷

本次汽车销售满意度市场调研问卷主要目的是了解对汽车经销商满意度等方面的问题，具体可扫描右方二维码进一步了解。

资料来源：汽车销售满意度市场调研问卷模板. 我要调查网.
http://www.51diaocha.com/text/ 1000704.htm

汽车销售满意度市场
调研问卷模板

3. 根据【案例 7-15】湿巾新产品上市市场调查研究项目的背景及研究目标设计一份完整的市场调查问卷。

【案例 7-15】湿巾新品上市市场调查

项目名称:《湿巾新产品上市市场调查研究项目》

研究类型: 消费者 U&A 研究、购物需求挖掘等

归属行业: 日用品

项目背景与研究目的: 福建 AL 集团是一家专业生产销售生活用纸、生活用品的集团企业,集团拥有九个系列子品牌,涵盖手帕纸、有芯卷筒卫生纸、无芯卷筒卫生纸、抽取式面巾纸、方巾纸等健康产品,深受广大代理商及消费者的喜爱。

此次定性可行性调研, 来解决以下问题:

(1) 了解消费者购买婴儿湿巾的行为习惯(U&A 研究)。

(2) 了解消费者购买婴儿湿巾的主要影响因素、驱动因素(功能属性、情感属性)。

(3) 了解消费者购买婴儿湿巾未满足的显性需求、隐性需求等。

(4) 通过对设计好的婴儿湿巾产品的概念测试,分析其与竞品的优劣势。

(5) 通过产品概念测试,了解其独特性、相关性和购买的可能吸引力等。

(6) 根据概念的测试结果,对现有产品概念的进一步完善。

资料来源:湿巾新产品上市市场调查研究项目. 我要调查网. http://www.51diaocha.com/typical/product/10003.shtml

第8章 数据处理与分析

学习目的与要求

1. 了解数据分析的作用；
2. 明确数据分析的基本要求及技术原理；
3. 掌握交叉列表分析中变量的确定技术及方法；
4. 了解基本统计量及其分布；
5. 掌握利用统计量进行检验的基本原理和方法；
6. 掌握方差分析的基本原理和方法。

引入案例 塔吉特：比父亲更早知道女儿怀孕

曾经有一位男性顾客到一家塔吉特店中投诉，因为该店竟然给他还在读书的女儿寄婴儿用品的优惠券。这家全美第二大零售商，会搞出如此大的乌龙？但经过这位父亲与女儿的沟通，才发现自己女儿真的已经怀孕了。那么，这家零售商是如何做到的呢？

每位顾客初次到塔吉特刷卡消费时，都会获得一组顾客识别编号，内含顾客姓名、信用卡卡号及电子邮件等个人资料。日后凡是在塔吉特消费，计算机系统就会自动记录消费内容、时间等信息。再加上从其他渠道取得的统计资料，塔吉特便形成了一个庞大的数据库，用来分析顾客喜好与需求。

塔吉特的统计师们通过对孕妇的消费习惯进行测试和数据分析，得出了一些结论：孕妇在怀孕的前三个月过后会购买无味的润肤露；有时在前20周，会补充如钙、镁、锌等营养素；当有女性除了购买洗手液和毛巾以外，还突然开始大量采购无味肥皂和特大包装的棉球时，说明她们的预产期要来了。

在塔吉特的数据库资料里，统计师们根据顾客内在需求数据，精准地选出其中的25种商品，对这25种商品进行同步分析，基本上可以判断出哪些顾客是孕妇，甚至还可以进一步估算出她们的预产期，在最恰当的时候寄去优惠券，满足她们最实际的需求。依靠分析消费者数据，塔吉特的年营收从2002年的440亿美元增长到2010年的670亿美元。这家零售商能有今天的成功，数据分析功不可没。

资料来源：企业数据的秘密：大数据时代商业规则. http://money.163.com/12/1205/15/8HVIVQ5T00253G87.html

8.1 数据分析的作用与要求

8.1.1 数据分析的含义与作用

数据分析是指对市场调查过程中收集到的各种原始数据进行适当的处理，使其显示一定的含义，进而反映不同数据间以及数据与原数据间的联系，并通过分析得出结论。数据分析所采用的方法主要是一些基本的统计分析技术。

单独的一个数据不代表任何市场信息。例如，数字 1500 就是 1500，它并没有说明什么；如果一个数据反映的是某企业家电产品的价格为 1500 元，它就具有了一定的经济含义，如果把这一价格数据同其三个竞争对手的同类产品价格：1600 元、1700 元和 1750 元联系起来，则说明该企业的产品具有价格优势。如果是经营管理供应链的企业，可通过预测分析说明，世界哪个区域最有可能遭遇自然灾害或其他灾害，因此可以分布你的供应商在风险较小区域，从而主动管理风险。如果是大型工业公司，可以用数据分析对数以百万计制造所需要的设备进行远程管理和维护，构建属于自己的服务收入模型。上述例子表明，数据分析可使原有的数据信息资料能够更好地反映出客观经济事物的本来面貌和内在联系。

有人认为，数据资料的收集是数据分析的核心，但事实上，数据分析工作既重要又复杂，仅有数据资料而缺乏正确的分析技术，是无法正确地了解和认识市场的。

【案例 8-1】淘宝"怪现象"

有数据显示，每一天上网高峰期主要集中在中午 12 点之后和晚上 12 点之前。研究人员发现，出现这种"怪现象"的原因是因为现代人普遍睡觉前都会有上网的习惯，于是淘宝商家就利用消费者这种"强迫症"在晚上 12 点进行促销秒杀活动，从而带动销量的倍增。

资料来源：三个真实案例告诉你大数据如何触发精准营销。http://blog.sina.com.cn/s/blog_b78c10070102yhqc.html

8.1.2 数据分析的要求

实际的数据分析过程一般发生在数据收集之后，但在市场调查和预测的过程中就应对数据分析早作考虑。特别是在市场调查的设计阶段，应根据整个项目的目的、特点，预先确定数据分析计划。进行数据资料收集工作之前，更需对数据分析的计划心中有数。

数据分析计划应包括确定需分析的主要变量、测量这些变量的方法、数据分析的过程及分析技术等。

【案例 8-2】移动精准助力农行四川分行"电子银行，E 农管家"推广

2015 年，中国农业银行在"互联网+"的发展趋势下，首次研发并推出了"E 农管家"电商服务平台，填补了银行"三农"电商服务空白。为了更好地宣传"E 农管家"电商服务平台，农行再次携手互动通，于 2016 年 3 月 1 日—15 日，推出了为期 15 天的电子银行推广活动。

1. 推广过程

(1) 合适媒介。结合人群上网时间，以及媒介使用习惯。例如，投放集中于碎片时间：11:30

—14:00，17:30—23:30，频控为全档期 6 次。在媒介投放组合上集中于匹配度高的新闻、财经类媒体，选择除了如一点资讯、参考消息、ZAKER、凤凰新闻等新闻财经类 App，也挑选了一些视频音乐类受众广泛的媒体进行投放，如优听、喜马拉雅、开讯视频等。

(2) 精确定向。互动通借助多种定向技术，包括关键词、地点、时间、受众人群、行为、内容、媒体进行定向投放，以及建立人群数据标签。例如，通过后台系统匹配文章，以及文章内容页关键词抓取，开展内容定向，精准投放广告；运用 Look-alike 技术，建立有效人群样本，分析并找寻相同类型目标群体，进行潜在群体延展，进而生成目标人群动态数据库；借助人群属性标签，对目标人群进行精准投放。

(3) 富媒体广告。通过全屏广告、通栏广告等形式直观地展现"E 农管家"的特色。

2. 投放效果

短短半个月内，全屏创意实现曝光 1 693 665 次，超过预估值32.11%，广告信息获得了广泛传播，为品牌宣传打下了良好基础。Banner+信息流+焦点图创意预估点击数 125 000，实现点击数 143 010，超出预计数 14.41%；有效地实现了目标受众到活动页面的引流，提升了"E 农管家"的知名度。活动后，四川农行电子银行网站浏览量在全国各省分行中排名第一。

资料来源：移动精准助力农行四川分行"电子银行，E 农管家"推广. http://a.iresearch.cn/case/5689.shtml

8.1.3　数据的审核

市场调查的最终目的是第一时间、全面准确地反映市场现状，揭示市场发展规律和趋势，为市场营销决策提供依据。市场调查数据应具备准确性、完整性、及时性等特点，因而数据审核尤为必要。

1. 调查数据的审核

在数据分析前需经过相应审核，应遵守以下原则：

(1) 完整性。审核调查数据资料是否齐全。如有遗漏应及时查明原因加以填补。

(2) 准确性。审核是否存在人为地"干预"、修改、调整调查数据的现象。

(3) 及时性。审核调查数据资料特别是二手资料的时效性。

(4) 协调性。检查各部分调查数据资料之间是否连贯、是否一致、是否相互矛盾、是否有明显的差异性。

2. 调查误差及控制

市场调查结果与市场客观实际情况间的偏差就是市场调查误差。这部分误差通常与调查者、回答者、资料收集方式和问卷等因素有关。

按调查误差的来源可将误差划分为登记性误差和代表性误差。

登记性误差是调查过程中调查者或被调查者的人为因素所造成的。包括调查者的填报错误、数据整理者的编码录入、汇总错误等；被调查者有意虚报或瞒报调查数据等。理论上，登记误差可通过制定和严格执行严密的调查实施计划来消除，也可对调查数据进行信度检验。

代表性误差又可分为系统性误差和随机误差。系统性误差主要是由调查方法、抽样方案(样本选择)、问卷设计、数据处理方法、分析报告撰写等出现偏差所导致的。产生这类偏差的最主要原因可能是缺乏对调查目的的透彻理解。理论上，系统性误差也可以通过制定严密的调查方案而消除，处于调查阶段的系统性误差也可进行效度检验。

另外，随机误差是由采用样本数据推断总体数据而产生的。其产生的主要原因是总体单位之间的标志差异。理论上，除非做到全面调查，随机误差通常无法消除，但可以通过调整抽样组织方式、扩大样本容量进行控制和降低。

8.2 统计图表法

8.2.1 常用的统计图

统计图是依据市场调查数据，利用不同的几何形状绘制出的各种图形，具有直观、形象、表达具体等特点。常用的统计图包括饼图、折线图、柱状图、散点图、气泡图和雷达图等。

1. 饼图

饼图用于显示一个数据系列，每个数据系列具有唯一的颜色或图案，并在图表的图例中表示。饼图可明确显示数据系列中各分项的大小及其占各项总和的百分比，可显示成二维或三维。

📋 **【案例 8-3】饼图使用示例**

利用饼图，对"某城市居民人均消费支出"资料(见表 8-1)进行"图示"(见图 8-1)。

表 8-1 某城市居民人均消费支出

分组	2015年		2016年		2017年		2018年	
	人均消费支出	比重	人均消费支出	比重	人均消费支出	比重	人均消费支出	比重
单位	元	%	元	%	元	%	元	%
低收入户	6272	14.08	12 555	10.67	13 700	10.77	15 095	11.36
中低收入户	7516	16.87	15 970	13.57	18 449	14.51	18 232	13.71
中等收入户	8555	19.20	21 611	18.37	23 228	18.27	22 946	17.26
中高收入户	9445	21.20	26 773	22.76	30 387	23.90	29 575	22.25
高收入户	12 763	28.65	40 744	34.63	41 397	32.55	47 092	35.42
合计	44 551	100.00	117 653	100.00	127 162	100.00	132 940	100.00

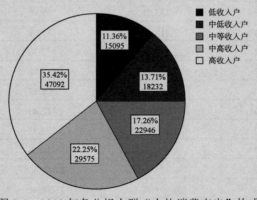

图 8-1 2018 年各分组人群"人均消费支出"构成

2. 柱状图

柱状图(直方图)以长方形的长度为变量，由一系列高度不等的纵向条纹表示数据分布情况，用来比较两个或以上的变量，可显示成二维或三维。柱状图与折线图可组合成"组合线柱图"。

【案例8-4】柱状图使用示例

利用柱状图，对表8-1中"某城市居民人均消费支出"进行"图示"，如图8-2所示。

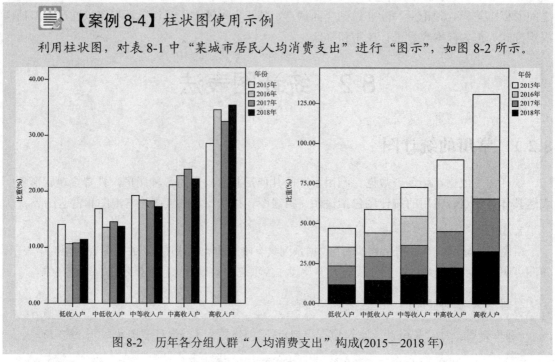

图8-2 历年各分组人群"人均消费支出"构成(2015—2018年)

3. 折线图

折线图可显示随时间而变化的连续数据，适用于显示在相等时间间隔下数据的趋势。其中，类别数据沿水平轴均匀分布，所有值数据沿垂直轴均匀分布。

【案例8-5】折线图使用示例

利用折线图，对某城市居民储蓄存款年末余额构成情况进行图示，如表8-2和图8-3所示。

表8-2 某城市居民储蓄存款年末余额构成

年 份	储蓄存款余额/亿元	其 中		人均储蓄存款余额/元
		定期储蓄/亿元	活期储蓄/亿元	
2003	2 109.18	1 843.25	265.93	14 165.00
2004	2 372.94	2 017.16	355.78	15 540.00
2005	2 597.12	2 119.82	477.30	16 574.00
2006	2 627.07	2 084.21	542.86	16 331.00
2007	3 109.50	2 301.33	808.17	19 266.00
2008	4 915.54	3 603.05	1 312.49	30 249.00
2009	6 054.60	4 260.87	1 793.73	35 386.00
2010	6 960.99	4 904.93	2 056.06	39 956.00
2011	8 432.49	6 071.83	2 360.66	47 416.00
2012	9 480.28	6 701.97	2 778.31	52 223.00
2013	9 326.45	6 185.85	3 140.60	50 194.00
2014	12 083.66	8 555.64	3 528.02	63 987.00
2015	14 357.65	9 733.13	4 624.53	74 728.00
2016	16 249.29	10 853.11	5 396.19	70 918.00

(续表)

年　份	储蓄存款余额/亿元	其　中		人均储蓄存款余额/元
		定期储蓄/亿元	活期储蓄/亿元	
2017	17 958.22	12 032.83	5 925.39	77 989.00
2018	20 247.24	13 603.13	6 644.11	85 057.00

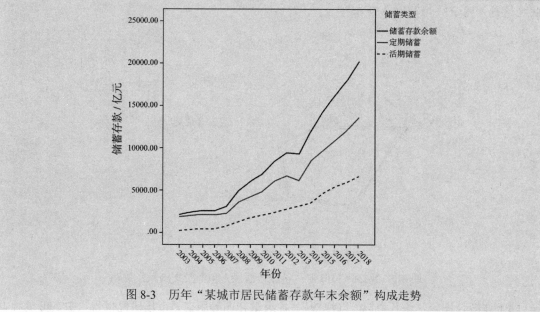

图 8-3　历年"某城市居民储蓄存款年末余额"构成走势

4. 散点图

散点图表示因变量随自变量而变化的大致趋势，据此可以选择合适的函数对数据点进行拟合。散点图用两组数据构成多个坐标点，每个数值由"点"在图表中的位置表示，类别由图表中的不同标记表示，通常用于比较跨类别的聚合数据。

【案例 8-6】散点图使用示例

利用散点图，反映某城市居民储蓄存款年末余额(见表 8-2)中历年人均储蓄存款余额变化情况，如图 8-4 所示。

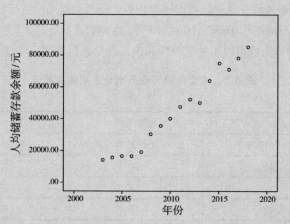

图 8-4　历年"某城市居民人均储蓄存款年末余额"走势

5. 雷达图

雷达图(蜘蛛网图)可非常形象地比较不同的时间状态下，同一现象数据指标的变化情况。

【案例8-7】雷达图使用示例

利用雷达图，对"某城市居民人均消费支出"(见表8-1)中2015—2018年的"各类家庭"状况进行"图示"，如图8-5所示。

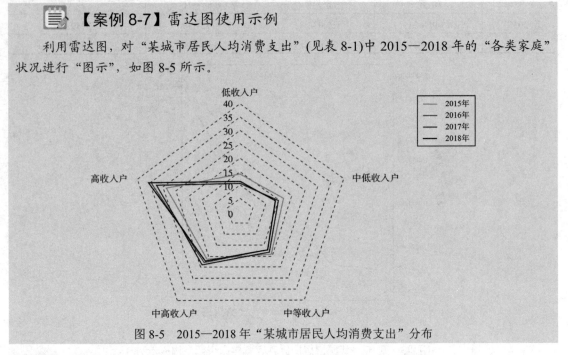

图8-5　2015—2018年"某城市居民人均消费支出"分布

除上述统计图外，还有类似"气泡图"、各组组合图等用在"市场研究报告"中，可参看本书第13章相关内容。

8.2.2　交叉列表分析

1. 交叉列表分析的含义

交叉列表分析是指同时将两个或以上具有有限分类和确定值的变量，按照一定顺序对应排列在一张表上，从中分析变量之间的相关关系，得出科学结论的技术。变量之间的分项必须交叉对应，从而使得表中每个节点的值反映不同变量的特征。

例如，某项对企业业务增长同企业经营年限长短之间相关联系所进行的研究。把所有被调查的企业按经营年限的长短分成小于10年、10~30年和30年以上；对企业业务的增长情况分为增长快和增长慢两类(有许多具体指标可以用来区分快和慢，此处不再赘述)。调查结果如表8-3所示。

表8-3　经营年限与业务增长之间的关系表

单位：个

业务增长	经营年限			行总计
	小于10年	10~30年	30年以上	
增长速度慢	45	34	55	134
增长速度快	52	53	27	132
列总计	97	87	82	266

在表 8-3 中，45 个被调查者的经营年限不满 10 年，且其业务增长速度较慢；而 52 个经营年限不满 10 年的调查对象则增长速度较快。在 266 个有效的调查对象中，共有 134 个业务增长慢，132 个增长快；从经营年限看，小于 10 年的 97 个，10～30 年的 87 个，30 年以上的 82 个。

交叉列表分析技术在市场调查的数据分析中广泛应用的原因如下。

(1) 交叉列表分析及结果很容易为不具有较深统计知识的经营管理人员接受和理解。

(2) 许多市场调查项目的数据处理分析可以依赖交叉列表分析方法得以解决。

(3) 通过交叉列表分析，可深入了解和认识复杂事物或现象。

(4) 清楚明确的解释能使调查与预测结果很快成为实施经营管理措施有力的依据。

(5) 技术简便易行，对于一般的市场调查人员来说更易接受。

2. 变量的选择和确定

在运用交叉列表分析时，变量的选择和确定正确与否非常关键。如果交叉列表法使用不当，就可能产生错误的结论。

例如，国外某保险公司对 14 030 用户进行的关于交通事故调查的最初记录显示，该公司的投保用户中有 62% 从未在驾车时出现事故，如表 8-4 所示。

表 8-4　小汽车驾驶者的事故比率

分　类	占总体百分比
从未在驾驶时出过事故	62%
在驾驶时至少出过一次事故	38%
合计	100%

上述数据进而被分列为男性和女性的事故比率，以确定性别和事故的发生是否具有某种联系，如表 8-5 所示。

表 8-5　男性和女性小汽车驾驶员的事故比率

分　类	男　性	女　性
从未在驾驶时出过事故占比	56%	68%
驾驶时至少出过一次事故占比	44%	32%
被调查总人数	7080%	6950

表 8-5 反映出男性的事故发生率要高于女性。当然也有人(尤其是男性)开始怀疑这种分析的正确性，觉得应加入其他可能因素：男性开车开得多所以事故也多。因此将“驾驶里程”作为第三个变量加入上述列表进行分析，如表 8-6 所示。

表 8-6　男性和女性小汽车驾驶员的驾驶里程与事故比率

分　类	男性驾驶英里数		女性驾驶英里数	
	大于 10 000	小于 10 000	大于 10 000	小于 10 000
至少出过一次事故	52%	36%	39%	25%
被调查总人数	5010	2070	1915	5035

表 8-6 显示事故发生率取决于驾驶里程而非性别。表 8-5 显示男性驾驶员的事故发生率要高于女性，实际上是由男性驾驶里程多于女性造成的。可见，选择和确定交叉列表分析中的变量，包括其内容和数量，应根据调查与预测项目特征来确定。

在基础性的调查、预测项目中，应把所有与问题相关的因素都选作交叉列表分析的变量分别进行分析；在某些应用型项目中，研究人员具有较多地选择和确定交叉列表分析变量的自由度，在此类情况中，交叉列表变量的选取取决于客户要求和研究人员的分析判断；在简单的事实收集型调查与预测的项目中，需考虑的变量因素通常在调查与预测要求中已明确列出，研究人员只需按要求把各项数据列入已设计好的表格之中。

变量因素的确定必须是在资料收集之前，以保证相应的交叉列表分析能够进行。

3. 双变量交叉列表分析法

双变量交叉列表分析是最基本的交叉列表分析法。通常，先把双变量交叉列表中各项调查数据的绝对数转换成百分数。百分数可按列或行计算，但并非两种形式的计算结果都具有现实意义。基本原则是以自变量为基准来计算百分数。例如，在表 8-3 中经营年限可看作自变量，经营业务的增长速度则可看作因变量。按自变量为基准，即按列计百分数，如表 8-7 所示。

表 8-7　按经营年限计算的经营业务增长速度

各企业占同类企业数的比重	经营年限		
	小于 10 年	10～30 年	30 年以上
业务增长慢	46.4%	39.1%	67.1%
业务增长快	53.6%	60.9%	32.9%
合计	100%%	100	100%

表 8-7 表明，经营年限在 10 年以下的企业中 53.6%和经营年限在 10～30 年的企业中 60.9%的企业，经营业务增长快；而经营年限在 30 年以上的企业中只有 32.92%的增长较快。似乎能得出结论：企业的经营时间超过一定年限，其经营业务的增长速度反而可能下降。该结论表面看起来同一般的预想相矛盾，但现实可能不然。比如经营时间较长的企业，容易产生组织结构、生产设备、技术、产品结构等老化，从而导致经营状况出现问题。也不排除老企业业务增长的基数会比新企业大，同样的增长速度比新企业各方面的投入要大得多，而造成老企业增长比较"慢"，但并不一定意味着增长少。

另外应注意，很可能还有第三个变量在起作用。所以，进一步的分析是必要的。

对表 8-3 按行计算百分数，得到内容如表 8-8 所示。

表 8-8　按经营业务增长速度计算的经营年限

企业占同类增长速度的企业总数的比重	经营年限			合计
	小于 10 年	10～30 年	30 年以上	
增长慢	33.6%	25.4%	41.0%	100%
增长快	39.4%	40.1%	20.5%	100%

表 8-8 显示按行计算实际上是以因变量为基准的计算，其结果可能产生歧义。因为其说明的是：企业经营业务的增长速度将影响企业的经营时间，显然违背逻辑。

4. 三变量交叉列表分析法

在实际调查工作中，往往需要加入第三个变量做进一步分析。通过加入第三个变量，原有二变量交叉列表分析的结果将可能出现四种情况，如图 8-6 所示。

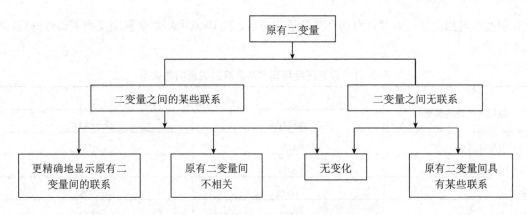

图 8-6　交叉列表引入第三变量后的可能结果

(1) 更为精确地显示原有变量之间的关系。以某项时装购买和婚姻状态之间关系的市场调查项目为例，时装购买数量的变量情况分为多和少两种状态。婚姻状态的变量分为两种：已婚和未婚。对 1000 个消费者进行调查，以二变量交叉列表分析如表 8-9 所示。

表 8-9　婚姻状态与时装购买状况的关系

时装购买状况	婚姻现状	
	已　婚	未　婚
购买较多比重	31%	52%
购买较少比重	69%	48%
合计	100%	100%
被调查者人数	700	300

表 8-9 显示被调查者中 52%的未婚者属于时装购买多的，而已婚者中只有 31%属于时装购买多的。结论是未婚者比已婚者购买更多的时装。

当购买者的性别作为第三变量引入后，得到三变量交叉列表分析结果如表 8-10 所示。

表 8-10　婚姻状态、性别与时装购买状况的关系

时装购买状况	性　别			
	男　性		女　性	
	已　婚	未　婚	已　婚	未　婚
购买较多比重	35%	40%	25%	60%
购买较少比重	65%	60%	75%	40%
合计	100%	100%	100%	100%
被调查者人数	400	120	300	180

表 8-10 中显示女性中 60%的未婚者属于时装购买多的，而已婚女性中的比例只有 25%，就男性而言，40%的未婚者和 35%的已婚者属于时装购买多的，两者比例接近。显然，引入性别变量后，原有结论得到了更为精确的反映。

(2) 显示原有变量之间的联系是虚假的。某项商品房购买意向的市场调查最初以调查者受

教育程度和高档商品房购买意向两个变量进行分析，对 1000 人用二变量交叉列表调查分析，如表 8-11 所示。

表 8-11　教育程度与高档商品房购买意向的关系

高档商品房购买意向	被调查者受教育程度	
	大学程度	低于大学
购买占总体比重	32%	21%
不购买占总体比重	68%	79%
合计	100%	100%
被调查者人数	250	750

表 8-11 显示大学程度的被调查者中 32%有高档商品房购买意向，而低于大学程度的被调查者中只有 21%有购买意向。当把收入水平作为第三个变量引入，得到的分析结果如表 8-12 所示。

表 8-12　教育程度、收入水平与高档商品房购买意向之间的关系

高档商品房购买意向	被调查者收入水平			
	低收入		高收入	
	大学程度	低于大学	大学程度	低于大学
购买占总体比重	20%	20%	40%	40%
不购买占总体比重	80%	80%	60%	60%
合计	100%	100%	100%	100%
被调查者人数	100	700	150	50

表 8-12 显示收入水平是主要影响高档商品房购买意向的因素，教育程度并非关键影响因素。分析结果表明，之前通过二变量交叉列表分析得出的结论是虚假的。

(3) 显示出原先被隐含的变量之间的联系。以某项研究年龄和出国旅游愿望的调查分析为例，如表 8-13 所示。

表 8-13　年龄与出国旅游愿望的关系

出国旅游愿望	被调查者年龄	
	小于 45 岁	45 岁或以上
有出国旅游愿望的比重	50%	50%
没有出国旅游愿望的比重	50%	50%
合计	100%	100%
被调查者人数	500	500

表 8-13 显示年龄不是影响人们是否愿意出国旅游的主要因素，但当把性别作为第三个变量加入以后，却得到新的结果，如表 8-14 所示。

表 8-14 年龄、性别与出国旅游愿望之间的关系

出国旅游愿望	性　别			
	男　性		女　性	
	小于 45 岁	45 岁或以上	小于 45 岁	45 岁或以上
有出国旅游愿望的比重	60%	40%	35%	65%
没有出国旅游愿望的比重	40%	60%	65%	35%
合计	100%	100%	100%	100%
被调查者人数	300	300	200	200

显然从表 8-14 可知，在加入第三个变量以后，原先隐含的年龄与出国旅游愿望之间的关系得到了明确的反映。在男性中，小于 45 岁的被调查者中有更多的有出国旅游的愿望，女性则相反，大于 45 岁的被调查者中有更多的人愿意出国旅游。

(4) 不改变原先反映出的变量之间联系。以某项调查家庭规模和经常外出吃快餐之间关系的项目为例，二变量交叉列表分析的结果如表 8-15 所示。被调查者的家庭被分为小、大两种规模，各调查 500 户，总共 1000 个调查单位。分析结果表明家庭规模与是否经常外出吃快餐之间没有直接的相关联系，如表 8-15 所示。

表 8-15 家庭规模与经常外出吃快餐之间的关系

分　类	被调查的家庭规模	
	小	大
经常外出吃快餐的比重	65%	65%
不经常外出吃快餐的比重	35%	35%
合计	100%	100%
被调查家庭户数	500	500

把收入水平作为新变量加入分析以后，结果如表 8-16 所示。

表 8-16 家庭规模、收入与经常外出吃快餐的关系

分　类	被调查家庭的收入水平			
	低收入		高收入	
	家庭规模小	家庭规模大	家庭规模小	家庭规模大
经常外出吃快餐的比重	65%	65%	65%	65%
不经常外出吃快餐的比重	35%	35%	35%	35%
合计	100%	100%	100%	100%
被调查家庭户数	250	250	250	250

显然，收入水平作为新变量的引入并未改变原先得出的结论。

8.3 基础数据指标分析

8.3.1 综合指标分析法

综合指标分析法是根据一定时期的资料和数字，从静态关系上对总体的各种数量特征进行分析的方法，主要形式有总量指标、相对指标、平均指标等。它可以说明总体的规模、水平、速度、效益、结构、比例关系等综合数量特征。

1. 总量指标

总量指标反映经济现象在具体时间、空间条件下的总规模或水平，一般以绝对数表示，又称基础指标，绝对数或绝对指标。

按其反映的时间状态不同分为时期指标和时点指标；按其反映的内容不同分为总体单位总量和总体标志总量；按其计量单位不同分为实物单位、价值单位和劳动量单位。

2. 相对指标

相对指标是指两个有联系的指标数值对比的比值，用抽象化的数值表示两个指标之间的相互关系或差异程度。它能说明现象的比重、比率、速度、程度；也可以使原来不能直接对比的指标找到共同比较的基础。

按反映的内容不同可分为计划完成相对指标、结构相对指标、比较相对指标、比例相对指标、强度相对指标和动态相对指标。

计量形式有千分数、百分数、成数和系数(倍数)等。计量形式的选用需根据它所表示的内容而定。

3. 平均指标

平均指标是指在一定条件下同质总体内各单位某一数量标志的一般水平。平均指标能用来：①对同一总体的某些数量特征在时间上的变化进行比较，反映其变动的过程和发展趋势；②作为数量推算和考核事物变化、发展的依据；③分析现象之间的依存关系等。

计算形式有算术平均数、调和平均数、几何平均数、众数和中位数等。

8.3.2 动态分析方法

动态分析方法是指把反映经济现象发展变化的一系列数字按时间先后顺序排列，组成一组数列，并对此进行分析。

运用动态分析法时必须注意：各指标所属的时间长短要相同，指标内容、计算方法、计量单位等要统一，有些指标还要根据具体情况进行调整。动态分析方法要计算一系列动态指标如发展水平指标、动态比较指标等。

1. 发展水平指标

发展水平指标指某一个指标数值在各个不同时期(或时点)上发展所达到的水平，又称时间数列水平。发展水平一般是指总量指标，也可用相对指标或平均指标来表示。

时间数列中第一项指标数值叫作最初水平，最后一项叫作最末水平，其余叫作中间水平。

进行动态对比时，作为对比基础时期的发展水平叫作基期水平，与基期水平进行对比的那个时期的发展水平称为计算期水平或报告期水平。如用符号 $A_0, A_1, \cdots, A_n$ 代表数列中各个发展水平，A_0 是最初水平，A_n 是最末水平，其余为中间水平。

最初水平和最末水平以及基期和报告期随人们研究的目的和要求不同而改变。发展水平习惯用"增加到(为)""下降到(为)"等语句来表达。

2. 动态比较指标

动态比较指标是根据两个发展水平的比较计算得来的。这种比较可以是相除或相减的关系，或是两者的结合，可用绝对数或相对数表示。

(1) 绝对数中如果报告期水平与基期水平之差是正值则为增长量，负值则为减少量。

(2) 相对数是报告期水平与基期水平对比而得的发展程度的相对指标，可用百分数表或倍数表示。根据基期，发展速度又分为定基发展速度和环比发展速度。定基发展速度是指报告期水平与某一固定时期水平(通常为最初水平)之比，表明该现象在较长时期内总的发展速度，故又称"总速度"，符号表示：$A_i/A_0(i=1, \cdots, n,)$；环比发展速度是指报告期水平与前一期水平之比，符号表示：$A_i/A_{i-1}(i=1, \cdots, n,)$。定基发展速度与环比发展速度间存在着一定的换算关系：定基发展速度等于相应时期内各个环比发展速度的连乘积；两个相邻的定基发展速度相除，即得相对应的环比发展速度；这两种发展速度如果各减 100% 可得增减速度，发展速度大于 100% 时叫作增长速度，反之，称为下降速度。

3. 动态平均指标

动态平均指标是把时间数列中各个指标数值在时间上的变动值加以平均，计算出平均。计算平均发展速度一般采用几何平均法。动态平均数分为时期平均数、时点平均数、平均发展速度等，可以用来反映某种现象在一段时间内的平均速度或一般水平。

8.3.3　数据资料的概括技术

概括技术适用于对单个变量的数据资料进行概括，属于单变量分析。单变量总体中的所有单位和次数分布有集中趋势和离中趋势之分，所以数据的概括技术也包括两个方面。

1. 集中趋势的概括技术

次数分布的集中趋势是指次数分布趋向集中于一个分布的中心，其表现为次数分布中心附近的变量值和次数较多，而相距次数分布中心较远的变量值其次数较少。

【案例 8-8】在校大学生月均生活费调查

某项对 236 名大学生进行的月均生活费的调查所得的数据经整理，如表 8-17 所示。

表 8-17　在校大学生月均生活费统计表

生活消费开支/元	学生数/人	各组人数比重/%
200~249	11	4.66
250~299	20	8.47
300~349	37	15.68
350~399	46	19.49
400~449	52	22.03

(续表)

生活消费开支/元	学生数/人	各组人数比重/%
450~499	42	17.80
500~549	21	8.90
550~600	7	2.97
合计	236	100.0

以上资料显示，月均生活费开支额在 400 元～449 元附近各组的学生人数较多，是次数分布的中心区域。从整个次数分布状况来看，次数集中趋向于变量值为 400 元～449 元这个组。

集中趋向数据的特征是：总体中各单位的次数分布既有差异性，又有趋中性。它反映了社会经济现象总体的数量特征存在着差异性，但客观上存在着一个具有实际经济意义的能够反映总体中各单位数量一般水平的数值。概括技术是找出这一数值所采用的方法。

常用的反映总体中各单位数量的一般水平的数值有众数、中位数和平均数三种。

(1) 众数。众数是总体中各单位在某一标志上出现次数最多的变量值。

(2) 中位数。中位数是总体中各单位按其在某一指标上数值的大小顺序排列后，居于中间位置的变量值。由于这些方法在统计学课程中都有介绍，此处不再赘述。

(3) 平均数。平均数是总体中各单位数值之和除以标志值项数所得到的数值。

平均数的具体计算方法有简单(加权)算术平均数、简单(加权)调和平均数及简单(加权)几何平均数等。

2. 离中趋势的概括技术

次数分布的离中趋势是指次数分布在呈集中趋势的状态下，同时存在的偏离次数分布中心的趋势。例如，表 8-17 的资料显示大学生月生活费开支额在 200 元～600 元之间这一范围中，尽管大多数大学生的开支额在 350 元～500 元之间，但也有少数学生的开支额偏高或偏低，而使次数分布呈离中趋势。

在市场调查与预测过程中，除了需对集中趋势进行概括以反映事物的一般水平，也需要对离中趋势进行概括，以反映各单位标志值之间的差异程度，从而能更为全面深刻地认识事物的特征。

离中趋势通常由全距、平均差、平均差系数、标准差、标准差系数等反映。

(1) 全距(R)。全距是所有标志值中最大值和最小值之差，即：

$$全距=最大标志值-最小标志值 \tag{8-1}$$

以表 8-17 为例，全距=600-200=400(元)。

由全距的计算方法可知，全距只受最大值和最小值的影响。如有特殊原因出现特别大或特别小的数值，全距就不能确切反映各个标志值真实的变异程度。因此全距只是一个粗略的测量离中趋势的指标。

(2) 平均差(A.D.)。平均差即平均离差，是将离差数值的总和除以离差的项数。计算公式为

$$A.D.= \frac{\sum_{i=1}^{N}\left|(x_i - \overline{X})\right|}{N} \tag{8-2}$$

式中，$(x_i - \overline{X})$——离差，即每一个标志值(x_i)与平均指标($\overline{X}$)间的差数；

N——离差的项数。

由于平均指标处于各项标志值的中点，正离差的和与负离差的和正好相等，它们相加的结果为零，因而无法计算离差的平均数。解决办法是将所有的离差做绝对值处理。

平均差数值的意义在于：平均差越大，则表示平均指标的代表性越小，反之，平均差越小，平均数等的代表性就越大。

(3) 平均差系数($V_{A.D.}$)。平均差系数是将平均差除以相应的平均指标，计算公式为

$$V_{A.D.} = \frac{A.D.}{\overline{X}} \times 100\% \tag{8-3}$$

式中，$A.D.$——平均差；

　　$\overline{X}$——平均指标。

平均差是总体平均指标与各个标志值间的平均差额，同时受到标志值的变异程度和总体平均指标的共同影响。因此，当两个总体的平均指标水平不同时，就不能将他们的平均差进行对比。此外，由于平均差具有与平均指标相同的计量单位，所以，不同现象因其计量单位不同，总体的平均差也不能直接比较。平均差系数解决了上述平均差的局限，从而能用以比较平均指标水平不同或经济现象不同的总体之间的标志变异程度。

【案例 8-9】平均差和平均差系数使用示例

A、B 两组各含 5 个企业的某月销售收入(万元)资料如下。

A 组：161，163，165，167，169。

B 组：73，74，75，76，77。

平均差和平均差系数计算结果如表 8-18 所示。

表 8-18　平均差和平均差系数表

组别	平均销售收入 $\overline{X}$ /万元	平均差 $A.D.$/万元	平均差系数 $V_{A.D.}$/%
A	165	2.4	1.45
B	75	1.2	1.60

从表 8-18 可知，两组的平均数不相同，应该用两组的平均差系数进行比较。A 组的平均差系数较小，说明 A 组中各企业之间的差异程度较小。

(4) 标准差 σ。标准差是各个离差平方的算术平均数的平方根，也称均方根或均方差，计算公式为

$$\sigma = \sqrt{\frac{1}{N}\sum_{i=1}^{N}(x_i - \overline{X})^2} \tag{8-4}$$

式中，σ——标准差；

　　$\overline{X}$——平均指标；

　　N——离差的项数。

计算标准差的基本原理及其含义与平均差相同，是采用对离差进行平方来消除正负号。

(5) 标准差系数(V_σ)。标准差系数是标准差与相应的平均指标相比而得出的相对数值，计算公式为

$$V_\sigma = \frac{\sigma}{\overline{X}} \times 100\% \tag{8-5}$$

与平均差一样，标准差也是反映标志变异程度的绝对指标，受标志值的差异程度和平均指标二个因素的影响。对于标志值平均水平的不同或不同现象总体，不能直接用标准差来进行比较。标准差系数与平均差系数相似，克服了这些局限。

【案例 8-9(续)】标准差系数使用示例

以【案例 8-9】数据为例计算标准差系数，如表 8-19 所示。

表 8-19　标准差系数计算表

组　　别	平均销售收入 $\overline{X}$ /万元	标准差 σ /万元	标准差系数 V_σ /%
A	165	2.83	1.72
B	75	1.41	1.88

由表 8-19 中可见，两个组的平均指标不同，只能以标准差系数作比较。A 组的标准差系数小于 B 组，说明 A 组的平均销售收入的代表性比 B 组大。

8.4　概率统计的基础数据分析

市场调查数据的基本分析方法并不局限于对一些数据的交叉分组和集中趋势、离中趋势等的计算，会涉及一些数理统计的方法。例如，在时间序列、因果分析模型的区间预测以及模型检验等。所以，掌握数据统计分析的技术对进行市场调查和市场预测的分析会带来帮助。

8.4.1　常用的统计量

把握调查数据分布的特点需要了解更多的统计量，如正态分布、t 分布、χ^2 分布、F 分布等。在介绍以下统计量之前，我们假设：

(1) 市场调查中调查样本的建立符合随机原则。

(2) 市场调查所获得的数据在其分布未知的情况下，符合大数定律和中心极限定理。

(3) 在来自两个样本的调查数据进行对比时，这两个样本相互独立。

1. 正态分布

常用的正态分布的统计量包括：

$$\overline{X} \sim N\left(\mu, \frac{\sigma^2}{n}\right) \tag{8-6}$$

式中，$\overline{X}$——调查样本数据的均值，$\overline{X} = \frac{1}{n}\sum_{i=1}^{n} X_i$；

$\quad$ X_i——样本单位(观察值)；

$\quad$ μ——调查总体的均值；

$\quad$ σ^2——调查总体的方差；

$\quad$ n——调查样本的单位数。

$$\frac{\overline{X} - \mu}{\sigma / \sqrt{n}} \sim N(0,1) \tag{8-7}$$

$$\frac{(\overline{X} - \overline{Y}) - (\mu_1 - \mu_2)}{\sqrt{\dfrac{\sigma_1^2}{n_1} + \dfrac{\sigma_2^2}{n_2}}} \sim N(0,1) \tag{8-8}$$

式中，$\overline{X}, \overline{Y}$ ——两个样本调查数据的均值；

μ_1, σ_1^2, n_1 ——调查总体(X)的均值、方差和调查单位数；

μ_2, σ_2^2, n_2 ——调查总体(Y)的均值、方差和调查单位数。

给定置信度或显著性水平，在调查总体方差已知的情况下，正态分布主要用于调查总体均值(均值之差)的参数估计或假设检验。例如，在某一地区居民消费差异程度已知的情况下，对该地区居民的平均消费水平进行估计和检验等。

2. t 分布

$$\frac{\overline{X} - \mu}{S / \sqrt{n}} \sim t(n-1) \tag{8-9}$$

式中，$\overline{X}$ ——调查样本数据的均值，$\overline{X} = \dfrac{1}{n} \sum_{i=1}^{n} X_i$；

X_i ——样本单位(观察值)；

μ ——调查总体的均值；

S ——调查样本的标准差；

n ——调查样本的单位数。

$$\frac{(\overline{X} - \overline{Y}) - (\mu_1 - \mu_2)}{\sqrt{\dfrac{(n_1-1)S_1^2 + (n_2-1)S_2^2}{n_1 + n_2 - 2}} \sqrt{\dfrac{1}{n_1} + \dfrac{1}{n_2}}} \sim t(n_1 + n_2 - 2) \tag{8-10}$$

式中，$\overline{X}, \overline{Y}$ ——两个样本调查数据的均值；

μ_1, S_1^2, n_1 ——调查总体(X)的均值、样本的方差和调查单位数；

μ_2, S_2^2, n_2 ——调查总体(Y)的均值、样本的方差和调查单位数。

给定置信度或显著性水平，在调查总体方差未知(两个调查总体时方差未知但相等)的情况下，t 分布主要用于调查总体均值(均值之差)参数估计或假设检验。例如，在某一地区居民消费差异程度未知的情况下，对该地区居民的平均消费水平进行估计和检验等。

3. χ^2 分布

$$\frac{(n-1)S^2}{\sigma^2} \sim \chi^2(n-1) \tag{8-11}$$

式中，σ^2 ——调查总体的方差；

S^2 ——调查样本的方差；

n ——调查样本的单位数。

在给定置信度或显著性水平的情况下，χ^2 分布主要用于单个调查总体方差的参数估计和假设检验，如对某一地区居民消费差异程度进行估计和检验。

4. F 分布

$$\frac{S_1^2 / \sigma_1^2}{S_2^2 / \sigma_2^2} \sim F(n_1 - 1, n_2 - 1) \qquad (8\text{-}12)$$

式中，S_1^2, σ_1^2, n_1——调查总体(XY)的样本方差、总体方差和调查单位数；

S_2^2, σ_2^2, n_2——调查总体(Y)的样本方差、总体方差和调查单位数。

$$\frac{S_A / n_A}{S_E / n_E} \sim F(n_A, n_E) \qquad (8\text{-}13)$$

式中，S_A / n_A——方差分析中因子 A 的均方和；

S_E / n_E——方差分析中随机误差的均方和。

在给定置信度或显著性水平的情况下，F 分布主要用于两个调查总体方差比的参数估计和假设检验，以及模型检验和方差分析。

8.4.2 参数估计及 SPSS 应用案例

对人均消费水平、商品质量、品牌的市场占有率等一些市场信息不了解时，我们会采用市场调查的方法并根据调查样本的数据对未知的市场现象(调查总体)的数据进行推断。这样根据调查样本的数据对实际总体的数据进行推断的方法就是参数估计。

参数估计分为以下两种。

1. 点估计

点估计是依据调查样本数值推断总体未知参数的具体数值，在坐标轴上具体表现为一个点。即根据调查样本选择一个合适的统计量，并利用调查所获得的样本数据代入该统计量中，求得总体的未知参数的值。例如，预测某一品牌的市场占有率为 8.3%。

2. 区间估计

区间估计是依据调查样本数值推断总体未知参数在某一个范围之内，在坐标轴上具体表现为一个区间。即根据调查样本选择两个合适的统计量(一个为区间估计的下限，一个为区间估计的上限)，并利用调查所获得的样本数据分别代入这两个统计量中，在置信度的控制下求总体的未知参数的区间估计值。例如，预测某一品牌的市场占有率在 8.1%～8.5%之间。

另外，在参数估计中通常我们采用调查样本的某一指标的平均数来推断总体的该指标的平均数，如人均消费额，平均价格等；用调查样本的某一指标的成数(比重)来推断总体的该指标的成数(比重)，如商品合格率、市场占有率等。一般情况下，不用调查样本某一指标的绝对数来推断总体的该指标的绝对数。

📝 **【案例 8-10】参数估计及 SPSS 应用示例**

已知 A 产品销售价格服从正态分布，其样本销售数据如下：

2300　1800　1780　1750　1950　1950　1650　1780

1700　1650　1650　1900　1680　2000　2100

操作步骤讲解视频

将置信度设为 95%，请估计其总体的平均销售价格。具体操作视频可扫描上方二维码获取。

1. SPSS 操作主要步骤(见图 8-7、图 8-8)

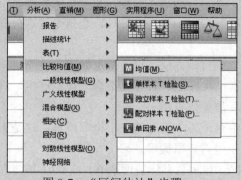

图 8-7 "区间估计"步骤一

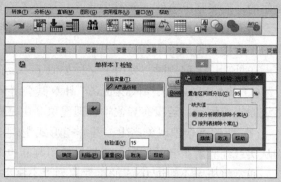

图 8-8 "区间估计"步骤二

2. SPSS 分析数据及结论

应用 SPSS 统计分析软件，得到以下分析数据表和分析图(见表 8-20、表 8-21)。

表 8-20 单个样本统计量

项目	N	均值	标准差	均值的标准误
A 产品价格	15	1842.67	189.528	48.936

表 8-21 单个样本检验

项目	检验值 = 15					
	t	df	Sig.(双侧)	均值差值	差分的 95%置信区间	
					下限	上限
A 产品价格	37.348	14	.000	1827.667	1722.71	1932.62

根据"单样本检验"数据，A 产品 90%置信度的价格区间为(1722.71，1932.62)。

8.4.3 假设检验及 SPSS 应用案例

一般来说，对总体某项或某几项做出假设，然后根据样本对假设做出接受或拒绝的判断，这种方法称为假设检验。

关于假设检验，我们来看下面这样一个例子：有一批商品共 200 件，按规定次品率不超过 1%才能认为合格。在一次市场调查中随机地抽取 5 件该商品，发现有 1 件次品，试问该批商品是否合格?要判断这批商品是否合格，即要检验商品的不合格率 $p \leq 0.01$ 是否成立。根据调查样本推断假设是否可以接受，这类问题就是市场调查中的假设检验问题。

假设 $p \leq 0.01$ 成立，那么在 200 件商品中次品数应该不超过 2 件，于是可以计算出事件 A "任意取 5 件有 1 件次品的概率"：

(1) 200 件商品中有 1 件次品 $p(A)=1-\dfrac{C_{199}^5}{C_{200}^5}=0.025$。

(2) 200 件商品中有 2 件次品 $p(A)= 1-\dfrac{C_{198}^5}{C_{200}^5}=0.05$。

由此可见，在商品的不合格率 $p \leq 0.01$ 的假设前提下，事件 A 发生的概率没有超过 0.05。

0.05 是一个小概率事件。概率中小概率原理认为，概率很小的事件在一次试验中几乎是不可能发生的，而实际上事件 A 竟然发生了，这是不合理的。所以导致这不合理现象产生的根源在于一开始"假设'$p \leq 0.01$'"。因此，我们认为不能接受"$p \leq 0.01$"这个假设，也就是说这批商品的不合格率是大于 1% 的。

在处理以上问题时，使用了一种类似于"反证法"的推理方法，它的特点如下。

(1) 先假定总体某项假设成立，计算其会导致什么结果产生。若导致不合理现象产生，则拒绝原先的假设；若没有导致不合理现象产生，则接受原先假设。

(2) 所谓不合理现象产生，并非指形式逻辑上的绝对矛盾，而是基于小概率原理，这是人们从实践经验所得到的原则，并且最后的判断也不一定是否定原假设。

通常将概率不超过 0.05 的事件称为"小概率事件"，也可视具体情形取 0.1 或 0.01 等。在假设检验中常记这个概率为 α，称为显著水平，而把原先设定的假设称为原假设，记作 H_0。

不难看到，最后推断的结果并不能保证百分之百正确，其可能性的大小是以统计规律为依据的。可能误判的情况有两类：

(1) 原假设 H_0 为真而误判为拒绝 H_0，即弃真错误，称为第一类错误。它的大小就是显著水平 α。

(2) 原假设 H_0 不真而误判为接受 H_0，即取伪错误，称为第二类错误。用 β 表示犯第二类错误的概率。

在假设检验中，对一定容量的样本而言，当 α 变小时 β 就会变大，反之亦然。一般总是先控制 α，同时通过增大样本容量来达到控制 β 的要求。

【案例 8-11】假设检验及 SPSS 应用示例

某企业对 A 产品进行营销策略调整，现针对营销策略 1 与营销策略 2 分别选择了 15 位消费者，每位消费者的产品成交价格见表 8-22。要求：分析两种营销策略对 A 产品销售价格有无影响。

操作步骤讲解视频

表 8-22　A 产品销售价格明细

单位：元/件

策略1	2850	1760	2250	1880	2550	1900	2080	1850	2540	2070	2180	1850	1780	2050	2020
策略2	2300	1800	1780	1750	1950	1950	1650	1780	1700	1650	1650	1900	1680	2000	2100

1. SPSS 操作主要步骤(见图 8-9、图 8-10)

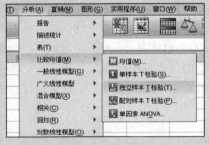

图 8-9　"假设检验"步骤一　　　　图 8-10　"假设检验"步骤二

2. SPSS 分析数据及结论

应用 SPSS 统计分析软件，得到以下分析数据表和分析图(见表 8-23、表 8-24)。

表 8-23　A、B 组统计量

项目	营销方案	N	均值	标准差	均值的标准误
销售价格	营销方案 A	15	2107.3333	319.40719	82.47058
	营销方案 B	15	1842.6667	189.52824	48.93598

表 8-24　独立样本检验

分类	均值方程的 t 检验						
	t	df	Sig.(双侧)	均值差值	标准误差值	差分 95% 置信区间	
						下限	上限
假设方差相等	2.760	28	.010	264.666 67	95.896 44	68.231 72	461.101 62
假设方差不相等	2.760	22.771	.011	264.666 67	95.896 44	66.179 44	463.153 89

说明：从分析结果来看，不同的营销方案对于销售价格表现为有差异。根据统计量表(见表 8-23)的结果选择营销方案 A 较优。另外，两个营销方案价格均值差的 95% 的置信区间为：方差相等时(68.231 72，461.101 62)，方差不等时(66.179 44，463.153 89)

8.4.4　方差分析及 SPSS 应用案例

在新产品上市前，经营者希望能够找到一种最优组合(商品包装、价格、营销策略等)获得最大商品销售额，这应首先找出影响商品销售额具有显著影响的因素。方差分析就是鉴别各因素效应的一种判断统计方法。

1. 方差分析的基本概念

假设检验解决了两个具有同方差(未知)正态总体的期望有无差异的判断问题。而多个同方差(未知)正态总体的期望之间有无差异的判断同样可以用统计分析方法解决。通常称这种方法为方差分析。

在消费市场中，影响商品销售的因素有很多个方面。为了寻求最佳的商品销售条件，需在多种因素不同的状态下进行调查试验，方差分析即是从观测变量的方差入手，研究诸多控制变量中哪些变量是对观测变量有显著影响的变量。

2. 方差分析的基本原理

方差分析的目的是通过数据分析找出对该事物有显著影响的因素、各因素之间的交互作用，以及显著影响因素的最佳水平等。

方差分析认为，造成不同因素水平控制下的若干个对比组的均值差的基本原因有两个：

(1) 随机误差。如测量误差造成的差异或个体间的差异，称为组内差异，用变量在各组的均值与该组内变量值之偏差平方和的总和表示。

(2) 实验条件。实验条件(不同的处理)造成的差异，称为组间差异。用变量在各组的均值与总均值之偏差平方和表示。

$$总偏差平方和 = 组内偏差平方和 + 组间偏差平方和$$

方差分析是通过分析研究不同来源的偏差对总偏差的贡献大小，从而确定控制因素对研究对象的影响力大小。

方差分析主要可用于：①单因素多个样本均值间的显著性检验；②多因素多个样本均值间的显著性检验；③含交互作用的多因素多个样本均值间的显著性检验；④方差齐性检验。

基本步骤如下。

(1) 建立检验假设。

H_0：多个样本总体均值相等。

H_1：多个样本总体均值不相等或不全等。

显著性水平：$\alpha = 0.05$。

(2) 计算检验统计量 F 值。

(3) 确定 p 值并做出推断结果。

若要了解更为详细的方差分析的内容，可查阅数理统计学或应用统计学的相关内容。

【案例8-12】方差分析及 SPSS 应用示例

某产品上市前进行测试，其中包括4种广告推广方式，8种不同的包装并进行2次重复测试。相关组合的销售额见表8-25。

操作步骤讲解视频

表 8-25　某新产品市场测试数据

单位：万元

项目	广告1		广告2		广告3		广告4		小计
包装1	75.00	68.00	69.00	54.00	63.00	58.00	52.00	41.00	480.00
包装2	57.00	75.00	51.00	78.00	67.00	82.00	61.00	44.00	488.00
包装3	76.00	83.00	100.00	79.00	85.00	78.00	61.00	86.00	496.00
包装4	77.00	66.00	90.00	83.00	80.00	87.00	76.00	75.00	504.00
包装5	75.00	66.00	77.00	74.00	87.00	70.00	57.00	75.00	512.00
包装6	72.00	76.00	60.00	69.00	62.00	77.00	52.00	63.00	520.00
包装7	76.00	70.00	33.00	68.00	70.00	68.00	33.00	52.00	528.00
包装8	81.00	86.00	79.00	75.00	75.00	61.00	69.00	61.00	536.00
小计	628.00	572.00	580.00	460.00	532.00	492.00	444.00	356.00	4064.00
共计	1200.00		1040.00		1024.00		800.00		

1. SPSS 操作主要步骤(见图 8-11、图 8-12)

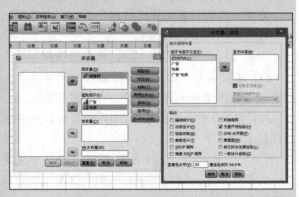

图 8-11　"方差分析"步骤一　　　　图 8-12　"方差分析"步骤二

2. SPSS 分析数据及结论

应用 SPSS 统计分析软件，得到以下分析数据表(见表 8-26)。

表 8-26　主体间效应的检验

源	III 型平方和	df	均方	F	Sig.
校正模型	7821.938[a]	31	252.321	2.506	.006
截距	308 858.063	1	308 858.063	3 067.492	.000
广告	2 018.563	3	672.854	6.683	.001
包装	3 951.438	7	564.491	5.606	.000
广告*包装	1 851.937	21	88.187	.876	.618
误差	3 222.000	32	100.688		
总计	319 902.000	64			
校正的总计	11 043.938	63			

说明：R 方=0.708(调整 R 方=0.426)。因变量为销售额；显著性水平=0.05。

分析结果显示，广告、包装对销售额的影响均高度显著，广告*包装(交互作用)的影响不显著。因此，根据单一因子水平，该新产品营销组合建议为广告1、包装8。

8.4.5　因子分析及 SPSS 应用案例

1. 因子分析的基本概念

因子分析是多元统计分析的基础。因子分析的基本思想是通过变量(或样本)的相关系数矩阵内部结构的研究，找出能控制所有变量(或样本)的少数几个随机变量去描述多个变量(或样本)之间的相关(相似)关系，也就是用少数集成后的变量去解释大量的统计变量的一种统计方法。这少数几个随机变量是不可观测的，通常称为因子。这种方法能以最小的集成变量和最小的信息损失来解释变量之间的结构。

因子分析的分析方法最常用的有以下两种。

(1) 主成分分析方法。这种方法将会重新构造原始变量的结构。

(2) 一般因子分析法。通常所说的因子分析指的就是这种方法，即通过原始变量的方差去构造因子。对于一般因子分析而言，如何正确解释因子将会比主成分分析更困难。

使用因子分析有一个潜在的要求，就是原有变量之间要有较强的相关性。如果原有变量之间不具有较强的相关性，那么就无法从中综合出能反映某些变量共同特性的少数公共因子变量来。因此，在进行因子分析前必须对原有变量做相关分析，计算相关系数矩阵。如果大部分相关系数都小于 0.3，并且都没有通过统计检验，则这些变量不适合进行因子分析。

2. 因子分析的一般步骤

(1) 收集数据并生成一个相关矩阵。因子分析的前提是数据变量要彼此相关，而且输入的数据也是相关的。

(2) 初步因子分析。所谓的初步因子分析主要是选择有效因子的数量。首先确定有效因子数量：选择协方差矩阵的特征值大于 1 的因子作为被选择的因子。在运用这个原则去选择分析因子的时候，所有变量的数量很少时，分析可能产生的因子要少于实际应该有的因子。而当变量数量较大时, 可能产生的因子会多于实际有意义的因子。按照协方差矩阵的特征值选择因子是目前统计软件所普遍默认的模式。

(3) 矩阵旋转和对因子进行解释。一般在进行因子分析后, 可以生成两张表, 一张是特征值表, 另一张是因子荷载矩阵。首先可以根据特征值表选择所要分析的因子, 然后根据因子荷载矩阵判断因子矩阵是否需要旋转。

(4) 为进一步分析构造因子得分量表。

3. 因子分析基本模型

$$\begin{cases} x_1 = a_{11}F_1 + a_{12}F_2 + ... + a_{1m}F_m + a_1\varepsilon_1 \\ x_2 = a_{21}F_1 + a_{22}F_2 + ... + a_{2m}F_m + a_2\varepsilon_2 \\ \qquad\qquad\qquad \cdots \\ x_p = a_{p1}F_1 + a_{p2}F_2 + ... + a_{pm}F_m + a_p\varepsilon_p \end{cases} \qquad (8\text{-}14)$$

式中, $x_1, x_2, \cdots, x_{p-1}, x_p$——$p$ 个原有变量, 并且其均值为零, 标准差为 1;

$\quad F_1, F_2, \cdots, F_{m-1}, F_m$——$m$ 个公共因子变量, m 小于 p;

$\quad a_{ij}$——因子载荷, 表示第 i 个原有变量在第 j 个公共因子变量上的负荷, 相当于多元回归中的标准回归系数;

$\quad \varepsilon_i$——特殊因子, 表示原有变量不能被公共因子变量解释的部分, 相当于多元回归中的残差部分。

式(8-14)又可表示为矩阵

$$X = AF + a\varepsilon \qquad (8\text{-}15)$$

式中, F——公共因子变量;

$\quad A$——因子载荷矩阵;

$\quad \varepsilon$——特殊因子。

4. 因子分析中几个基本统计量的作用

1) 因子载荷(a_{ij})

在各个因子变量不相关的情况下, 因子载荷(a_{ij})就是第 i 个原有变量和第 j 个公共因子变量的相关系数, 即 x_i 在第 j 个公共因子变量上的相对重要性。因此, a_{ij} 绝对值越大, 则公共因子变量 F_j 和原有变量 x_i 之间的关系越强。

2) 变量共同度(h_i^2)

变量共同度也称为公共方差, 反映全部公共因子变量($F_1, F_2, \cdots, F_{m-1}, F_m$)对原有变量($x_1, x_2, \cdots, x_{p-1}, x_p$)的总方差的解释说明比例。原有变量 x_i 的共同度为因子载荷矩阵 A 中第 i 行元素的平方和, 即:

$$h_i^2 = \sum_{j=1}^m a_{ij}^2 \qquad (8\text{-}16)$$

原有 x_i 的方差可以表示成两个部分: h_i^2 和 ε_i^2。h_i^2 反映了公共因子对原有变量的方差的解释比例; ε_i^2 反映了原有变量中无法被因子变量解释的部分。所以, h_i^2 越接近 1, 说明公共因子解释了更多的原有变量的信息。各个变量的共同度是衡量因子分析效果的一个指标。

3) 公共因子(F_j)的方差贡献(S_j)

公共因子(F_j)的方差贡献定义为因子载荷矩阵 A 中第 j 列元素的平方和, 即:

$$S_j = \sum_{i=1}^{p} a_{ij}^2 \tag{8-17}$$

公共因子(F_j)的方差贡献反映了该因子对所有原始变量的总方差的解释能力，S_j 值越高说明因子(F_j)的重要程度越高。

5. 因子变量的构造和命名解释

1) 因子变量的构造

(1) 主成分分析模型。主成分分析是通过坐标变化手段，将原有 p 个相关变量 x_i 做线性变化，转换成另外一组不相关的变量 y_i，表示为

$$\begin{cases} y_1 = u_{11}x_1 + u_{21}x_2 + \cdots + u_{p1}x_p \\ y_2 = u_{12}x_1 + u_{22}x_2 + \cdots + u_{p2}x_p \\ \qquad\qquad \cdots \\ y_p = u_{1p}x_1 + u_{2p}x_2 + \cdots + u_{pp}x_p \end{cases} \tag{8-18}$$

式中，$u_{1k}^2 + u_{2k}^2 + \cdots + u_{pk}^2 = 1 \qquad (k=1,2,3,\cdots,p)$；

$\quad y_1, y_2, \cdots, y_{p-1}, y_p$ ——原有变量的第一、第二、……、第 p 个主成分。

式(8-18)中，y_1 在总方差中占的比例最大，综合原有变量的能力也最强，其余主成分在原有变量中所占的比例逐渐减小，也就是综合原有变量的能力依次减弱。主成分分析就是选择前面几个方差最大的主成分，以此达到减少分析变量的目的，同时又能以较少的变量来反映原有变量的绝大部分信息。

(2) 主成分分析步骤，具体如下。

① 数据的标准化处理，计算公式为

$$x_{ij}' = \frac{x_{ij} - x_j}{S_j} \tag{8-19}$$

式中，n——样本单位数；($i=1, 2, \cdots, n$)；

$\quad p$——样本原变量数；($j=1, 2, \cdots, p$)。

② 计算数据 $\left[x_{ij}'\right]_{n \times p}$ 的协方差矩阵 $\boldsymbol{R}$。

③ 求 R 的前 m 个特征值($\lambda_1 \geq \lambda_2 \geq \lambda_3 \geq \cdots \geq \lambda_m$)，以及对应的特征项量 ($u_1, u_2, \cdots, u_{m-1}, u_m$)。

④ 求 m 各变量的因子载荷矩阵。

$$\boldsymbol{A} = \begin{bmatrix} a_{11} & a_{12} & \cdots & a_{1m} \\ a_{21} & a_{22} & \cdots & a_{2m} \\ \vdots & \vdots & \vdots & \vdots \\ a_{p1} & a_{p2} & \cdots & a_{pm} \end{bmatrix} = \begin{bmatrix} u_{11}\sqrt{\lambda_1} & u_{12}\sqrt{\lambda_2} & \cdots & u_{1m}\sqrt{\lambda_m} \\ u_{21}\sqrt{\lambda_1} & u_{22}\sqrt{\lambda_2} & \cdots & u_{2m}\sqrt{\lambda_m} \\ \vdots & \vdots & \vdots & \vdots \\ u_{p1}\sqrt{\lambda_1} & u_{p2}\sqrt{\lambda_2} & \cdots & u_{pm}\sqrt{\lambda_m} \end{bmatrix} \tag{8-20}$$

确定 m 有两种方法：一是根据特征值的大小确定，一般取大于 1 的特征值；二是根据因子的累计方差贡献率来确定。

前 m 个因子的累计方差贡献率的计算公式为

$$Q = \frac{\sum_{i=1}^{m} \lambda_i}{\sum_{i=1}^{p} \lambda_i} \tag{8-21}$$

如果数据已经标准化，则

$$Q = \frac{\sum_{i=1}^{m} \lambda_i}{p}$$

(8-22)

6. 计算因子得分

在因子变量确定后，每一个原有的变量在不同因子上的具体观察值就是因子得分，它和原有变量的观察值相对应。

【案例8-13】因子分析及 SPSS 应用示例

依据 1997—2018 年某地居民消费价格指数(见表 8-27)，进行"因子分析"。

操作步骤讲解视频

表 8-27　某地居民消费价格指数(以 1996 年价格为 100)

单位：%

年份	居民消费价格指数	食品指数	烟酒指数	衣着指数	家庭设备用品及维修服务指数	医疗保健和个人用品指数	交通和通信指数	娱乐教育文化用品及服务指数	居住指数
1997	110.5	113.5	103.0	105.7	112.5	113.1	108.5	96.9	129.3
1998	121.6	128.7	113.0	115.7	115.4	132.7	108.9	93.8	153.9
1999	146.1	157.2	124.5	137.3	126.4	151.8	127.5	115.7	206.8
2000	181.0	207.1	139.5	158.8	140.2	180.9	149.5	136.1	249.4
2001	214.9	261.2	149.1	172.8	145.5	199.0	171.5	158.2	300.0
2002	234.6	288.6	149.1	187.8	144.2	210.9	181.9	187.6	329.1
2003	241.2	288.6	134.6	189.9	131.8	215.4	210.3	205.6	396.9
2004	241.2	282.3	129.2	178.5	121.9	219.5	218.1	218.6	450.9
2005	244.8	274.9	129.8	175.5	117.5	223.6	245.1	244.1	477.5
2006	250.9	270.0	126.1	167.2	112.5	223.4	271.9	296.6	493.3
2007	250.9	270.8	124.7	165.4	109.3	217.6	266.7	302.8	504.6
2008	252.2	278.6	123.4	161.2	106.8	212.4	258.4	305.3	504.6
2009	252.5	282.3	123.1	157.2	105.1	212.4	248.9	306.2	510.2
2010	257.8	305.6	121.0	148.1	102.8	212.2	240.4	306.0	518.5
2011	260.3	319.4	120.6	136.4	103.6	212.9	234.3	300.3	533.7
2012	263.4	327.5	120.9	145.2	106.4	215.2	227.8	295.5	549.2
2013	271.7	358.3	121.7	147.1	109.9	215.7	220.8	287.4	573.9
2014	287.4	413.1	123.7	149.5	119.0	222.5	215.3	282.3	588.4
2015	286.3	421.6	124.7	148.5	120.8	221.3	210.0	276.5	568.1
2016	295.2	454.1	126.1	146.4	122.1	229.5	204.5	279.0	587.9
2017	310.4	503.1	127.8	152.7	130.8	238.8	204.8	276.7	619.6
2018	319.2	532.4	129.6	157.2	135.3	240.3	206.5	274.9	637.2

1. SPSS 操作主要步骤(见图 8-13～图 8-16)

图 8-13 "因子分析"步骤一

图 8-14 "因子分析"步骤二

图 8-15 "因子分析"步骤三

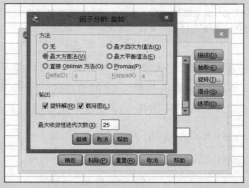

图 8-16 "因子分析"步骤四

2. SPSS 分析数据及结论

SPSS 分析数据及结论详情可扫描右方二维码进一步了解。

应用 SPSS 软件，得到以下分析数据表和分析图(部分)，如表 8-28～表 8-30 所示。

1997—2018年某地
居民消费价格指数
因子分析

表 8-28 描述统计量

各类指数	均 值	标准差	分析 N
食品指数	306.314	108.8142	22
烟酒指数	126.600	10.1867	22
衣着指数	154.732	20.5788	22
家庭设备用品及维修服务指数	119.991	13.2502	22
医疗保健和个人用品指数	205.505	32.5970	22
交通和通信指数	205.982	47.3851	22
娱乐教育文化用品及服务指数	238.482	74.1694	22
居住指数	449.227	153.5095	22

表8-29 成分矩阵与旋转成分指数

指　　标	成分(成分矩阵)			成分(旋转成分矩阵)		
	1	2	3	1	2	3
食品指数	.800	.065	.593	.991	.118	.032
烟酒指数	.257	.934	-.115	.089	.966	-.106
衣着指数	.539	.705	-.423	.110	.906	.366
家庭设备用品及维修服务指数	-.161	.927	.324	.059	.736	-.667
医疗保健和个人用品指数	.978	.186	.049	.767	.417	.482
交通和通信指数	.887	-.199	-.405	.415	.151	.892
娱乐教育文化用品及服务指数	.924	-.352	-.067	.669	-.068	.729
居住指数	.950	-.214	.220	.870	-.007	.489

说明:成分矩阵提取方法为主成分,已提取了3个成分。旋转成分矩阵提取方法为主成分。旋转法为具有Kaiser标准化的正交旋转法。旋转在6次迭代后收敛。

表8-29中"成分(成分矩阵)"中的数据可以得到原始资料的因子分析模型。

假设: x_1=食品指数; x_2=烟酒指数; x_3=衣着指数; x_4=家庭设备用品及维修服务指数; x_5=医疗保健和个人用品指数; x_6=交通和通信指数; x_7=娱乐教育文化用品及服务指数; x_8=居住指数。

$x_1=0.800 f_1+0.065 f_2+0.539 f_3$

$x_2=0.257 f_1+0.934 f_2-0.115 f_3$

$x_3=0.539 f_1+0.705 f_2-0.423 f_3$

$x_4=-0.161 f_1+0.927 f_2+0.324 f_3$

$x_5=0.978 f_1+0.186 f_2+0.049 f_3$

$x_6=0.887 f_1-0.199 f_2-0.405 f_3$

$x_7=0.924 f_1-0.352 f_2-0.067 f_3$

$x_8=0.950 f_1-0.214 f_2+0.220 f_3$

式中, f_1——第一个成分因子;

f_2——第二个成分因子;

f_3——第三个成分因子。

另外, 表8-29中"成分(旋转成分矩阵)", 明显地看出第一个因子(f_1)主要解释的是"食品""医疗保健和个人用品""居住"等原有变量; 第二个因子(f_2)主要用于解释原有变量"烟酒""衣着""家庭设备用品及维修服务"。第三个因子(f_3)主要解释了"交通和通信""娱乐教育文化用品及服务"等原有变量。

因此可以将第一个因子(f_1)定义为个人生活内在体验类因子; 第二个因子(f_2)定义为个人生活外在表现类因子。

表 8-30　成分得分系数矩阵

各项指数	成　　分		
	1	2	3
食品指数	.578	-.105	-.391
烟酒指数	-.056	.400	-.009
衣着指数	-.236	.422	.315
家庭设备用品及维修服务指数	.204	.242	-.425
医疗保健和个人用品指数	.198	.112	.062
交通和通信指数	-.153	.097	.480
娱乐教育文化用品及服务指数	.109	-.059	.229
居住指数	.327	-.091	-.024

说明：提取方法为主成分。旋转法为具有 Kaiser 标准化的正交旋转法。构成得分。

表 8-30 为因子得分系数矩阵，表明在因子构成中各原有变量相对因子的权重。

$f_1 = 0.578x_1 - 0.056x_2 - 0.236x_3 + 0.204x_4 + 0.198x_5 - 0.153x_6 - 0.109x_7 + 0.327x_8$

$f_2 = -0.105x_1 + 0.400x_2 + 0.422x_3 + 0.242x_4 + 0.112x_5 + 0.097x_6 - 0.059x_7 - 0.091x_8$

$f_3 = -0.391x_1 - 0.009x_2 + 0.315x_3 - 0.425x_4 + 0.062x_5 + 0.480x_6 - 0.229x_7 - 0.024x_8$

因子得分均值为 0，标准差为 1，正值表示高于平均水平，负值表示低于平均水平。

8.4.6　聚类分析及 SPSS 应用案例

聚类分析是根据样本(或指标)之间距离或相似系数对样本(或指标)进行分类的一种多元统计方法。

聚类分析在市场调查中用得最多，其基本思想是：把 n 个样本(或 p 个指标)各自看成一类，规定样本(或指标)之间的距离以及类与类之间的距离，选择距离最小的一对聚成一个新类，计算新类与其他类的距离，再将距离最小的两类合并，每次并类至少减少一个类，直到所有的样本(或指标)都聚成一类为止。

聚类分析可以分为系统聚类分析、有序样本聚类分析、模糊聚类分析、动态聚类分析等。要注意：①所选择的变量是否能够反映所需要的特征；②变量值不应该有数量级上的差异。否则将无法"聚类"；③各个变量之间不应有较强的线性相关关系，否则将导致聚类结果产生偏向。

在系统聚类分析中，将根据分类对象的不同分为 Q 型聚类分析和 R 型聚类分析两大类。

1. Q 型聚类分析

Q 型聚类分析是对样本进行分类处理，其特点如下。

(1) 可以利用多个变量的信息对样本进行分类。

(2) 分类结果直观，聚类谱系图清楚表现数值分类结果。

(3) 聚类分析得到的结果比传统分类方法更细致、全面、合理。

2. R 型聚类分析

R 型聚类分析对变量进行分类处理，其特点如下。

(1) 可以同时了解个别变量之间的关系亲疏程度和各个变量组合之间的亲疏程度。

(2) 根据变量的分类结果以及它们之间的关系，可以选择主要变量进行回归分析或 Q 型聚类分析。

3. 凝聚方式聚类

凝聚方式聚类的过程如下。

(1) 每个样本单位自成一类。

(2) 测量所有单位的亲疏程度，并按"亲疏程度"聚成(n-1)个小类(所谓小类是指在聚类过程中根据样本之间的"亲疏程度"形成的中间类)。

(3) 再次测量剩余单位和小类之间的"亲疏程度"，并将最"亲密"的单位或小类再聚成一类。

(4) 重复上述过程，直到所有单位聚到一起。

在凝聚方式的聚类过程中，"类"内的"亲密程度"在降低。

4. 分解方式聚类

分解方式聚类的过程如下。

(1) 所有样本单位都属于一大类。

(2) 测量所有单位的亲疏程度，将大类中彼此最疏远的单位分离，形成两类，但其中一类只有一个样本单位。

(3) 再次测量剩余单位和小类之间的"亲疏程度"，并将类中彼此最疏远的单位再分离出去。

(4) 重复上述过程，直到所有样本单位都自成一类为止。

在分解方式聚类的过程中，"类"内的"亲密程度"在提高。

【案例8-14】 K-均值聚类分析及 SPSS 应用示例

依据 1997—2018 年某地居民消费价格指数(见表 8-27)，进行"K-均值聚类分析"。

操作步骤讲解视频

1. SPSS 操作步骤(见图 8-17、图 8-18)

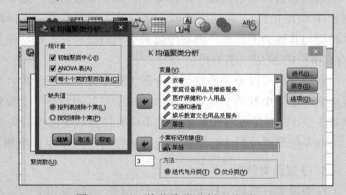

图 8-17 "K-均值聚类分析"步骤一　　　图 8-18 "K-均值聚类分析"步骤二

2. SPSS 分析数据及结论

SPSS 分析数据及结论详情可扫描右方二维码进一步了解。

应用 SPSS 软件，得到以下数据表和分析图(部分)，如表 8-31~表 8-33。

1997—2018 年某地居民消费
价格指数 K-均值聚类分析

表 8-31 中给出了三个类的初始聚类中心的情况。可见，第二类指标优于第一类指标。

表 8-31　初始聚类中心

各项指数	聚　类		
	1	2	3
居民消费价格指数	110.5	319.2	146.1
食品指数	113.5	532.4	157.2
烟酒指数	103.0	129.6	124.5
衣着指数	105.7	157.2	137.3
家庭设备用品及维修服务指数	112.5	135.3	126.4
医疗保健和个人用品指数	113.1	240.3	151.8
交通和通信指数	108.5	206.5	127.5
娱乐教育文化用品及服务指数	96.9	274.9	115.7
居住	129.3	637.2	206.8

从表 8-32 中可以看出居民消费指数的聚类分组情况，分别是第一类 1997—1999；第二类 2003—2018；第三类 2000—2002。

表 8-32　聚类成员

案例号	年　份	聚　类	距　离
1	1997	1	50.664
2	1998	1	16.042
3	1999	1	63.926
4	2000	3	109.655
5	2001	3	26.207
6	2002	3	40.401
7	2003	3	100.161
8	2004	2	137.584
9	2005	2	113.682
10	2006	2	107.060
11	2007	2	100.884
12	2008	2	92.387
13	2009	2	85.056
14	2010	2	61.464
15	2011	2	46.492
16	2012	2	33.798
17	2013	2	37.075
18	2014	2	80.570
19	2015	2	79.498
20	2016	2	118.473
21	2017	2	178.070
22	2018	2	213.067

表 8-33 给出了各指标指数在不同类的均值比较，各数据项的含义依次为组间均方、组间自由度、组内均方和 7EC4 内自由度。从方差分析表下方的描述可以知道，显著性水平 Sig. 并不能说明各类的均值的显著性差异情况，但仍可以看出各指数的均值在各类中的差别。

表 8-33　ANOVA 分析

各项指数	聚　类		误　差		F	Sig.
	均　方	df	均　方	df		
居民消费价格指数	27 018.421	2	590.348	19	45.767	.000
食品指数	65 326.559	2	6 210.414	19	10.519	.001
烟酒指数	823.852	2	27.971	19	29.453	.000
衣着指数	2 883.409	2	164.547	19	17.523	.000
家庭设备用品及维修服务指数	1 033.323	2	85.279	19	12.117	.000
医疗保健和个人用品指数	9 855.108	2	137.034	19	71.917	.000
交通和通信指数	18 867.586	2	495.641	19	38.067	.000
娱乐教育文化用品及服务指数	51 968.081	2	609.844	19	85.215	.000
居住指数	220 005.069	2	2 887.270	19	76.198	.000

说明：F 检验应仅用于描述性目的。因为选中的聚类将被用来最大化不同聚类中的案例间的差别。观测到的显著性水平并未据此进行更正，因此无法将其解释为是对聚类均值相等这一假设的检验。

【案例 8-15】系统聚类分析及 SPSS 应用示例

依据 1997—2018 年某地居民消费价格指数(见表 8-27)，进行"系统聚类分析"，进一步了解该地区居民消费价格指数在各区间的走势特征情况。

1. SPSS 操作主要步骤(见图 8-19～图 8-20)

操作步骤讲解视频

图 8-19　"系统聚类分析"步骤一

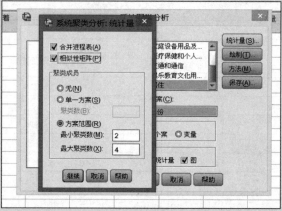

图 8-20　"系统聚类分析"步骤二

2. SPSS 分析数据及结论

应用 SPSS 软件，得到以下分析数据表和分析图(见表 8-34)。

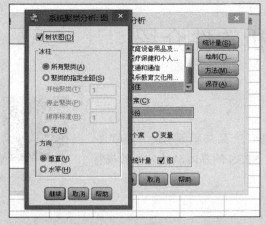

图 8-21　"系统聚类分析"步骤三

图 8-22　"系统聚类分析"步骤四

表 8-34　聚类表

阶	群集组合		系数	首次出现阶群集		下一阶
	群集 1	群集 2		群集 1	群集 2	
1	18	19	.074	0	0	6
2	12	13	.098	0	0	8
3	10	11	.141	0	0	8
4	16	17	.247	0	0	9
5	21	22	.309	0	0	15
6	18	20	.321	1	0	15
7	14	15	.378	0	0	9
8	10	12	.553	3	2	13
9	14	16	.598	7	4	13
10	8	9	.633	0	0	14
11	5	6	1.104	0	0	16
12	1	2	1.696	0	0	18
13	10	14	2.075	8	9	17
14	7	8	2.196	0	10	17
15	18	21	2.468	6	5	19
16	4	5	4.683	0	11	20
17	7	10	6.976	14	13	19
18	1	3	7.201	12	0	21
19	7	18	7.912	17	15	20
20	4	7	21.689	16	19	21
21	1	4	42.601	18	20	0

表 8-34 中，"阶"表示聚类分析的步数；"群集组合"中的群集 1、群集 2 表示这一步聚类中哪两个样本或小类聚成一类；"系数"是个体距离或小类距离；"首次出现阶群集"中的群集 1、群集 2 表示这一步聚类中参与聚类的是个体还是小类，0 表示个体，非 0 表示由第 n 步聚类生成的小类参与本步聚类；"下一阶"表示本步聚类的结果将在以下第几步中用到。

8.5　统计分析软件介绍

8.5.1　SPSS[1]

SPSS(statistical product and service solutions，统计产品与服务解决方案软件)是世界上最早采用图形菜单驱动界面的统计软件。SPSS 的基本功能包括数据管理、统计分析、图表分析、输出管理等。

SPSS 软件简介

8.5.2　SAS

SAS(statistics analysis system，统计分析系统)是美国 SAS 软件研究所研制的一套大型集成应用软件系统，提供了包括统计分析、经济计量分析、时间序列分析、决策分析、财务分析和全面质量管理等工具。在数据处理和统计分析领域，被誉为国际上的标准软件和最权威的优秀统计软件包。

SAS 软件简介

由于 SAS 系统的操作至今仍以编程为主。因此，系统地学习和掌握 SAS 需要花费一定的时间和精力，但 SAS 已成为专业研究人员进行统计分析的标准软件。

8.5.3　其他统计软件

1. Excel

Excel 即 Microsoft Office Excel，是微软公司的办公软件 Microsoft office 的组件之一，它可以进行各种数据的处理、统计分析和辅助决策操作，广泛地应用于管理、统计财经、金融等众多领域。

2. SYSTAT

SYSTAT 由美国 SYSTAT 公司于 20 世纪 70 年代推出，因方法齐全、速度快、精度高、软件小、处理数据量大而大受欢迎。目前 SYSTAT 几乎可以完成统计研究者所需要的任何统计方法，软件包含有包括世界地图、三维图、经纬图等普通及奇特的图像模型，它虽然还没有 SPSS 这样的软件包先进，但比 SPSS 便宜得多，而且硬盘容量要求更小。

3. S-Plus

S 语言是由 AT&T 贝尔实验室开发的一种用来进行数据探索、统计分析、作图的解释型语言。它的主要特点是可以交互地从各个方面去发现数据中的信息，并能容易地实现一个新的统计方法，其丰富的数据类型(向量、数组、列表、对象等)有利于实现新的统计算法，交互式运行方式及强大的图形、交互图形功能使得我们可以方便地探索数据。

4. STATISTICA

STATISTICA 是一个整合数据分析、图表绘制、数据库管理与自订应用发展系统环境的专业软件。STATISTICA 不仅提供使用者统计、绘图与数据管理程序等一般目的的需求，更提供

---

1 资料来源: http://baike.baidu.com/link?url=iHSVQJy4e7RuDxNwm1RV7uypRbzNQ5uHkHEt1Tvgt6tQY4phSST0bAsDynmQej5U

特定需求所需的数据分析方法(如数据挖掘、生物研究或工业工程等)。

【资料 8-1】想办法获取好数据吧

　　GoodData 公司首席执行官 Roman Stanek 谈论了有关大数据的话题。20 年前 IT 企业就在谈论海量数据，但如今，大数据已成为一个影响广泛的新趋势。大数据虽大，但尚不足够大，难以确保管理层做出最佳决策。基于不完整数据分析，公司高管的决策就是盲目的。

　　Roman Stanek 认为，如今应该用"全数据(all data)"来替代"大数据(big data)"的提法。企业很难进行全数据分析，因为数据是散落在企业内部的。但这也是 GoodData 所做的，将数据库、企业应用程序进行挂接，以提供一个完整的操作视图。这对于揭示客户呼叫中心数据、Web 和销售数据之间相关性至关重要。

资料来源：比特网. http://server.chinabyte.com/322/12836822.shtml，2014.

关键词和概念

数据分析　技术统计分析软件

本章复习题

一、思考题

1. 简述统计图的类型及使用方法。

2. 举例说明交叉列表分析法。

3. 综合指标分析法和动态分析法包含哪几类基本指标？

4. 反映总体中各单位数量的集中特征的指标有哪些？

5. 在数据分析中，如何合理运用区间估计、假设检验、方差分析？

6. 何种情况可以利用因子分析进行数据处理？数据处理方法有哪些？

7. 何种情况可以利用聚类分析进行数据处理？数据处理方法有哪些？

二、实践题

1. 【在校学生生活费用调查(续)】根据已拟定的"在校大学生每月生活费用支出情况"调查问卷进行调查，并利用 SPSS 软件，进行被调查对象的基本数据整理和分析。

2. 根据【案例 8-16】资料利用 SPSS 软件分析 A、B、C、D 四家企业销售基础分析指标，并用文字分析各个企业产值数据的特点。

【案例 8-16】A、B、C、D 企业 2018 年销售资料

某集团有 A、B、C、D 四家企业，这四家企业 2018 年的销售资料如表 8-35 所示。

表8-35　企业销售资料

单位：百万元

月份	A	B	C	D
1	145	231	231	256
2	180	189	199	228
3	203	202	242	269
4	199	223	245	248
5	232	239	257	273
6	220	214	242	237
7	213	227	240	231
8	243	221	250	223
9	190	189	209	171
10	213	229	254	190
11	256	283	297	274
12	416	404	435	420

3. 根据【案例8-17】得到的数据分析结果，要求"还原"其最初数据分析的计划方案。

【案例8-17】帮助辛辛那提动物园提高客户满意度

辛辛那提动植物园有500种动物和3000多种植物，每年接待游客130多万人。

部署了提高客户满意度的方案后，企业实现了以下各方面的受益：

(1) 帮助动植物园了解每个客户浏览、使用和消费模式，根据时间和地理分布情况采取措施改善游客体验，实现营业收入最大化。

(2) 根据消费和游览行为对游客进行细分，针对细分游客开展营销和促销活动。

(3) 识别消费支出低的游客，针对性地发送战略性的广告，同时通过激励计划奖励忠诚客户。

(4) 全方位了解客户行为，实施解决方案后第一年节省了40 000多美元营销成本，强化了可测量的结果。

(5) 采用地理分析显示大量未实现的促销和折扣计划，重新部署资源支持产出率更高的业务，每年节省100 000多美元。

(6) 通过强化营销提高整体游览率，2011年新增50 000人次。

(7) 提供洞察结果强化运营管理。例如，在即将关门前，冰激凌销售出现高潮，便延长冰激凌摊位营业时间。这一措施每天可增加2000美元收入。

(8) 与上年相比，餐饮销售增加30.7%，零售销售增加5.9%。

(9) 高层管理团队不需要IT介入或提供支持。

(10) 将分析引入会议室，利用直观工具帮助业务人员掌握数据。

资料来源：百度百科

4. 【在校学生生活费用调查(续)】根据调查结果，利用SPSS软件，对影响大学生消费支出的因素进行分因子分析和聚类分析等。

5. 某地区欲对居民消费结构进行分析。现调查了 31 位居民，了解他们在食品、衣着、医疗保健等 8 个方面的 2018 年全年的消费支出情况，如表 8-36 所示。现要求根据表 8-36 所示信息，进行因子分析。

表 8-36　被调查者 2018 年全年的消费支出情况

单位：元

居民	食品	衣着	家庭设备	医疗保健	交通通信	文化娱乐	居住	其他
1	3522	906	704	994	1688	1964	955	388
2	2963	579	467	697	721	1083	1095	258
3	1912	587	365	550	607	660	595	159
4	1712	725	314	367	478	799	561	146
5	1705	793	297	425	596	770	618	212
6	2394	637	257	534	631	747	630	244
7	1957	666	245	462	550	742	669	198
8	1783	696	217	456	499	644	539	178
9	4102	750	792	602	1258	1833	1280	418
10	2566	587	452	493	686	971	715	233
11	3558	830	592	738	1223	1486	953	329
12	2238	558	257	318	502	536	487	165
13	3104	576	440	348	867	898	878	240
14	1979	480	351	264	465	664	573	133
15	2051	790	461	444	638	931	551	200
16	1662	602	345	443	533	629	566	157
17	2279	669	383	397	571	843	655	162
18	2179	621	420	391	680	993	586	209
19	3583	559	658	616	1272	1437	1196	311
20	2305	373	376	322	608	797	801	177
21	2463	279	318	413	601	630	604	190
22	2702	735	475	459	790	1025	741	187
23	2240	536	399	425	586	823	580	166
24	1968	524	286	291	561	714	422	179
25	2506	594	269	545	763	735	445	162
26	3542	1129	444	310	1183	596	468	369
27	1960	559	383	491	528	950	609	184
28	1908	645	302	434	531	793	505	178
29	1986	612	370	451	509	713	559	196
30	1919	585	363	450	585	644	560	221
31	1987	783	271	357	601	806	499	233

第9章 大数据驱动的市场调研

学习目的与要求

1. 掌握并理解大数据、小数据的定义以及差异特征；
2. 掌握并理解大数据驱动的市场调研与传统市场调研的区别；
3. 了解并逐步掌握大数据驱动的市场调研的内容；
4. 了解并逐步掌握大数据驱动的市场调研的方法；
5. 通过案例学习，逐步学会大数据驱动的市场调研的应用。

引入案例　大数据挖掘技术是否可用于预测赛事结果

预测大学足球比赛结果(可以说任何体育赛事)这一问题既有趣味，又富有挑战性。学术界与工商界中敢于挑战的研究人员都想方设法预测体育赛事的结果。不同的媒体(通常是公开的)会报道大量的历史数据，这些数据都是关于体育赛事的结构与结果，以不同的数字或符号出现，其中存在着有助于推算结果的因素。然而，虽然存在大量关于体育赛事的文献(基于数字文献数据库超过 43 000 次点击访问)，只有少量文献聚焦赛事预测特点，大部分文献都是有关体育市场效率的。以前大部分博彩市场研究都与市场经济效率有关，并不评估与那些赛事相关的实际(或暗示的)预测。而事实证明，从测试市场经济效率的研究中获取大量有关预测与预测程序的信息是可能的。

赛季末的超级碗比赛对于大学的经济(带来上百万美元的额外收益)与声望(为其体育项目招收优质生源)都有非常重要的意义。参加超级碗比赛选拔的团队会分配收益，收益的多少取决于超级碗比赛规模的大小，有些比赛名声较大，参加比赛的两个团队也会获得更高的红利。因此，获得超级碗比赛的邀请是所有的大学橄榄球俱乐部的目标。超级碗比赛的决策人员有权力选择并邀请杰出的团队(在当年赛季赢得其 I-A 对手六次的团队)参加激动人心、竞争激烈的超级碗比赛。这一比赛会吸引双方学校的球迷来观赛，剩下的球迷会通过各种媒体了解赛事。

超级碗比赛受到了来自学校、球迷等各方的关注，无论是比赛双方还是球迷热衷于对比赛结果进行预测，传统的预测手段大多依靠经验以及对双方选手实力的判断，那么在大数据时代，如何利用数据挖掘技术对赛事结果进行预测呢？

资料来源：杜尔森·德伦. 大数据掘金：挖掘商业世界中的数据价值[M]. 北京：中国人民大学出版社，2016.

9.1　大数据的概念及其与传统调研的区别

9.1.1　大数据的定义及特征

如今，移动互联网越来越发达，每时每刻都有大量的数据通过百度、微信、微博等网站和 App 实时地上传到云端。2015 年 5 月 25 日，马云在贵阳大数据博览会上正式提出，中国已经从原先的 IT 时代进入到 DT 时代了。这个 DT 就是指 Big Data 大数据时代。

"大数据"这个术语最早期的使用可以追溯到 apache org 的开源项目 Nutch。当时，大数据用来描述为更新网络搜索索引需要同时进行批量处理或分析的大量数据集。随着 Google Map Reduce 和 Google File System(GFS)的发布，大数据不再仅用来描述大量的数据，还涵盖了处理数据的速度。2008 年 9 月发表于《科学》(*Science*)杂志的"*Big Data: Science in the Petabyte Era*"一文中，"大数据"一词被拿来描述和定义信息爆炸时代所产生的海量数据，并开始广泛流行。

国内外的许多学者和专家现在对大数据都有一个定义和分析，但是没有一个统一的、官方的标准。有学者认为，大数据是指其数据量、采集速度，或数据表示限制了使用传统关系型方法进行有效分析的能力，或需要使用重要的水平缩放技术来实现高效处理的数据。而在维克托·迈尔-舍恩伯格(Viktor Mayer-Schönberger)和肯尼斯·库克耶(Kenneth Cukier)一同编写的《大数据时代》中，大数据指不用随机分析法(抽样调查)这样捷径，而采用所有数据进行分析处理。研究机构高德纳(Gartner Group)对大数据做出如下定义：大数据是指需要新处理模式才能具有更强的决策力、洞察发现力和流程优化能力的海量、高增长率和多样化的信息资产。全球咨询公司麦肯锡(McKinsey Company)则定义大数据为"无法在一定时间内用传统数据库软件工具对其内容进行采集、存储、管理和分析的数据集合"。

在这里，我们进行一个归纳总结。首先，从物理量上说，一般情况下达到 PB 级别的数据才真正称之为大数据。举一个简单的例子，将华盛顿国家历史博物馆里面所有的藏书全部数字化，可能也就几百或上千个 PB 的数据。由此可以看到，PB 级别多包含的数据量是多么庞大。根据 IDC 的预测，全球的数据使用量到 2020 年会增长 44 倍，达到 35.2ZB(1ZB=10 亿 TB)。其次，从处理方式上说，大数据在一定时间范围内无法用常规软件工具进行捕捉、管理和处理，需要一种高端、精细的软件和技术才能对其进行相关处理与分析。综上，大数据是指数据量达到 PB 级别的数据，是在全新的、以移动互联网等科技支持的处理模式下，才能具有更强大的引导能力、挖掘能力、决策能力以及流程优化能力等超越客观数字本身能力的，海量、高增长率、多样化的信息资产。而大数据技术是指从各种各样类型的数据中，快速获得有价值信息的能力。

IBM 提出了大数据的"4V"特征，即数据量巨大(volume)、数据种类繁多(variety)、价值密度低(value)、流动速度快(velocity)。

(1) 数据量巨大。上文提到过，一般数据量达到 PB 级别的数据方可被称为大数据。这一特征亦指非结构化数据的超大规模和增长。信息时代，手机、电脑、互联网等使用范围广、频率高，成为我们生活中不可或缺的一部分。我们浏览页面、登录应用时，都会产生一系列数据。谷歌副总裁 Kent Walker 在哈佛大学的演讲时提到，人类每天产生的数据达到 2EB(1 EB=1024 PB)之多，如今两年产生的数据甚至就可以超过从人类记事以来数据总量的 90 倍。零散的数据被一些企业或部门加以整合、分析、利用并储存，这就发挥了大数据的价值。

(2) 数据种类繁多。随着科技水平的不断提升，各种智能设备、传感器日新月异，购物及社交网络等生活方式发生翻天覆地的变化。越来越复杂、多样的数据接踵而至，表现形式有但不限于图片、视频、文本语言、机器语言等。使用传统的方法很难相应地分析这些异构且多样化的数据，因此，结构化处理是十分必要的。

(3) 价值密度低。数据量以几何指数的速度不停增长，但是其中可以被利用的信息却少之又少。例如，当企业想分析顾客消费行为来试图预测其未来消费决策，进行精准营销时，就需要从顾客近几个月，每天成百上千的数据记录里准确地定位到相关信息，而后进行统计、计算和分析。毫不夸张地说，这就相当于大海捞针，海量数据中只有一小部分数据是真正对我们有用的，因此先进的处理软件和技术始终占据着重要的地位。即使如此，大数据的高价值程度是空前的，是对未来趋势与模式的可预测分析、深度复杂分析。同济大学经济与管理学院的前任顾问院长，全国人大常委会副委员长成思危先生说过："大数据就是未来的石油战略。"他把大数据比作一个能源级的资产，是除了传统三大能源之外的第四大能源，可见大数据的价值多么惊人。

(4) 流动速度快。当今互联网发达，输送速度快，有较高的能力采集、分析和处理海量数据，因此我们开始强调数据的快速流动，即实时性。大数据与传统数据最大的区别就在于，以往的研究都是通过传统数据进行事后评估和分析，而大数据的诞生让实时采集、实时跟踪、实时分析、实时调整变为可能。

9.1.2　大数据思维方法的转变

大数据的核心是预测，是把数学算法运用到海量的数据上来预测事情发生的可能性。IT时代带来的是生活方式的转变，而在大数据时代，大数据所创造的价值深刻改变了我们的思维方式。大数据有如下三种基础思维的转变。

(1) 从随机抽样分析到全数据分析。以前做市场调查的时候，限于时间、金钱成本等客观因素，只能选择较为可行的抽样调查的方法，这样做必然就会产生误差的问题。另外，进行简单随机抽样分析时，也无法把每个个体的全样数据采集起来，会存在遗忘或遗失等问题。虽然这些偏差可以被调整到我们能接受的水平，但误差始终存在，得到的始终不是一个最精确的结果。而到了如今的大数据时代，一切出现过的数据都会被完整地采集起来，那么我们就可以进行全数据的分析。全数据包含了从数据一开始诞生到流动的整个过程和全部方面。全数据分析可以发现样本无法揭示的细节信息，比以前的传统分析更加精准、更加完善，也更加科学。总之，样本分析是以点带面、以偏概全的思维，而全量分析真正反映了全部数据的客观事实。海量数据带来采集并分析全体数据的可能性，获取更全面的信息。

(2) 从精确性到模糊性。在大数据时代之前，由于收集到的样本信息量较少，所以必须确保记录下来的数据尽量结构化、精确化，否则，分析得出的结论在推及总体上就会"南辕北辙"，导致最终结果的准确性大大降低，从而造成推导而得的结论与实际情况背道而驰。简单来说，就好比数学里必须要同时知道两个加数，才能正确地计算出和数。

然而，数学里面还有另外一个分支，叫作模糊数学。所谓模糊数学，里面一个最关键的概念叫隶属度，即描述这件事情发生的概率。它可能发生，也可能不发生，具有不确定性，是一种模糊的状态，并不精准。回到大数据，其中存在很多这种处于模糊状态的数据。但事实上，这个模糊的状态在某种意义上才反映了这个事物存在的一种真实的状态，表现得更加精准。

在大数据时代，思维方式要从传统的精确思维向模糊性思维转化。当拥有海量即时数据时，绝对的精准不再是追求的主要目标。少量不精确数据对于海量数据分析影响不大，允许不精确的数据存在使得分析效果更为适用于实际应用适当忽略微观层面上的精确度，容许一定程度的错误与混杂，反而可以在宏观层面拥有更好的知识和洞察力，发挥价值。

(3) 从因果关系到相关关系。在大数据世界未出现时，人们往往执着于现象背后的因果关系，尤其是做学术研究的时候，一定要强调由 A 推出 B。但不可否认的是，当数据量比较小的时候，仅运用有限的样本是无法凭借因果逻辑推导出事物之间的普遍性关系的。而到了大数据时代，人们可以通过大数据技术挖掘并分析出事物之间隐蔽的关联关系，获得更多的认知与洞见，运用这些认知与洞见就可以帮助我们捕捉现在和预测未来。

举一个经典的例子，20 世纪 80 年代，沃尔玛曾经做过一个"啤酒与尿布"的研究。沃尔玛的工作人员在按周期统计产品的销售信息时，发现了一个非常奇怪的现象：每到周末的时候，超市里啤酒和尿布的销量就会突然增大。通过观察和走访之后，他们了解到，在美国有孩子的家庭中，太太经常嘱咐丈夫下班后要为孩子买尿布，而丈夫们在买完尿布以后又顺手带回了自己爱喝的啤酒，因此周末时啤酒和尿布销量一起增长。随后，沃尔玛打破常规，尝试将啤酒和尿布摆在一起，结果使得啤酒和尿布的销量双双激增，为公司带来了巨大的利润。这个故事中运用了一个逻辑，即消费者是男性。他们与女性的不同之处在于，他们购物追求的是便利性。通过大数据的方法梳理出这一潜在关联，将本来风马牛不相及的啤酒和尿布联系起来，就会产生出人意料的效果。

综上，通过关注线性的关联关系及复杂的非线性关联关系，可以帮助人们看到很多以前不曾注意的数据之间存在的某些联系，还可以掌握以前无法理解的复杂技术和社会动态，关联性关系甚至可以超越因果关系，成为我们了解这个世界的新的视角。相关关系思维就是通过事物之间的相关关系把握其中某一事物的发展动态，是运用大数据进行预测的基础。

9.1.3　大数据调研与传统调研的区别

调研是调查研究的简称，指通过各种调查方式系统客观地收集信息并研究分析，对各产业未来的发展趋势予以预测，为投资或发展方向的决策做准备。调研是认识某一事物或现象的基本手段，应用甚是广泛。由于大数据技术的诞生和发展，传统调研模式各方面都产生了不同程度的更新和变革。[1-2]

大数据调研与传统调研的区别具体如下。

(1) 在调研对象上，传统调研针对特定目标受众，但因为调研时间、技术和费用的限制，这部分群体必须有一个适当的数量或处在一个适当的地区等。这些技术和时空的限制使得传统调研只能获得片面的数据。而任何一个使用手机、电脑等智能设备以及互联网的用户都可以成为大数据调研的对象，客观限制微乎其微。

(2) 传统的调研方法由于时空和物质限制，通常只能采用问卷、电话、访谈等传统形式，效率较低。而大数据调研通过高端的技术可以对个体实现"追踪定位"，即 PC 端的 Cookie 追

1 资料来源：百度文库. https://wenku.baidu.com/view/d5f6e419a66e58fafab069dc5022aaea998f4144.html
2 资料来源：人大经济论坛. https://bbs.pinggu.org/jg/shuju_dashuju_2140833_1.html

踪以及移动端的 App 追踪。这种方法有可能使每个消费者的信息呈现个性化、一一对应的状态，从而让网络系统更加均衡、有序、有价值。另外，值得一提的是，传统调研能否获得准确的信息还在很大程度上取决于被调研的人，他是否有遗忘、是否说谎，都会对结果有明显的影响。而大数据会替你准确地记录过往的一言一行，保证客观事实。

(3) 大数据调研和传统调研对于数据质量要求也不尽相同。传统调研要求数据专且深，精确程度要高，能够对某个个体或事物要进行正确、深入的描述与研究。而大数据调研强调数据的广且全，容错能力较好，个别的错误几乎不会引起最终结果的重大偏差。

(4) 在收集数据后的分析方法上，传统的做法是基于抽样的传统统计分析法，例如线性回归等的实证研究。而大数据调研的分析去除了抽样的环节，并运用高级机器分析法(如云计算等)直接对整体进行分析。大数据无疑提供了一个完美的解决方案，将误差降到最低。

(5) 传统调研的目的大多是验证某一猜想或者假设的真伪，研究人员在心中设定了一个理想的、想要达到的结果。而大数据调研的目的则是在海量数据信息的基础上，找到事物时间潜在的关联性，进而以此预测未来发展趋势。这样得出的结果可能是意料之外的。

(6) 大数据调研与传统调研所获得结论的视角往往存在不同，前者是中宏观和客观视角，后者多为微观和主观视角。传统调研更多是针对某一个人物、事件的微观细致调查，主要通过典型案例由点及面的把握全局，针对中宏观的调查研究有众多限制因素，常常心有余力不足。而大数据调研的结果更加能够从宏观与中观的层面动态把握某一事物的动向、趋势。大数据不是一两个数据而是全部数据的抓取分析，是多个维度的信息交叉复现，因此大数据调研中宏观层面的把控更胜一筹。当然由于海量数据越来越丰富，所以大数据针对微观个体的分析也可以越来越精准和优化。

(7) 在研究人员素质要求方面，大数据调研需要高精尖的综合型人才，精通经济管理、数学统计和 IT(如 Python、R 语言)等专业知识。相对而言，传统调研对研究人员的要求较低。这也就引发了如今我国大数据专业技术人员缺乏与需求量大之间的矛盾。

表 9-1 是对于二者区别进行的一个简单总结与梳理。

表 9-1　大数据调研与传统调研的区别

内　容 ＼ 对　象	大数据调研	传统调研
调研对象	智能设备及互联网用户	小范围的特定目标受众
调研方法	利用网络的"追踪定位"	问卷、电话、访谈等传统形式
数据质量要求	广且全，容错能力强	专且深，高精确度
分析方法	无须抽样的高级机器分析法	基于抽样的传统统计分析法
分析目的	挖掘相关性，预测未来	验证猜想或假设
结论视角	中宏观	微观
人才要求	高精尖的综合型人才	传统调研统计人才

9.1.4　大数据与小数据的区别与联系

与大数据概念相对应的，就是所谓的小数据。尽管大数据的确给我们的社会、生活和思维带来了前所未有的变革，但是小数据的存在和价值绝对不可忽视，它具有大数据不可替代的商业应用和学术研究价值。比如，智能家电、智能手机等都是小数据的用武之地。小数据(small data)，或称个体资料，并不是指数据量小，而是指围绕个人为中心全方位的数据，及其配套的收集、处理、分析和对外交互的综合系统。

大数据和小数据之间存在较为显著的区别[1-2]。

(1) 量级上的区别。大数据一般要达到 PB 级别以上，而小数据的物理量一般都在 PB 级别以下。

(2) 数据与个体地位的区别。这一点从大小数据各自的定义就可以看出。大数据关注的是剥离个体之后的数据集合，发现客观数据和信息之间的关联关系，至于是谁产生的数据并不关心。而小数据可被称作"个体数据"就表明，它始终围绕着个体的一言一行，并以此分析个体的特征、倾向等，因此是谁的数据、数据是多少都显得格外重要。

(3) 处理方式的区别。对于小数据的分析通常采用的是传统的统计分析方法，是一种自上而下的实证研究方法论。小数据往往依托数理统计的大数定律，描述了抽样理论下样本最终服从中心极限定理的正态分布理论，强调描述性统计学和推断统计学。而大数据需要全新的处理模式来解决，如机器学习算法和云计算技术等，当然也包括多变量高级统计技术。

(4) 精准度要求的区别。如上文所述，大数据是崇尚模糊性思维的，即认为模糊的状态才是最为真实且有价值的。而小数据强调的是绝对的精准，因为只有高准确度才能支撑小数据的实证分析获得一个理想的结果，如企业的财务报表等。

(5) 核心逻辑关系的区别。小数据偏重传统的因果关系，将个体现有的数据和信息结合起来作为"因"，进而推导或验证"果"及其合理性。而大数据所依托的逻辑关系则是相关关系，即事物之间深层的、潜在的、更为普遍的联系。

(6) 决策和思维过程的区别。传统的小数据重实证研究，强调在理论的前提下建立假设，收集数据，证伪理论的适用性。这是一种自上而下的决策和思维过程，导致小数据重在解释，是一种事后行为。而大数据重发现知识，预知未来，为探索未知的社会现象和发展规律带来机遇。这种预见性是一种自下而上的知识发现过程，是在没有理论假设的前提下去预知社会和洞察社会现象、趋势和规律。由此使得大数据注重预测，产生一种事前行为。

表 9-2 是对于二者的区别进行的一个简单总结与梳理。

表 9-2　大数据与小数据的区别

内　容　　　　对　象	大数据	小数据
量级	PB 级别以上	PB 级别以下
数据与个体地位	数据重要，个体不重要	数据与个体都重要
处理方式	全新的处理模式(如机器学习算法、云计算技术、多变量高级统计技术等)	传统的统计分析方法
精确度要求	允许模糊性	高精确度
核心逻辑关系	相关关系	因果关系
决策和思维过程	自下而上的知识发现	自上而下的实证研究
功能及其性质	事前的预测	事后的解释

1 资料来源：百度文库. https://wenku.baidu.com/view/2a3fac08770bf78a6429540a.html

2 资料来源：360 个人图书馆. http://www.360doc.com/content/18/1005/03/11935121_792075864.shtml

当然，大数据与小数据之间也存在着一定的联系，两者相互依存，相互弥补，不可偏废。这里首先要指出一个误区，即大数据并不是许多个小数据集合起来，只有在物理量上这么说还能够接受。

第一，小数据可以通过抽样调查和实验研究创造数据和信息，进而大数据就可以在此基础上收集并深入挖掘这些已经客观存在的行为信息。小数据进行具有理论意义和理论突破的研究，大数据则据此进行具有实践价值的研究。因此，从某种程度上说，小数据是大数据的基础。

第二，由于大数据关注的是庞大数据本身，因此是处于一个较为宏观的视角看待问题。而我们当进行某一项研究的时候，可能不需要如此宏观，反而需要较为精确的数据进行参考，这便需要用到小数据，以打开微观的视角。先通过大数据做一个宏观环境分析，进而使用小数据深入了解微观个体的数据与信息，是如今一种较为完整的调查研究。

第三，大数据扩充了小数据的数量级，而小数据则弥补了大数据的漏洞。大数据一般通过网络进行收集，但这就导致，即使数量上再庞大，也不过是总人口中的一个特定群体，即网络用户。小数据的存在恰弥补了这一选择范围的空缺，通过问卷调查等形式，小数据可以获得几乎所有群体的数据信息。

综上，只有将大数据与小数据相结合，才能真正通过数据与信息在研究人员脑海中勾勒出一个最贴近真实的市场情况，从而帮助他们了解相关事物，如用户需求等。

9.2 大数据驱动的市场调研内容

9.2.1 大数据驱动的消费者研究

1) 大数据用户画像

用户画像(persona)最早由 Alan Cooper 提出，是"基于用户真实数据的虚拟代表"。通过对用户各个方面维度分析，如人口属性、网购特征、产品品牌偏好等，形成对用户的价值分析，包括用户的人口统计学特征、用户习惯态度、行动轨迹等方面的差异分析。在电子商务领域，用户画像特征主要包含[1]：①用户基本信息，包括性别、年龄、婚否、收入等；②用户行为偏好，比如访问内容偏好、网络行为特征、业务使用、应用使用排名等；③用户交易数据，包括消费的数量、种类、金额、频率等。用户数据主要来源于用户行为日志、企业后台数据库、客户关系管理系统等。构建用户画像需要进行数学建模，需从已有的海量数据中挖掘出更深层次的用户潜在信息，并通过数据可视化技术展示有价值的用户信息。

用户画像通过虚拟用户的特征全貌，能够帮助企业全方位、多层次地了解用户行为特征，把握用户行为方向。目前，建立用户画像成为大数据驱动的用户行为分析的基础及流行方式之一。具体而言，用户画像可以帮助企业进行：①用户信息统计，如全国分城市消费者指数；②用户研究，通过用户分析可以了解消费者偏好及动态，以帮助企业及时了解消费者需求，更好运营其产品及服务；③业务决策，用户画像分析可以了解行业动态，进行地域及竞品等分析，指导企业制定战略发展方向；④精准营销，根据用户画像特征，精准地为潜在消费者进行广告投放。

2) 大数据购买意向研究

互联网时代，消费者行为模式从传统的 AIDMA 模式转变为 AISASR 的社会化营销模式。

---

1 资料来源：李佳慧，赵刚. 基于大数据的电子商务用户画像构建研究[J]. 电子商务，2019(1).

消费者在看到产品广告并产生兴趣之后,第一步要做的事情就是直接到搜索引擎或各类应用程序上去搜索,然后找到自己想要的东西,才会产生购买行为。购买行为完成后,消费者会有一个分享的过程,然后才会产生再购的行为。在新型的社会化营销模式中,搜索和分享两个行为非常重要,为企业提供了大量的消费者数据,包括像百度、360、谷歌等拥有的大量的搜索大数据;而消费者的分享行为又产生了大量的口碑数据,如图 9-1 所示。

图 9-1　社会化营销模式

基于搜索数据和消费者的用户画像,首先通过大数据的分析方法找到它们之间的关联关系,进而可以判断潜在消费群体的购买意向。其次,口碑数据对消费者后续的购买行为将会产生很大的影响,通过口碑数据可以去做精准的用户意向和使用体验分析。例如,好的口碑代表了积极的购买体验与消费者情绪,那么现有消费者的再购意向会更强烈;而消极的口碑暗含着消费者存在极低的再购倾向。此外,口碑数据也将对潜在消费者的购买意向产生影响。

利用大数据研究消费者购买意向可以提高企业成交率。例如,用大数据的方法给每个潜在用户的购买意向评分,再把高意向的消费者挑选出来进行精准营销,能为企业创造额外的销售增量。大数据购买意向研究能够挖掘用户的再购需求,可以通过大数据的方法,结合一套算法和数据分析,精准地判断用户是否有再购需求,然后将用户打上标签识别,再进行精准化营销,这个模式已经在实践中得到了很好的应用。

3) 大数据精准营销

大数据精准营销即利用大数据技术,通过多维度了解消费者特性和喜好的基础上,建立在多维度上充分与消费者沟通互动基础上的营销,以实现在对的时间,通过对的渠道,针对特定目标消费者,提供合适的信息。大数据精准营销能够通过现代互联网数据系统,完成对特定消费人群的研究分析,更好地服务和满足消费者的特定需求,最终为企业带来更多的营销收益,真正将营销能力转化为盈利能力。[1]

大数据精准营销的步骤可分为:①辨别目标消费者;②接触目标消费者;③影响目标消费者。辨别目标消费者需要企业根据消费者行为信息建立消费者数据资产库,随后利用数据挖掘技术对单一消费者建立用户画像,从多维度定义与理解消费者,探索消费者需求、偏好及购物习惯等。当企业了解了消费者的需求和消费偏好后,企业就可以更好地引导产品和营销活动投用户所好,下一步便是去接触和影响目标消费者。

大数据及用户数据库为企业提供了更快更有效的方式去接触并影响目标消费者。RTB(real time bidding)广告模式,作为一种新的广告投放模式,实现了广告与不同目标消费者之间的精准投放。在 RTB 模式下面由四个部分组成:DMP(data-management platform)是数据管理的平台,DSP 是需求分析的平台,SSP 是一个广告主供应的平台,还有一个 AD Exchange,是广告交易

1 资料来源:盛小丰, 盛晓旻. 大数据环境下企业在电商平台的精准营销策略研究[J]. 现代商业, 2018, 506(25):24-26.

竞价平台。在 RTB 模式里，DMP 会第一时间把消费者过去所有的历史浏览记录提取出来，并进行数据分析识别需求，然后 DSP 会抓取消费者的需求信息，此时 SSP 就会提供相应的产品广告信息，在 AD Exchange 广告交易平台上进行交易竞价，从而直接投放到消费者的广告由不同品牌商竞价而得。RTB 运作过程虽然复杂，但实际会在几微秒的时间内发生，例如，一位消费者在打开新浪网页的时候，它的 DMP 会发生作用，发现该消费者正在看汽车，然后 DSP 摄取到这个需求信息再给到 SSP，此时 SSP 就会通过广告交易平台竞价，然后网页就会呈现竞价最高的广告主的广告。RTB 运作模式如图 9-2 所示。

Step1：DMP获取浏览行为记录
Step2：DSP获取需求信息，并传递至SSP
Step3：广告主通过 AD Exchange平台竞价
Step4：广告呈现

图 9-2　RTB 运作模式

RTB 模式将广告变得越来越精准且使得广告投放更及时且动态化，在消费者需要的时候就推荐他想要的东西，它可以根据时间去定向，也可以根据内容、根据人群、根据区域定向，以保证每一次点击、每一次投放都变得非常精准。RTB 定向模式如图 9-3 所示。

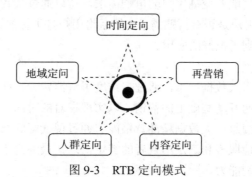

图 9-3　RTB 定向模式

9.2.2　大数据驱动的竞争情报研究

在大数据、移动互联网时代，市场竞争相比传统竞争格局发生了变化，对竞争对手的监测和研究变得越来越重要。因为在竞争中将你打败的可能不是本行业的竞争对手，可能甚至来自其他第三方，比如微信抢夺了三大运营商的短信彩信业务市场。但是，在大数据时代企业可以利用大数据的方法更好地去研究分析其竞争对手，以应对来自各方竞争者的威胁。

大数据驱动的竞争情报分析有以下几个步骤：①建立舆情系统；②采集信息，把竞争对手在市场上所有可能透露的信息采集起来；③大数据实时分析，将所有采集的信息进行包括文本分析，情感分析等数据挖掘，并进行每日实时分析；④针对性研究，企业根据每日的大数据实时分析，进行针对性的研究，可以得到竞争对手的动态信息，包括竞争对手推出的产品、市场定位、竞争区隔等；⑤制定相应策略，基于以上的针对性研究结果制定相应的竞争策略，例如，制定怎样的策略或采取何种措施才能有针对性的打击竞争对手，甚至实现降维的打击。具体如图 9-4 所示。

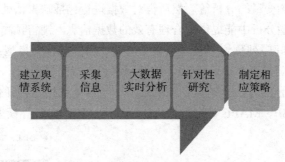

图 9-4　大数据竞争情报研究步骤

降维打击是指当用大数据的方法去监测竞争对手的时候，可能还要考虑一下来自非该行业、外来行业的其他竞争对手。比如，做外卖的美团和做打车业务的滴滴之间产生了竞争；全部做线上业务的阿里，现在已经入股大润发，而腾讯也入股了家乐福，甚至买下了中国的家乐福市场。可见现在的竞争格局比以前发生了很多新的变化，企业所面对的竞争对手或许之前并未想到，因此这要求企业要更加全面地洞察竞争对手的行为，然后有针对性地展开自身的品牌传播或精准营销。如今，企业可以通过大数据分析方法，在更大的范围内发现这些潜在的竞争对手，并采取相应的行动。因此，在大数据互联网时代对竞争对手的监测，不仅仅要看现有的本行业的，还要看它潜在的竞争对手，以及未来的一些可能新进入者，做一个全面的竞争对手分析。

9.2.3　大数据驱动的市场预测

大数据的方法可以用来做很好的市场预测和趋势的判断和分析。例如，阿里巴巴从大量交易数据中很早就发现了 2008 年国际金融危机的到来，并为应对金融危机提前做好了准备。谷歌公司专门开发了一个电影票房预测模型，它根据电影上映预告片的搜索量，跟同时期同类电影的影片票房做一个回归的算法模型，能有效地对电影票房进行预测。目前，大数据驱动的预测在很多领域都得到了应用，通过数据的算法，准确地预测到未来发生的一种情况，能使企业在降低成本的同时，将其营销策略及投入的效果无限放大。

接下来，本部分将从销量、市场容量、宏观环境、价格、网点及用户流失概率六个方面简要介绍如何利用大数据进行市场预测。

1) 销量预测

销量预测是在充分考虑未来各种影响因素的基础上，根据历史销量以及市场上对产品需求的变化情况，对未来一定时期内产品销量的变化进行科学的预测。基于大数据的精确的销量预测，首先可以指导企业的运营策略，包括其原料采购、生产计划、生产运输优化定价等；其次，销量预测可以帮助企业制定战略决策，如确定发展规模、经营方针以及判断资金投向等；同时，准确的销量预测能使企业掌握市场规律、及时应变以提高企业的竞争力。[1]

大数据驱动的销量预测需要经历预测目标、收集数据、建立模型、评价指标四个基本步骤(见

---

1 资料来源：大数据 Clouder 认证：使用时间序列分解模型预测商品销量. https://www.jianshu.com/p/c7587af871c9

图 9-5)。预测目标需要对预测的对象、时间以及业务目标进行确定。数据收集需要包括目标数据，包含企业自身的内部数据与外部数据，以及额外数据，可能是天气、节假日、CPI 指数等。数据收集后需要对已有数据进行简单分析，以为了更好地发现数据的规律，对应用建模提供指导方案，如对结果变量和预测变量的分析等。然后再对数据进行包括缺失值处理、数据转换等数据预处理，以便在后期的模型分析中能提供更合理有效的数据信息。销售预测的基本方法包括：①主观预测，专家法；②时间序列预测，包含指数平滑法、自回归移动模型；③机器学习预测，包含线性回归、决策树、随机森林、xgboost、神经网络和支持向量回归；企业可以根据自身需求与技术合理地选择销量预测方法。销量预测的最后一步需要依据各种评估指标判断预测效果的精确性问题，包括 RMSE、MAPE 等定量评价指标或者 AIC、BIC 等模型评价指标。

图 9-5　大数据销量预测步骤[1]

2) 市场容量预测

市场容量是指一个特定市场供给品的使用或者购买人数。估算市场容量，即是对需求的市场进行预测。市场容量预测能够帮助企业判断目标市场潜力，直接决定企业是否要对该产品进行创新实验和投资等决策问题，如是否投厂、是否投资、是否开发产品、投资回报如何等。

市场容量测算的方法按出发点而言，可以粗略地划分为自上而下和自下而上两大类。自上而下的测算法[2]包括源推算法、强相关数据推算法、需求推算法；自下而上的测算法包括抽样分析法、典型反推法、拍脑袋法。大数据的方法能够为市场容量的预测提供大量的数据信息，有助于自上而下的测算法更精准地进行。

(1) 源推算法。源推算法是将本行业的市场规模追溯到催生本行业的原行业。例如想要计算我国建筑材料、家具、家电等产业的市场容量，只需要知道我国房地产的数据，因为我国是房地产驱动型经济，其次这些产业都根植于房地产之上，因此这些行业的市场容量只需利用我国房地产行业的数据边可以推算得知。计算方法如下：

目标行业市场规模 MSt = 源行业市场规模 MSr/源行业产品均价 Pr ×

目标行业产品均价 Pt ×两行业产品数配比 n

(2) 强相关数据推算法。该方法需要查找与本行业相关的其他行业的数据。所谓强相关，即两个行业的产品的销售有很强的相关关系，比如买了球拍必须要买相应的球。因此，此时就可以先测算强相关行业的市场容量，再根据两个行业产品的平均价格换算成目标行业的市场规模。计算方法如下：

1　资料来源：基于机器学习对销量预测研究. https://blog.csdn.net/rlnLo2pNEfx9c/article/details/80059362

2　资料来源：https://zhuanlan.zhihu.com/p/33255296

$$目标行业市场规模\ MSt = 相关行业市场规模\ MSr/相关行业产品均价\ Pr \times$$
$$目标行业产品均价\ Pt \times 两行业产品数配比\ n$$

(3) 需求推算法。需求推算法通过估计产品的目标人群的需求，测算目标市场的规模。该方法需要有明确的目标人群或者需求，再去获取其相应的用户数据。计算方法如下：

$$目标市场规模\ MSt = 目标需求人群数量\ Pot \times 购买率\ n \times 目标行业产品均价\ Pt$$

3) 宏观环境预测

长期以来，对影响总供需、国民生产总值、物价水平、就业率、财政收入等宏观经济的信息的收集处理是各国政府都非常关注的对象。有效地掌握这些宏观经济的数据信息能够在很大程度和范围内解决经济运行中的"市场失灵"，解决许多市场机制难以解决的问题。过去，受制于科学技术的局限性，政府在宏观调控中能获得的往往只是部分且滞后的信息，这导致政府的宏观调控往往会出现"市场失灵"的问题。而大数据时代，对大量、多维度和完备性的大数据进行收集、整合、分类、加工和处理，为政府获得实时且完备的信息提供了可能，能有效缓解由于信息不足而导致的调控失灵问题。

基于大数据的宏观经济预测，相较于传统的宏观预测方式将发生多方面变革，且体现出明显的优势。首先，随着信息量的扩大和信息处理技术的提高，宏观经济分析将不再局限于统计分析模式，而是将抽样分析转变为总体分析，这将会极大地提高宏观经济分析的准确性和可信度；其次，大数据宏观经济预测为小模型预测转变为大模型预测创造了可能；与此同时，大数据宏观经济预测建立在数据的相关性分析上，可以比传统预测更容易、快捷且清晰的分析各变量之间的关系；最后，大数据的实时性为现时且快捷预估宏观经济提供了可能。

大数据宏观环境预测包含类别较多，方法不尽相同，但大多都采取大数据搜索，再通过模型建构来进行预测。现有研究已从各方面探究如何进行大数据宏观环境预测[1]。例如，目前利用大数据预测国内生产总值(GDP)走势主要是综合使用网络搜索数据、网络爬虫数据等大数据以及传统政府统计数据，结合经典时间序列模型、计量经济模型以及新型的高维数据模型、机器学习等方法进行预测。而通过谷歌提供的关键词搜索或网络搜索数据、采用改进的逐步回归方法分层建立模型能够有效预测失业率。尽管大数据宏观经济预测相比传统的预测方式有突出的优势，但由于数据来源、技术研发等多方面的限制，以大数据为基础的宏观经济分析仍不能完全取代传统的宏观经济分析。

4) 价格预测

价格预测是指对价格变化趋势做出预见性的测算和判断，通过掌握未来时期市场上某种甚至是全部商品价格的变动及幅度，可以把握商品价格变动的趋向及可能会产生的各种影响，从而企业能够合理有效地制定策略，比如合理定价、提高预算编制水平、优化采购等，最终帮助企业减少成本，提升竞争力。相比传统的价格预测，大数据的价格预测基于大量数据的理论支撑，且考虑到了一段时间内的价格变动，及时性、全面性的数据能提升预测的准确性和可靠性。

大数据价格预测可以分为 5 个步骤：①确定分析目标；②挖掘相关数据集；③探索性分析及样本集构建；④构建分析模型；⑤模型评估。在进行大数据价格预测的原始数据收集时，对预测目标相关的信息获取越多，目标预测值就越趋于真实，因此数据收集往往要考虑多方面可能影响价格变化的因素，包括原材料、供求关系、竞争关系以及政治、经济、社会环境等。现有基于大数据的价格预测技术可以分为三类：第一类是时间序列模型，如自回归积分滑动模型

---

1 资料来源：姜疆. 基于大数据的宏观经济预测和分析[J]. 新经济导刊，2018(9).

(arima)，是从时间关联性的角度去预测价格；第二类是简单回归分析模型，例如多元回归、灰色预测等，这类预测模型相对简单，对复杂数据难以归纳其规律；第三类是复杂的分类回归模型，这类模型能够在很大程度上提高预测精度，并可以更好地归纳概括复杂数据，如梯度提升树(xgboost)、随机森林、深度神经网络、支持向量机(SVM)等。

5) 网点预测

商业服务网点布局对于企业的经营盈利尤为重要，好的选址从某种意义上决定了企业经营战略及目标实施的成功程度。传统的网点预测多采用人工的方法收集数据，例如，以前麦当劳要开一家门店，会专门委派市场人员在门店的门口统计每天各时段经过的客流人数。目前也有基于统计数据和问卷调查等传统数据对消费者行为的空间分布和网络集散特征进行研究，但这些传统数据的收集与统计要花费较长时间，且数据精确度不高，也无法实现对数据的快速更新。而大数据的方法可以解决传统数据收集的弊端，精确地帮助运营商、汽车厂家、零售门店等去进行网点预测、精准选址。例如，移动运营商能够通过各移动端信号自动监测各时刻经过某一位置的人流情况，基于此数据去判断该位置是否适合设立门店。

基于大数据的网点预测主要包含人口热度指数、消费指数、自干扰指数、区域贡献指数、通勤便利指数、综合指数六大方面(见图9-6)。

区域人口热点分析——人口热度指数
- 根据居住、工作、到访三个维度对每区域客户聚集热点进行统计得出热点区域。

区域客户消费属性分析——消费指数
- 对区域客户通信消费力、属性特征等进行综合分析，得到区域消费分析。

区域干扰竞争分析——自干扰指数、跟随指数
- 对区内的自有商铺、竞争商铺密度、网点业务量进行干扰、跟随分析。

区域贡献分析——区域贡献指数
- 对区内商铺的营收进行分析，分析其贡献情况，并对指定区域进行预测分析。

区域通勤便利分析——通勤便利指数
- 区域交通设施数量、交通网路街口数量等的分析。

综合指数评估建议——综合指数
- 结合前五点，综合得出评估指数，根据综合分析的各方面情况给出建议。

图9-6 大数据网点预测六大指数

(1) 人口热度指数。人口热度指数主要是监测一个区域的人口分布热点，包括该区域的居住人口、流动人口、工作人口情况，人口越多，其人口热度指数越高。

(2) 消费指数，代表了该区域的消费能力。有的地方的居住流动人口都是企业的高管，那么这个地方的总体消费指数将比较高，用大数据的方法可以制定一个消费指数分析。

(3) 自干扰指数，代表了该地区的竞争干扰情况，即它的竞争数据，主要包含竞争对手的数据，比如竞争对手是否在该区域设立门店，其布局情况怎样等。

(4) 区域贡献指数，主要是看该区域能为企业带来多少贡献，该区域是否有一些商圈店铺，以及其带来的营收情况怎样。

(5) 通勤便利指数，主要是该区域的交通设施情况，交通网路街口数量等分析，是否方便顾客流动。

(6) 综合指数。综合前五点的数据，得出区域的综合评估指数，并根据综合评估给出相应的意见。

基于以上六种数据分析，大数据网点预测会绘制出将该区域的热力图，最终将呈现出一张完整的地图。该地图将会依据综合指数评估建议，为企业显示哪些地方适合选址，如图 9-7 所示。

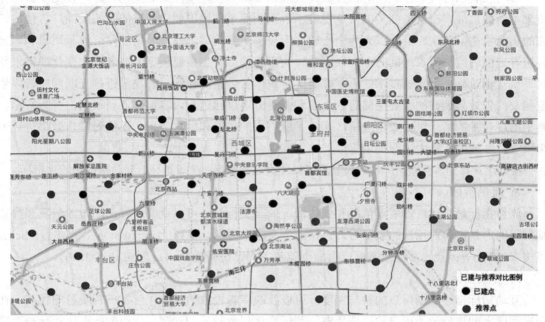

图 9-7　综合指数评估建议图

6) 用户流失概率测算

有研究表明，发展一个新客户的成本是维护一个老客户的 3～8 倍，一个老客户贡献的利润是新客户的 10 倍以上，事实上，用户流失是对企业利润的最大破坏。用户流失率是指用户的流失数量与全部使用或消费产品(或服务)用户的数量的比例，直接反映了产品的市场接受程度如何，以及运营工作的好坏。利用大数据技术，通过对用户数据进行处理，对用户流失建模，以便实现对潜在可能流失的客户进行预测，帮助企业准确掌握用户流失情况，以便及时发现并解决其客户关系、运营管理等问题。

基于大数据的用户流失概率测算一般分为五个步骤，分别为收集用户数据、数据预处理、特征选择、建立模型、模型评估。[1]

(1) 收集用户数据。收集用户留下的过往数据信息，如用户留下的日志信息、交易信息等。

(2) 数据预处理。包括对缺失数据(空值)、不一致数据、错误异常数据、重复数据的处理。

(3) 特征选择。找到原始数据维度中的一个有用的子集，再运用一些有效的算法，实现数据的聚类、分类以及检索等任务。

(4) 建立模型。基于大数据的用户流失概率测算模型包括机器学习和神经网络模型，机器学习算法包含决策树、随机森林、逻辑回归、SVM、Adaboost、KNN 等，神经网络模型包括多层感知机(MLP)、长短期记忆网络(LSTM)等。

(5) 模型评估。可以运用 AUC 值对模型进行评估，AUC 被定义为 ROC 曲线下的面积，对应的数值越大，模型效果越好。

---

1 资料来源：基于大数据的客户流失预测流程. https://blog.csdn.net/qq_27802435/article/details/80917384

9.2.4 大数据驱动的媒体监测与广告效果调研

移动互联网时代，互联网广告投放及其效果监测都发生了巨大的变化，给广告主及监测方带来了新的挑战。在电子商务的快速发展下，新的竞争环境迫使广告主的开始关注广告投放带来的实际收益；其次，目前以人为中心的广告投放更多的要求投放的精准度、流量质量和曝光环境等方面的监测需求；同时，互联网的"快"使得广告主需要根据消费者快速变化的需求及时调整营销策略。大数据技术的出现颠覆了传统广告效果的评估，解决了进行互联网广告媒体监测及广告效果调研的必要性问题。企业和监测方可以通过对内容加码，获取用户行为数据，再根据广告主的需求进行数据分析，实时了解广告的传播和销售效果，还能对广告效果进行未来预测，并辅助广告主进行决策等。

根据用户行为，互联网广告效果监测可以依据三类指标：流量指标、互动指标和转化指标。[1]

1) 流量指标

流量指标是描述广告展现情况和到达情况的一类指标，可以反映广告活动覆盖情况和媒体端展现的广告内容对用户的吸引力，包括点击前流量指标，曝光量(impression)、点击量(click)、点击率(CTR)等；点击后流量指标，页面浏览量(PV)、访问量(visit)、独立访客(UV)。

2) 互动指标

互动指标描述的是用户的参与深度，可以反映广告投放的精准程度及广告质量的优劣，在一定程度上间接反映了用户的心理状态。其标准化程度较低，除部分通用的标准化指标外，广告主还会根据自身的推广目标，设定个性化的互动指标。标准化互动指标包括跳失率(bouncerate)、二跳率(2nd-click rate)、访问深度(PV/V)、访问时间(timeonsite)；而个性化互动指标可以是社会化营销中的评论、转发、点赞、关注等。

3) 转化指标

转化指标是对企业而言最有价值的监测指标，它直接反映了广告活动为企业带来的收益情况。不同行业对转化效果的定义不同，对于销售类转化指标而言，销售量(sales)是通常使用的衡量指标，但对于一些很难通过一次性广告促成购买的产品，如汽车产品，则以销售线索(leads)作为转化指标。

互联网时代的媒体和广告效果监测模式，首先需要基于既有数据实现对消费者行为的洞察，利用各种数据追踪技术，获取并分析目标消费者数据和渠道数据，然后在进行海量内容生产与实时效果监测，并根据效果监测数据及时调整营销策略调整与优化。广告效果的监测基本贯穿了整个互联网广告的作业流程，每一流程都需要进行数据的收集与应用。互联网广告作业模式如图9-8所示。

---

1 资料来源：数据驱动的互联网广告效果监测研究. http://www.360doc.com/content/17/1017/10/672723_695634130.shtml

图 9-8　互联网广告作业模式[1]

9.3　大数据驱动的市场调研方法

9.3.1　大数据采集方法

大数据采集是指针对数据源性质的不同选择对应的方法，从市场中获得各种类型的结构化、半结构化及非结构化的原始海量数据的过程。不恰当的数据采集方法将影响后续的数据处理和分析过程，以致最终无法得到有价值的结果。因此，面对市场里如此丰富的数据量，如何收集这些数据并将其转化为所需要的形式，显得尤为重要。

在市场中，数据产生的途径有很多，数据的组织形式也存在多种类型。根据数据源的不同，可以采用不同的工具和手段来进行数据采集。一般来说，常用的数据采集方法可分为以下三种：传感器采集、日志文件采集和网络数据采集。

1) 传感器采集

传感器通常用于采集声音、温度、振动、距离、压力、水流等物理量。其工作原理是将传感器探测到的数据回传，通过有线或无线网络传递到信息处理中心，集中储存和管理。

随着传感器移动化的普及，基于传感器的大数据采集应用广泛。通常可应用于分析门店客流量的地理位置信息采集、城市人流和车流的移动轨迹采集、汽车座椅舒适性调节的座椅压力传感器采集等场景。

2) 日志文件采集

系统日志文件是由数据源系统或平台产生，以特定格式组织而成的文本文件，记录系统的运行活动。通过对日志文件信息的采集和分析，往往能获得系统或平台业务里的潜在属性和价值，为企业的决策和服务性能的提高提供数据保障。其工作框架大致可分为三个部分：采集日志文件信息的客户端服务器、集中所有日志文件信息的收集中心服务器和存储信息的存储层。

目前，常用的日志文件采集系统有 Syslog-ng、Flume、Scribe、LogStash 等。其主要应用于社交平台的流量监控和管理、系统平台的监控和运营情况分析等场景。

---

1 资料来源：数据驱动的互联网广告效果监测研究. http://www.sohu.com/a/197204401_99962318

3) 网络数据采集

网络数据组织格式多样，存在大量非结构化和半结构化的数据，通常需要借助网络爬虫技术来进行数据提取。通过网络数据采集，可以获取或更新网站访问页面的内容信息。其工作框架主要由分配任务的控制器、下载网页并进行数据处理分析的解析器和存储网页资源的资源库三个部分组成。

目前，常用的网络爬虫框架有 Nutch、Crawler4j、WebMagic、WebCollector、Scrapy 等，主要涉及 Hadoop、Java 和 Python 等程序框架。随着互联网时代的更迭，网络数据采集广泛应用于互联网搜索引擎领域、购物平台的商品信息采集、人员地理空间分布信息采集等场景。

综上所述，大数据采集方法总结如表 9-3 所示。

表 9-3　大数据采集方法总结

采集方法	工具/手段	数据结构	应　用
传感器采集	传感器	结构化或非结构化	门店客流量的地理位置信息采集、城市人流和车流的移动轨迹采集、汽车座椅舒适性调节的座椅压力传感器采集等
日志文件采集	Syslog-ng、Flume、Scribe、LogStash 等	结构化或半结构化	社交平台的流量监控和管理、系统平台的监控和运营情况分析等
网络数据采集	Nutch、Crawler4j、WebMagic、WebCollector、Scrapy 等	结构化、非结构化和半结构化	互联网搜索引擎领域、购物平台的商品信息采集、人员地理空间分布信息采集等

9.3.2　大数据清洗方法

当我们采集了大量的数据之后，我们就可以对数据进行直接分析吗？当然不是。采集的数据由于存在多样性和不一致性，因而具有不同的质量情况。通常，我们通过数据清洗的方式将不准确、不完整或不合理的数据进行修补或移除，从而提高数据质量以利于后续分析。

根据 Megan Squire 在《干净的数据：数据清洗入门与实践》[1]一书中介绍，通常有以下几种软件工具和方法可用于清洗数据。

1) 基于电子表格和文本编辑器的数据清洗

电子表格和文本编辑器是常用的办公软件，它们其实也具备简单的数据清洗功能。例如，电子表格可以实现文本分列、字符串的拆分与拼接、数据排序和异常数据的查找与格式化等功能，而文本编辑器则具备文本调整、列选模式、查找与替换和文本排序与去重处理等功能。通过上述基本功能，我们可以在小型数据清洗项目中实现数据的提取、调整和转换，从而获得所要的分析数据。

2) 基于工具和编程语言的数据转换

作为数据清洗的步骤之一，数据转换使得不同组织形式的数据均能以同一种格式储存，便于实现数据间的合并和分析。其中，比较常见的数据格式有 JSON 格式和 CSV 格式。那么，我们如何实现数据转换的呢？通常我们可以直接通过转换工具实现数据转换，也可以通过 Python 或 PHP 编程语言来生成所需格式的数据文件。

对于数据量较小的数据，最便捷的数据转换方式是利用 Excel 和 Google Spreadsheets 等电

---

1 资料来源：Megan Squire.干净的数据：数据清洗入门与实践[M]. 北京：人民邮电出版社，2016.

子表格工具直接将数据转换为 CSV 或 JSON 格式。此外,通过 SQL 语句或数据库扩展工具也可以实现从 MySQL 数据库中导出 JSON 和 CSV 两种格式的数据。

而基于 PHP 和 Python 等编程语言的数据转换往往具备更丰富的数据转换功能。比如,上述两种编程语言均能实现 CSV 格式与 JSON 格式间的相互转换,而 PHP 甚至还可以从数据库 SQL 查询结果直接导出 CSV 或 JSON 格式的文件。

3) 基于 HTML 页面的数据清洗

对于 HTML 页面的行集合结构和树形结构,通常可以采用不同的清洗方法来对症下药。比如,利用 Python 和正则表达式可以识别 HTML 文件中的分隔符,从而实现所需数据的提取和清洗工作。然而,这种方式对随时处于变化状态的网页而言是不稳定的。正则表达式完全依赖 HTML 页面结构,需根据页面结果随时进行调整。对于树形页面结构,Python 编程语言的 BeautifulSoup 库可被用于解析该结构页面。另外,基于浏览器的工具也可以实现网页数据的收集和清洗工作,比如 Chrome 浏览器的扩展工具 Scraper 便是其中的便捷工具之一。

4) 基于 PDF 文件的数据清洗

众所周知,以 PDF 格式存储的文件比一般文本文件更难提取信息。在进行 PDF 文件的数据清洗过程中,复制粘贴是最基础却也是最烦琐的一种方法,并且对于复杂的表格也不奏效。更多的是借助转换工具实现从 PDF 文档中抽取数据。例如,Python 语言下的 pdfMiner 包、Tabula 程序和 Adobe Acrobat 软件等工具。

数据清洗实则也是对数据进行预处理。有学者将大数据预处理分为数据合并、数据清理、数据转换和数据简化这四个主要任务,其通常的处理方式如表 9-4 所示。

表 9-4　数据预处理与方法总结[1]

主要任务	子任务	普遍方法
数据合并	收集数据	SQL 查询、软件代理、网络爬虫、数据处理 API
	选取并过滤数据	领域专家、SQL 查询、统计测试
	整合数据	SQL 查询、领域专家、以本体论为基础的数据配置
数据清理	处理数据中遗漏值	用近似值(平均值、中值、最小值/最大值、调试值)补充遗漏值、用如 ML 等的常数对遗漏值重新编码、去掉遗漏值、不予理睬
	确定并降低数据噪音	用简单的统计方法或聚类分析(如平均值与标准差)确定数据异常值、用舍弃法、回归或简单的平均值法处理异常值
	找出并消除错误数据	确定数据中诸如不一致的分类标签、异常分布等的错误值(非异常值);利用领域专家修正错误值或直接去掉错误值
数据转换	规范数据	用不同的规范法将数值化变量的数值范围缩小并标准化(例如, 0 到 1、-1 到+1)
	离散或整合数据	用以范围或频率为基础的筛选方法将数值型数据转换为离散数据;分类变量中,用恰当的概念等级减少数据量
	确定新属性	运用不同的数学函数(简单的有加法与乘法,复杂的有对数变换组合)根据已知变量确定新变量
数据简化	减少属性数量	主要成分分析、独立成分分析、卡方检验、相关性分析、决策树
	减少数据量	随机抽样、分层抽样、以专业知识为基础的抽样
	平衡偏斜数据	对代表较少的数据类别过度抽样或对代表多的数据类别减少抽样

1 资料来源:杜尔森·德伦. 大数据掘金:挖掘商业世界中的数据价值[M]. 北京:中国人民大学出版社,2016.

9.3.3 大数据建模与算法

数据经采集、清洗之后，就会输入设计的模型和算法中进行分析运算，最终输出一个结果，供我们结合问题实际情况做进一步的分析和评价。在这一环节，通常需要不同的数据分析模型和算法来帮助我们挖掘大数据中的价值。根据杜尔森·德伦在《大数据掘金：挖掘商业世界中的数据价值》一书中介绍，他把数据挖掘任务分为预测、关联和分组三类分析任务。从数据挖掘的三个分析任务来看，预测分析主要利用市场现有数据来预测未来的市场走向，供管理者做出相应的市场决策；关联分析旨在找出市场中变量或对象之间的相关关系，以便商家了解消费者的行为喜好，从而做出相应营销活动；分组分析主要是将目标对象根据属性进行分组或聚集，将属性联系较强的目标对象聚集在同一小组中，以此来实现对不同属性目标的管理。依据不同的挖掘任务，有对应不同的方法和算法，如表 9-5 所示。

表 9-5 数据挖掘任务与对应的方法、算法

数据挖掘任务	数据挖掘方法	主要相关的数据挖掘算法	应 用
预测分析	分类	决策分类树、人工神经网络(ANN)、支持向量机(SVM)、K-近邻算法(KNN)、贝叶斯、遗传算法(GA)	信贷审批、目标市场营销、欺诈检测等预测离散结果的应用
	回归	线性/非线性回归、ANN、回归树、SVM、KNN、GA	预测股票在当天结束时的价值差异等预测数值的应用
	时间序列	自回归法、平均法、指数平滑法、自回归移动平均模型(ARIMA)	预测股市指数收盘价、某一杂货店的日销量等预测由时间决定是数值序列的应用
关联分析	市场篮子	演绎法、OneR、ZeroR、Eclat、GA	交叉营销、店面设计、电商网站设计、销售/促销配置、分析汽车企业产品价格、供应商评价、退货原因间的关联关系等
	联系分析	期望值最大化(EM)、演绎算法、以图表为基础的匹配	
	序列分析	演绎算法、FP-Growth、以图表为基础的匹配	
分组分析	聚类	K-均值、EM	客户关系管理系统、图像分割或分类等
	偏差值分析	K-均值、EM	

根据上述分析任务，我们通常在大数据建模过程中会有分类模型和回归模型、关联规则分析模型和聚类分析模型等。[1]下面，将简单介绍其中几种比较常见的算法及其应用。

1) 决策树分类算法

决策树运用递归方法将训练集按属性划分至不同类别，以此构造具备分支和节点的树形结构。其中，分支表示根据某个属性进行分类的测试结果，叶节点表示一种类别。决策树的构建算法主要有ID3、C4.5、CART、随机森林等，其中ID3是最基本的构建算法。

以预测贷款用户是否具有偿还贷款能力为例。贷款用户主要具备三个属性：是否拥有房产、是否结婚、平均月收入。根据该前提条件构建决策树如图 9-9 所示。

每一个内部节点都表示一个属性条件判断，叶子节点表示贷款用户是否具有偿还能力。例如，用户甲没有房产，没有结婚，月收入 5000 元。通过决策树的根节点判断，用户甲没有房产，符合根节点右边分支；再判断是否结婚，用户甲没有结婚，符合左边分支；然后判断月收入，

---

1 资料来源：王宏志，梁志宇，李建中，等. 工业大数据分析综述：模型与算法[J]. 大数据，2018,4(05):62-79.

用户甲月收入大于 4000 元，符合左边分支，该用户落在"可以偿还"的叶子节点上。所以预测用户甲具备偿还贷款能力。

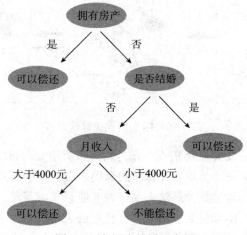

图 9-9　案例决策树示意图

2) 支持向量机算法

近年来，支持向量机(SVM)已成为机器学习技术中广受欢迎的一种算法，可应用于统计分类以及回归分析中。作为一种监督学习算法，它会根据标记的训练数据建立输入向量/输出向量函数，从而建立相应的数据分析模型。

由于支持向量机具备较高的预测精确度，因而它在实际问题的解决上也表现出优越的性能，广泛应用于医学诊断、生物信息学、脸部和声音识别、需求预测、图像处理与文本分析等领域。

3) 人工神经网络算法

人工神经网络(ANN)是利用机器学习技术中的一种模式识别方法——神经计算所获得的结果。受生物神经启发，人工神经网络主要根据大脑思维过程来处理信息，具备从数据中"学习"的能力，可用于模式识别、预测与分类等方面。人工神经网络也是一种监督学习模型，它具有多层感知器，信息从输入层传递到隐藏层，隐藏层对接收的信号进行转化，并将其传输到输出层。比较临时输出层结果与所要的结果，调整权重进行重新输入，直至达到预期目标。

目前，人工神经网络已广泛应用于金融、市场、制造、运营、信息系统等领域。针对不同领域的不同问题，人工神经网络算法现已建立多个不同模型，可运用于不同实际情况。

4) Apriori 算法

在机器学习技术中，Apriori 算法最常用于挖掘关联规则，是一种频繁项集算法。它主要包括候选集生成和可信度筛选获得关联规则两个阶段，是一种无监督学习算法。前文列举的著名的"啤酒和尿布"的案例就是 Apriori 算法的一个应用。

目前，Apriori 算法的应用也比较广泛。在商业上，可用于分析消费市场价格、猜测顾客的消费习惯、制订品牌营销计划等；在网络安全上，可用于检测网络入侵。

5) K-均值聚类算法

K-均值聚类算法是最常用的聚类算法，主要将 N 个数据点分配到 K 个集群中，其分配原则是分配到与其相距最近的中心(也称为质心)所属的集群中。其算法步骤如图 9-10 所示。

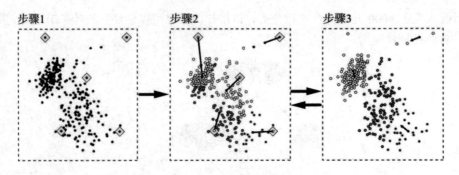

图9-10　K-均值聚类算法过程

其中，第一步是随机生成 K 个随机点，作为初始聚类中心；第二步是将每个点进行分配，分配到最近的聚类中心；第三步是重新计算新的聚类中心。依次重复步骤2和3直至分配的集群趋于稳定。由此可见，K-均值聚类算法也是一种非监督学习算法。

在图像分割和分类上，K-均值聚类算法具有良好的表现。可用于提取驾照上的文字信息，也可用于分析遥感影像上的地物类别。

综上所述，大数据分析的模型与算法有很多，不同模型和算法可用于不同的场景。如何根据实际问题选择最合适的模型和算法将是我们要思考的重要问题。

9.3.4　大数据分析及相关工具

大数据驱动的市场调研旨在挖掘市场数据的奥秘，因而大数据分析作为其调研步骤的最后一个环节，也是最关键的阶段。它主要基于采集、清洗的数据，建立与研究主题相关的特定模型，通过对应的模型算法来挖掘数据中隐藏的规律，进而结合研究主题得出相关的决策方案。根据不同的模型算法及分析目的，大数据分析可有多种不同的分类方式。根据数据分析的实时性划分，一般有实时数据分析和离线数据分析两种；根据数据分析的深度划分，一般有描述性数据分析、预测性数据分析和规律性数据分析三种。有学者基于大数据分析在不同应用领域的发展演化，将数据分析的研究分为结构化数据分析、文本分析、web 数据分析、多媒体数据、社交网络数据分析和移动数据分析这6个方向，并从数据源、数据特性、分析方法等方面对其进行比较，如表9-6所示。[1]

表9-6　大数据分析方法分类

数据分析领域	数据源	数据特性	数据分析方法
结构化数据分析	· 客户交易 · 科学数据	· 结构化记录 · 少量，实时	· 数据挖掘 · 统计分析
文本分析	· 日志文件 · 电子邮件 · 文档 · 政府法规	· 非结构化 · 富文本格式 · 上下文结构 · 具备语义信息	· 文档演示 · 自然语言处理(NLP) · 信息提取 · 主题模型

---

1 资料来源：李学龙，龚海刚. 大数据系统综述[J]. 中国科学：信息科学，2015,45(01):1-44.

(续表)

数据分析领域	数据源	数据特性	数据分析方法
文本分析	· 网页内容 · 网络反馈和意见	· 依赖于语言	· 文本摘要 · 文本分类 · 文本聚类 · 问答系统 · 观点挖掘
Web 数据分析	· 大量网页	· 文本和超链接 · 符号化 · 元数据	· Web 内容挖掘 · Web 结构挖掘 · Web 用法挖掘
多媒体数据分析	· 公司和用户 · 生成多媒体 · 监督 · 健康及病人媒体	· 图像、音频、视频 · 大量 · 冗余 · 语义鸿沟	· 多媒体摘要、标注 · 多媒体索引和检索 · 多媒体推荐 · 多媒体事件检测
社交网络数据分析	· 文献计量学 · 社会学网络 · 社交网络	· 富文本结果 · 社交关系 · 噪声和冗余 · 快速演化	· 链接预测 · 社区发现 · 社交网络演化 · 社交影响分析 · 关键词搜索 · 分类、聚类 · 迁移学习
移动数据分析	· 移动终端应用 · 传感器 · 无线射频识别(RFID)	· 基于位置属性 · 个性化 · 碎片化信息	· 监控 · 基于位置的数据挖掘

尽管大数据分析的应用领域广泛,但通过统计分析、数据挖掘和数据可视化这一系列通用的分析方法便可以获得所要的研究结果。而现在,市面上已有很多相关的平台工具进行这一系列的数据分析。下面将从功能特点和局限性两个角度,介绍几种比较常用的大数据分析平台和工具。

1) Hadoop

Hadoop 是一个能够对大量数据进行分布式处理的软件框架,为用户提供轻松架构和使用的分布式计算平台。由于它依赖于社区服务器,因而成本较低,任何人都可以使用。

Hadoop 主要具备高可靠性、高扩展性、高效性和高容错性等优点。虽拥有良好处理性能,但 Hadoop 也有一些不足。它不适合进行低延迟数据访问,无法高效存储大量的小文件,同时也不支持多用户写入及任意修改文件。

2) Storm

Storm 是一个分布式的、容错的连续性实时计算系统,可以处理大量数据流,可用于处理 Hadoop 的批量数据,应用广泛。它可用于实时分析、在线机器学习、分布式 RPC、大规模 Web 信息搜索、海量数据离线分析处理等场景。

Storm 主要具备实时处理数据的能力，可动态调整并行度，容错性高。虽实时性强但吞吐量低，这是它不足的地方。

3) RapidMiner

RapidMiner 是近年来受欢迎的免费数据挖掘工具之一，提供一些可扩展的数据分析挖掘算法的实现，旨在帮助开发人员更加高速、有效地达到目的。它的功能丰富，主要包括数据挖掘、数据预处理和可视化、预测分析和统计建模、评估和部署等功能模块；应用广泛，可用于文本挖掘、多媒体挖掘、数据流挖掘等领域。

RapidMiner 采用图形用户界面互动模式，数据挖掘过程简单且直观，分析过程具有极大的灵活性和扩展性。然而，RapidMiner 在行数方面存在限制，需要足够的硬件条件支撑。

4) WEKA

WEKA 也是一款免费开源的机器学习和数据挖掘软件，支持多种标准的机器学习任务，包括数据预处理、聚类、分类、回归分析以及特征选择等。对于具备编程能力的高级用户，WEKA 支持 Java 编程和命令行来调用分析组件；对于普通用户，WEKA 也提供了图形化界面 (WEKAKnowledgeFlow、WEKA Explorer)，供用户进行简便的操作。

KnowledgeFlow 具备可移植性，但不能进行多维关系数据挖掘，需要借助其他工具将建立联系的数据库表转换为单一表格再在 WEKA 平台上使用。

5) Software – R

R 软件是一款针对编程语言和软件环境进行统计计算和制图的免费软件，提供数据挖掘和分析功能，也提供统计和制图技术，主要由一系列数据操作、计算和图形可视化的工具构成。

作为轻量级软件，R 软件扩展性较强，可视化能力较强，但它对于大文本数据或体量较大数据的处理效率较低。

6) KNIME

KNIME 是一款基于 Java 语言的开源化的数据分析工具，具备数据提取、集成、处理、分析、转换等功能。它综合了数据挖掘和机器学习的组件，具有图形用户界面，操作比较方便。然而，KNIME 可视化效果不佳。

7) Tableau

Tableau 是一款数据可视化开发和实现的工具，操作简便，可将数据以交互可视化的形式发布到 Web 平台以分享。它的主要特点在于强大的可视化功能，而弊端在于其对于数据的规范化要求较高，在数据量上存在限制。

8) Python

Python 是一门面向对象、直译式的计算机程序设计语言，可以快速进行数据整理，完成数据采集、清洗、建模和可视化绘图等数据分析工作。它具有开源性、可移植性、可扩展性等特点，应用广泛。

除了上述介绍的工具以外，还有如 SAS Data Mining、Orange 数据挖掘软件、NLTK、JHepWork、Pentaho 和 Tanagra 等工具可用于进行大数据挖掘和分析。

9.3.5 大数据与小数据的融合

当我们了解到大数据驱动的市场调研方法之后，便会认识到如果能够将全面的海量数据与特征属性显著的传统数据结合的话，会得到更为精准的分析结果。这里我们引入一个"小数据"

的概念。关于大数据和小数据的概念，不只是体量大小的区别而已。其中，大数据侧重于调研对象的广度，在于面面俱到，包含大量客观事实和客观现象；而小数据则侧重于调研对象的深度，在于个体的具体行为属性、社交特征、心理状态等数据，挖掘现象背后的原因。因而，小数据和大数据并不是相互孤立的，通过小数据的研究结果，可以诠释大数据的预测结果，实现大数据与小数据的融合，更有说服力。多元化的数据融合必然是未来发展的一个趋势。

一般来说，大数据与小数据的融合有两种方式。一种是建立数据与数据之间的联系，既要跨领域融合、跨网络融合，又要做到线上线下的融合，将同一对象分散在不同平台的属性信息集中到一起，构建更为完整、立体、全面的对象。另外一种是在大数据的数据库中抽样进行传统问卷调查，以补充和完善大数据库的信息，使得分析更为全面、真实。

有学者认为数据只有跨域关联才能发挥最大的价值，如国家电网智能电表的数据和地产数据交叉，可以用于估计房屋空置率；金融数据和电商数据碰撞在一起，就产生了像小微贷款那样的互联网金融；物流数据和电商数据凑在一块，可以了解各个经济领域的运行情况；电信数据和政府数据相遇，可以产生人口统计学方面的价值，帮助城市规划人们居住、工作、娱乐的场所……[1]接下来，将从两个具体的数据融合案例来进一步体会大数据与小数据融合的价值。

1) 公共安全领域的大数据融合案例[2]

公共安全领域的数据包括人员信息(如人员户籍库、重点人员库等)、人员行为轨迹数据(如飞机、火车出行数据等)、车辆信息(如车辆购买信息、违章信息等)、电信数据(如话单)等结构化数据和网页、卡口图片、重点区域的视频监控录像等非结构化数据，其主要应用场景是为公安办案提供线索。

目前采取的方案是基于超大规模复杂关联数据的管理理论建立超大规模的实体——关联图。图上的每个顶点代表自然界的一个客观对象，如人员、物品、住所等；图上的边表示实体之间的关系。示意图如图 9-11 所示。

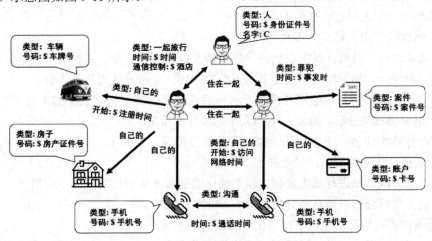

图 9-11 公共安全领域数据融合实例

这种方案总体上分为数据治理、关系构建、可视化交互分析和构建各警种的具体应用这 4 步。通过这种方式可以最终实现将割裂分布的数据整合到一个统一平台，便于进行数据管理、

1　资料来源：徐立军. 数据时代的未来 大数据与小数据融合的价值与路径[J]. 新闻与写作，2015(11):11-15.

2　资料来源：孟小峰，杜治娟. 大数据融合研究：问题与挑战[J]. 计算机研究与发展，2016，53(02):231-246.

查询、监控和分析等服务。同时，该方案需提供事前预警服务，弥补目前事后研判的损失。当然，这种方案的实现需要实时更新数据库信息，确保数据的演化进程与实际相符。

2) 用户画像与调查问卷结合的大数据融合案例

汽车厂商与淘宝的数据交叉应用分析，可以更加直接精准的进行消费者图谱的分析，得到消费者的用户画像，其特征属性包括性别、年龄、地域等个人基本特征，网购平台信誉等级、网购频率等个人购物特征，以及兴趣爱好、品牌偏好等个人消费偏好。例如，科鲁兹采用这种方式发现车主购买汽车的时间与购买奶粉的时间非常一致。因此，他们采用调查问卷的形式，验证了汽车与奶粉之间的关联关系。

由此可见，根据用户画像的大数据发现的规律现象，可以进行传统的方式进行数据调研，从而验证猜想的真实性。大数据和小数据相互补充，由表及里，构建更为完整的目标对象。

9.4 大数据驱动的市场调研案例

9.4.1 大数据驱动的用户画像案例

用户画像是根据用户社会属性、生活习惯和消费行为等信息而抽象出的一个标签化的用户模型。构建用户画像的核心工作即是给用户贴"标签"，而标签是通过对用户信息分析而来的高度精练的特征标识。

举例来说，如果你经常购买一些玩偶玩具，那么电商网站即可根据玩具购买的情况替你打上标签"有孩子"，甚至还可以判断出孩子大概的年龄，贴上"有5~10岁的孩子"这样更为具体的标签，而这些所有给你贴的标签综合在一起，就成了你的用户画像，因此，也可以说用户画像就是判断一个人是什么样的人。

用户画像的作用大体有以下几个方面。

(1) 精准营销，分析产品潜在用户，针对特定群体利用短信、邮件等方式进行营销。

(2) 用户统计，如中国大学购买书籍人数TOP10，全国分城市奶爸指数。

(3) 数据挖掘，构建智能推荐系统。利用关联规则计算，喜欢红酒的人通常喜欢什么运动品牌；利用聚类算法分析，喜欢红酒的人年龄段分布情况。

(4) 进行效果评估，完善产品运营，提升服务质量。实际上，这也就相当于市场调研、用户调研，迅速定位服务群体，提供高水平的服务。

(5) 对服务或产品进行私人定制，即个性化的服务某类群体甚至每一位用户。

(6) 业务经营分析以及竞争分析，影响企业发展战略。

下面我们通过京东的案例来探讨由大数据驱动的用户画像。

首先，为什么要做用户画像？一方面是因为海量信息的汇集。京东是一家大型全品类综合电商，海量商品和消费者产生了从网站前端浏览、搜索、评价、交易到网站后端支付、收货、客服等多维度、全覆盖的数据体系。另一方面，日益复杂的业务场景和逻辑使得信息的处理挖掘日益重要。也就是说，京东已经形成一个储量丰富、品位上乘且增量巨大的数据金矿，但在相当长一段时间，宝山空回的局面经常出现，研究人员会被反复追问，为什么促销活动做了这么久，力度也挺大，但是没有带来预期用户的增长呢？从用户画像分析来看，很可能是在错误的时间、错误的地点对错误的人做了错误的促销活动。

其次，用户画像怎么做？从理论上说，用户画像就是在解决把数据转化为商业价值的问题，是从海量数据中来挖金炼银。这些以 TB 计的高质量多维数据记录着用户长期大量的网络行为，用户画像据此来还原用户的属性特征、社会背景、兴趣喜好，甚至还能揭示内心需求、性格特点、社交人群等潜在属性。了解了用户的各种消费行为和需求，精准刻画人群特征，并针对特定业务场景进行用户特征不同维度的聚合，就可以把原本冷冰冰的数据复原成栩栩如生的用户形象，从而指导和驱动业务场景及运营，发现和把握蕴藏在细分海量用户中的巨大商机。

　　用户画像应用服务支持京东集团全业务需求，其下游面向不同类型、不同需求的人群，他们需求各不相同，从技术方案到使用方法也千差万别，因此有必要采取体系化多层次服务平台进行支持。对于公司内部，针对研发、采销、市场、客服、物流等各体系不同需求分别采取统一的数据仓库、数据接口服务、产品化平台多种服务方式提供支持，针对各业务线需求场景不同，人员经验也不尽相同，用户画像的平台化给内部使用人员打造切合自身业务场景和使用经验的操作；对经验丰富的使用者提供更深入、综合参考并可自主定制或二次开发；给经验较浅的用户提供数据之外还培养其分析意识；对"小白"用户则可建立数据化分析运营的意识与习惯；对外部用户的支持力度也在逐步放开、加大，比如 POP 商家，可以满足商家针对自身店铺的个性化定制需求，并结合各种营销方式提供一站式服务解决方案。

　　在京东用户行为日志中，每天记录着数以亿计的用户来访及海量行为。通过对用户行为数据进行分析和挖掘，发掘用户的偏好，逐步勾勒出用户的画像。用户画像通常通过业务经验和建立模型相结合的方法来实现，但有主次之分，有些画像更偏重于业务经验的判断，有些画像更偏重于建立模型。

　　业务经验结合大数据分析为主勾画的人群，由于跟业务紧密相关，更多的是通过业务人员提供的经验来描述用户偏好。根据京东业务人员的经验，基于客户对金额、利润、信用等方面的贡献，建立多层综合指标体系，从而对用户的价值进行分级，生成用户价值的画像。一方面京东的产品经理可以根据用户价值的不同采取针对性的营销策略，另一方面通过分析不同价值等级用户的占比，从而思考如何将低价值的用户发展成高价值的用户。或者，通过用户在下单前的浏览情况，京东业务人员可以区分用户的购物性格。有些用户总是在短时间内比较了少量的商品就下单，那么其购物性格便是冲动型；有些用户总是在反复不停地比较少量同类商品最后才下单，那么其购物性格便是理性型；有些用户总是长时间大量地浏览了很多商品最后才下单，那么其购物性格便是犹豫型。对于不同购物性格的用户，京东推荐不同类型的商品，如针对冲动型用户，京东直接推荐最畅销的同类商品，而理性型用户则推荐口碑最好的商品。并且针对每一个用户，京东都根据其购物性格定制了个性化的营销手段。

　　以建立模型为主勾画的人群，不能直接认为买过母婴类用品的用户家里就一定有孩子，因为这次购买很有可能是替别人代买或者送礼物。所以要判断这个用户所购买的母婴类商品是否是给自己买。京东根据用户下单前浏览情况、收货地址、对商品的评价等多种信息建立模型，最终判断出用户家庭是否有孩子。再根据购买的商品标签，如奶粉的段数、童书适应年龄段等信息，建立孩子成长模型，在孩子所处不同的阶段进行精准营销。

　　京东拥有最全的品类，各品类间用户转化成为业务的重点。挖掘一个品类的潜在用户，首先要找出此品类已有的用户，然后通过这些用户的行为、偏好、画像等信息对用户细分，挖掘其独有的特征，最后通过这些特征建立模型定位出该品类的潜在用户。

　　另外，京东也注重验证为用户描绘的画像是否准确。比如一个用户的画像是：性别男、年龄在 36～45 岁之间、家里有孩子、未婚、有车一族、购买等级高。可以很快发现，家里有孩子且未婚是一个矛盾的结果。仔细查看这个用户的画像，似乎只有未婚这一条与其他画像格格不入。通过模型之间的验证，京东会发现一些错误案例并分析原因，进而改进模型。

最后，用户画像带来了什么效果？2017 年 6·18 前夕，京东"范产品"的数据接口服务，将用户画像模型充分应用到产品当中，根据族群的差异化特征，帮助业务部门找到营销机会、运营方向，全面提高产品的核心影响力，增强产品用户体验。应用模型包括年龄、性格、购物偏好、购买力等用户特征，诠释勾勒出用户在京东上的体貌特征，赋予一定的潮流"范儿"的概念，贴近用户。京东 6·18 全民年中购物节第一小时销售额同比 2016 年增长近 250%；截至 2017 年 6 月 18 日 24 点，京东的累计下单金额高达 1199 亿元。

2017 年京东全年净利润 50 亿元人民币，同比增长 140%；全年净收入 3623 亿元人民币，同比增长 40.3%；截至 2017 年 12 月 31 日，京东年度活跃用户数为 2.925 亿，同比增长 29.1%。同时，2017 年全年，京东 GMV 接近 1.3 万亿元人民币，大致相当于三分之一个阿里电商业务规模，全年 GMV 首次成功破万亿。相信这些辉煌的数据都离不开京东应用大数据驱动的用户画像技术的支持。

9.4.2 大数据驱动的销量预测案例

销售预测是指在充分考虑未来各种影响因素的基础上，结合以往的销售情况以及使用系统内部内置或用户自定义的销售预测模型，获得的对未来销售情况的预测，并通过一定的分析方法提出切实可行的销售目标和计划。以下展示几个简单的案例来帮助读者更好地理解大数据驱动的销售预测。

1. 案例一：塔吉特

利用先进的统计方法，商家可以通过用户的购买历史记录分析来建立模型，预测未来的购买行为，进而设计促销活动和个性服务避免用户流失到其他竞争对手那边。美国第三大零售商塔吉特，通过分析所有女性客户购买记录，可以"猜出"哪些是孕妇。其发现女性客户会在怀孕 4 个月左右，大量购买无香味乳液。由此挖掘出 25 项与怀孕高度相关的商品，制作"怀孕预测"指数。推算出预产期后，就能抢先一步，将孕妇装、婴儿床等折扣券寄给客户。塔吉特还创建了一套购买女性行为在怀孕期间产生变化的模型，不仅如此，如果用户从它们的店铺中购买了婴儿用品，它们在接下来的几年中会根据婴儿的生长周期定期给这些顾客推送相关产品，使这些客户形成长期的忠诚度。

2. 案例二：潘吉瓦

大多数消费者倾向于追寻意见领袖的生活方式。潘吉瓦公司运用数据分析来预测流行趋势，以此为基础甚至撬动全球贸易。潘吉瓦曾经通过 41 次追踪《暮光之城》的徽章、袜子的运输情况，分析在这部电影中主角的服饰对流行趋势有多大影响率，并将分析结果告知用户，建议他们对自己的行动做出恰当的调整。

3. 案例三：美国运通

环球旅游公司美国运通以前只能实现事后诸葛亮式的报告和滞后的预测，传统的商业模式已经无法满足其业务发展的需要。于是，美国运通开始构建真正能够预测客户忠诚度的模型，基于历史交易数据，用 115 个变量来进行分析预测。美国运通表示，对于澳大利亚将于之后 4 个月中流失的客户，已经能够识别出其中的 24%。下一步就是要针对这种情况想办法挽留客户。

酒店业可以为消费者定制相应的独特的个性房间，甚至可以在墙纸上放上消费者微博的旅游心情等。旅游业可以根据大数据为消费者提供其可能会喜好的本地特色产品、活动、小而美的小众景点等来挽回游客的心。

4. 案例四：一号店

知名网上超市一号店也能够很好地运用大数据来分析客户流失情况，加以管理，进而把握住未来产品的销售情况。一号店成功建立了客户流失预警模型，不仅挖掘捕捉出了客户流失的特征，而且还分析和测算出了潜在流失客户的数据，从而减少了客户的流失。同时，一号店还通过分析顾客的购买行为记录和习惯，给顾客推荐关联套餐，成功给他们推送了感兴趣的商品，增强顾客选购商品的便利性，刺激购买欲望，从而提高了顾客的购买量和购买频率，提升了忠诚度。

以上 4 个简单的小案例有力地说明了销售预测的重要性，它能够在真实情况发生前进行预报，对于好的未来趋势可以帮助企业抢占市场的先机，对于坏的情况可以提醒企业提前做好准备，规划好处理方案以尽量避免负面情况的出现。而预测的重要基础是对历史数据充分、深入的理解，这正是在大数据驱动下才有可能实现的。

9.4.3　大数据驱动的网点预测案例[1]

这部分以城市规划中快递网点服务区预测与评价作为案例来展开介绍。

城市商业网点直接关系商业功能的成功实现，随着电子商务的蓬勃发展，各电商间竞争激烈，而物流服务作为电商中的关键环节，其服务范围的准确预测涉及包括快递公司以及大型电商等的多方利益。快递网点服务区的合理预测，对快递行业发展以及合理布局商业网点至关重要。本案例以上海市经济发达、人口密度较高的中心城区杨浦区为例，基于道路网利用网格分析、查询最邻近设施网络分析模型对区内 82 个快递网点涉及 20 个快递公司进行服务区预测。

1) 研究数据

上海市杨浦区行政区划图(数字化)，精确到街道；人口数据来自 2013 年上海市杨浦区统计年鉴；杨浦区道路网(数字化，并赋属性值)；快递站点的获取，利用百度地图抓取所有快递站点地址，利用地图寻址工具，进行空间定位，最终整理出 82 个快递网点，涵盖不同规模的20 个快递公司。

2) 研究方法

(1) 网络分析。对地理网络(如交通网络)、城市基础设施网络(如各类通信线路、电力线)进行地理分析建模，通过研究网络的状态以及模拟和分析资源在网络上的流动和分配情况，实现对网络结构及其资源等的优化问题。

(2) 缓冲区分析与叠置分析。根据一定距离或者属性值生成点、线、面要素的影响范围，实现范围扩展，与其他图层在空间上相互叠加，生成兼有多数据层属性的新图层，从而形成新的空间关系，便于研究数据间的作用机制。

(3) 网格分析。把研究区划分为若干小的格子，将大区域的问题转化为若干小格子区域问题，优点是网格面积统一，使指标便于横向比较，同时突破现有分区的影响。

3) 预测评价结果

(1) 服务面积、服务人口、快递站点三者关系。为在同一标准下比较快递站点个数、服务

1　资料来源：匡晓明，魏本胜. 城市规划中快递网点服务区预测与评价[J]. 江苏城市规划，2015(03).

面积、服务人口规模三者的关系，取各指标占总体的百分比作为量度。在本案例中，从人口规模角度，韵达优势明显，其次是圆通、申通、中通，其他快递公司如万家、祥和、快捷等则规模较小。从服务面积看，韵达依然具有明显优势，其次是圆通、申通、天天。

(2) 竞争强度。由竞争强度图易得出，研究区北部竞争压力较南部小，尤其是东北部，全峰、优速、怀翔等在这方面占据很大优势，而韵达、中通、天天等较大的快递公司处于竞争激烈区的概率较大。站点密集区各自服务范围较小，站点稀疏区竞争小，利于占有更大的服务面积。

(3) 站点利用效率和投入产出比。站点利用效率即快递公司每个站点的平均服务人口规模，反映了快递公司建立站点的回报率，投入产出效率即付出单位距离成本所能服务的人数。通过数据计算可以得到各公司的站点利用率和投入产出比情况。在本案例中，从站点利用率看，全峰快递以绝对优势处于第一位，中铁、韵达、圆通、申通、汇通处于第二梯队。而投入产出方面，效率最高的是祥和、万家等小规模公司，而规模较大的公司效率反而较低。具体图示可扫描右侧二维码获取。

杨浦区快递网点

通过对杨浦区快递网点进行数据分析预测，可以有效把握该区域物流分布情况，对于各物流公司调整网点分布以及新公司进入都具有指导作用。例如，对于发展初期的快递公司，此时应该避开竞争激烈地区，而大规模公司应该在已有网点的情况下做出调整，将竞争激烈地区的网点向竞争较少的区域迁移。

9.4.4 大数据驱动的流量预测案例[1]

这部分以基于数据挖掘的高校图书馆借阅流量预测为案例来展开介绍。

在图书馆信息急剧膨胀的过程中，图书馆智能化管理程度要求越来越高，图书管理系统面临巨大的挑战。图书借阅流量预测是图书馆系统中的重要技术，为此如何对高校图书馆图书借阅流量进行建模和分析成为各高校图书馆热切关注的问题。

针对高校图书馆图书借阅流量变化的随机性和混沌性，引入混沌理论对高校图书馆图书借阅流量原始数据进行分析，建立高校图书馆图书借阅流量建模的学习样本，然后采用数据挖掘技术构建高校图书馆图书借阅流量预测模型，对高校图书借阅流量进行预测。

1) 图书馆图书借阅流量预测模型的工作步骤

第一步针对具体一个高校图书馆，采集起一段时间的图书借阅流量；第二步根据 C-C 方法(混沌分析方法的一种)估计高校图书馆图书借阅流量的最优 m 和 τ；第三步根据最优 m 和 τ 建立高校图书馆图书借阅流量预测的学习样本；第四步确定最小二乘支持向量机的参数 γ 和 σ 值；最后采用最小二乘支持向量机对高校图书馆借阅流量预测建模的训练样本进行学习，建立高校图书馆图书借阅流量预测模型。图书馆借阅流量预测模型的工作流程如图 9-12 所示。

2) 具体方法

该模型主要利用了混沌理论和最小二乘支持向量机两种方法。混沌理论(chaos theory)是一种兼具质性思考与量化分析的方法，用来探讨动态系统中(如人口移动、化学反应、气象变化、社会行为等)必须用整体、连续的而不是单一的数据关系才能加以解释和预测的行为。最小二乘支持向量机是近几年提出来的新型数据挖掘技术，建模效率高，而且继承了为支持向量机的优

---

1 资料来源：尹志强. 基于数据挖掘的高校图书馆图书借阅流量建模与分析[J]. 微电子学与计算机，2018,35(11):95-99.

秀泛化能力，为高校图书馆图书借阅流量预测提供了新的建模工具。

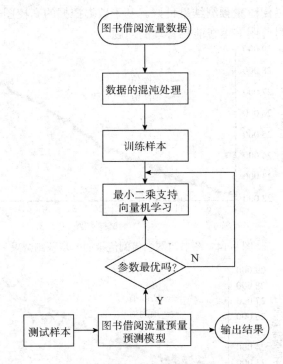

图 9-12 图书馆图书借阅流量预测模型的工作流程

3) 样本构建

采用 C-C 方法对高校图书馆图书借阅流量数据进行混沌处理，ΔS_2 的变化曲线如图 9-13(a) 所示，从 ΔS_2 的变化曲线可以看出，最优 $\tau=7$，S_{2cor} 的变化曲线如图 9-13(b)所示。从图 9-13(b) 可以得到最优嵌入窗 $\tau_w=12$，从而得到最优 $m=\tau_w/\tau+1=2.71$，基于 $\tau=7$，$m=2$(最小嵌入维)对图书借阅流量数据进行重构，得到高校图书馆图书借阅流量建模的学习样本。

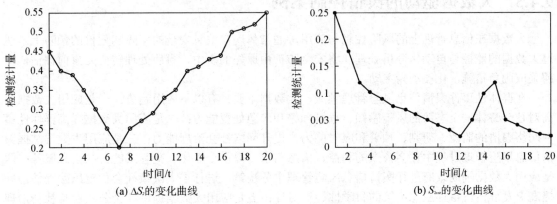

图 9-13 C-C 方法确定最优值

4) 图书馆图书借阅流量预测结果

确定参数 $\gamma=100$，$\sigma=1.872$，最后 50 个图书馆图书借阅流量数据点作为测试样本，其他用于建立高校图书馆图书借阅流量预测模型，图书馆图书借阅流量测试样本一步预测值(下一时刻变化特性)和提前 4 步(将来一段时间变化结果)的变化曲线如图 9-14、图 9-15 所示。

通过上图的预测结果可以看出，该模型对图书馆图书借阅流量的变化态势进行了准确的挖掘，高校图书馆图书借阅流量预测结果良好。基于数据挖掘的高校图书馆流量预测精度高，预测结果理想，能解决目前图书馆智能化管理的问题。

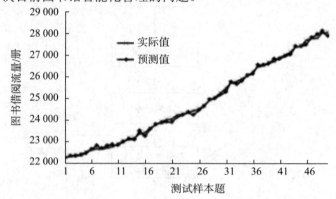

图 9-14　图书馆图书借阅流量的一步预测结果

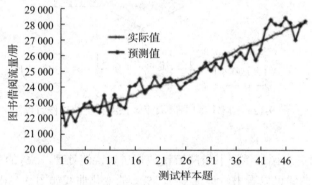

图 9-15　图书馆图书借阅流量提前 4 步预测结果

9.4.5　大数据驱动的舆情控制案例

大数据在信息管理上的风险控制与应用，通常体现在信息安全的保障和危机的预防上。通过大数据的监控与自动化分析处理，将安全防护由原先的事中、事后处理转变为事前评估，提前采取应急措施，化被动为主动。

在群体性事件舆情信息风险管理领域，大数据主要具有以下应用趋势：一是应用大数据提高对社会整体安全态势的风险感知、危机预警和应急处置能力；二是应用大数据提高群体性事件网络舆情的监测、研判、预警和应对能力，提升网络社会治理能力；三是应用大数据掌握舆情信息风险管理过程中社会公众的利益、情感需求，提供个性化、交互式的公共信息服务；四是应用大数据辅助政府进行舆情信息风险管理事务决策，进行重大决策社会稳定风险评估，并提高突发群体性事件应急决策的科学性、针对性；五是应用大数据提供社会公众参与社会治理的便捷平台，高效响应公众合法诉求，从源头化解社会矛盾和纠纷。[1]

下面举一个简单的例子来说明。美国联合航空公司曾在一次飞行过程中，摔坏了一位乡村音乐流行歌手戴夫的吉他，并且对戴夫态度恶劣，因而遭到他的控诉。戴夫专门为此事写了一

---

1 资料来源：夏一雪，兰月新. 大数据环境下群体性事件舆情信息风险管理研究[J]. 电子政务，2016(11):31-39.

首歌，上传到 YouTube 上，一下子引起了广大网友的关注。此事对联合航空公司的品牌产生了极大的不良影响。由此可见，若航空公司能通过大数据的监测，及时控制舆情发酵，也许就不会有这么大的负面影响。

9.4.6　大数据驱动的客户管理案例

现如今，市场用户越来越个性化，每个用户贡献的价值并不等同，因而企业往往对用户采用分级的方式来进行管理。其管理流程大致可以分为以下四个步骤：第一步，获取客户的线上行为、线下消费行为和交易行为等属性信息；第二步，设置分类规则和方法，建立一套算法和模型；第三步，将算法和模型植入客户管理平台，对客户进行分级分类的批处理；第四步，针对不同类型的用户，采取不同的营销策略。

大数据可以分析活跃粉丝的互动内容，设定消费者画像各种规则，关联潜在用户与会员数据、潜在用户与客服数据，筛选目标群体做精准营销，进而可以使传统客户关系管理结合社会化数据，丰富用户不同维度的标签，并可动态更新消费者生命周期数据，保持信息新鲜有效。

举个例子，汇丰银行借助大数据平台进行客户关系管理。通过整合大量的银行内外部数据，利用数据挖掘模型和算法挖掘其中的信息价值，构建更全面清晰的客户视图，并通过智能客户推荐、智能产品推荐、优化组合产品解决方案等业务功能，提升工作效率。该 CRM 系统构建了多渠道全方位的客户画像和基于关系网络的企业图谱，有利于获取高价值潜在客户。此外，它还提供了实时智能化的工作提醒、智能化推荐产品、定制化推荐资讯信息和多渠道定向化精准营销等功能，最终实现了信息流高效整合利用，降低了客户流失率和提高了新用户增长率和产品持有率。由此可见，基于大数据的个性化客户管理有利于加强客户黏性，也有利于进行精准营销。

关键词和概念

大数据　　　市场调研　　　市场预测精准营销数据融合

------------------------------| 本章复习题 |------------------------------

一、思考题

1. 简述大数据的定义与特征。

2. 简述大数据与小数据的区别和联系。

3. 简述大数据驱动的市场调研与传统市场调研的区别。

4. 大数据驱动的市场调研可以运用于哪些领域并解决何种问题？

5. 大数据驱动的市场调研方法包括哪些步骤和过程？

6. 大数据驱动的市场调研可应用于哪些场景？

二、实践题

1. 根据【案例 9-1】"广东春运交通大数据预测分析平台"，说明大数据是如何发挥其价值的？通过哪些方法实现决策指导？

【案例9-1】广东春运交通大数据预测分析平台

广东省交通运输厅携手腾讯共同构建广东省春运交通大数据预测分析平台,通过把广东省交通运输厅的现有数据与腾讯云计算和位置大数据服务能力结合,对春运期间主要客运集散地的旅客聚集情况、高速公路和国省道的通畅情况、春运旅客流向、各类运输方式的客运承担量进行数据分析和实时图形显示,实现宏观交通运行事前研判、事中监测和事后总结,提升春运组织协调和应急预警能力。

案例应用场景描述

(1) 交通枢纽区域热力分析。通过广东省交通厅提供的联网售票数据,包括客运站已发班数、发送人数等联网客运数据,结合腾讯提供数据模型,以春运数据模型进行数据深度融合,最终形成全省重要交通枢纽人流热力图。以每个场站上报的实时运力阈值定义状态颜色,以交通枢纽区域的数据为基础,以交通枢纽自定义阈值为评判标准进行场站人流预警显示。通过热力图,交通主管部门可以查看交通枢纽实时状态,为春运组织工作提供参考。

(2) 人口迁徙分析。以各地市、各交通分管单位上报的不同交通方式的客流发送量和到达量为基础数据,结合腾讯数据进行迁徙数据建模,最终形成省际和省内春运人口迁徙图,为春运工作提供指导。

案例应用范围及实施效果

2017年春运,全省共发送旅客1.34亿人次,其中道路运输完成9038.52万人次,占比67%,铁路3065.88万人次,占比23%,民航746.09万人次,占比6%,水路572.03万人次,占比4%。以广州南汽车客运站为例,春运期间共发送班车29 268班次,发送旅客622 177人次,较2016年同期分别上升18.84%、36.28%;其中共发送加班班车4740班次(占站场总体发送量的16.20%),发送旅客197 331人次(占站场总体发送量的31.72%),较2016年同期分别增长84.94%和78.02%。

通过广东省春运交通大数据预测分析平台的热力地图及迁徙分析功能,省交通运输厅提高监测预警能力,及时进行运力调配,在广州南站客运站客流较2016年大幅度提升的情况下,顺利完成了旅客疏运工作。同时,2016年广州火车站曾出现短时间旅客聚集事件并受到媒体关注,2017年春运期间,全省各大客运枢纽均未出现上述现象。

资料来源:广东春运交通大数据预测分析平台. 人民网. http://society.people.com.cn/n1/2017/0328/c411832-29175164.html

2. 根据【案例9-2】"阿迪达斯的'黄金罗盘'",回答以下两个问题:

(1) 大数据是如何给阿迪达斯带来利润的?

(2) 大数据是否会让阿迪达斯的管理模式发生变化?请具体说明。

【案例9-2】阿迪达斯的"黄金罗盘"

厦门育泰贸易有限公司与阿迪达斯合作已有13年,旗下拥有100多家阿迪达斯门店。然而,在2008年之后,库存问题变得很严重。最初,门店只能采取降价、打折等清库存的"应急措施"。在此结束后,育泰毅然进行大量基于外部环境、消费者调研和门店销售数据的收集、分析,最终这些收集的数据和信息,以及分析出的结果成为将阿迪达斯引向正轨的"黄金罗盘"。

如今,每天育泰旗下门店的销售数据都会被收集起来上传至阿迪达斯。收到数据后,阿迪达斯对数据做整合、分析,再用于指导经销商卖货。研究这些数据,让阿迪达斯和经销商们可以更准确了解当地消费者对商品颜色、款式、功能的偏好，同时知道什么价位的产品更容易被接受。

阿迪达斯产品线丰富，过去，面对展厅里各式各样的产品，经销商很容易按个人偏好下订单。现在，阿迪达斯会用数据说话，帮助经销商选择最适合的产品。首先，从宏观上看，一、二线城市的消费者对品牌和时尚更为敏感，可以重点投放采用前沿科技的产品、运动经典系列的服装以及设计师合作产品系列。在低线城市，消费者更关注产品的价值与功能，诸如纯棉制品这样高性价比的产品，在这些市场会更受欢迎。其次，阿迪达斯会参照经销商的终端数据，给予更具体的产品订购建议。比如，阿迪达斯可能会告诉某低线市场的经销商，在其辖区，普通跑步鞋比添加了减震设备的跑鞋更好卖；至于颜色，比起红色，当地消费者更偏爱蓝色。推动这种订货方式，阿迪达斯得到了经销商们的认可，在很大程度上避免了经销商们的库存问题。

挖掘大数据，让阿迪达斯有了许多有趣的发现。例如，同在中国南部，那里部分城市受香港风尚影响非常大；而另一些地方，消费者更愿意追随韩国潮流；同为一线城市，北京和上海消费趋势不同，气候是主要的原因等。显然，这为阿迪达斯提供了更多细分市场的选择。

实际上，对大数据的运用，也顺应了阿迪达斯大中华区战略转型的需要。库存危机后，阿迪达斯从"批发型"公司转为"零售驱动型"公司，它从过去只关注把产品卖给经销商，变成了将产品卖到终端消费者手中的有力推动者。而数据收集分析，恰恰能让其更好地帮助经销商提高售罄率。

"我们与经销商伙伴展开了更加紧密的合作，以统计到更为确切可靠的终端消费数据，有效帮助我们重新定义了产品供给组合，从而使我们在适当的时机，将符合消费者口味的产品投放到相应的区域市场。一方面降低了他们的库存，另一方面增加了单店销售率。卖得更多，售罄率更高，也意味着更高的利润。"阿迪达斯大中华区董事总经理高嘉礼对大数据的应用成果颇为满意。

资料来源：昝慧昉. 阿迪达斯的"黄金罗盘". 中国企业家. 2013(7)

3. 根据【案例 9-3】"亚马逊的大数据消费者行为分析"，思考亚马逊是如何利用大数据的价值来进行用户行为分析的，这种模式有何优势？

📝 【案例 9-3】亚马逊的大数据消费者行为分析

在电商领域中，用户行为信息量之大令人难以想象，据专注于电商行业用户行为分析的公司不完全统计，一个用户在选择一个产品之前，平均要浏览 5 个网站、36 个页面，在社会化媒体和搜索引擎上的交互行为也多达数十次。如果把所有可以采集的数据整合并进行衍生，一个用户的购买可能会受数千个行为维度的影响。对于一个一天 PU 近百万的中型电商来说，这代表着一天近 1TB 的活跃数据。而放到整个中国电商的角度来看，更意味着每天高达数千 TB 的活跃数据。

正是这些购买前的行为信息，可以深度地反映出潜在客户的购买心理和购买意向。例如，客户 A 连续浏览了 5 款电视，其中 4 款来自国内品牌 S，1 款来自国外品牌 T；4 款为 LED 技术，1 款为 LCD 技术；5 款的价格分别为 4599 元、5199 元、5499 元、5999 元、7999 元；这些行为某种程度上反映了客户 A 对品牌认可度及倾向性，如偏向国产品牌、中等价位的 LED 电视。

亚马逊通过对这些行为信息的分析和理解，制定对客户的贴心服务及个性化推荐。例如，当客户浏览了多款电视机而没有做出购买行为时，在一定的周期内，会把适合客户的品牌、价位和类型的另一款电视机促销的信息通过电子邮件主动发送给客户；再如，当客户再一次回到网站，对冰箱进行浏览行为时，可以在网页上给客户 A 推荐国产品牌中等价位的冰箱。

这样的个性化推荐服务往往会起到非常好的效果，不仅可以提高客户购买的意愿，缩短购买的路径和时间，通常还可以在比较恰当的时机捕获客户的最佳购买冲动，也降低了传统的营销方式对客户的无端骚扰，还能提高用户体验，是一个一举多得的好方法。

资料来源：https://www.docin.com/p-1699551026.html

第 10 章 市场预测原理与步骤

学习目的与要求

1. 理解市场预测的概念、意义和原则；
2. 了解市场预测的类型；
3. 掌握市场预测的步骤；
4. 了解各种市场预测的方法；
5. 掌握市场预测方法的选择和应用。

> **📋 引入案例 中科院预测科学研究中心：2019 年我国 GDP 增速 6.3%**
>
> 　　2019 年 1 月 9 日，中国科学院预测科学研究中心发布了《2019 年中国 GDP 增长速度预测》预测报告。报告称，预计 2019 年中国经济增速将低于 2018 年，GDP 增速在 6.3%左右。
>
> 　　2019 年，农业供给侧结构性改革的红利将继续释放，预测第一产业增加值增速为 3.6%。高技术产业、装备制造业等增加值增速仍将保持较高水平，但受需求减弱的影响，增速将低于 2018 年，建筑业受固定资产投资回落的影响也将出现下滑，预测 2019 年第二产业增速为 5.3%。信息传输、软件和信息技术服务业、租赁和商务服务业将带动服务业平稳向好发展，预计 2019 年第三产业增速为 7.5%。
>
> 　　2019 年外需不确定性增强，消费对经济中高速增长的基础作用将继续巩固，固定资产投资增速呈现企稳回升态势，进口增速将显著高于出口增速，贸易顺差将有明显缩小。预计 2019 年消费拉动 GDP 为 4.7 个百分点，对 GDP 增长的贡献率为 74.2%；资本形成拉动 GDP 为 1.9 个百分点，对 GDP 增长的贡献率为 30.8%；货物和服务净出口拉动 GDP 为-0.3 个百分点，对 GDP 增长的贡献率为-5%。
>
> 资料来源：中国经济网. http://www.ce.cn/cysc/newmain/yc/jsxw/201301/26/t20130126_21326865.shtml

10.1 市场预测的概念和类型

10.1.1 市场预测的概念和作用

　　所谓市场预测就是依据市场的历史和现状，对影响市场变化的诸因素进行调查研究，运用科学的方法，对市场发展的未来趋势进行预计、测算和判断，得出符合逻辑的结论的活动和过程，为市场营销决策提供可靠的依据。

　　市场预测是企业进行决策的前提，任何预测都是围绕决策所面对的各种环境来进行的。一个企业要想在竞争中求得生存和发展，不仅需要知道过去和现在，更应该预知未来。预测就提供了一种预知未来的手段，是企业决策的基础。"运筹于帷幄之中，决胜于千里之外"，这绝不是主观臆造，而是建立在准确的信息和正确的逻辑推理，即科学预测基础上的决策。可以说，没有正确的信息和科学预测作为前提的决策，必定是盲目的决策、无把握的决策。

1. 市场预测可以帮助人们更好地掌握企业经营活动的规律和未来的发展趋势

市场预测主要是根据预测对象过去和目前的状况，分析和研究其发展规律，把握其未来发展的趋势。因此，市场预测的中心问题就是掌握预测对象的发展变化和规律性问题。例如，人们可以通过预测掌握某项技术的产生、发展和应用的变化规律，从而了解其市场发展趋势。

2. 市场预测有利于提高企业的竞争能力

现代竞争观念认为决定企业竞争能力的关键是看企业对信息情报占有的多少和质量的高低。在激烈的竞争中，谁先占有市场情报谁就能处于主动。如果一个企业技术先进，人才济济，但不能及时开展市场预测及对情报的全面、综合利用、认清市场变动，就会因缺乏预见能力、判断能力，致使企业的有利因素得不到充分发挥。相反，如果条件差的企业能够及时准确地掌握市场动向，采取有效对策，在竞争中也会变弱为强。

3. 搞好市场预测有利于企业加强经营管理，提高经济效益

要充分发挥企业的潜力，提高经济效益，必须加强经营管理工作，而搞好这项工作的基础之一，首先就是要积极做好市场预测。在企业中，进行任何一项市场开发项目或产品开发项目都要讲求经济效益，使之达到市场有需求，经济上合理有利。例如，企业要发展某项新产品，必须首先了解国民经济的发展水平和市场对该产品的需求情况，并进行产品的生命周期分析和盈亏临界分析(或称量—本—利分析)，以便研究该产品在什么时候生产，各项技术经济指标达到什么标准才能取得较好的经济效益。这些都需要进行科学的预测。如果不做经济效益方面的预测，有可能出现研究成果在技术上是先进的，但经济上不合理，或者试制出的产品市场不需要或已经饱和，这将给企业造成很大的经济损失。

📋 【案例 10-1】大数据分析预测在商业上的应用

1. 用户行为预测

基于用户搜索行为、浏览行为、评论历史和个人资料等数据，互联网业务可以洞察消费者的整体需求，进而进行针对性的产品生产、改进和营销。如《纸牌屋》选择演员和剧情、百度基于用户喜好进行精准广告营销、阿里根据天猫用户特征包下生产线定制产品、亚马逊预测用户点击行为提前发货均是受益于互联网用户行为预测。

2. 体育赛事预测

2018 年世界杯期间，谷歌、百度、微软和高盛等公司都推出了比赛结果预测平台。百度预测结果最为亮眼，预测全程 64 场比赛，准确率为 67%，进入淘汰赛后准确率为 94%。在百度对世界杯的预测中，考虑了团队实力、主场优势、最近表现、世界杯整体表现和博彩公司的赔率等 5 个因素，这些数据的来源基本都是互联网，随后再利用一个由搜索专家设计的机器学习模型来对这些数据进行汇总和分析，进而做出预测结果。

3. 疾病疫情预测

即基于人们的搜索情况、购物行为预测大面积疫情爆发的可能性，最经典的"流感预测"便属于此类。如果来自某个区域的"流感""板蓝根"搜索需求越来越多，自然可以推测该处

有流感趋势。

2009 年，Google 通过分析 5000 万条美国人检索最频繁的词汇，将之和美国疾病中心在 2003 年到 2008 年间季节性流感传播时期的数据进行比较，并建立一个特定的数学模型。最终 Google 成功预测了 2009 冬季流感的传播甚至可以具体到特定的地区和州。

4. 交通行为预测

即基于用户和车辆的 LBS 定位数据，分析人车出行的个体和群体特征，进行交通行为的预测。交通部门可预测不同时点不同道路的车流量进行智能的车辆调度，或应用潮汐车道；用户则可以根据预测结果选择拥堵几率更低的道路。

百度基于地图应用的 LBS 预测涵盖范围更广。春运期间预测人们的迁徙趋势指导火车线路和航线的设置，节假日预测景点的人流量指导人们的景区选择，平时还有百度热力图来告诉用户城市商圈、动物园等地点的人流情况，指导用户出行选择和商家的选点选址。

资料来源：生活中大数据分析案例以及背后的技术原理. http://www.sohu.com/a/160129565_772451

10.1.2　市场预测的原理和原则

1. 市场预测的基本原理

预测的基本原理在于人们能够认识事物发展过程中各种因素之间相互影响的内在规律。事物总是按照过去、现在、未来的次序不断发展。在过去、现在、未来之间必然存在某种内在联系，未来总是过去和现在的延续或发展，即使是突变，也总有其一定的原因和先兆。而人们对客观规律的认识和掌握，从认识论的角度看，有其必然性和可能性。经济发展中各因素之间客观存在着质量的和数量的相互联系，运用预测的一系列定性、定量的方法对这些联系进行分析、综合，认识它们之间的关系，找出其内在规律是完全可能的。

企业的市场活动是社会整个经济生活中的重要组成部分，企业的存在与发展同样有规律可循，可被认识和掌握。只要我们运用科学的预测方法积极开展市场预测工作，认识经济发展和企业经营的规律，并充分考虑企业外部环境、内部条件，完全可以逐渐增强我们了解未来，把握未来的预见能力，使企业的经营活动建立在科学预见的基础之上。

2. 市场预测的原则

(1) 延续性原则。经济发展过程中经济变量遵循的规律一般表现出延续性，就是说过去和现在经济活动中存在的某种规律将会持续下去，适合于未来。经济发展过程中的这种延续性，决定了市场预测工作的延续性。以时间序列分析为代表的趋势外推预测方法正是基于这一原则。

(2) 近似性原则。在经济发展过程中，不同的(一般是指无关的)经济变量所遵循的发展规律有些具有一定的近似性，这就决定了预测方法中的近似性原则。可以利用这种近似性原则由已知的经济变量的发展规律，类推出另一变量的未来趋势，如类推预测方法等。

(3) 相关性原则。在经济发展过程中，一些经济变量之间往往不是孤立的，而是存在着相互依存的因果关系，即经济变量之间存在着一定的相关性。利用经济变量之间的这种相关性，可以通过对一些经济变量(自变量)的分析研究，找出受这些变量影响的另一个(或一些)经济变量(因变量)发展的规律性，从而做出预测。因果关系预测法就是基于相关性的原则。

(4) 统计规律性原则。在经济发展过程中，对于某个经济变量反复观察的结果具有某种统计规律。经济变量的这种统计规律性是应用概率论及数理统计的理论和方法进行市场预测的基础。在实际经济活动过程中，经济变量的发展过程、经济变量之间的关系是极其复杂的，经常是多种因素同时作用的结果。因此，要在分析研究统计资料的基础上，建立合适的数学模型，应用统计规律进行预测。

(5) 系统性原则。在对某一经济活动进行预测时，必须对企业内部和外部的影响因素进行系统的分析和预测。否则可能引起顾此失彼，导致预测的失败。以此原则为基础的预测技术有：投入产出法、多元回归分析等。

10.1.3 市场预测的类型

1. 按市场预测性质划分

(1) 定性预测法。定性预测是凭借具有丰富经验和综合分析能力的人员或专家的经验、知识，或集体的智慧和直觉通过对预测对象内在发展规律质的分析，判断其未来发展变化趋势的一种预测方法。值得注意的是，定性预测技术一定要与定量预测技术配合使用。定性预测法的基本原理，是以市场预测对象的发展规律为基本出发点，考虑各方面因素的变化，运用逻辑学的方法，来推断、预测对象未来的发展趋势。

在实际工作中，预测对象常常受到企业内部和外部因素的影响，但人们往往却不掌握预测对象及其影响因素的统计资料，无法以定量的形式进行分析。人们只能凭借积累的经验，少量的数据资料和主观判断等，对事物的发展趋势和未来状态进行分析、假设、判断、推理、估计和评价。另一方面，有些实际问题本身就不便于或不能用定量的方法进行描述，只能进行定性推断。这些方法称为定性预测法。

定性预测法的应用范围相当广泛，可以用于产品品种的发展预测、产品销售预测等。常用的定性预测法将在本书相关章节中详细讨论。

(2) 定量预测法。定量预测法是在充分占有大量的、准确的、系统的数据资料的基础上，根据实际经验和具体情况，选择或建立合适的数据模型，通过分析和计算推断出事物未来可能发生的结果(用数据表示)。定量预测法仅仅依据事物过去和现在的统计数据资料，分析研究其发展变化规律，对未来加以预测，因而存在着一定的局限性。同时，预测结果与实际是有误差的，常常要进行定性修正。

定量方法的优点是：由于重视数据的作用，以数学模型作为分析手段，不易受人为的因素影响，有利于保证预测的科学性和客观性；预测结果以数值或函数表示，精确度比较高，能弥补定性预测的不足。定量预测的不足之处主要有：一是对预测人员的知识要求，特别是数学知识的要求比较高；二是对数据资料完整性的要求比较高，如果资料少或承担不了保证数据的数量和质量的费用，定量预测将难以有效进行；三是时间限制性较强，是在历史数据基础上的一种外延内推，如果情况发生突变，原有数学公式就不能进行有效的描述；四是费用比较高。

常用的定量预测法有移动平均法、指数平滑法、趋势外推法等，详细内容将在本书相关章节中讨论。

(3) 综合预测法。任何一种预测方法都有其特定的适用条件和应用范围，都有一定的局限性，同时，任何一种预测方法都不可能准确无误地反映未来趋势。为了克服这些缺点，在预测时常把许多方法结合起来加以运用，特别是把定性方法和定量方法结合运用，使之互相验证，互为补充，以提高预测的准确性。这种用不同的方法对同一个预测对象进行分析和综合运算，以得出预测结果的方法就是综合预测方法。

2. 按市场预测期限划分

(1) 长期预测。长期预测又称战略预测，是指预测期限在五年以上的预测，通常只能做趋势估计。它是市场预测中时间最长的一类。由于长期预测的期限比较长，不确定因素多，且时间越长，不可控的因素越多，预测中难于全面把握和预计各种可能的变化因素，因此，预测结果和实际发生的结果误差较大，需要在实际工作中不断调整预测结果。长期预测一般用于新企业的建设以及扩充，添置新机器、新设备的投资计划安排、商品结构的变化、潜在市场的需求、商品的生命周期阶段的预测等。

(2) 中期预测。中期预测又称战术预测，通常指预测期限在一年以上五年以下的预测。一般对预测期内的各种影响因素考虑得比较全面和准确，因此，预测误差较小。中期预测常用于市场潜力、价格变化、商品供求变动趋势、国家政策措施等的预测，为企业的中期经营决策提供依据。

(3) 短期预测。一般指预测期限为一年以内的预测，短期预测的准确性和可靠性都比较高。这种预测一般采用定性分析和定量分析相结合的方法。短期预测中的月度预测、逐周或逐月预测，称之为近期预测。实践中，市场预测表现为大量的近期预测。

但在这里要指出的是，基于预测企业的地位、涉及的行业、产品(商品)不同，对短、中、长期的划分也会不同。

【案例 10-2】日本经济中长期展望(改编)

1. 日本经济的长期增长潜力

从长期经济增长角度看，据日本央行与 IMF 等机构测算，日本潜在经济增速约为 0.8% 左右(2018—2025 年)，远低于 20 世纪 80 年代 4% 的平均潜在增长率。日本潜在经济增速维持在较低水平主要是受人口、科技、资本三方面影响。

2. 日本中期经济展望与潜在风险预测

当前日本经济正处于库存周期上行阶段，同时新一轮资本支出周期或将开启，加之受到全球经济复苏稳步复苏以及将在 2020 年举办东京奥运会的影响，中短期内经济增长获得一定支撑。但由于潜在生产率的限制，预计长期增速将逐渐回落。预计 2018 年日本 GDP 增速或达到 1.2% 左右，此后将逐年下降，2019 年、2020 年 GDP 增速或将分别降至 1.0%、0.8%。通胀指标方面，日本通胀有望缓慢上升，2018 年核心 CPI 或将上升至 0.9% 左右，预计 2020 年将接近 2% 的政策目标。失业率或将延续缓步下降趋势，但下降空间较为有限。

资料来源：刘畅. 日本经济中长期展望. 中国经济报告，2018(05).

3. 按市场预测内容划分

市场预测的内容包括很多方面，从宏观方面来说，包括国家宏观管理方面的宏观市场预测，它主要是研究社会总的商品购买力和商品总供给量之间的动态平衡问题，分析商品供求大致组成的变动趋势，预测各种商品总供给量和需求量；从微观方面来说，对企业在市场中生存和发展具有重要意义。

1) 市场需求预测

市场需求预测也就是社会商品购买力及其投向预测。在市场营销学中，市场需要量的预测，也称市场需求预测；市场占有率的预测，也称销售预测。

某个产品的市场需求是指一定的顾客，在一定的地理区域、一定的时间、一定的市场营销环境和一定的市场营销方案下购买的商品总量。市场需求包括产品、购买量、购买能力、顾客数量、地理范围、时期、市场营销环境和市场营销方案等八个方面。

预测市场潜量常用公式如下：

$$Q = n \times q \times p \tag{10-1}$$

式中，Q——市场潜量；

n——特定产品市场购买者的数目；

q——特定产品每个购买者的平均购买量；

p——产品的平均单价。

2）企业需求预测

企业需求是在市场总需求中企业所占的份额。对企业来说，预测企业需求和预测市场需求同等重要，企业需求直接关系到企业的营销决策。企业需求的预测公式表示为

$$Q_i = S_i \times Q \tag{10-2}$$

式中，Q_i——企业 i 的需求；

S_i——企业 i 的市场占有率；

Q——市场总需求。

3）消费结构变化预测

消费结构变化预测主要是预测消费品市场的产品构成及其相应的比率关系，包括消费者的消费支出在不同商品之间的分布情况。消费结构的变化趋势主要体现在反映居民消费的恩格尔系数变化情况，恩格尔系数的比率过大，说明消费大部分集中在维持日常生活方面；恩格尔系数比率较小，说明消费大部分集中于精神文化及娱乐方面。

【案例 10-3】中国的消费升级

中国消费者的消费模式，因为移动互联网的崛起、电商的发展，已经在发生着根本性的变化。

从时间轴上，改革开放以来，中国企业经历了产品主权的时代、渠道主权时代，品牌和渠道双驱动时代，从有了互联网之后，中国就已经进入消费升级时代。这个时代重要的特点就是消费者掌握更多的信息渠道，有了更加丰富的选择，可以更加便捷地去选择商品，按照自己品质消费需求去判断什么适合自己，什么不适合自己。很多企业为了应对市场竞争，不断陷入同质化产品过度供应的困境中，而在消费者越来越追求个性化消费的时代，每个行业都发现，必须进行产品结构和营销模式的调整了。

消费者近几年来，在精神消费、知识消费、健康消费以及智能化消费四个领域，增加了大量的投入。

第一，精神消费，主要体现在休闲、旅游和体验的消费。第二，知识消费，表现在人们愿意为知识和自我提升花钱。第三，健康消费，今天"90后"都用上了保温杯、泡上了枸杞，他们对于健康的关注不亚于"60后""70后"的人群。第四，智能化消费。科技对于消费者而言代表着时尚，所有的领域都在往智能化方向发展。

消费者今天活得越来越精致，因为科技的推动，拥有了更多智慧，不再盲目相信品牌，迷信权威。不能将消费升级和"更贵"画等号，消费升级是"更好"，是消费者在自己消费能力范围内，以更加便捷的方式获得生活的最优解。每个消费者都会有自己的一个权衡。

资料来源：肖明超.《新时代与新引擎：未来3年中国消费趋势》演讲整理稿. https://www.douban.com/note/688415875/

4) 产品生命周期预测

产品与其他事物一样，都存在产生、成长、发展、衰亡的过程。产品生命周期是指产品从实验成功进入市场开始，到被市场淘汰，直至退出市场的全过程。这里讲的产品生命指的是市场生命而非物理生命。产品生命周期包括四个阶段：导入期、成长期、成熟期和衰退期。对产品生命周期进行预测主要是对这四个阶段产品的销售量、价格、销售额和利润额等进行市场预测，根据预测的内容调整自己的生产经营计划。

5) 商品资源预测

对市场需求进行预测的同时，为了保障企业生产和经销活动的顺利进行，需要对企业现有的人力资源、原材料、能源等商品资源的供给状况及其变化趋势进行合理的预测，以保证企业在生产经销过程中能够明确资源供应数量、规格、质量、价格及渠道等，从而寻求降低资源成本的途径，提高企业在价格方面的竞争优势。商品资源变化预测主要涉及三个方面：人力资源、财力资源和物力资源变化的预测。

6) 商品饱和点预测

企业要增强竞争能力，争取良好的经济效果，就必须对已经营的产品进行潜在的市场最大需要量的预测。商品饱和点的预测是在产品市场生命周期的预测中最重要的一环。饱和点有两种含义：一是原有产品社会需要量的饱和；二是有支付能力的需求的暂时饱和。饱和点不是固定不变的。

此外，还有技术趋势预测、商品价格预测、经济效果预测和其他影响供求的主要因素预测等。

4. 按市场预测的空间分类

企业的经营活动不仅涉及某个地区、某个部门，而且往往涉及国际、国内的经济发展情况。因此，又可以根据预测对象的空间位置(即地理位置)将预测划分为国际性的、全国性的、区域性的预测。

国际市场预测是指以世界范围内国际市场的发展趋势为对象的市场预测。国际化经营需要了解和把握国际市场的发展变化趋势，国际市场预测日益必要。国际市场预测可以是综合性的，也可以是专题性的；可以是就整个世界市场的预测，也可以是就具体国际区域市场，甚至是国别市场的预测。国际市场预测由于预测面广，涉及范围大，变量和不可控因素多，收集资料困难，预测的难度很大，且范围越大，难度越大。显然，世界性的、综合性的市场预测难度最大。

全国性市场预测是以全国范围的市场状况为预测对象的市场预测。全国性市场预测可以是综合市场预测，也可以是专题市场预测。许多企业以全国市场为目标市场，有必要了解和掌握全国市场的发展趋势，需要开展全国性的市场预测。即使是以区域市场为目标，或对区域市场进行研究，也有必要掌握全国市场的发展变化趋势，为正确决策提供依据。全国性市场预测同样具有预测面广、涉及范围大、变量和不可控因素多、收集资料困难、预测难度大的特点。

区域性市场预测是指以某一个市场区域，如省市和地区为对象的市场预测。相比较而言，区域市场预测的预测面较小，涉及范围不大，变量和不可控因素较少，收集资料相对容易，预测的难度低，预测准确性高。

上面，我们讨论了市场预测的特征——市场预测的性质、市场预测的期限、市场预测的内容以及市场预测的空间。根据这些特征的不同取值可以组合成多种多样的预测，可以用非完整的假四维空间来表达预测的种类，如图 10-1 所示。

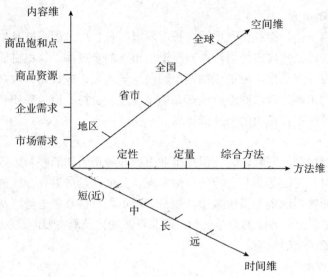

图 10-1 假四维空间的预测类型示意图

10.2 市场预测的步骤

为了保证市场预测工作的顺利进行，必须按预测工作的过程加强组织，以利于各环节的相互协调，进而取得成功。一般情况下，市场预测分为：①明确预测目标；②收集和分析资料；③选定方法，做出预测；④分析判断，用于决策等四个步骤。

为了能够取得好的市场预测结果，必须严格地按照市场预测步骤进行市场预测。预测步骤如图 10-2 所示。

1. 明确预测目标

明确预测目标就是根据企业经营活动的需要，确定预测解决什么问题，并根据预测所要求解决的问题，拟定预测项目、制订预测的工作计划、编造预算、调配力量、组织实施，以保证市场预测工作有计划、有节奏地进行。

2. 收集和分析资料

市场预测的资料有历史资料和现实资料两类。历史资料，主要是各种有关社会的、经济的统计资料，如历年人口增长、构成、就业情况，居民户数、构成、平均收入的变化资料；国民收入增长以及积累和消费的分配比例变化资料；社会购买力、货币流通量资料；生产部门基建投资和挖潜、革新和改造的资料，各种产品的产值、产量、成本、销售量、利润等资料；各种商品销售资料，库存动态资料，商品周转速度、流通费用、利润资料等。研究历史资料，分析其变化的规律性及其同市场变化的相互关系，是预测市场未来发展趋势的首要依据。

现实资料可分为三个方面：

(1) 预测期内有关人口构成及增长情况；居民收入及社会购买力变化情况；生产结构调整和投资方向，生产能力和各地生产动态；新产品的发展、资本、价格情况；各主要生产厂的产品及其主要经济指标在国内达到的水平；原料供应、生产技术、质量变化情况以及进出口贸易情况等。

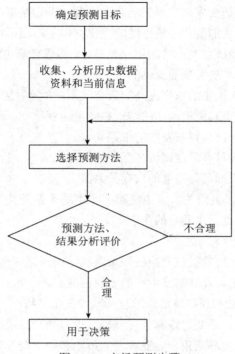

图 10-2　市场预测步骤

(2) 消费者和用户的意见反馈，它往往反映着市场需求的变化趋势。

(3) 实际调查资料，包括社会经济调查和市场动态调查的资料。实际调查资料是对市场客观现实的反映，比较接近于预测期内市场变化的实际，是进行市场预测必须十分重视的资料。收集和分析资料，要力求系统完整和可靠。因为资料越系统、完整和可靠，则预测结果越是精确、有效。

3．选定预测方法，做出预测

(1) 选择预测方法。选择什么样的预测方法是因预测的目标、商品的特点和掌握的数据情况而定的。如对新产品的短期预测，由于缺少有关数据，一般运用判断分析法，通过分析判断来确定预测值；而对数据比较齐全的老产品的中长期预测，则要运用数量分析方法，通过数量分析来确定预测值。

(2) 制定预测模型。凡是根据定量分析的方法进行预测时，都必须根据预测目标和历史数据的变化类型来选择数学模型，确定各变量之间可能存在的联系，并通过对有关数据的运算，求得各参数，建立预测模型。同时，要计算预测模型的误差，判断预测模型的准确性。

(3) 确定预测值。确定预测值是运用预测模型的过程。如果制定的预测模型是准确的，那么运用预测模型就比较简单，只要将有关数据资料代入模型，便可求得预测值。

4．分析判断，用于决策

分析判断是对调查和收集的资料进行综合分析，运用选定的预测方法及构建的预测模型进行预测，并得出预测结论，撰写预测报告，用于决策参考。

分析判断是市场预测的关键阶段。分析判断可分为：

(1) 分析判断观察期市场影响因素同市场需求量的依存关系。市场需求量的发展变化趋势是由多种市场影响因素决定的，即市场影响因素的变化同市场需求量之间存在着某种依存关系。

这种依存关系，经过长期的历史发展会形成一定的系数，即市场影响因素的每一变化，会引起市场需求按一定系数发生相关的变化。这方面的变化有以下原因：

① 市场需求的变化与经济发展形势的依存关系。如对智能家电的需求，主要是随着经济发展、人工智能技术和信息技术的发展而变化的。

② 市场需求的变化与人民生活水平提高的依存关系。如随着居民收入的提高，不仅会引起市场需求量的增加，同时会引起所需商品的结构和质量的变化。

③ 市场需求的变化与进出口贸易发展的依存关系。

④ 市场需求的变化与异种产品或同种产品的适用性、成本、价格的依存关系。

⑤ 子体商品的市场需求同母体商品的依存关系。

(2) 分析判断预测期的产供销关系。预测期的产供销关系及其变化是调节市场供需平衡的基础，是市场预测的重要依据。主要目的在于：

① 分析市场需求情况。

② 分析社会生产能力、可能提供商品资源量及其结构、适应市场需求的程度。

③ 分析原材料供应情况，及其实现生产能力的程度。

(3) 分析判断当期的消费心理、消费需求及其发展变化趋势。

在完成相应预测工作后，还要追踪和验证预测结论，预测结果的得出、预测报告的撰写，并不意味着企业预测工作已全部结束。企业管理人员还必须对企业未来各期的经营活动进行追踪，如果预测值与实际值误差很大，则应进一步收集补充资料，重新选择预测方法再进行预测。

【案例 10-4】绿雕塑作坊(HT)市场前景预测

Maurice Bernard 在花卉修整行业干过好些年头，又投资建立了新企业——绿雕塑作坊(HT)。他的起步很踏实并且对于前两年的经营结果很是满意。

Maurice 需要超越一些很大的挑战以继续以前的成就。首先，在一个有 60 000 人的社区里，很多人只是把他的企业当作又一家花店；正因如此，产品差异化仍处于艰难摸索阶段。幸运的是他作为花卉栽培者和装饰者的名声给他提供了机会，使他借机推销和销售树木造型设计。要使客户和公众相信将一棵枝叶短小的植物修剪和设计成动物或其他形象是一种很高雅的事，这本身就极富挑战。他相信辛勤的劳动和过去两年的无数不眠之夜是有回报的；在过去的六个月里对他的"绿雕塑"的需求一直在稳步上升。

如今他在考虑将业务扩展到范围更大的地区。这需要他扩大作坊规模，以及雇用更多的员工。此时缺少的是支持他这一决定的调研。Maurice 的一个好朋友建议他联系当地大学的卓越调研中心(CME)。通过收取极少的费用或免费提供学生来完成营销调研服务，CME 与很多不同的小企业合作过。学生也从这些活动中受益，获取了进行营销调研和为社会提供珍贵服务的机会。

5 个学生与他们的营销教授过来会见 Maurice 并熟悉了他的业务。Maurice 向这些调研者讲了公司的历史，分享了他对预期扩张的看法。首先，调研团队感觉确定总体消费者对 HT 的认知和对它扩张的可能反应是很重要的。其次，团队感到定义 HT 的目标市场(比如，批发商和零售顾客)将是一个关键性的要素。最后，做出一项可靠的商业决策需要对消费者和花商人口统计特征的透彻了解。双方同意让 CME 代表 Maurice 和绿雕塑作坊进行这项调研。

CME 团队拟定了一份针对中高收入家庭的问卷。这份问卷的目的是要确定消费者人口统计特征，如住所、教育水平、婚姻状况、职业、收入水平、年龄以及潜在顾客的处所。还对本地花商进行了调查以确定 HT 开发批发业务潜力的可行性。调查样本大小为 100，包括 80 位消费者和 20 位花商。所有的数据都是通过设计好的要满足本项目特定调研目标的结构问卷收集的。所有的信息都由电话得来。

大约两个月后，CME 团队向 Maurice 提交了一份书面报告，其中包括了多条建议和图表说明，如调查对象是如何知道绿雕塑作坊的、对绿雕塑作坊的了解、对绿雕塑作坊的经营建议等。

在这个案例中，我们不仅了解了市场调查的众多类型，同时也了解到市场调查在实际应用作中的具体操作程序。还有，此案例使我们能更具体理解市场调查的内容。

在调研团队的调查前准备和确定目标时，调研团队把绿雕塑作坊(HT)市场分为批发市场和零售市场，进而对其进行细致调查。

根据购买商品的目的不同，市场调查可分为消费者市场和产业市场。绿雕塑作坊(HT)调研团队在调查前把对消费者和花商人口统计特征的透彻了解作为一项重要的目标和任务，就区分了消费者市场和产业市场；在进行样本选择时，调查团队也分别抽取消费者和花商进行问卷调查。

绿雕塑作坊(HT)市场调查中，所有的样本都是针对中高收入家庭的问卷调查，也就是说此市场调查是非全面调查。根据市场调查的方式不同，市场调查可以区分为全面调查和非全面调查。而此项调查就是对市场对象总体中的一部分单位进行调查的非全面调查。

同时，绿雕塑作坊(HT)市场调查也是遵循市场调查基本程序的。了解历史情况、确定调查工作和目标、确定调查人员等，进行市场调查的准备工作。接着选择样本，问卷收集资料。最后，进行统计分析，形成有决策参考价值的书面报告和多条经营建议等。

还有，此项调查中不仅对市场经济环境进行了调查，如对人口、收入水平、消费水平及结构等的调查；还对本地花商进行调查，也就是对市场花市商品资源进行了调查；同时也对社会教育等市场社会文化环境进行了调查。这些充分地表现了市场调查内容的复杂性。

资料来源：百度文库. http://wenku.baidu.com/view/bf8ffb51e45c3b3567ec8bfe.html?from_page=view&from_mod=copy_login

10.3　预测方法的选择和应用

10.3.1　市场预测方法

进行市场预测不仅需要掌握必要的资料，而且需要运用科学的方法，没有科学的方法，就不可能对市场的未来做出科学判断。

目前，经济发达国家应用的预测方法已达 150 多种(其中广泛使用的有 30 多种，经常使用的有十几种)。而利用一定数据，运用数学模型确定预测值，则是各种定量预测法的共同特点。同时，由于市场预测是对市场未来的判断，而不是市场发展的现实，所以任何方法都不可能是十全十美的，因此，为了避免市场预测同实际变化出现较大误差，应当一要随着市场客观形势的变化而适时调整预测值；二要对同一预测项目运用不同的预测方法，做出几种预测方案，以供比较、鉴别，最后做出比较精确的预测。这样，无论进行什么项目的市场预测，都不会是只运用一种预测方法，而是同时综合运用几种预测方法。

市场预测方法尽管多种多样，但大体上可以把它们归结为以下三大类。

1. 判断分析法

判断分析预测法，也叫直观预测法。它是由预测者根据已有的历史资料和现实资料，依靠个人经验和综合分析能力，对市场未来的变化趋势做出判断。

判断分析预测法的好处是不需要太多经费，比较经济，花费时间也比较短，如运用得当还是很有实用价值的。

2. 时间序列分析法

时间序列分析法，就是以历史的时间序列数据为基础，运用一定的数字方法使其向外延伸，来预测市场未来的发展变化趋势。

时间序列分析法以过去的时间序列的统计资料为基础，花费不大，简便易行，所以在国内外都受到重视和应用。

3. 因果分析法

因果分析法也叫相关分析法，即分析市场变化的原因，找出原因同结果之间的联系的方法，并据此预测市场未来的发展变化趋势。

因果分析法虽然是比较科学的预测方法，但需要具备一定的条件，如经营管理达到一定水平，具有系统、完整的数据，必要的市场分析手段等。

10.3.2 应用市场预测的条件

市场预测可用于经济活动的各个方面，为企业经营决策提供数据。但是，并不是任何条件下，仅仅运用了一些市场预测的技术和方法，就能得到准确的、可靠的市场预测结果。做好市场预测必须具备下述一些条件。

(1) 企业各级管理者要重视和支持市场预测工作的开展，并积极采用市场预测成果。企业经营决策和行事一定要建立在科学的市场预测的基础上，这样才能少走弯路，少交"学费"，减少盲目性，增强自觉性。

(2) 完善市场预测组织机构，建立一支市场预测队伍。企业应该选拔各种专业人才，通过市场预测技术的培训，建立起一支有专业知识、有实践经验、掌握市场预测理论和方法的市场预测队伍。这是开展和做好市场预测工作的前提条件。

(3) 建立起情报信息网。这是开展市场预测的基础。企业要根据经营活动的特点，建立情报信息网点，以便摸清科学技术的发展趋势、各地经济的发展动态和市场竞争变化等方面的情报，这些都是开展市场预测工作的前提条件。

(4) 建立数据资料档案。建立和健全数据资料档案是搞好市场预测的基础工作。只有资料翔实，才能对内部条件和外部环境进行较为系统、周密的分析研究。在有条件的企业里，可以建立企业市场营销信息系统，为开展市场预测工作和企业经营决策创造条件。

10.3.3 选择市场预测方法的评价标准

在为特定的预测对象选择预测方法时，人们总希望能选择一种"准确"的方法。根据以往应用预测技术的经验，常用以下几个特征来判断是否选择了最适合特定预测对象情况的方法。

1. 预测方法最适合的超前时间(往往称为时间范围)

为特定预测对象选择最适用的预测技术的评定标准就是预测的时间范围。不同的预测和计划任务需要不同的超前时间，超前时间一般划分为近期、短期、中期和长期四种。

最适用近期预测的方法包括平均数法、加权平均数法和指数平滑法等。除指数平滑法，其他所有的方法都必须在占有大量的历史数据后才能使用。在实际工作中，时间序列法是近期预测最适用的一种方法，定性预测法一般不适用于近期预测。

短期预测最关键的影响因素可能是预测对象的数据的循环变动和季节变动因素。因此最适用于短期情况的预测技术就是那些能够识别和预测循环变动的预测技术，如时间序列法中的季节模型和分解模型等较为适用。同时，由于宏观经济数据通常可以按月或季得到的，因此，这种较长的时间间隔就有可能利用回归分析的模型。定性方法一般不适用于短期预测。

中期预测最有效的预测技术是回归分析法等。在实际工作中，最好能同时使用各种预测方法，以便能根据两种预测方法结果的对比来检查预测值的准确性。

长期预测多数用于编制战略性计划。最适用的预测方法有回归分析法、投入产出法和一些常用的定性分析法如德尔菲法等。在做长期预测时，通常是把定量技术和定性技术结合起来使用，这样才能够得到最佳的预测结果。

2. 可识别的历史数据模式

在任何工业企业的经济数据数列中，通常都存在着一些数据模式或类型的某种结合。这些数据模式是：①数据的长期趋势；②数据的水平模式；③数据的季节变动模式；④数据的循环变动模式。

定量技术能较好地处理季节变动因素、长期趋势和水平因素，因而定量预测技术是比较适合以上三种数据模式的。而定性技术并不要求确定数据中某种过去的模式，因而是不适当的。

3. 预测模型的类型

根据预测对象的数据特征，有两种划分预测模型的标准。一是把模型划分为时间数列和因果模型。时间数列的方法是把时间作为自变量，而因果模型则可用其他的自变量来进行预测。二是将模型划分为统计模型和非统计模型，一般定量预测技术是统计性的模型，而定性预测法则是非统计性的。

4. 预测方法的准确性

一种预测方法在一定情况下的价值，随应用这种方法所做预测的准确性如何而定。测定预测值的准确性有两种基本方法。一种是利用一组完整的历史数据将某种方法应用于该情况，然后测出实际值与预测值之间的误差，这种误差可用均方误差或平均绝对误差来测定。两种测定结果都可以告诉人们，运用该预测方法对于该组数据的准确性如何。另一种方法是把预测值应用于一部分可以利用的历史数据上，来检验准确性。如果准确性较高，我们就认为所选择的预测方法是适合的。

【资料 10-1】市场预测到底准不准（改编）

每年一月份，成群的高薪专家都试图预测本年的经济前景和市场走势，但随着时间的推移，几乎所有的预测都被证明是错误的。

为什么拥有多年从业经验、专业知识丰富、能随意接触海量资料的人，会如此频繁地错误预测未来的市场走势呢？

第一点也是最重要的一点是，未来充满着意外。无论有多专业，一个人不可能准确预见到未来发生的事情，以及人们将如何做出反应。1974年诺贝尔经济学奖获得者弗里德里希·哈耶克(Friedrich von Hayek)在获奖演说《似乎有知识》中说过这么一句话："市场作为一种复杂的现象，其走势取决于许多个体的行为，其结果取决于所有因素的综合作用……对市场的研究很难揭示全部的面目，难以做出准确的度量。"

预测失误的原因还在于，它们要么流于平庸，要么过于极端。对预测者来说，做出与主流意见相差不大的预测毫无意义。他们既不会因为跟大部队站在一起而遭到解雇，也不会因为比同行稍微好一点而名利双收。因此，如果预测者想脱颖而出，可能就得走向极端。

因此，大多数专家都倾向于围绕一个安全的共识意见抱成一团，而一小部分专家从事风险大但潜在收益高的买卖，做出极端看多或极端看空的预测。如果他们的预测正确，则奇迹般的准确性将令其一夜成名；而如果预测错误，人们大多很快就会忘记。

另一个问题在于：专家分析复杂资料的方式并不始终如一。给同一专家多次提供类似资讯时，他们会得出迥然不同的预测。有一个结论至少从 1954 年以来就为人所知，但几乎从未在华尔街公开发表过——即根据专家预测方式建立的简单电脑模型比专家本身的预测更准确。这是因为专家知道模型中的哪些变量比较重要，于是过于频繁地对各种变数做出主观调整。

无论从哪个角度来看，现在有一点都是显而易见的：你应该进一步端正态度，以更谨慎的态度对待各种市场预测。

不过，你也可以利用好这些预测，方法如下。

不要相信专家对一年后情况的预测

专家的短期预测比长期预测更准确一些。费城联储银行(Federal Reserve Bank of Philadelphia)数十年来一直在进行一项"专业预测者调查"(Survey of Professional Forecasters)，收集几十位专家对于经济前景以及各种金融变数的个人预测和整体中位值，从而形成一个资料库。

与预测最新市场趋势相比，该调查在预测通货膨胀、失业率和经济增长(以实际国内生产总值的变动来衡量)等变数方面要准确得多——但只限于最近一两个季度，之后大多数预测的准确性将直线下降。

坦然面对预测失误

斯塔克说，没有经济学博士头衔的大众往往认为专家预测十分准确，就好像能直接拿去银行兑现的支票一样。人们不懂得这些预测背后隐藏着大量的不确定性。这并不意味着预测结果毫无价值，恰恰相反：通过观察预测失误的潜在区间，你可以调整自己的预期，避免做出过分自信的决策。与此同时，喜欢对冲风险的投资者可以更准确地估算自己所需要的保障。

听听市场的声音

沃顿商学院教授、《预测原理》(*Principles of Forecasting*)一书的作者斯考特·阿姆斯壮(J. Scott Armstrong)说，如果一个市场里有许多交易者，那就不要试图去猜透市场。

股市似乎不像一个能够预测未来的风向标，但与其他替代方式相比，还是要好一些。标准普尔 500 指数(S&P 500)往往能相当准确地预测到未来短期内出现的经济衰退和复苏。

取不同的预测结果的平均值

提高预测品质的最有效工具也许就是把从各个独立渠道取得的预测结果简单地整合起来。一般而言，来自不同渠道的预测者所获取的资讯以及使用的预测方法都不尽相同，因此其失误往往可以相互抵消。

资料来源：华尔街日报. 2011-02-10

10.3.4　市场预测方法的评价

1. 定性预测法和定量预测法的评价

市场预测方法主要有定性预测方法和定量预测方法两大类。定性预测方法主要是依赖于预测人员丰富的经验和知识以及综合分析能力，对预测对象的未来发展前景做出性质和程度上的估计和判断。

定性预测方法主要有以下特点。

(1) 灵活性强。在定性预测中，人们总是能随着外界的变化而不断进行调整，并加以综合分析，推理判断。因此定性预测不仅能反映预测对象变化的一般规律，而且，它还能反映出客观外界发生突变所引起的预测对象的一系列变化，具有较强的灵活性。

(2) 具有一定的科学性。虽然定性预测主要依赖于人们的主观分析判断。然而，人们的经验智慧来自大量的实践，人们的知识来源于科学的总结，因此定性预测并非是主观臆想，而是具有一定科学性的。

(3) 简便易行。一般来说定性预测法主要依赖于人们的经验知识进行分析判断，不需要很深的数学基础，因而在实际工作中容易掌握，易于推广。

定性预测法也存在预测结果不够精确和受预测人员主观因素影响较大等不足。定性预测偏重于事物发展性质上的预测，有时也做出简单的定量主观估计。它常用于历史数据资料缺乏；或影响因素复杂，难以分清主次；或对主要影响因素难以定量分析等场合的分析预测。

定量预测法主要是根据比较完备的历史统计资料，运用一定的数学方法进行加工处理。以一定的数学模型揭示变量之间的规律性，从而对预测对象的未来发展做出推测估计。定量预测方法主要有以下特点。

(1) 预测结果较为客观。由于定量分析运用大量的历史数据资料建立预测模型，受主观因素影响较小，预测结果较为客观。

(2) 预测结果较为准确。运用统计学方法所测得的预测值较定性分析准确，而且可以在一定把握程度下，指明预测方法可能发生的误差。

定量预测也存在一定的不足。定量预测模型机械不灵活，不易处理有较大变动的、非规律性的变化资料。因为定量预测的理论基础是假设将来与过去和现在的变化规律是一致的。预测方法主要侧重于事物发展在数量程度上的分析预测，如速度、幅度、影响程度等，并要求有比较完备的历史数据资料。

上述分析可见，定性预测方法与定量预测方法各有所长，并有取长补短之势。故预测人员在实际预测中应考虑把定性和定量方法结合使用、发挥优势、弥补不足，从而获得较好的预测效果。

2. 各种预测方法的评价比较

在实际预测中，预测人员在选择预测方法时应全面考虑各种预测方法的长处和不足，综合平衡它们的优缺点，选择最合适的预测方法。表 10-1 是各种市场预测方法评价分析表，从中可以较为清楚地看到各种预测方法的特点。

表 10-1　各种常用市场预测方法评价分析对照表

预测方法		典型用途	预测精确度			所需信息	预测成本	所需时间
			短期	中期	长期			
定性预测法	市场调查法	对市场未来前景做性质和程度上的预测	优	良	中	根据调查表和调查报告收集信息	高	短
	对比类推法	对市场未来前景做性质和程度上的预测	良-差	良	良	类似产品的数据及其他有关统计数据	低	短
	集体经验判断法	对市场未来前景做性质和程度上的预测	中等	中等	中等	一组来自专家的信息	低	短
	德尔斐法	新产品销售、市场需求以及长期预测	优-中等	优	优	以调查方式收集信息	中等	较长(>2个月)
定量预测法	移动平均法	需求预测、销售预测、库存管理预测	良	差	很差	需要两年以上历史数据(按季、月)	低	较长(>2个月)
	指数平滑法	需求预测、销售预测、库存管理预测	优	良	很差	需要两年以上历史数据(按季、月)	低	较长(>2个月)
	趋势外推法	需求预测、销售预测	优	良	中等	需要多年的历史数据	低	很短(几天内)
	回归预测法	需求预测、销售预测	优	优	中等	需要多年的历史数据	低	由模型的复杂程度决定

10.3.5　提高市场预测精度的途径

我们知道市场预测与实际值总有一定的误差，为了使市场预测工作尽量做得精确、真实，那么就必须提高市场预测的精度。提高市场预测精度一般应注意以下几个方面。

1. 原始数据与信息一定准确无误

预测工作需要大量的信息，若信息的质量(包括准确度、完整程度)不高，则会直接影响预测模型的质量，从而造成预测误差。

对于数据必须经过"去粗取精，去伪存真，由此及彼，由表及里"的分析处理才能应用，切忌不加识别和处理就让其直接进入数学模型。例如，对于历史上的数据，有的年份波动过大，其原因不是源于自身发展规律，而是外界干扰(如自然灾害)，这就需要经过判断，选用反映客观规律的数据；对受随机干扰的异常值，则应予以剔除；若原始数据走向具有一定规律性，但因受随机干扰，数据波动大，就应进行移动平均和指数平滑，用平滑后的数字建模。

2. 定性方法和定量方法相结合

定性分析和定量分析两大类方法具有很好的互补性，在具体应用时把这两类方法结合使用，则既能在定量的基础上对事物的方向、性质做出判断，又能使定性分析更有依据，并对事物发展程度做出量的测定。同时，由于事物的复杂性以及各种具体预测方法和模型的局限性，对同一预测目标，只要有可能，应从多个不同角度(即用多种预测方法和模型)进行预测，综合各种预测方法的结果，作为预测最终结果，这是提高预测精度的重要方法。

3. 努力提高市场预测人员的水平，充实知识和经验

人们认识市场商品供求规律需要有一定的过程，当未来事物的规律性尚未充分显示时，就

更难以预测准。因此，认识与实际的完全统一是很难达到的，人们的认识总免不了带有一定的偏差。另一方面，无论是预测目标的确定，信息资料的收集、评价、判断、加工整理，还是预测方法的选择，模型参数的估算，模型的建立以及最终对预测结果的综合，都离不开人的主观努力。因此，预测人员的知识、经验、观察思考和判断能力，对预测结果的准确性都会有重大影响。

预测过程中不仅受到预测人员认识能力和经验水平的影响，同时还受到预测人员心理因素的影响。通常造成预测误差的心理因素有以下几种情况。

(1) 不科学的从众心理。在一些模糊性较大的预测中，小部分人往往不加深入分析就接受"大家的看法"，这可能将预测引入歧途。

(2) 对领导与权威的迷信。人们往往会因为领导或权威掌握信息多，知识渊博，经验丰富，而盲目崇拜和迷信他们，有时甚至会放弃自己的正确意见，这也是很危险的。

(3) 对个人专长或所熟悉工作的偏爱。例如，预测者容易重视自己熟悉或专长的信息，而忽视其他信息；或自觉不自觉地片面强调对自己观点有利的一面等，这必然会影响预测的客观性。

在市场预测工作中，对市场预测精度还必须有一个正确的认识。因为一切市场预测工作所得到的预测值的精度都是相对的，市场预测只是预知未来，因此，市场预测结果只能接近未来发展的情况，不可能也不必要与未来实际情况完全一致。当然市场预测工作者还要不断总结实践经验，创造一些行之有效的方法，充分积累数据资料，为不断提高市场预测的准确性而努力。

关键词和概念

市场预测原理　　市场预测方法　　市场预测误差　　市场预测精度

本章复习题

一、思考题

1. 选择预测方法和模型时应考虑哪些因素？

2. 简述预测误差产生的原因以及提高预测精度的途径。

3. 简述市场预测的原理。

二、实践题

1. 【在校学生生活费用调查(续)】根据调查数据，制定"在校学生生活费用支出情况"预测方案计划，并进一步修改完善"工作计划"。

2. 某饮料公司开发了一种新饮料，并有意将该产品在 20～30 岁的年轻人中进行推广。在新产品投入批量生产前该饮料公司想对市场的销售前景做一个预测，请为该公司拟定一个市场预测步骤。

3. 根据【案例 10-5】相关资料，回答以下问题：

(1) 天猫"洗碗机市场"的预测涉及具体哪几个方面的预测？

(2) 结合本案例分析在市场调查和预测中，产品研究和消费者研究之间的关系。

(3) "市场预测是市场决策的基础，在企业做出决策之后，也就意味着市场预测工作的

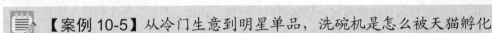

结束"。这句话你认为有道理吗？为什么？

【案例10-5】从冷门生意到明星单品，洗碗机是怎么被天猫孵化出来的？（改编）

早在2002年，德国厨电的"老大"西门子家电便最先把洗碗机带到中国市场，并为中国消费者量身定制。2012年12月，西门子家电天猫旗舰店正式上线，洗碗机也第一次在线上销售。但更多人不知道的是，2000年，国货品牌美的第一台洗碗机正式下线，并建立了洗碗机的生产线，但整整16年，美的洗碗机仅在专注出口海外市场。可见，这是一个被国内市场忽视的小众产品，而最直接的原因正是——消费市场并不成熟。

1. 意外的发现，不同寻常的增速

"子类目同比增速超过120%"！直到2015年，来自洗碗机类目的这组数字，引起了"小二"忘川的注意。数字本身并不惊人，但是放在洗碗机这一冷门类目，变动多少有些意外。

没有放过任何蛛丝马迹，凭借着自身的行业背景，天猫"小二"们查阅起国外洗碗机的市场情况。结果很惊人，在欧美国家，洗碗机的家庭普及率在70%以上，并且从节水的角度，倡导公民使用洗碗机。然而，回到国内市场，洗碗机的家庭普及率不足1%，洗碗机在厨电行业线上市场占比不到3%，认知成了第一道屏障。

天猫后台大数据显示，洗碗机搜索指数正不断攀升。事实上，"80后""90后"的消费者正在成为厨房消费的主角，这意味着随着品质消费升级，洗碗机有望借着风口而爆发。但是细看整个线上的洗碗机市场，除了个别进口品牌外，剩下的都是非主流品牌，没有匹配不同家庭的产品，也没有符合不同消费层次的价格。薄弱的商品结构无法让消费者认可和接受。

最后，大家的想法别无二致：产品确实能洗干净碗筷，确实能提升消费者体验，为何不快点带给天猫的消费者？洗碗机一旦爆发，或许会呈几何倍数的增长。

2. 从工厂走到线上，爆款来了

"终于有人关注这个产品了！"当忘川找到美的洗碗机事业部内销负责人张新科时，他喜不自胜。要知道，美的已经做了16年洗碗机，但仅专注于出口海外市场，背后原因显而易见——培育市场成本高昂，一直没有平台愿意扶持洗碗机的发展，而家电恰恰又是最依赖主流平台、品牌引领的市场。

很快，美的阿里智能洗碗机诞生，这是首个天猫定制款洗碗机。从最初设计开始，就围绕天猫用户特征，捕捉痛点，为匹配的消费者量身定制。具体来说，当发现中式餐具清洗、烘干、储物、智能化等成了天猫用户频频提及的评价词，美的设计了中式碗篮网，增强烘干、储存功能，添加智能控制功能，用户通过手机监控耗水耗电量、水温等，以及下载清洗程序。而价格上，基于大数据的判断，售价设置在不到4000元。

基于大数据的C2B反向定制模式，迎合了消费者需求，大大降低入手的门槛。产品一诞生，迅速成为天猫上的爆款，并引发整个行业的关注。

天猫对于洗碗机的推动，还延伸到了国外。当看到天猫对洗碗机行业的推动后，厨电巨头西门子与天猫的合作不断升级，天猫多次赴约前往德国参展，寻找更适合中国消费者的洗碗机。

2016年，国内家电领导品牌的爆款逐一在天猫诞生。方太推出了"水槽式洗碗机"，老板电器推出柜式洗碗机，海尔发布中国家庭打造的"小贝"台式洗碗机等。在天猫这一品牌运营的阵地上，洗碗机产品数量一下子上升至近 100 款，且外观、功能、价位都彼此区分，精准匹配了天猫不同消费群体的需求。

原本小众又弱势的产品，渐渐被培育起来。天猫也成了洗碗机首发的主战场。

3. 共同的发声，成为黑马

当寻找到匹配消费者的产品后，天猫开始从让商品自由发展，转变为一种高效的品牌和内容运营。

天猫"小二"们的心里并不确定——洗碗机究竟会在哪一天成功爆发。此时，发声成了关键一步。

2016 年 6 月，天猫电器城联合阿里公益主办了一场"洗碗革命"发布会。场面堪比半个行业展会，天猫和美的、方太、西门子、老板、海尔五大厨电品牌站到了一起，带上各自的新品集体亮相。同时，大家向社会一致发声：洗碗机不仅洗碗干净，还能解放双手、节水、并倡导"家庭使用洗碗机，一年可为世界节约 10 吨水"。

在这场发布会背后，大数据精准营销悄然开启。当天，网红在各大直播平台直播这一事件，现场画面、测评资讯、体验视频等内容素材，集体向外扩散，传播至目标消费群体可触达的传播渠道。从主流媒体，到优酷、微博为代表的社交媒体，洗碗机信息流便铺天盖地地涌向了消费者。

那一天，忘川不断被商家询问——店铺瞬间流量爆棚，是被恶意攻击了吗？但事实上，这些突如其来的流量，是消费者的主动搜索。通过这一热点事件，天猫洗碗机销量持续攀升。

除此之外，关于洗碗机的新一波内容运营也全面发力。《消费测评——洗碗机好用吗》《手洗和机洗，哪个更干净》《清洗小龙大比拼》《洗碗机更费水吗？》《看上去干净就真的干净吗？》……

9 月中旬，一系列关于洗碗机的测评节目开始播出，围绕消费者最关注的主题，邀请专业人士专题测评，让人工清洗与洗碗机、国内与国外洗碗机等实验 PK。洗碗机的信息再次触达到了更多的消费者。

在互联网时代，借助各个传播渠道，所有关于洗碗机信息都传递给消费者，一个现象级的热点已经产生，并为天猫"双十一"的爆发做好了铺垫。

但洗碗机这样的新品类，在天猫"双十一"究竟该准备多少货？这一问题摆在了品牌方面前。结合此前销售情况，天猫大数据提供包括配货、分仓、补货等多个环节的预测，指导商家大促备货，做好分仓管理。

2016"双十一"如期而至。就在零点开启的瞬间，数据大屏上监测洗碗机数字不断跳动，同比增速远超油烟机，灶具等成熟的厨电单品。在那一刻，所有人都清楚：洗碗机行业的爆发元年来了，就发生在天猫！

最终，洗碗机在天猫"双十一"实现了 500% 的增长，创下了洗碗机单日销售量最高的世界纪录，成了名副其实的黑马。而同样，美的等诸多品牌第一次收获了来自新品类的大丰收，美的洗碗机在天猫"双十一"同比增长超过 1900%，销售额超过 4000 万元。

4. 孵化而成，上升为战略

爆发的势头，继续在整个行业蔓延。当注意到洗碗机的惊人成长后，其他的厨电企业再也坐不住了。华帝、九阳等多家老牌企业，纷纷向天猫抛来橄榄枝，表示已专门新建洗碗机事业部，加大洗碗机产能，并且天猫会是首发的阵地。大家的想法很一致：不能再用老的思维、老的产品去做厨电市场了。

还有一个有意思的插曲，2017年，几家厨电核心品牌的股价上涨迅速，背后一个原因是，机构评估时明确指出，类似洗碗机这样的新品类增值空间巨大，所以机构纷纷调高了预期。

随着品牌的涌入，预示着洗碗机行业已经被成功孵化。2017年数据显示，洗碗机在天猫搜索量已经排名厨电第二。而孵化成功后，更日常化的运营助力着这个行业壮大。最近，天猫联合洗碗机的五大品牌招募百家企业，让洗碗机走近写字楼，用更细致的营销方式触达更多的目标用户。

资料来源：宏颖. 从冷门生意到明星单品，洗碗机是怎么被天猫孵化出来的？. 天下网商. http://www.iwshang.com/Post/Default/Index/pid/250881.html

第 11 章　定性预测方法

学习目的与要求

1. 掌握各类对比类推法的应用；
2. 掌握集体经验判断法的应用；
3. 掌握德尔菲法的应用；
4. 掌握市场调查法；
5. 了解其他的定性预测方法和应用。

> 📋 **引入案例**　2018 年中国智能门锁行业前景分析 市场容量超 400 亿元 （改编）
>
> 智能门锁是指区别于传统机械锁的，通俗来理解，具有指纹开锁、密码开锁、App 蓝牙开锁、联网等任一功能的门锁均称为智能门锁。
>
> 智能门锁按照客户不同可分类为家庭智能锁和公寓智能锁。随着智能锁解决了传统机械锁的使用痛点，智能锁越来越完善以及价格进入普通家庭接受范围等三大因素的影响，家庭智能门锁销量出现井喷式增长。2017 年家庭端销量 600 万套，销量同比增速达 100%以上；2018 年上半年订单量达到了 830 万套，销量接近 800 万套。截至 2018 年 6 月，中国家庭智能门锁渗透率只有 5%，而欧美、日韩家庭智能门锁渗透率已达 35%、60%，相差悬殊。假设我国经过未来 5 年的发展，2022 年智能门锁的家庭渗透率将达到 35%，达到欧美的渗透率，逼近日韩；同时到 2022 年，房屋交易的 50%伴随着智能锁的销售。那么，到 2022 年，中国家庭智能门锁总销量将达 3250 万把，市场规模为 390 亿元。
>
> 近年来随着长短租公寓的兴起，公寓智能门锁出货量激增，2017 年我国公寓用锁的出货量为 200 万套，按照每套 500 元计算，2017 年公寓智能门锁市场规模为 10 亿元，主要客户为链家的自如、我爱我家的相寓等房产中介背景的公寓运营商，以及万科泊寓等房地产商背景的公寓运营商。公寓对智能门锁青睐，源于智能门锁大大提高了运营方的效率，节省了人力、换锁等成本。
>
> 根据测算，到 2022 年，我国智能门锁的年销量将超过 4600 万把，达到 4604 把；总市场规模将超过 400 亿人民币，达到 437 亿元。2018—2023 年期间，2018 年、2019 年、2020 年将是智能门锁的黄金三年，行业增速将分别达到 104%、48%、37%。
>
> 资料来源：2018 年中国智能门锁行业前景分析 市场容量超 400 亿元. 前瞻网. https://www.qianzhan.com/analyst/detail/220/181121-9179b011.html

定性预测方法是依赖于预测人员丰富的经验和知识以及综合分析能力，对预测对象的未来发展前景做出性质和程度上的估计和推测的一种预测方法。它是市场预测方法中很重要的一类方法。定性预测方法的具体形式很多,下面分别介绍几种常用的方法。

11.1　对比类推法

某些社会经济现象在其他另一些社会经济现象出现变化之后,相隔若干时间才会随之发生相应的变化。这种相关的变化关系称为时间上先行于后继关系,它反映的因果关系有时间顺序性,原因在先,结果在后。所谓对比类推法,是指利用事物之间的某种相似特点,把先行事物的表现过程类推到后继事物上去,从而对后继事物的前景做出预测的一种方法。

对比类推法依据类比目标的不同可以分为产品类推法、地区类推法、行业类推法和局部总体类推法。

11.1.1　产品类推法

有许多产品在功能、构造技术等方面具有相似性,因而这些产品的市场发展规律往往会呈现某种相似,人们可以利用产品之间的这种相似性进行类推。例如,平板彩色电视机与普通彩色电视机的功能是相似的,因此可以根据普通彩色电视机的发展过程类推平板彩电的市场需求变化趋势。从我国的情况看,电视机等家电产品的发展过程遵循一条引进→成长→成熟→衰退的生命周期演变过程,不同阶段的市场需求特征是不同的。通过对普通彩色电视机的发展过程进行系统的分析,掌握电视机各个阶段的市场需求特征及发生转折的时机,就可以对平板彩电市场需求进行估计。

11.1.2　地区类推法

地区类推法是依据其他地区(或国家)曾经发生过的事件进行类推。同一产品在不同地区(或国家)有领先和滞后的时差,可以根据领先地区的市场情况类推滞后的市场。地区类推法有两类:一是国内不同地区之间的类推;另一类是不同国家之间的类推。例如,许多高档家电产品总是先在城市进入家庭,而后再进入农村家庭,因此可以利用家电产品在城市市场的发展规律类推家电产品在农村市场的发展规律。又如,有关专家对我国家用轿车需求前景预测时,曾根据日本、印度、巴西等国家小轿车发展的情况,对家用轿车的价格与人均国民收入之比和轿车消费特征之间的关系进行分析。研究表明,当轿车价格与人均国民收入之比达到 2～3 时,家用轿车开始进入私人家庭;当达到 1.4 左右时,家用轿车需求进入迅速发展阶段,开始出现普及性消费。根据上述特征参数的比较,同时结合我国具体情况加以修正,可以对我国家用轿车何时进入家庭进行预测和估计。

11.1.3　行业类推法

有许多产品的发展是从某一个行业市场开始,然后逐步向其他行业推广的。例如,铝合金材料最初是用于航天工业,现已广泛应用于其他各行各业,甚至家庭装潢。根据这一特点,可以运用行业类推法对产品的行业市场加以预测。又如,预测者可以根据军工产品市场的发展预测民用产品的市场前景。因为军工产品一般都是些技术上领先的产品,军工行业市场的现在就是民用市场的未来,预测者应密切注视军工产品的发展动向,推测军工产品或技术在民用市场发展的可能性，利用领先的行业市场类推滞后的行业市场。

11.1.4　局部总体类推法

局部总体类推法是通过典型调查或其他方式进行一些具有代表性的调查，分析市场变化动态及发展规律，预测和类推全局或大范围的市场变化。这是一种应用范围较广的类推方法，例如，需要预测今后一段时间全国照相机市场的需求状况，只需选取若干大、中、小城市及一些有代表性的农村地区进行调查分析，以此类推全国的总需求状况。这种类推法在我国市场预测中经常使用，预测效果较好。

在应用类推法进行预测时，应注意一点：对比类推法是建立在事物发展变化相似性的基础上。但相似性并不等于相同，再加之事物发生的时间、地点、范围等许多条件的不同，常会使两个对比事物的发展变化有一定差异。例如，上述我国家用轿车需求前景预测，应考虑我国在社会、经济、消费习惯等方面与其他国家的差异，进行一定的修正，以提高类推预测法的精度。同时，在选择类比目标时，预先从各方面充分考虑可比性，这对于对比类推法的有效应用有重要意义。

11.1.5　对比类推法实例

为了具体形象地说明对比类推法的应用，下面以我国某种家用电器市场需求预测的实例来说明这种方法的应用过程和步骤。

【案例 11-1】某种家用电器市场需求预测

(1) 明确预测目标。明确预测目标即是明确预测对象，以及预测的目的和要求。这里的预测目标是预测该种家用电器在 B 地近 17 年的市场需求情况(如市场普及率、市场需求量等)。

(2) 确定类比目标。确定类比目标是指寻找一个相似性较高的实际比较目标，并分析该目标的发展趋势。在这里选择 A 地该家用电器市场情况作为预测 B 地该家用电器近 17 年市场需求情况的类比目标。据有关信息获悉，从第 1 年起，A 地人均国民收入已达到 10 000 美元，该种家用电器的普及率达到 68.3%。据此，可以确定人均国民收入和该种家用电器的普及率作为具体类比目标。

(3) 分析类比的可行性。类比的可行性分析是指类比目标与预测目标进行比较分析，确定类比是否可行。选择 A 地市场作为类比对象，主要出于以下的考虑：B 地预计在第 17 年人均国民收入也可达到 10 000 美元。因此，用 A 地 17 年来的该家用电器的普及率为目标，预测 B 地第 17 年该家用电器的普及率和需求量是可行的。

(4) 确定预测起始点。确定预测起始点是指通过调查，获得目前要预测问题的实际统计资料，并把这个数据作为预测计算的开始点。根据 B 地相关统计资料，该家用电器在第 1 年年底，B 地拥有量为 29.285 万台(包括进口数)，以按 2 亿用户计算，截至第 1 年年底 B 地居民拥有该家用电器的普及率为

$$p = \frac{29.285(万台)}{20\,000(万户)} = 0.15\%$$

(5) 测算 B 地 17 年间该家电的年新增普及率。确定了类比目标的普及率(q=68.3%)，又有了起始点数据(p=0.15%)，则可确定各年的平均普及递增率。可用下式得到：

$$\eta = \frac{q-p}{n} = \frac{68.3\% - 0.15\%}{17} = 4\%$$

式中，p——该家用电器起始点的普及率；

q——该家用电器预测目标点的普及率；

n——起始点到目标点的年份数。

上述得到的年普及递增率是一个理论值。在实际预测时，由于产品在市场上有一个生命周期过程，其消费也呈现出阶段性，所以可把较长的时间序列分成几个阶段。与 A 地类比，可把该家用电器的消费过程分为第 1～7 年、第 8～17 年和第 17 年以后三个阶段，并分别把各个阶段与 A 地类比，对上述年平均普及递增率进行修正，可得到 B 地更切合实际的不同阶段的年普及率及递增率。

如图 11-1 所示，第 I 阶段(第 1～7 年)由于购买力水平比较低，供应量比较少，价格较贵，其普及率增长缓慢；第 II 阶段(第 8～17 年)，购买力水平提高，供应量增多，价格降低，故普及率增长较快；第 III 阶段(第 17 年以后)，大多数家庭已拥有，逐步走向饱和，故普及率增长缓慢。

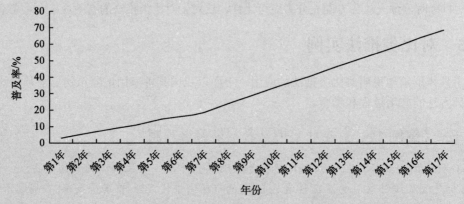

图 11-1　某种家电的生命周期曲线

(6) 预测近 17 年该家用电器的普及率和需求量。在确定了各年的普及递增率以后，可进行具体的预测计算。

① 历年普及率 p_i，计算公式为

$$p_i = p_{i-1} + \eta_j \quad (j = 1, 2, 3)$$

式中，η_j——各阶段的普及递增率。

η_j 的值可用分段方式表示为

$$\eta_j = \begin{cases} 2.6\% & j = 1 \\ 5.0\% & j = 2 \\ 1.8\% & j = 3 \end{cases}$$

② 历年需求量 Q_i，计算公式为

$$Q_i = N(1+\lambda)^n \cdot p_i$$

式中，N——起始点时 B 地户数(2 亿户)；

λ——历年 B 地户数平均增长率(有关资料为 3%)；

n——以第 1 年起依次为 0，1，2，……

B 地历年普及率及历年需求量如表 11-1 所示。

表 11-1 家用电器历年普及率与历年需求量一览表

年份	第 1 年	第 2 年	第 3 年	第 4 年	第 5 年	第 6 年
普及率/%	2.75	5.35	7.95	10.55	13.55	15.75
需求量/万件	551.65	1 076.43	1 604.35	2 135.43	2 669.69	3 207.13
年份	第 7 年	第 8 年	第 9 年	第 10 年	第 11 年	第 12 年
普及率/%	18.35	23.35	28.35	33.25	38.35	43.35
需求量/万件	3 747.77	4 783.26	5 824.95	6 872.82	7 926.94	8 987.32
年份	第 13 年	第 14 年	第 15 年	第 16 年	第 17 年	
普及率/%	48.35	53.35	58.35	63.35	68.35	
需求量/万件	10 053.99	11 126.98	12 206.32	13 292.03	14 384.15	

根据该家用电器市场预测实例,到第 17 年 B 地该家用电器的普及率为 68.35%,需求总量为 14 384.5 万台。

11.2 集体经验判断法

集体经验判断法,又称专家小组意见法,是利用集体的经验、智慧,通过思考分析、判断综合,将专家个人的见解综合起来,寻求较为一致的结论的预测方法。这种方法参加的人数多,所拥有的信息量远远大于个人拥有的信息量,因而能凝集众多专家的智慧,避免个人判断法的不足,在一些重大问题的预测方面较为可行可信。但是,集体判断的参与人员也可能受到能力、个性、时间及利益等因素的影响,不能充分或真实地表明自己的判断。集体判断要比单个判断花费多倍的时间,可能会延长整个决策任务的完成时间。

集体经验判断预测方法的步骤如下。

(1) 由若干个熟悉预测对象的人员组成一个预测小组。

(2) 要求每个预测者在做出预测结果的同时,说明其分析的理由,并允许小组成员在会上充分争论。

(3) 在分析讨论基础上,预测者可以重新调整其预测结果。

(4) 把若干名预测者的预测结果运用主观概率统计法进行综合处理后,得出最终的预测结果。在某些情况下,也可以将各个预测者的预测结果直接进行统计处理,得出最终预测结果,而不经过集体讨论这一程序。

集体经验判断法通常需要将每个预测者的预测结果进行综合处理才能得到最终预测结果。预测结果的综合处理一般分两步进行,第一步采用主观概率统计法计算出每个预测者的预测期望值;第二步运用加权平均法或者算术平均法计算出预测最终结果。

【案例 11-2】集体经验判断法应用示例

某商业企业打算预测下一月份的商品销售额,要求预测误差不得超过 ±6 万元。现用集体经验预测法进行预测。

1. 准备相关资料

将过去若干年该企业的商品销售额资料以及当前市场情况等有关资料,汇集成供预测人员参考的背景资料。

2. 编制主观概率调查表

编制主观概率调查表的目的是为了获得可以用来预测下一月份销售额的资料以及得到对未来销售额增长趋势有关看法的主观概率。在调查表中要列出不同销售额可能发生的不同概率。概率要在 0 到 1 之间分出多个层次,如 0.10、0.20、0.30、…、0.99 等。由被调查者填写可能实现的销售额。一般用累积概率,如表 11-2 所示。

表 11-2 主观概率调查表

被调查人姓名:＿＿＿＿＿＿＿   编号:＿＿＿＿＿＿＿

累积概率	0.010 ①	0.125 ②	0.250 ③	0.375 ④	0.500 ⑤	0.625 ⑥	0.750 ⑦	0.875 ⑧	0.990 ⑨
商品销售额/万元									

表 11-2 中第①栏累积概率为 0.01 的商品销售额是可能的最小数值,表示小于该数值的可能性只有 1%;第⑨栏累积概率为 0.99 的商品销售额是可能的最大数值,说明商品销售额大于该数值的可能性只有 1%;第⑤栏累积概率为 0.50 的商品销售额是最大、最小的中间值,说明该商品销售额大于和小于该数值的机会都是 50%。

3. 汇总管理

它是按照事先准备好的汇总表,请各个被调查人填好后,加以汇总,并计算出各栏平均数。此例共调查了 10 人(如销售人员、市场计划人员、有关专家等)。主观概率汇总表如表 11-3 所示。

表 11-3 主观概率调查汇总表

单位:万元

被调查人编号	主观概率								
	0.010 ①	0.125 ②	0.250 ③	0.375 ④	0.500 ⑤	0.625 ⑥	0.750 ⑦	0.875 ⑧	0.990 ⑨
	商品销售额								
1	190	193	194	198	200	202	204	205	208
2	178	189	192	194	198	200	204	205	225
3	184	189	192	193	202	204	206	208	220
4	194	195	196	197	198	199	200	201	202
5	198	199	200	202	205	208	210	212	216
6	168	179	180	184	190	192	194	196	198
7	194	198	200	206	208	212	216	219	224
8	180	185	186	189	192	195	198	200	205
9	188	189	190	191	192	193	194	195	196
10	200	202	202	205	207	209	212	213	220
平均	187.4	191.8	193.2	195.9	199.2	201.4	203.8	205.4	211.4

4. 判断预测

根据表 11-3 主观概率汇总表，可以做出如下判断。

(1) 该企业下一月份的商品销售额最低可达 187.4 万元。小于这个数值的可能很小，只有 1%。

(2) 该企业下一月份的商品销售额最高可达 211.4 万元，超过这个数值的可能性也只有 1%。

(3) 可以用 199.2 万元作为下一月份该企业商品销售额的预测值。这是最大值与最小值之间的中间值，也是商品销售额期望值的估计数。

(4) 取预测误差为 6 万元，则预测区间为(199.2-6)～(199.2+6)，即商品销售额的预测值在 193.2 万元～205.2 万元之间。

(5) 预测商品销售额在 193.2 万元到 205.2 万元，在第③栏到第⑧栏的范围内，其发生概率相当于 0.875-0.25=0.625。也就是说，商品销售额在 193.2 万元～205.2 万元之间的可能性为 62.5%。扩大预测误差的范围，可以提高实现的可能性。例如，要求误差在±12 万元以内，则预测区间为 187.2 万元～211.2 万元之间，在第①栏到第⑨栏范围之内，其相应概率为 0.99-0.01=0.98，即商品销售额在 187.2 万元～211.2 万元之间的可能性达到 98%。

11.3 德尔菲法

德尔菲法也称专家调查法或专家意见法，是以匿名的方式轮番征询专家意见，最终得出预测结果的一种集体经验判断法。德尔菲法最初产生于科技领域，后来逐渐被应用于其他领域的预测。

德尔菲法是在 20 世纪 40 年代由 O. 赫尔姆和 N. 达尔克首创，经过 T. J. 戈尔登和美国兰德咨询公司进一步发展而成的。德尔菲这一名称起源于古希腊有关太阳神阿波罗的神话，传说中阿波罗具有预见未来的能力。因此，这种预测方法被命名为德尔菲法。1946 年，兰德公司首次用这种方法用来进行预测。20 世纪中期，当美国政府执意发动朝鲜战争的时候，兰德公司提交了一份预测报告，预告这场战争必败。政府完全没有采纳，结果一败涂地。从此以后，德尔菲法得到广泛认可。

德尔菲法是市场预测定性方法中最重要、最有效的一种方法，应用十分广泛，可用于预测商品供求变化、市场需求、产品的成本、价格、产品销售、市场占有率、产品生命周期等方面。该方法不仅在企业预测中发挥作用，还在行业预测、宏观市场预测中采用，不仅用来进行短期预测，还可用来进行中长期预测，效果比较好。尤其是当预测中缺乏必要的历史数据，应用其他方法有困难时，采用德尔菲法预测能得到较好效果。

德尔菲法也称专家调查法，是借用社会各方面专家的头脑，综合他们的预测经验进行预测的方法。该方法采用通信方式分别将所需解决的预测问题单独发送到各个专家手中，征询意见，然后回收汇总全部专家的意见，并整理出综合意见。随后将该综合意见和预测问题采用匿名发表意见的方式，再分别反馈给专家，经过反复征询、归纳、修改，最后汇总成专家基本一致的看法，作为预测的结果。因此，其预测的准确性要比其他经验判断法高。德尔菲法采用匿名的方式，大大减少和避免了面对面预测可能带来的如附和权威意见，或者主观意气用事等倾向，使专家能充分发表个人预测意见，减少预测误差。

11.3.1 德尔菲法的预测程序

德尔菲法有一套独特的预测程序，主要包括三个阶段：准备阶段、轮番征询阶段和结果处理阶段。

1. 准备阶段

准备阶段主要完成四个方面的工作：明确预测主题和预测目的；准备背景资料；选择专家；设计调查咨询表。

(1) 明确预测主题和预测目的。在预测正式开始前，预测组织者应首先统一明确预测所要达到的目的，据此确定预测的主题，这是预测最基础的一步。同时，应把预测的目的和主题在寄给专家的调查咨询表中简单明了地加以说明。

(2) 准备背景资料。背景资料是指有关预测主题的各种资料，这些背景资料是经过整理、加工后，与调查咨询表一同邮寄给专家，以便专家能够更全面、系统地考虑问题。向专家提供背景资料出于两个方面的考虑：一是每个专家虽然都是某一预测主题方面的行家，由于工作重点或看问题的角度不同等原因，掌握资料总有一定的局限性，而提供背景资料则可以使专家获得的信息更系统化，预测更准确；二是可以为专家节省时间和精力，专家们在百忙之中参加预测工作已很不容易，一般不太可能有时间再去为预测主题专门寻找各种背景资料。如果不提供较为完备的背景资料，可能会产生较大的误差。

(3) 选择专家。选择专家是运用德尔菲法预测的关键。这是因为预测的准确性在很大程度上取决于参加预测的专家水平。德尔菲法所要求的专家应当是对预测主题和预测问题有比较深入的研究，知识渊博、经验丰富、思路开阔、富于创造性和判断力的人。选择专家时应注意以下几个问题。

① 广泛性。德尔菲法要求专家有广泛的来源，这也是定性预测本身要求需要多样化的知识面。一般应采取"三三制"。首先选择本企业、本部门对预测问题有研究、了解市场的专家，人数占预测专家的 1/3 左右；其次是选择与企业、本部门有业务联系、关系密切的行业专家，约占 1/3；最后是从社会上有影响力的知名人士中选择对该市场和行业有研究的专家，人数也占 1/3 左右。

② 自愿性。选择专家时还应考虑专家是否有时间、有精力，是否愿意参加此项预测活动。只有充分考虑专家的自愿性，才能避免专家意见回收率低的问题，保证专家们充分发挥积极性、创造性和聪明才智。

③ 人数适度。选择专家的人数要适度，人数过少，缺乏代表性，信息量不足；人数过多，组织工作困难，成本增加。研究结果表明，预测的精度与增加人数存在函数关系，即随着人数的增加，预测的精度会提高。但当人数接近 15 人时，进一步增加专家人数对预测精度影响不大，如图 11-2 所示。因而专家人数一般以 10～15 人为宜。

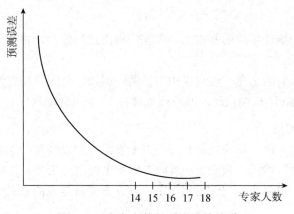

图 11-2　专家人数与预测误差关系

(4) 设计调查咨询表。专家调查咨询最好使用表格式问卷。调查咨询表的设计主要是调查内容本身，同时也需要在调查咨询表中说明预测的目的和对象。设计中应遵循如下几项基本原则。

① 对德尔菲法做出充分说明。为了使专家全面了解情况，一般调查表都应有前言，用以说明预测的目的和任务，以及专家回答在预测中的作用，同时还要对德尔菲方法本身做出充分说明。

② 问题要集中，并避免组合事件。预测的问题要集中、有针对性，不要过于分散，以便使各个事件构成一个有机整体，但同时要避免组合事件，也就是一个事件不能包括这样两个方面：一方面是专家同意的；而另一方面则是专家不同意的，这时专家就难以做出回答。

③ 用词要准确。问题要全面完整，不能有遗漏，但也不能有多余。用词要准确，简单明了，不要使用像"普通""广泛""正常"等缺乏定量概念的用语。

④ 组织者的意见不应强加于调查表中。在对某事件的预测过程中，当意见对立的双方中，一方对另一方的意见没有给予足够的考虑，或者组织者认为已经存在着明显的判断和事实，而双方都没有注意时，如果组织者试图把自己的观点强加在调查表中，作为反馈材料供下一轮预测时参考，这样处理势必会造成预测结果的失真。

⑤ 调查表要简洁明了。调查表应有助于而不是妨碍专家做出评价，应使专家把主要精力集中用于思考问题，而不是理解复杂和混乱的调查表。调查表应方便专家，而不是预测组织者。

2. 轮番征询阶段

准备阶段的各项工作完成后就要进入向专家进行正式调查阶段。这一阶段主要通过反复征询专家的预测意见来实现。德尔菲的意见征询一般分四轮进行。

第一轮，发给专家的第一轮调查表，专家一般依据调查表提出的预测问题，并围绕预测主题对调查表提出补充意见和修改意见。预测组织者对专家填写后寄回的调查表进行汇总整理，归并同类事件，排除次要事件，用准确术语提出一个预测事件的一览表，并作为第二轮调查表发给每个专家。

第二轮，专家对第二轮调查表所列的所收到的材料，提出自己的预测意见，并说明自己是怎样利用这些材料并提出预测值的。组织者回收专家意见并进行统计处理。

第三轮，根据第二轮统计资料，专家再一次进行判断和预测，并充分陈述理由。有些预测在第三轮时仅要求持不同意见的专家进行充分陈述理由。这是因为他们的依据经常是其他专家忽略的一些外部因素或者未曾研究过的一些问题，这些依据往往对其他成员重新做出判断会产生影响。

第四轮，在第三轮统计结果的基础上，专家们再次进行预测，根据预测组织小组要求，有的成员要重新做出论证。

通过这四轮，专家们的意见一般可以相当协调。例如，美国兰德咨询公司就人口等 6 个问题、49 个事件进行的 50 年长期预测，四轮调查后有 31 个事件取得了相当一致的结论和看法。

3. 结果最终处理阶段

预测结果最终处理阶段，是要把最后一轮的专家意见加以统计归纳处理，得出代表专家意见的预测值和离散程度，然后，预测组织者对专家意见做出分析评价，确定预测方案。

在最终处理阶段，最主要的工作是用一定的统计方法对专家的意见做出统计归纳处理。下面介绍几种处理方法。

1) 四分位法

这一方法主要用于预测结果为事件或者数量时的统计处理，用中位数代表专家预测意见的协调结果，用上、下四分位数反映专家意见的离散程度。具体步骤如下。

先将若干位专家所预测的结果(包括重复的)从小到大(或者从先至后)顺序排列起来，处于中间的那个数即为专家预测结果的中位数。当有奇数位专家预测结果时，则从小到大有序排列，正中位置的预测意见即为中位数，以此作为预测的最终结果；当有偶数位专家预测结果时，则以处于最中间的两个预测结果的算术平均值为中位数，作为最终的预测结果。类似地上、下四分位数分别表示出于专家预测结果排序数列中 3/4 处与 1/4 处的两个数。

用中位数和上、下四分位数描述预测的结果，则中位数表示预测结果的期望值，下四分位数表示预测期望值区间的下限，上四分位数表示其上限。

【案例 11-3】四分位法应用示例

某机构想预测某种产品在特定市场内，到哪一年能达到30%以上的市场占有率。为此，请了 15 名专家进行预测。其预测结果按时间顺序排列为：

2001；2002；2003；2004；2005；2006；2007；2008；2009；2010；2011；2012；2013；2014；2015

　　　下四分位数　　　　　　　　　　中位数　　　　　　　　　　上四分位数

这一预测结果的中位数为 2008 年，下四分位数为 2004 年，上四分位数在 2012 年。

预测人员根据大量统计数据，可用经验公式由中位数推算出上下四分位数。经验公式如下：

下四分位数=组织预测年份+1/2 X

上四分位数=组织预测年份+3/2 X

式中，X——中位数年份与组织预测年份之差。

例如，在 2000 年进行预测(2000 年即为组织预测年份)，测得中位数为 2008 年，则：

$$X=2000-2008=8(年)$$

下四分位数=2000+1/2×8=2004 年

上四分位数=2000+3/2×8=2012 年

计算结果同前。

上述结果也可以用图来表示。纵坐标为频数，表示赞同中位数及上下四分位数的人数；横坐标为年份，于是上述结果可以表示为如图 11-3 所示截角楔形图。

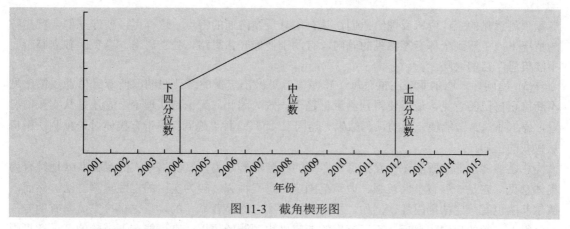

图 11-3　截角楔形图

2) 对非量化预测结果的统计处理方法

对于预测产品的品种、花色、规格、质量、包装以及新产品开发等非量化的预测意见可采用比重法或者评分法进行归纳统计。

(1) 比重法。比重法是指计算出专家对某个意见回答的比例，然后以比例最高者作为预测的结果。例如。某企业研制一种新产品，请 12 位专家对其成功与否进行预测，其中 7 人认为成功可能性高，而另 5 人持否定态度。如果采用比重法，成功比重为 7/12=0.583，失败的比重为 5/12=0.417，专家预测的协调性结果是：该新产品成功的可能性大。

(2) 评分法。评分法常用于产品各特征的重要性比较或不同品牌的同类商品的质量评比等。

【案例 11-4】评分法应用示例

某针织品公司请专家对今年以后运动衣裤进行预测。要求在下列项目：品牌、价格、式样、吸汗、耐穿中，选择影响销售的三个主要项目，并按重要性排序。评分标准规定为：第一位给 3 分，第二位给 2 分，第三位给 1 分。第三轮专家征询意见为：赞成"品牌"排在第一位的专家有 61 人(专家总数为 82 人)，赞成排第二位的有 13 人，赞成排第三位的有 1 人。则项目"品牌"得分为：

$$61 \times 3+13 \times 2+1 \times 1=210(分)$$

全部总分为：　　　　　　　　　$82 \times (1+2+3)=492(分)$

故"品牌"占比重为

$$210/492=0.43$$

由专家对其余 4 项指标的评分计算得各项目总分比重为：价格 0.15，式样 0.30，吸汗 0.02，耐穿为 0.10。据此得出按重要性排在前三名的项目依次为品牌、式样和价格。

11.3.2　德尔菲法的特点

这种特殊的集体经验判断法，较之一般的经验判断法有三个显著的特点。

(1) 匿名性。德尔菲法采取背靠背的办法向专家征询意见，专家之间彼此不通气，被调查的专家只同预测组织者保持联系。只是在已经取得预测结果的情况下，如有必要才可能组织专家们进行面对面讨论，而在绝大多数情况下，专家自始至终都不会相遇，从而可以避免面对面集体讨论中权威意见影响他人预测的倾向。

(2) 反馈性。德尔菲法向专家多次轮番征询意见，每次征询都必须把预测组织者的要求和专家预测意见的统计资料反馈给他们，具有信息反馈沟通的特点。这样可以使专家们在背靠背的情况下，了解到全体专家意见的倾向，有助于他们开拓思路、独立思考，避免因独立判断而不能集思广益的缺陷。

(3) 趋同性。德尔菲法注重对每一轮专家意见做出定量的统计归纳，使专家借助反馈意见不断修正自己的意见，最后使得预测意见趋于一致。因此，无论是从理论上看还是从实践情况看，德尔菲法常常能使专家的预测结果"趋同"，而且这种"趋同"不带有集体讨论预测法中盲从权威的色彩。

总之，德尔菲法既能充分发挥每个专家的经验和判断力，又能将个人的意见有效地综合为集体意见。它是一种科学性较强、适用范围广、可靠性强、较为实用的定性预测方法。然而，德尔菲法也有一定的局限性，例如，由于预测专家之间是背靠背的，缺乏直接交流，有的专家在获得上一轮的反馈资料后，不了解别的专家做出预测的依据，有可能在下一轮的征询意见中出现简单地向中位数靠拢的趋势，而不是进一步深入探讨问题。为了克服上述局限性，人们对德尔菲法加以某些改进。例如，只向专家反馈预测值的离差范围，而不反馈预测的中位数；或者先匿名询问，公布汇总结果后，进行面对面的讨论，再匿名做出新预测，从而防止简单地向中位数靠拢的倾向。因此，应用德尔菲法要在遵循基本原则和特点的前提下灵活应用。

11.3.3 德尔菲法预测实例

为了更直观地说明如何应用德尔菲法进行预测，在此介绍一个预测实例。近年来，全国 A 产品需求变化较大，为了更好地满足市场需求，当时，某地采用德尔菲法对某地下一年度 A 产品市场需求变化趋势进行预测，他们的做法及过程介绍如下。

【案例 11-5】某地下一年度 A 产品市场需求变化趋势预测

1. 确定预测主题

根据历年 A 产品的销售实绩，按照"ABC 分析法"的原理，对 A 产品下一年度销售状况进行预测。

2. 选择专家

一方面，对下一年度 A 产品需求趋势做出预测，这要求预测参与者必须要有丰富的业务经验，掌握大量的市场信息，同时要求有一定的表达能力。另一方面，为了取得比较全面的信息，确定以 87 个相关销售的业务经理组成预测专家小组。

3. 准备背景资料

为了使专家在预测过程中能全面了解有关 A 产品的历史和现状，使预测更加准确，预测组织者准备了有关的背景资料。主要有：

(1) 近 10 年某地 A 产品历史销量和逐年的增长率，并把各年的销量用表格和曲线图两种形式直观表达出来，使预测者一目了然。

(2) 根据组织者掌握的信息，列出了下一年度对 A 产品的销售有利的影响因素(4 个方面)和不利的影响因素(5 个方面)。

4. 设计调查表

根据预测对象的要求设计咨询表。因预测主题较为单一，调查表较为简单(见表 11-4)。

表 11-4　下一年度某地 A 产品需求量调查表

根据某地的资料，请在下面栏目中填写某地所有 A 产品需求量，估计下一年度环比上升或下降的百分比	
上升：＿＿＿＿＿＿＿%	下降：＿＿＿＿＿＿＿%
请简要分析 A 产品需求量下一年度环比上升或者下降的原因(可以从有利因素和不利因素两个方面分析)： ＿＿＿＿＿＿＿＿＿＿＿＿＿＿＿＿＿＿＿＿＿＿＿＿＿＿＿＿＿＿＿＿＿＿＿＿	

5. 第一轮征询

预测组织者把背景资料和调查表寄给了 87 位预测专家，在规定的时间内有 59 位专家寄回了调查表，回收率为 68%。预测组织者将调查表汇总统计分析(见表 11-5)，又将影响因素进行了综合(有利因素 7 个方面，不利因素 9 个方面)。

表 11-5　某地下一年度 A 产品需求量升降幅度专家预测统计(第一轮)

需求变化情况	下降幅度					
	50%以上	41%～50%	31%～40%	21%～30%	12%～20%	1%～10%
专家人数/人	5	2	2	9	8	7
所占比例/%	8.43	3.39	3.39	15.25	13.56	11.86

需求变化情况	不变	上升幅度				不能确定	合计
		1%～10%	12%～20%	21%～30%	50%以上		
专家人数/人	2	11	1	1	0	11	59
所占比例/%	3.39	18.64	1.69	1.69	0	18.64	100

6. 第二轮征询

预测组织者把上轮的预测结果的综合资料以及第二轮的调查咨询表寄给了专家(第一轮回答的 59 位)。第二轮调查咨询表的内容和形式与第一轮的完全相同。在规定的时间内，有 44 位专家寄回了第二轮调查表，回收率为 75%。预测组织者将第二轮的调查表汇总统计(见表 11-6)。考虑到专家的意见已基本趋于一致，结果比较明朗，就不再进行第三轮征询，就此结束这次预测工作。同时预测组织者又将专家提出的有关影响 A 产品需求的影响因素进行了综合概括(此处略)。

表 11-6　某地下一年度 A 产品需求量升降幅度专家预测统计(第二轮)

需求变化情况	下降幅度					
	50%以上	41%～50%	31%～40%	21%～30%	12%～20%	1-10%
专家人数/人	2	3	5	11	8	5
所占比例/%	4.5	6.2	11.4	25	18.1	11.4

需求变化情况	不变	上升幅度		不能确定	合计	
		1%～10%	10%～20%			
专家人数/人	0	4	1	5	44	
所占比例/%	0	9.1	2.3	11.4	100	

7. 处理最终预测结果

因轮番征询仅进行两轮，故第二轮的专家意见即作为预测的最终结果。该预测对象属数量预测，在此采用算术平均法进行处理，取各组距的中值为各组的代表值(如 31%~40%的中值为 35%)，则：

$$平均升降幅度 = \frac{\sum 升降幅度中值 \times 专家人数}{总人数(剔除不能确定数值的专家人数)}$$

$$= [5\% \times 4 + 15\% \times 1 - (55\% \times 2 + 45\% \times 3 + 35\% \times 5 + 25\% \times 11 +$$

$$15\% \times 8 + 5\% \times 5)] \div 39$$

$$= -20.64\%$$

上述结果说明，某地下一年度 A 产品需求量可能环比下降 20.64%。

11.4　其他定性预测方法

市场调查预测法是企业市场营销人员组织或者亲自参与或委托有关机构对市场进行直接调查，在掌握大量第一手市场信息资料的基础上，经过分析和推算，对未来市场发展趋势做出预测的一类方法。

调查预测法较之其他定性预测法(如各类经验判断分析法)而言，具有预测结果较为客观的特点。市场调查预测法根据直接调查获得的客观实际资料进行分析推断，因为较少存在的主观判断，因此，可以在一定程度上减少主观性和片面性，故也有人称其为客观性市场预测方法。市场调查预测法的另一个特点是适用性较强，尤其是在缺乏历史资料的情况下，通过直接调查，也能获得较为可靠的预测结果，如新产品的需求等。市场调查预测法主要有购买意向调查法、展销调查法、预购测算法、情景预测法等。本节还将介绍几种其他定性预测方法：厂长(经理)评判意见法、销售人员估计法等。

11.4.1　购买意向调查法

购买意向调查法也称顾客意向调查法。这种调查方法是指通过一定的调查方式(如抽样调查、典型调查等)选择一部分或者全部(主要是生产资料购买者)的潜在购买者，直接向他们了解未来某一时期(即预测期)购买产品的意向，并在此基础上对商品需求或者销售做出估计的方法。在缺乏历史统计数据的情况下，运用这种方法可以取得数据，做出推断。因而，这种方法在市场调查预测中得到了广泛的应用。

购买意向调查可采用各种询问调查法，如面谈调查、邮寄调查、电话调查、留置问卷调查等形式进行。

在实际调查时，应首先向被调查者说明所要调查商品的性能、特点、价格，市场上同类商品的性能、价格等情况，以便使购买者能准确地做出选择判断。其次，由被调查者填写购买意向调查(见表 11-7)。在设计该表时，可根据实际情况，把购买意向分得更细些(即概率层次描述更多些)。再次，把所有调查表的结果汇总，结果汇总表格模式如表 11-8 所示。

表 11-7　购买意向调查表

购买意向	肯定购买	可能购买	未定	可能不买	肯定不买
概率描述(P_i)	100%	80%	50%	20%	0

表 11-8 购买意向调查汇总表

购买意向	肯定购买	可能购买	未定	可能不买	肯定不买
概率描述（P_i）	100%	80%	50%	20%	0
人数 x_i	x_1	x_2	x_3	x_4	x_5

最后，按照上式计算出购买者所占比例的期望值：

$$购买比例的期望值 E = \frac{\sum P_i x_i}{\sum x_i} \times 100\%$$

若预测范围内的总人数为 X，则总购买量的预测值为

$$预测的总购买量 = E \cdot X$$

【案例 11-6】燃气热水器购买意向调查

某公司对其经营地区进行下一年度燃气热水器的购买意向调查，挑选了 200 户，最后的调查结果汇总情况是：肯定购买者 3 户，有 80%购买可能性的有 8 户，还未定的有 30 户，可能不买的 95 户，肯定不买的有 64 户。则在 200 户调查中，购买比例的期望值为

$$
\begin{aligned}
E &= \frac{\sum P_i x_i}{\sum x_i} \\
&= \frac{3 \times 100\% + 8 \times 80\% + 30 \times 50\% + 95 \times 20\%}{200} \\
&= 21.7\%
\end{aligned}
$$

若该地区有 20 万户，总需求量约为

$$20 \times 21.7\% = 4.34(万台)$$

应用购买意向调查法进行预测时应注意其适用范围。这种方法对高档耐用消费品或者生产资料等商品的销售情况来说是一种有效的预测方法。因为这些商品的购买都需要事先计划，而一般消费品购买不必事先计划，故很难了解购买意愿，导致使用购买意向调查法的效果不好。值得指出的是，当市场上有多种性能、价格都类似的产品存在时，企业很难就某种特定的产品进行购买意向的调查。因为不少消费者往往要到商店现场购买时，才能决定买何种品牌的产品。

此外，购买意向调查也可以用来预测市场对商品颜色、品种、款式、规格、价格等方面的需求，以便生产企业能向市场提供适销对路的产品。

【资料 11-1】大数据时代：亚马逊"预判发货"，顾客未动包裹先行

在满足消费者需求方面，"万货商店"亚马逊一直极力探索着各种途径，其中不乏奇思妙想的创意，如测试用无人机送货，用机器人管理仓储。据华尔街日报报道，亚马逊获得了一项名为"预判发货"的专利，亚马逊未来可能会通过对用户行为数据的分析，预测顾客的购买行为，在顾客尚未下单之前提前发出包裹，从而最大限度地缩短物流时间。

这项专利听起来有点不可思议，亚马逊如何才能精准地判断用户是否下单？因为一旦判断失误就意味着发出的包裹做了一次无用功。

亚马逊表示，他们判断是否"预判发货"的数据信息包括：顾客此前的订单、顾客的商品搜索记录、心愿单、购物车，甚至包括用户鼠标在某商品页面的停留时间。

专利显示，"预判发货"还包括一些技巧，亚马逊可能会模糊填写用户的收货地址，方便将商品配送至潜在顾客附近区域，而在配送过程中一旦收到该顾客的订单，再将地址信息补充完整。

同时，亚马逊还会在运送途中向潜在顾客推荐该商品，从而提升判断精准度。

亚马逊认为，预测式的发货比较适合畅销书以及上市之初容易吸引大量买家的商品。

可即便如此，亚马逊的这套系统不免会出错。亚马逊的解决措施是给予用户一定的折扣，抑或直接将判断失误的商品作为礼物送给用户，从而提升公司口碑。

亚马逊之所以不惜花费大成本缩短物流时间，是因为他们认为，从下单到收货之间的延迟可能会降低人们的购物意愿，甚至放弃网购。

通过分析顾客行为数据进行"预判发货"显然是一种大数据行为，这很容易让我们联系到另一家将大数据生意玩得炉火纯青的公司——Netflix，这家美国家喻户晓的在线影片租赁商利用推荐搜索、数据算法等方式，提前获取观众喜欢观看的内容，从而进行准确的内容订购授权。火爆电视剧《纸牌屋》正是基于"大数据"诞生的成功案例。

大数据与云计算落地，当技术接轨商业，越来越多的企业通过对用户行为数据的分析，针对性地满足用户需求，这将是一场影响深远的商业变革。

资料来源：大数据时代：亚马逊"预判发货"，顾客未动包裹先行. https://www.ifanr.com/396583

11.4.2 展销调查法

展销调查法(包括新产品试销法)是通过产品展销这一手段，直接调查消费者的各种需求和购买能力，同时还可以调查消费者对产品质量、款式、规格等方面的需求。尤其是对新产品的销售前景预测，展销调查法是十分有效的方法，也是目前新产品销售预测中采用的主要方法。这主要是出于两方面的原因：一是新产品开始投入市场时，生产企业没有历史资料和经验可以借鉴，对市场规模和反应无法估计；二是消费者对新产品没有使用的经历和感性的认识，不可能产生明确的购买意向，采用这种销售与调查预测相结合的展销调查法，便于生产者对消费需求、购买力以及购买力投向做出分析。

【案例11-7】微型吸尘器市场预测

某企业研制了一种新型小家电产品——微型吸尘器，只有手掌大，具有携带方便、价格低廉等优点，售价每台18元左右。为了解市场对这种新产品的潜在需求，该企业与某商场联合举办该产品专柜展销。商场地处该城市居民购买力中等水平地区，为配合展销，该企业事先在报上做了相应的广告，展销期间价格优惠并进行现场操作表演。据统计，在展销3天中，共有185人问津该新产品，共售出63台，购买率为63÷185=34.05%，按照该市20万户计算，预测该市市场潜在购买力约为20×34.05=6.81万台。

在使用展销调查法预测时必须注意两个问题：一是展销地点要选择今后产品可能面对的消费群体相对集中的区域；二是展销的商品货源充足。这两点在很大程度上决定了展销调查法预测结果的可靠性。

11.4.3 预购测算法

预购测算法是根据顾客的预购订单和预购合同来推测估计产品的需求量。这种方法主要适用于一些生产企业和批发企业的微观预测。对生产企业来说，宜用这种方法测算新产品、特需商品以及价格高的产品需求量。例如，某汽车公司准备在明年向市场推出一款高性能的轿车，因该产品价格高，技术先进，故该企业依据国内的订货合同或订单来制订企业的生产计划和销售计划，这样可以避免由于产品、资金的积压而给企业带来的损失。对商业企业而言，此法在批发企业中用得较多，批发企业主要通过对零售企业或其他小批发企业订货合同的测算来估计销售额。批发企业应用这种方法主要是出于以下几个方面的考虑：一是批发企业业务量大，产品积压会造成很大浪费；二是批发企业经营的商品品种多，无法逐项进行准确的预测。采用这种方法可以使批发企业的商品采购量和结构与市场需求比较接近。例如，一些专门经营各种小百货商品的专业批发公司，每年在 4—5 月份和 10—11 月份举办两次大型订货会，根据各企业与该公司的订货合同制订供需计划。据此计划，公司直接与生产厂家订货，然后组织货源提供给需求方。

预购测算法是一种比较简单有效的方法，在使用过程中应该注意两点：一是要考虑订货单和购货合同的履约率。因为订货单和购货合同并不等于商品已售出。由于市场的宏观和微观环境无时不在变化，变更订单和合同的情况是客观存在的，预测人员可根据多年的合同执行情况，估计一个履约率。二是要考虑订单和合同的追加率。出于对合同履约率产生原因的同样考虑，常会发生签约后临时追加订货情况。因此，预测人员在采用预购测算法预测需求时，应根据合同、订单的履约率和追加率对合同订货数进行修正调整。

11.4.4　厂长(经理)评判意见法

厂长(经理)评判意见法就是由企业的总负责人把与市场有关或熟悉市场情况的各种负责人员(包括主管采购、生产、销售、财务、产品开发与研究等管理人员)和中层管理部门的负责人(包括计划科、销售科、财务科、采购供应科等部门的管理决策人员)召集起来，让他们对未来的市场发展形势或某一重大市场问题发表意见，做出判断。然后，将各种意见汇总起来，进行分析研究和综合处理，最后得出市场预测结果。

这种预测方法的主要优点如下。

(1) 迅速、及时、经济，不需要经过复杂的计算，也不需要多少预测费用，就可以及时得到预测结果。

(2) 由于这种方法集中了各个方面熟悉市场情况的有经验的高、中级管理人员的意见，因此，可以发挥集体的智慧，使预测结果比较准确可靠。

(3) 使用这种方法不需要大量的统计资料，更适合于对那些不可控制因素较多的产品进行销售预测。

(4) 如果市场情况发生了变化，可以立即进行修正。

正因为有以上一些优点，这种预测方法得到了广泛的应用。据美国供应商协会对 161 家公司使用的预测方法进行调查的结果，采用这种方法进行预测的公司占 54%，其中，工业品生产企业占 50%；消费品生产企业占 64%；服务性企业占 72%。在我国的企业中，此种方法也得到了一定程度的应用。

这种预测方法的主要缺点如下。

(1) 预测结果容易受主观因素的影响。

(2) 对市场变化、顾客的愿望等问题了解不够细致。

使用这种方法的一个重要前提是：厂长(经理)及参与预测的有关人员有较高的知识、较丰富的经验和对市场的洞察能力和分析能力。如果不具备这样的条件，就不能做出正确的预测。

厂长(经理)评判意见法的适用性很强，可以在各种场合应用。

【案例11-8】厂长(经理)评判意见法应用示例

某纺织厂厂长召集主管销售、财务、计划和生产等部门的负责人，对下年度某种纺织品的销售前景做出估计。几个部门负责人的初步判断，如表11-9所示。

表11-9　各部门负责人评判表

部门	各种销售量估计	销售量/件	概率	期望值/件
销售部门 负责人	最高销售量	3000	0.2	600
	最可能销售量	1800	0.6	1080
	最低销售量	1600	0.2	320
	总期望值	—	1.0	2000
计划财务部门 负责人	最高销售量	2000	0.3	600
	最可能销售量	1800	0.5	900
	最低销售量	1500	0.2	300
	总期望值	—	1.0	1800
生产部门 负责人	最高销售量	2000	0.2	400
	最可能销售量	1700	0.5	850
	最低销售量	1200	0.3	360
	总期望值	—	1.0	1610

部门负责人的判断意见提出后，有两种综合处理的方法。

(1) 绝对平均法。下一年度某种纺织品的预测值为

$$\frac{2000+1800+1610}{3}=1803(件)$$

(2) 加权平均法。根据各部门负责人对市场情况的熟悉程度及他们在以往预测判断中的准确程度，分别给予不同部门负责人不同的评定等级，在综合处理时，采用不同的加权系数。例如，销售部门一般比较熟悉市场情况，其预测估计的可靠性较高，因此，在综合三个部门的判断意见时，应加强销售部门负责人的判断意见在综合结果中的影响。如确定销售部门负责人的加权系数为2，而其他两个部门负责人的加权系数各为1。从而，下一年度某纺织品的销售预测值为

$$\frac{2000\times2+1800+1610}{4}=1852.5(件)$$

厂长(经理)评判意见法也适用于对商品的规格品种、性能用途、款式花样、质量与服务、新产品开发前景；消费者和用户的消费心理、习惯、购买意向分析；价格变动、竞争优势、流通渠道演变、库存控制等市场因素做出预测。

11.4.5 销售人员估计法

销售人员估计法，就是在做预测时把本企业所有的销售人员聚到一起，让他们对自己负责的销售区域(或产品)下一季度或下一年度的销售额做出估计，然后把他们每一个人的预计销售额汇总起来，做出本企业下一季度或下一年度销售额的预测。

这种预测方法的主要优点如下。

(1) 它与厂长(经理)评判意见法一样，不需要经过复杂的计算，因此，预测速度比较快，也比较省时。

(2) 由于销售人员一直在市场中活动，因此，他们对市场情况、特别是对他所在地区的市场情况很熟悉，而且，对原有顾客的需要情况和对潜在顾客的情况心中有数，所以，他们预测的结果就比较准确可靠。正因为如此，这种方法的应用颇为流行。

当然，这种预测方法也有缺点，它同经理人员评判法一样具有主观的因素，容易受个人偏见的影响。假如有的销售人员对形势发展的认识比较乐观，他估计的预测数字就可能偏高；反之，有些销售人员如果对形势发展持悲观态度，他们估计的预测数字就可能偏低。特别当有些企业把完成销售任务同评定销售人员的成绩结合在一起，这就会给预测的结果带来更大的影响。因为销售人员怕把这些数字估高了，将来完不成销售任务而得不到奖励。因此，不愿意把那些可能争取到的销售额估计进去。这样，就会使整个预测数字不准确。

为了避免这种缺点，许多企业在使用这种方法进行预测时，除了要求销售人员要有正确的态度外，还采取以下两种方法来纠正偏差：一种方法是让预测与销售人员的绩效考评分开，使预测做得尽量客观一些；另一种方法是根据每一个销售人员历年估计的数字同实际销售额之间的差额打一个折扣(即调整系数)，使之更接近实际。

【案例 11-9】销售人员估计法应用示例

某公司有三个销售人员，他们对自己负责的销售区域下一年度的销售额估计如表 11-10 所示。

表 11-10 销售人员估计法

销售员	各种销售额估计	销售量/件	概率	期望值/件
甲	最高销售额	2000	0.2	400
	最可能销售额	1600	0.5	800
	最低销售额	1200	0.3	360
	总期望值	—	1.0	1560
乙	最高销售额	1500	0.3	450
	最可能销售额	1400	0.6	840
	最低销售额	1200	0.1	120
	总期望值	—	1.0	1410
丙	最高销售额	1500	0.3	450
	最可能销售额	1300	0.6	780
	最低销售额	1100	0.1	110
	总期望值	—	1.0	1340

把这三个销售员的估计值汇总在一起，就可以得到企业下一年度销售额预测值为 4310 万元。

根据以往的经验，销售员甲每年估计的数字都比实际销售额高出 20%，销售员乙每年估计数字都比实际销售额低 10%左右，推销员丙每年估计的数字都比实际低 30%左右，这样就要对他们各自的销售额按各自偏差的比例进行调整。如销售员甲估计的期望值是 1560 万元，去掉高出的 20%(312 万元)，结果为 1248 万元；推销员乙估计的期望值为 1410 万元，要增加 10%(141 万元)，结果为 1551 万元；销售员丙估计的期望值为 1340 万元，要增加 30%(402 万元)，结果为 1742 万元。经过调整后，再把三者的结果加起来，使得明年的预测销售额为 4541 万元。

关键词和概念

定性预测方法　　对比类推法　　集体经验判断法　　德尔菲法

| 本章复习题 |

一、思考题

1. 简述集体经验判断法的程序及优点。

2. 什么是德尔菲法？简述其特点与优缺点。

3. 什么是购买意向调查法？其适用范围如何？

4. 为什么说展销调查法对新产品的销售前景预测十分适用？

二、实践题

1.【在校学生生活费用调查(续)】根据调查数据，讨论各类预测方法在"在校学生生活费用支出情况"预测中的优势，并确定最终预测方案，进一步修改完善工作计划。

2. 有一个通信产品生产企业将推出一款新的手机，请为该企业设计一个"展销调查"方案，以便该企业利用调查结果预测该款新手机的市场前景。

3. A 事件：许多企业经理，经常把自己以前成功的市场预测经验搬到新企业中。例如，以前在某某企业中以我的经验预测到了市场的变化，结果以后半年中产品的销售比同行业其他企业多了 50%。另外，也有一些成功的企业家试图将自己当年的成功经验复制到新的产品上。因此，他们会预测说新产品也将与老产品一样快速成长。

B 事件：早先曾经有传闻说"环球影城"有意在中国开设"游乐场"，并进行了选址。当时，投资方在众多的城市中选择了 S 市，其理由是"环球影城"在日本的大板运作的相当成功。而 S 市在中国的经济地位、对周边城市的辐射能力以及居民的消费水平与日本的大板极为相似。因此投资方认为有理由相信在 S 市运作"环球影城"项目是会成功的。

(1) 你认为以上两个事件中，管理者和投资者这样的预测有没有意义？存在问题吗？

(2) 结合以上事件，从市场预测的角度你更认同哪种预测的论点？为什么？

4. 根据【案例 11-10】中"美国奥伯梅尔公司"相关资料，回答以下问题：

(1) 奥伯梅尔公司采用了哪些定性预测的方法？对于当年奥伯梅尔公司遇到的市场问题，你有没有更好的预测方法来帮助奥伯梅尔公司走出困境？

(2) 哪些市场的因素或人为的因素会导致市场预测结果产生偏差？

【案例 11-10】美国奥伯梅尔公司通过改进预测方法消除经营损失

在流行滑雪服经营中，需求高度依赖于种种难以预测的因素，如气候、流行趋势、经济发展等，而且，零售高峰期只有两个月。但是，美国的奥伯梅尔公司却通过改进预测和计划方法，几乎完全消除了滑雪服生产与顾客需求不平衡所造成的损失。

奥伯梅尔公司是美国流行滑雪服市场上的主要供应商，在儿童滑雪服市场上占有支配性的 45%的份额，在成人滑雪服市场上占有 11%的份额。它的产品是由远东、欧洲、加勒比海以及美国的一些企业加工的。

该公司几乎所有产品，每年都要重新设计，以适应款式、面料和颜色的变化。直到 20世纪 80 年代中期，公司的设计和销售周期都是相对简单的。它包括设计产品，生产样品，3月份向零售商展示样品；接受零售商定货后，在 3、4 月份接受供应商定货；10 月份在奥伯梅尔公司的配送中心收货；然后立即向零售商店送货。这种方法有效地运用了 30 多年。加工合同是以确认的订单为依据签订的，而秋季交货又为有效的生产提供了充分的时间。

然而，80 年代中期，这种方法不再有效。首先，随着公司的销售量增加，它在生产高峰期受到生产能力的制约。结果，它只得根据对零售商定货的预测，在前一年的 11 月份，或者在商品销售之前大约一年，就开始预订加工能力。其次，降低生产成本和增加产品品种的压力，迫切要求公司建立更加复杂的供应链。最后，也是最重要的，对于流行儿童滑雪服产品，经销商们开始要求提早交货，因为十分景气的儿童滑雪服的一大部分销售额，在 8 月份的返校期就已开始实现。

为了克服供应链变长、供应商能力限制以及零售商要求尽早交货的困难，奥伯梅尔公司采用各种方法来缩短交货期。截止到 1990 年，公司已经把交货时间缩短了一个多月。

另外，公司说服一些最重要的零售商客户尽可能早地定货，从而能够较早了解当年可能流行哪些款式。从 1990 年起，每年 2 月份，公司邀请 25 家最大的零售商客户，提前向它们展示当年的新产品并征求早期定货。每年来自这一程序的早期订单，合计占到该公司总销售额的 20%。

然而，这些努力并未解决缺货和不断降价的问题。公司生产仍有约一半是根据需求预测安排的。在生产高度复杂多变的时尚产品的行业，这是很大的冒险。奥伯梅尔公司依靠一个由其各个职能部门经理组成的专家小组，对公司每一种产品的需求进行一致性预测。但是，这项活动并不特别有效。例如，在 1991—1992 年度销售期，有几款女式风雪大衣比原先的预测多销了 200%，同时，其他款式的销售量比预计销售量低了 15%。

那么，能够改进预测吗？能够进一步缩短交货时间吗？能够更好地利用"早期定货程序"所获得的信息吗？能够劝说更多的零售商提早定货吗？

奥伯梅尔公司组成专人来考察这些问题，由此提出了"正确响应"(accurate response)的方法。他们认识到，问题在于公司不能预测人们将买什么。生产风雪大衣的决策，实质上是就"风雪大衣会有销路"这一判断在打赌。为了规避这种风险，必须寻求一种方法，来确定在"早期定货"之前生产哪些产品是最安全的，哪些产品应该延期到从"早期定货"收集到可资利用的信息后再生产。

同时，他们发现，专家小组的初步预测尽管有些是不符合实际的，但约有一半是相当准确的，与实际销售量的误差不到 10%。为了在获得实际定货之前确定哪些预测可能是准确的，他们考察了专家小组的工作方式。专家小组传统上是对每一种款式和颜色都通过广泛的讨论达成一致性预测。于是，公司决定请专家小组的每一位成员对每一种款式和颜色做出独立预测。采用这种方法，个人要对自己的预测负责。

这种改革非常有价值。首先，一致性预测往往并非真正意义上的一致。小组中的主要成员，如资深经理，常常过度地影响集体预测的结果；如果每个人都必须提出自己的预测，就可消除这种过度的影响。其次，更重要的是，新方法有利于对预测结果进行统计处理，以得出更精确的预测结果。

通过独立预测过程确实获得了重要发现。例如，虽然对两种款式大衣预测的平均趋势可能是一样的，但个人预测值的离中趋势却截然不同。例如，每个人对 Pandro 大衣的预测值都接近平均值，面对 Entice 宽松大衣的预测值却是分散的。因此，对 Pandro 大衣的预测可能比对 Entlce 宽松大衣的预测更可靠。1992—1993 年度销售期末，公司验证了上述假设——当专家小组每个人所做的预测相类似时，所获得的一致性预测将趋于更加精确。因此，利用个人预测之间的差异，可以有效地估计预测精度。

对于如何处理需求不可预测的品种，公司也获得了重要发现，即尽管零售商需求是不可预测的，从而使精确预测成为不可能，但是，奥伯梅尔公司零售商的总体购买模式却惊人地相似。例如，只要根据最初的 20%的定货来修正专家小组的预测，预测精度就能显著提高。随着定货的增加，预测精度会不断改善。

接着，他们开始着手设计一种能够识别和利用上述信息的生产计划方法。设计这种方法关键是要认识到，在销售初期，当公司还未接到定货时，所预订的加工能力是"非反应性"的，即生产决策完全是根据预测而不是根据实际市场需求做出的。以"早期定货程序"为起点，随着定货信息的渗入，所确定的加工能力变得具有"反应性"了。这时，公司可以根据市场信息提高预测精度，从而做出生产决策。

公司采用了所谓"风险型生产顺序"的策略，充分利用非反应性生产能力来生产最有可能精确预测需求的产品，这样就可以把反应性生产能力用于生产尽可能多的不可预测产品。这使公司能够尽可能对最有利可图的市场领域做出响应。

资料来源：百度文库. https://wenku.baidu.com/view/303d3f2500f69e3143323968011ca300a6c3f6de.html?from=search

第 12 章　时间序列预测法

学习目的与要求

1. 掌握平均预测法；
2. 掌握趋势预测法；
3. 掌握生长曲线趋势外推法；
4. 掌握 SPSS 相关应用。

引入案例　尼尔森一季度中国消费趋势指数：就业预期成领涨因素，
"她经济" 撑起消费半边天(改编)

　　尼尔森发布了 2019 年第一季度中国消费趋势指数报告，报告显示，第一季度中国消费趋势指数为 115 点，较上一季度的 113 点提升了 2 个点，接近历史高位。

　　国家统计局数据显示，第一季度 GDP 同比增长 6.4%，与 2018 年第四季度持平。综合来看，第一季度国民经济继续运行在合理区间，延续总体平稳、稳中有进的发展态势，为中国消费趋势指数的提升奠定了坚实基础。

　　尼尔森消费趋势指数可以用来衡量消费者对于就业预期、消费意愿及个人经济情况三个方面。消费趋势指数高于 100 则为积极，反之则为消极。

　　尼尔森报告显示，尼尔森消费趋势指数的三个影响因素中，就业预期为 79 点，较上一季度增长 5 个点，实现大幅上扬；消费意愿和个人经济情况分别为 61 点、70 点，均较上一季度增长 3 个点。

　　从不同区域来看，各区域消费趋势指数相对稳定，北部地区近三个季度实现了稳步增长。尼尔森数据显示，一季度北部消费趋势指数为 111，2018 年三季度为 108 点，四季度为 109 点；东部地区消费趋势指数仍保持高位运行，为 124 点，与上一季度持平。南部地区和西部地区也实现了小幅上扬，分别为 116 点和 106 点。

　　尼尔森研究发现，北部地区近一年来的就业预期持续向好，从 2018 年二季度的 62 点，飙升至 73 点；东部地区的个人经济情况明显回暖，从上季度的 80 点跃升至 86 点。就业预期也实现了大幅上扬，较上季度增长 5 个点，为 84 点。全国各区域的消费意愿保持平稳态势。

　　从不同级别城市来看，二、三线城市消费趋势指数领跑，均高达 117 点；四线城市紧随其后，为 115 点，较上季度增长 3 个点。一线城市增幅明显达到 112 点，较上一季度增长 4 个点。农村地区保持稳定，分别为 114 点。尼尔森数据显示，消费意愿的逐渐回暖带动了上线城市消费趋势指数的增长，其中一线城市为 65 点，二线城市为 66 点，均较上一季度增长 5 个点。另外，四线城市就业预期和个人经济情况回升明显，分别飙升了 8 个点和 11 个点，

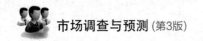

达到了 79 点和 82 点。

"各种经济先行指标显示，一季度经济实现'开门红'，多项宏观数据超预期，经济回暖信号明显。而一、二线城市作为经济发展的排头兵，其经济结构相对完善，经济张力尽显，其经济回暖速度明显高于其他城市级别。同时，产业结构优化及产业下沉，不仅为下线城市带来更多发展机遇，也创造了更多的就业机会，加速了下线城市的消费升级，从而带动了消费意愿的持续提升"，赵新宇表示。

资料来源：尼尔森一季度中国消费趋势指数：就业预期成领涨因素，"她经济"撑起消费半边天. 经济观察网. http://www.eeo.com.cn/2019/0510/355604.shtml

时间序列是对观察或记录所得的数据，按照时间顺序排成的一组数字序列。通常是按固定的时间间隔(如天、周、月、季、年等)进行统计。时间序列法是将预测对象的历史资料按时间顺序排列起来，运用数学方法，寻求其变化的规律和发展趋势，从而对未来进行预测。

在时间序列模型中，自变量就是观察值的时间序列，$x_1, x_2, \cdots, x_t$，因变量为预测值 y_t。其一般模型为

$$y_t = f(x_1, x_2, \cdots, x_t) \tag{12-1}$$

时间序列预测法的具体建模方法很多，主要有平均预测法、趋势预测法、生长曲线趋势外推法、自回归预测法等。这些方法在实际应用中必须根据具体情况加以选择，才能取得较满意的预测结果。

12.1 平均预测法

12.1.1 简单平均法

简单平均法是以历史数据的算术平均数、加权算术平均数和几何平均数等直接作为预测值的预测方法，这类方法的特点是模型简单，使用方便，一般适用于短期或近期预测。

1. 算术平均法

算术平均法是把历史数据加以算术平均，并以平均数作为预测值的方法。其预测模型为

$$\bar{X}_A = \frac{1}{n}\sum_{i=1}^{n} x_i \qquad (i = 1, 2, 3, \cdots, n) \tag{12-2}$$

式中，$\bar{X}_A$——根据以往的历史数据平均后得到的预测值；

x_i——第 i 个历史数据；

n——参加平均的历史数据的个数。

2. 加权平均法

因为按照时间顺序排列的一组历史数据中，每个数据对预测值的重要性是不同的，离预测期较近的历史数据显然比离预测期较远的历史数据重要得多，这就说明把所有参加平均的历史数据"一视同仁"的算术平均法具有不足之处，较好的办法是在计算平均数时把每个历史数据的重要性也考虑进去，给予相应的权数，加权算术平均法正是体现了这一点，因而它是一种比一般算术平均法更为理想的预测方法。

加权算术平均法的预测模型为

$$\overline{X}_W = \frac{\sum\limits_{i=1}^{n} W_i x_i}{\sum\limits_{i=1}^{n} W_i} \qquad (12\text{-}3)$$

式中，$\overline{X}_W$——加权算术平均数的预测值；

　　　　x_i——第 i 个历史数据；

　　　　W_i——给予第 i 个历史数据的权数。

　　值得注意的是，运用加权算术平均法需要确定一组适当的权数。确定权数的原则是：对离预测期较近的历史数据给予较大的权数，而对离预测期较远的历史数据给予较小的权数。循此原则，预测者可根据各历史数据的重要性分别给予不同的权数。另外，虽然加权算术平均法更为科学，能较好地反映近期历史数据对预测值的影响，但它像一般算术平均法一样，主要适用于呈水平型变动的历史数据，而不适用于趋势型变动的历史数据，否则，就会产生较大的预测误差。不过，对于趋势型变动的历史数据，也可参照推广应用算术平均法的方法，推广应用加权算术平均法进行预测。

3. 几何平均法

　　对给定的 n 个历史数据，如果把它们相乘，然后把乘积开 n 次方，则所得的 n 次方根称为这 n 个历史数据的几何平均数。几何平均法就是以历史数据的几何平均数作为预测值的方法。

　　其预测模型为

$$\overline{X}_G = \sqrt[n]{x_1 \cdot x_2 \cdots x_n} = \sqrt[n]{\prod x_i} \qquad (12\text{-}4)$$

式中，$\overline{X}_G$——几何平均数；

　　　　x_i——第 i 个历史数据；

　　　　n——参加平均的历史数据的个数。

　　几何平均数的一个显著特性是：求平均数的一组历史数据中任一数据增加 m 倍，而另外任一数据减小为原值的 $\dfrac{1}{m}$，则所求得的几何平均数一样大。这一特性用式(12-4)很容易证明，其他平均数均无此特性，这说明几何平均数更能消除历史数据的起伏变动，而反映出事物发展的总体水平，因而，几何平均法常被用来计算经济的平均发展速度，进而做出预测。

　　选择几何平均法进行预测的主要步骤如下。

　　(1) 计算历史数据的环比发展速度；

　　(2) 根据环比发展速度求得几何平均数，平均发展速度；

　　(3) 以本期的历史数据为基数乘以平均发展速度作为预测值。

　　若有 n 个历史数据，并设 R 为环比发展速度，则式(12-4)可以变为：

$$\overline{X}_G = \sqrt[n-1]{R_1 \cdot R_2 \cdots R_{n-1}} = \sqrt[n-1]{\prod R_i} \qquad (12\text{-}5)$$

式中，$\overline{X}_G$——平均发展速度。

　　但在以下两种情况下不宜采用几何平均法进行预测：

　　(1) 环比发展速度差异很大；

　　(2) 首尾两个历史数据偏高或偏低。

12.1.2 移动平均法及 SPSS 应用

移动平均法是以预测对象最近一组历史数据(实际值)的平均值直接或间接地作为预测值的方法。当预测者得到每一个新的历史数据时，就可以计算出新的平均值用作预测，因而，我们称这种预测方法为移动平均法。移动平均法分为一次移动平均法和二次移动平均法，这两种方法分别适用于水平型和直线趋势型的历史数据。

1. 一次移动平均法

一次移动平均法是直接以本期(t 期)移动平均值作为下期($t+1$ 期)预测值的方法，其特点如下。

(1) 预测值是离预测期最近的一组历史数据(实际值)平均的结果；

(2) 参加平均的历史数据的个数(即跨越期数)是相对固定的；

(3) 参加平均的一组历史数据是随着预测期的向前推进而不断更新的，吸收一个新的历史数据参加平均的同时，就剔除原来一组历史数据中离预测期最远的那个历史数据，因而具有移动的特点。

一次移动平均法的预测模型为

$$M_{t+1} = \frac{x_t + x_{t-1} + \cdots + x_{t-n+1}}{n} = \frac{1}{n}\sum_{i=t-n+1}^{t} x_i \tag{12-6}$$

式中， M_{t+1} ——$t+1$ 期的移动平均预测值；

n ——跨越期数，即参加平均的历史数据的个数。

由式(12-6)可知

$$M_t = \frac{x_{t-1} + x_{t-2} + \cdots + x_{t-n}}{n}$$

故式(12-6)也可化为

$$M_{t+1} = \frac{x_t + x_{t-1} + \cdots + x_{t-n+1} + x_{t-n} - x_{t-n}}{n}$$

$$= M_t + \frac{x_t - x_{t-n}}{n} \tag{12-7}$$

当 n 较大时，运用式(12-7)可简化计算。

由于跨越期数 n 的取值不同，同样的历史数据会有不同的预测结果。这说明 n 在移动平均法模型中具有十分重要的作用，直接影响预测效果。因此，在使用本方法前，有必要对如何确定跨越期数 n 进行讨论。

2. 二次移动平均法

二次移动平均法是对一次移动平均值再进行移动平均，并根据实际值、一次移动平均值和二次移动平均值之间的滞后关系，建立预测模型进行预测的方法。它是移动平均法的高级形式，能克服一次移动平均法只能适应水平型历史数据的预测，而不能适应斜坡型历史数据预测的不足，提高预测效果。

二次移动平均法的预测模型为

$$\hat{Y}_{t+T} = a_t + b_t T \tag{12-8}$$

式中， $\hat{Y}_{t+T}$ ——$t+T$ 期二次移动平均预测值，其中 t 为本期；

T ——本期到预测期的间隔期数；

a_t, b_t ——参数，且

$$a_t = M_t' + (M_t' - M_t'') = 2M_t' - M_t'' \tag{12-9}$$

$$b_t = \frac{2}{n-1}(M_t' - M_t'') \tag{12-10}$$

M_t' 和 M_t'' 分别为一次移动平均数和二次移动平均数。

$$M_t' = \frac{x_t + x_{t-1} + \cdots + x_{t-n+1}}{n} = \frac{1}{n}\sum_{i=t-n+1}^{t} x_i \tag{12-11}$$

$$M_t'' = \frac{M_t' + M_{t-1}' + \cdots + M_{t-n+1}'}{n} = \frac{1}{n}\sum_{i=t-n+1}^{t} M_t' \tag{12-12}$$

3. 指数平滑法

指数平滑法是一种特殊的加权平均法，加权的特点是对离预测期较近的历史数据给予较大的权数，对离预测期较远的历史数据给予较小的权数。权数由近到远按指数规律递减，所以，这种预测方法被称为指数平滑法。它可分为一次指数平滑法、二次指数平滑法及更高次指数平滑法。

1）一次指数平滑法

一次指数平滑法是以本期的实际值和一次指数平滑预测值的加权平均数作为下一期的一次指数平滑预测值的方法。

一次指数平滑法的预测模型为

$$S_{t+1} = ax_t + (1-\alpha)S_t \tag{12-13}$$

上式也可表示为

$$S_{t+1} = S_t + \alpha(x_t - S_t)$$

式中，x_t —— t 期实际值；

S_t —— t 期一次指数平滑预测值；

S_{t+1} —— $t+1$ 期一次指数平滑预测值；

α ——平滑系数（$0 < \alpha < 1$）。

由式(12-13)可知，当 $t=1$ 时，$S_2 = ax_1 + (1-\alpha)S_1$，而 $S_1 = ax_0 + (1-\alpha)S_0$。但在实际预测中，$x_0$ 是不存在的，S_0 也无法求得，所以，指数平滑法的初始值 S_1 不能由基本公式得出，只能用其他方法加以估计。确定 S_1 的方法主要有两种：一是在数据较多时，以 x_1 代替 S_1；二是以离预测期最远的几个历史数据的平均值作为初始值。在预测实践中通常采用第一种方法。

下面将通过一次指数平滑法和一次移动平均法的比较来说明一次指数平滑法的特点。

（1）调整预测值的能力。在一次指数平滑法的模型 $S_{t+1} = S_t + \alpha(x_t - S_t)$ 中，调整项是 $\alpha(x_t - S_t)$，其中 $(x_t - S_t)$ 是 t 期的预测误差，当 $x_t > S_t$ 时，$x_t - S_t > 0$，也就是说 t 期的预测值太小，因此，在预测 $t+1$ 期时应对 S_t 做一定的调整，把大于 0 的 $\alpha(x_t - S_t)$ 加到 S_t 上去，作为 $t+1$ 期的预测值 S_{t+1}；反之，当 $x_t < S_t$ 时，$x_t - S_t < 0$，说明 t 期的预测值太大，因为 $\alpha(x_t - S_t) < 0$，把它同 t 期的预测值 S_t 相加作为 $t+1$ 期的预测值 S_{t+1}，则 $S_{t+1} < S_t$，从而减少 $t+1$ 期的误差。可见，一次指数平滑法具有根据 t 期的误差，调整 $t+1$ 期预测值的能力；而且，在给定的 α 下，预测误差越大，对预测值调整的幅度也越大；反之，则越小，从而使预测误差控制在一定范围内。

而在一次移动平均模型 $M_{t+1} = M_t + \frac{x_t - x_{t-n}}{n}$ 中调整项是 $\frac{x_t - x_{t-n}}{n}$，$x_t - x_{t-n}$ 只是相隔期的两个实际值之差，不反映预测误差。可见，一次移动平均法不具有根据预测误差对预测值进行调整的能力。

(2) 预测值中包含的信息量。由一次指数平滑法模型 $S_{t+1} = S_t + \alpha(x_t - S_t)$ 可得：

$$S_{t+1} = ax_t + (1-\alpha)S_t$$

$$S_t = ax_{t-1} + (1-\alpha)S_{t-1}$$

$$\cdots\cdots$$

所以，

$$S_{t+1} = ax_t + (1-\alpha)S_t$$
$$= ax_t + (1-\alpha)[ax_{t-1} + (1-\alpha)S_{t-1}]$$
$$= ax_t + a(1-\alpha)x_{t-1} + (1-\alpha)^2 S_{t-1}$$
$$= ax_t + a(1-\alpha)x_{t-1} + (1-\alpha)^2[ax_{t-2} + (1-\alpha)S_{t-2}]$$
$$= \cdots\cdots$$
$$= ax_t + a(1-\alpha)x_{t-1} + a(1-\alpha)^2 x_{t-2} + \cdots + a(1-\alpha)^{t-1} x_1 + (1-\alpha)^t S_1$$

由于当 t 很大时，$(1-\alpha)^t$ 是一个很小的值，而且 S_1 不能从公式中求得，上式中 $(1-\alpha)^t S_1$ 可忽略不计，则有：

$$S_{t+1} = ax_t + a(1-\alpha)x_{t-1} + a(1-\alpha)^2 x_{t-2} + \cdots + a(1-\alpha)^{k-1} x_{t-k+1} + \cdots + a(1-\alpha)^{t-1} x_1 \qquad (12\text{-}14)$$

从上式可见，一次指数平滑法的预测值是全部历史数据参加平均的结果，而从一次移动平均法的模型 $M_{t+1} = \dfrac{x_t + x_{t-1} + \cdots + x_{t-n+1}}{n}$ 可知，M_{t+1} 是离预测期最近的 n 个历史数据参加平均的结果，它仅仅是一种局部的平均。

由于一次指数平滑法参与平均的历史数据大大多于一次移动平均法参与平均的历史数据，所以，一次指数平滑法预测值中所包含的信息量比一次移动平均法预测值中所包含的信息量要丰富得多。

(3) 加权特点。从一次指数平滑法模型(12-14)可知，权数 $\alpha, \alpha(1-\alpha), \cdots, \alpha(1-\alpha)^{k-1}, \cdots,$ $\alpha(1-\alpha)^{t-1}, \cdots\cdots$ 呈等比级数，公比为

$$\frac{\alpha(1-\alpha)^k}{\alpha(1-\alpha)^{k-1}} = 1-\alpha$$

因为在实际预测中，$0 < (1-\alpha) < 1$，

所以，$\alpha > \alpha(1-\alpha) > \cdots > \alpha(1-\alpha)^{k-1} > \cdots > \alpha(1-\alpha)^{t-1} > \cdots$，

且 $\alpha + \alpha(1-\alpha) + \cdots + \alpha(1-\alpha)^{k-1} + \cdots + \alpha(1-\alpha)^{t-1} + \cdots = 1$，

可见，一次指数平滑法的权数之和为 1。权数的特点是：离预测值接近的历史数据具有较大的权数，而离预测期较远的历史数据其权数较小。这种加权特点是符合预测信息在历史数据中的分布规律的，因为在任何一组历史数据中，每个历史数据虽然都可能包含有关预测信息，但不同数据所包含的预测信息量是不同的，随着历史数据离预测期由近到远，历史数据中所包含的预测信息量也越来越小。因此，一次指数平滑法的加权特点是合理的。而从一次移动平均法模型：

$$M_{t+1} = \frac{x_t + x_{t-1} + \cdots + x_{t-n+1}}{n} = \frac{1}{n}x_t + \frac{1}{n}x_{t-1} + \cdots + \frac{1}{n}x_{t-n+1}$$

可见，移动平均法对每个历史数据都给予相等的权数 $\left(\dfrac{1}{n}\right)$，它让离预测期较近的历史数据和离预测期较远的历史数据处于同等重要的地位。显然，这种加权特点不如指数平滑法合理。

以上三方面的比较从理论上论证了指数平滑法是比移动平均法更为科学的预测方法。

2) 二次指数平滑法

如同一次移动平均法一样，一次指数平滑法只适用于水平型历史数据的预测，而不适用于呈斜坡型线性趋势的历史数据的预测。这要求我们对一次指数平滑法加以改进，以适应斜坡型历史数据的预测。

(1) 布朗单一参数二次指数平滑法。布朗二次指数平滑法的基本原理与移动平均法相似，因为当趋势存在时一次和二次平滑值都滞后于实际值，将一次和二次平滑值之差加在一次平滑上，则可对趋势进行修正。布朗单一参数平滑的计算公式为

$$F_{t+T} = a_t + b_t T \tag{12-15}$$

式中，F_{t+T} —— $t+T$ 期的布朗单一参数二次指数平滑预测值；

T —— t 期到预测期的间隔期数；

a_t, b_t —— 参数，并设：

$$a_t = S_t' + (S_t' - S_t'') = 2S_t' - S'' \tag{12-16}$$

$$b_t = \frac{\alpha}{1-\alpha}(S_t' - S_t'') \tag{12-17}$$

S_t', S'' ——一次指数平滑、二次指数平滑值，并且：

$$S_t' = \alpha x_t + (1-\alpha)S_{t-1}' \tag{12-18}$$
$$S_t'' = \alpha S_t' + (1-\alpha)S_{t-1}'' \tag{12-19}$$

(2) 霍尔特(Holt)双参数指数平滑法。在原理上，霍尔特指数平滑与布朗指数平滑相似，只是它不用二次指数平滑，而对趋势直接进行平滑。由于它可以用不同的参数值对原型数列的趋势进行平滑，因此具有很大灵活性。用霍尔特指数平滑预测，需要两个参数和三个方程式：

$$S_t = \alpha x_t + (1-\alpha)(S_{t-1} + b_{t-1}) \tag{12-20}$$

$$b_t = \gamma(S_t - S_{t-1}) + (1-\gamma)b_{t-1} \tag{12-21}$$

$$F_{t+T} = S_t + b_t T \tag{12-22}$$

式中，x_t —— t 期实际值；

S_t —— t 期一次指数平滑预测值；

F_{t+T} —— $t+T$ 期的布朗单一参数二次指数平滑预测值；

T —— t 期到预测期的间隔期数；

b_t —— 参数；

α, γ ——平滑系数($0 < \alpha, \gamma < 1$)。

式(12-20)利用前一期的趋势直接进行修正 S_t ，即将 b_{t-1} 加在前一次平滑值 S_{t-1} 上，这就消除了滞后，并使 S_t 值近似达到最新数据值。式(12-21)用来修正趋势，趋势值用相临两次指数平滑值之差来表示。之所以这样做，是因为如果数据有趋势，则新的观察值将高于或者低于前一数值。由于存在随机性，可以利用 γ 对相临两次平滑($S_t - S_{t-1}$)中的趋势进行修正，并将修正值加上前期趋势估计值乘以($1-\gamma$)。最后用式(12-22)进行预测，预测值为基础值加上趋势值乘以预测超前期数。

3) 布朗二次多项式指数平滑法

正如对趋势数据用线性指数平滑法预测一样，当数据的基本模型具有二次、三次或更高次幂时，则需要用高次平滑形式。从线性平滑过渡到二次多项式平滑，基本途径是再进行一次平

滑，即三次平滑，并对二次多项式的参数做出估计。与此相似，也可以由二次多项式平滑过渡为三次或高次多项式平滑。

二次多项式平滑公式为

$$S'_t = \alpha x_t + (1-\alpha)S'_{t-1} \tag{12-23}$$

$$S''_t = \alpha S'_t + (1-\alpha)S''_{t-1} \tag{12-24}$$

$$S'''_t = \alpha S''_t + (1-\alpha)S'''_{t-1} \tag{12-25}$$

$$a_t = 3S'_t - 3S''_t + S'''_{t-1} \tag{12-26}$$

$$b_t = \frac{\alpha}{2(1-\alpha)^2}[(6-5\alpha)S'_t - (10-8\alpha)S''_t + (4-3\alpha)S'''_t] \tag{12-27}$$

$$c_t = \frac{\alpha^2}{(1-\alpha)^2}(S'_t - 2S''_t + S'''_t) \tag{12-28}$$

$$F_{t+T} = a_t + b_t T + \frac{1}{2}c_t T^2 \tag{12-29}$$

二次多项式平滑公式比一次和线性平滑复杂得多。但目的是一样的，即修正预测值使其跟踪非线性趋势的变化。

【案例12-1】布朗二次多项式指数平滑法应用示例

某公司生产 C 产品在过去的 24 个月中的销售量如表 12-1 所示。试运用布朗二次多项式平滑法预测第 25 个月(第 3 年 1 月)和第 26 个月(第 3 年 2 月)的销售量。

表 12-1 布朗二次多项式指数平滑计算表($\alpha = 0.15$)

单位：万件

时间序列	销售量 ①	一次指数平滑 ②	二次指数平滑 ③	三次指数平滑 ④	a_t ⑤	b_t ⑥	c_t ⑦	预测值 ⑧
1	143	143.000	143.000	143.000	143.000	−1.333	—	—
2	152	144.350	143.203	143.030	146.473	0.562	0.030	—
3	164	147.298	143.817	143.148	153.591	1.651	0.088	147.050
4	139	146.053	144.152	143.299	149.001	0.721	0.033	155.285
5	137	144.695	144.234	143.439	144.823	−0.041	−0.010	149.739
6	174	149.091	144.962	143.668	156.053	1.773	0.088	144.777
7	142	148.027	145.422	143.931	151.746	0.870	0.035	157.870
8	141	146.973	145.655	144.189	148.145	0.179	−0.005	152.634
9	162	149.227	146.190	144.489	153.599	1.028	0.042	148.321
10	180	153.843	147.338	144.917	164.431	2.653	0.117	154.648
11	164	155.367	148.543	145.461	165.933	2.583	0.117	167.147
12	171	157.711	149.918	146.119	168.842	2.851	0.115	168.574
13	206	164.955	152.173	147.036	184.473	5.072	0.238	171.755
14	193	169.162	154.722	148.189	190.356	5.462	0.246	189.665

(续表)

时间序列	销售量 ①	一次指数平滑 ②	二次指数平滑 ③	三次指数平滑 ④	a_t ⑤	b_t ⑥	c_t ⑦	预测值 ⑧
15	207	174.837	157.739	149.621	199.484	6.327	0.280	195.941
16	218	181.311	161.275	151.369	209.732	7.269	0.316	205.950
17	229	188.465	165.353	153.467	220.704	8.215	0.350	217.159
18	225	193.945	169.642	155.893	226.376	8.178	0.329	229.094
19	204	195.453	173.514	158.536	221.711	6.437	0.217	234.718
20	227	200.185	177.515	161.383	226.549	6.411	0.204	228.258
21	223	203.608	181.429	164.390	227.920	5.808	0.160	233.061
22	242	209.366	185.619	167.574	235.632	6.292	0.178	233.808
23	239	213.811	189.848	170.915	239.465	6.083	0.157	242.011
24	266	221.640	194.617	174.471	251.984	7.303	0.214	245.626

预测结果如表 12-11 中第⑧栏所示。其计算步骤如下：

$$S_1' = S_1'' = S_1''' = a_1 = x_1 = 143$$

$$b_1 = \frac{(x_2 - x_1) + (x_3 - x_2) + (x_4 - x_3)}{3} = \frac{139 - 143}{3} = -1.333$$

计算 S', S'', S'''：

$$S_{2.12}' = 0.15 \times 266 + 0.85 \times 213.812 = 221.640$$
$$S_{2.12}'' = 0.15 \times 221.640 + 0.85 \times 189.848 = 194.617$$
$$S_{2.12}''' = 0.15 \times 194.617 + 0.85 \times 170.915 = 174.471$$

字母下标"24"代表第 24 个月份，依此类推。

计算 a_t, b_t, c_t：

$$a_{24} = 3 \times 221.640 - 3 \times 194.617 + 174.471 = 251.984$$

$$b_{24} = \frac{0.15}{2(1-0.15)^2}[(6 - 5 \times 0.15) \times 221.640 - (10 - 8 \times 0.15) \times 194.617 + (4 - 3 \times 0.15) \times 174.471]$$
$$= 7.303$$

$$c_{24} = \frac{0.15^2}{0.85^2}(221.640 - 2 \times 194.617 + 174.471) = 0.214$$

因此，第 25 个月的预测值为

$$F_{25} = 251.984 + 7.303 \times 1 + 0.5 \times 0.214 \times 1^2 = 259.394$$

第 26 个月的预测值为

$$F_{26} = 251.984 + 7.303 \times 2 + 0.5 \times 0.214 \times 2^2 = 266.938$$

【案例 12-1(续)】SPSS 应用示例

利用 SPSS 分析软件对【案例 12-1】中"某公司生产 C 产品"的销售额进行分析。

1. SPSS 操作主要步骤(见图 12-1、图 12-2)

操作步骤讲解视频

图 12-1　"指数平滑法"步骤一

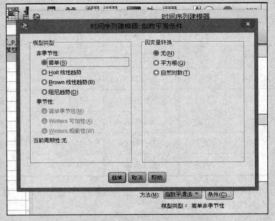

图 12-2　"指数平滑法"步骤二

2. SPSS 分析数据及结论

根据表 12-1 数据，应用 SPSS 软件，得到以下分析数据表和分析图(见表 12-2、表 12-3 和图 12-3)。

表 12-2　各个模型统计量

模　　型	预测变量数	模型拟合统计量	Ljung-Box Q(18)			离群值数
		平稳的 R 方	统计量	DF	Sig.	
简单	0	.039	29.941	17	.027	0
Holt	0	.764	20.020	16	.219	0
Brown	0	.764	20.020	16	.219	0
阻尼趋势	0	.351	19.911	15	.175	0

表 12-3　各个模型预测值

月　　份	实际销售额	预测值			
		简单移动	Holt 线性趋势	Brown 线性趋势	阻尼趋势
1	143	146.73	133.36	158.03	133.44
2	152	144.33	139.38	152.25	139.37
3	164	149.26	145.68	153.55	145.57
4	139	158.73	152.54	160.79	152.29
5	137	146.05	156.29	150.87	156.17
6	174	140.23	159.47	143.67	159.52
7	142	161.93	165.96	160.04	165.89
8	141	149.12	168.69	151.80	168.82
9	162	143.90	171.05	146.19	171.40

(续表)

月　份	实际销售额	预测值			
		简单移动	Holt 线性趋势	Brown 线性趋势	阻尼趋势
10	180	155.53	175.23	154.58	175.63
11	164	171.26	180.77	169.56	181.09
12	171	166.59	184.20	169.24	184.63
13	206	169.43	187.97	172.57	188.48
14	193	192.93	194.81	193.69	195.12
15	207	192.97	199.70	198.39	200.00
16	218	201.99	205.49	208.22	205.69
17	229	212.28	211.78	219.37	211.86
18	225	223.02	218.53	231.20	218.47
19	204	224.29	224.24	234.95	224.12
20	227	211.25	227.33	224.42	227.39
21	223	221.37	232.36	230.18	232.43
22	242	222.42	236.52	230.69	236.65
23	239	235.00	242.12	240.96	242.20
24	266	237.57	246.89	244.71	246.98

表 12-2 显示，简单移动模型的 Sig.检验显示较优，则选用简单移动模型。同步参考表 12-3 中的简单移动模型的预测值。

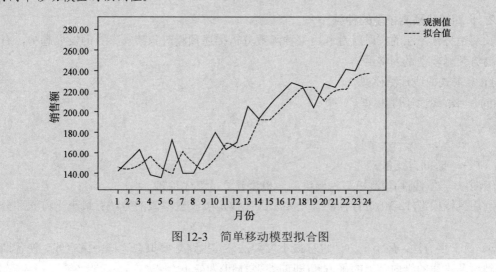

图 12-3　简单移动模型拟合图

12.2　趋势预测法

移动平均法和指数平滑法主要适用于短期预测，而长期趋势预测法则是进行中长期预测的主要方法。本节主要讨论长期趋势预测法的基本原理、主要方法和适用性，以及在预测实践中的应用等问题。

12.2.1　长期趋势预测法概述

1. 长期趋势预测法的概念和假定条件

长期趋势预测法也称趋势外推法，是根据预测对象的历史数据变化规律，对未来市场状况做出预测的方法。

这种方法是以市场预测的连续性原理为基础的。因为任何事物的变化都存在着过去、现在和未来之间的内在联系，当事物在发生质变以前，事物的量总是按照原来的规律渐进变化的。据此，在市场预测中，能通过对有关预测对象的历史数据的抽象和现有状况的分析找出其发展的规律性，并假定以往的规律会延续到未来，利用已知的规律对预测对象的未来状况做出预测。长期趋势预测法的各种预测模型都是循此原理建立并应用于实践中的。但当事物量变到一定程度后，就会发生质变，这时，因事物原有规律赖以存在的条件发生了根本性的变化，事物原有规律就不再发生作用，而是在新的基础上开始以新的规律发生新的量变，这就要求我们找出事物新的发展规律，建立新的预测模型对预测对象的未来状况做出预测。

由长期趋势预测法的原理可知，在市场预测中运用这种方法要注意两个基本条件：

(1) 预测对象的过去、现在和未来的客观条件基本保持不变，从历史数据中"发掘"的规律会延续到未来。

(2) 预测对象的发展过程是渐变的，而不是跳跃式的、大起大落的。

只要符合以上两个条件，就可以以时间为自变量，以预测对象为因变量，拟合某种曲线建立预测模型进行预测。其预测步骤是：根据历史数据的特征拟合相应的参数，求出参数，建立预测模型进行预测。

2. 长期趋势预测模型的种类

长期趋势预测法的实质就是利用某种函数分析描述预测对象某一参数的发展趋势，有以下四种趋势预测模型最为常用。

1) 多项式曲线预测模型

(1) 一次(线性)预测模型。

$$\hat{y}_t = b_0 + b_1 t \tag{12-30}$$

式中，$b_0, b_1, b_2, \cdots, b_n$——常数；

T——时间自变量。

下面以一次(线性)预测模型为例说明，模型建立的基本原理。

利用直线模型(12-30)进行预测首先要求出参数 b_0, b_1，求参数的方法有最小平方法和分组平方法。

① 最小平方法。最小平方法也称最小二乘法，其思路是要拟合这样一条直线，使各期的实际值到这条直线的纵向距离的平方和(即偏差平方和)为最小。

设 $y_i (i=1,2,\cdots,n)$ 为各期的实际值，则偏差平方和为

$$Q = \sum_{i=1}^{n} (y_i - \hat{y}_i)^2 = \sum_{i=1}^{n} [y_i - (b_0 + b_1 t_i)]^2 = \sum_{i=1}^{n} (y_i - b_0 - b_1 t_i)^2$$

或者简写为

$$Q = \sum (y - b_0 - b_1 t)^2$$

根据极值定理，要使 Q 最小，则必须满足：

$$\frac{\partial Q}{\partial b_0} = 0, \qquad \frac{\partial Q}{\partial b_1} = 0$$

即

$$\begin{cases} \dfrac{\partial Q}{\partial b_0} = -2\sum(y - b_0 - b_1 t) = 0 \\ \dfrac{\partial Q}{\partial b_1} = -2\sum(y - b_0 - b_1 t)t = 0 \end{cases}$$

整理得：

$$\begin{cases} \sum y = n b_0 + b_1 \sum t \\ \sum ty = b_0 \sum t + b_1 \sum t^2 \end{cases}$$

上述方程组中第一个方程两边同除以 n，并且把第二个方程稍加变化，得：

$$\begin{cases} \dfrac{1}{n}\sum y = b_0 + b_1 \dfrac{1}{n}\sum t \\ \sum ty = b_0 n \dfrac{1}{n}\sum t + b_1 \sum t^2 \end{cases}$$

即

$$\begin{cases} \overline{y} = b_0 + b_1 \overline{t} \\ \sum ty = b_0 n \overline{t} + b_1 \sum t^2 \end{cases}$$

把第一个方程变形为

$$b_0 = \overline{y} - b_1 \overline{t}$$

代入第二个方程，得

$$\sum ty = (\overline{y} - b_1 \overline{t})n\overline{t} + b_1 \sum t^2 = n\overline{y}\,\overline{t} - b_1 n \overline{t}^2$$

$$\sum ty - n\overline{y}\,\overline{t} = b_1 \left(\sum t^2 - n\overline{t}^2\right)$$

所以

$$b_1 = \frac{\sum ty - n\overline{y}\,\overline{t}}{\sum t^2 - n\overline{t}^2}$$

故方程组的解为

$$\begin{cases} b_1 = \dfrac{\sum ty - n\overline{y}\,\overline{t}}{\sum t^2 - n\overline{t}^2} \\ b_0 = \overline{y} - b\overline{t} \end{cases} \tag{12-31}$$

式中，$\overline{y}$，$\overline{t}$ 分别表示实际值的平均数和时间序列的平均数。

为简化公式，若令 $\sum t = 0$，则 $\overline{t} = \dfrac{1}{n}\sum t = 0$，式(12-31)便可简化为

$$\begin{cases} b_0 = \overline{y} \\ b_1 = \dfrac{\sum ty}{\sum t^2} \end{cases} \tag{12-32}$$

而要使 $\sum t = 0$，当历史数据为奇数项时，可将 $t=0$ 放在中间一期。假设有 7 年的历史数据，则时间序列 t 分别为-3、-2、-1、0、1、2、3；当历史数据为偶数项时间，中间两项分别为-1、1，假设有 6 年的历史数据，则时间序列 t 分别为-5、-3、-1、1、3、5。

② 分组平均法。最小平方法的原理是要找到一条能使实际值和理论预测值的偏差平方和最小的直线作为预测模型，而分组平均法的原理则是要找到一条能使实际值和理论预测值的偏差代数和等于零的直线作为预测模型。

设有 n 个实际值，要求出 b_0, b_1 的值，使实际值和理论预测值的偏差代数和为零，即：

$$\sum (y - \overline{y}) = \sum [y - (b_0 + b_1 t)] = \sum (y - b_0 - b_1 t) = 0$$

上式可化为

$$\sum y = nb_0 + b_1 \sum t$$

由于求参数 b_0, b_1 需要两个方程，可将上式中的实际值和时间序列分为大致相等的两半，即将 $\sum y = nb_0 + b_1 \sum t$ 分为一个方程组：

$$\begin{cases} \sum_1 y_i = nb_0 + b_1 \sum_1 t_i \\ \sum_2 y_i = nb_0 + b_1 \sum_2 t_i \end{cases}$$

若以 $\overline{y}_1, \overline{y}_2$ 分别表示第 1 组和第 2 组实际值的平均数；$\overline{t}_1, \overline{t}_2$ 分别表示第 1 组和第 2 组时间序列的平均数，则上式可化为

$$\begin{cases} \overline{y}_1 = b_0 + b_1 \overline{t}_1 \\ \overline{y}_2 = b_0 + b_1 \overline{t}_2 \end{cases}$$

解得

$$\begin{cases} b_0 = \dfrac{\overline{t}_2 \overline{y}_1 - \overline{t}_1 \overline{y}_2}{\overline{t}_2 - \overline{t}_1} \\ b_1 = \dfrac{\overline{y}_2 - \overline{y}_1}{\overline{t}_2 - \overline{t}_1} \end{cases} \tag{12-33}$$

(2) 二次(二次抛物线)预测模型。

$$\hat{y}_t = b_0 + b_1 t + b_2 t^2 \tag{12-34}$$

(3) 三次(三次抛物线)预测模型。

$$\hat{y}_t = b_0 + b_1 t + b_2 t^2 + b_3 t^3 \tag{12-35}$$

(4) n 次(n 次抛物线)预测模型。

$$\hat{y}_t = b_0 + b_1 t + b_2 t^2 + \cdots + b_n t^n \tag{12-36}$$

(5) 逆函数预测模型。

$$\hat{y}_t = b_0 + b_1 \frac{1}{t} \tag{12-37}$$

式中，$b_0, b_1, b_2, \cdots, b_n$——常数；

t——时间自变量。

2) 指数曲线预测模型

(1) 普通指数曲线预测模型。

$$\hat{y}_t = a\mathrm{e}^{bt} \tag{12-38}$$

(2) 修正指数曲线预测模型。

$$\hat{y}_t = a + bc^t \tag{12-39}$$

式中，a, b, c——参数；

t——时间。

3) 对数曲线预测模型

常用的对数曲线模型如下。

$$\hat{y}_t = a + b\ln t \tag{12-40}$$

式中，a, b——参数；

t——时间。

4) 生长曲线预测模型

(1) 皮尔曲线预测模型。

$$\hat{y}_t = \frac{L}{1 + a\mathrm{e}^{-bt}} \tag{12-41}$$

式中，L——变量 $\hat{y}_t$ 的极限值；

a, b——参数；

t——时间。

(2) 龚珀兹曲线预测模型。

$$\hat{y}_t = ka^{b^t} \tag{12-42}$$

式中，k——变量 $\hat{y}_t$ 的极限值；

a, b——参数；

t——时间。

5) 其他常用的非线性模型

(1) 复合曲线。

$$y = b_0 + b_1^t \tag{12-43}$$

(2) 增长曲线。

$$y = \mathrm{e}^{b_0 + b_1 t} \tag{12-44}$$

(3) 对数曲线。

$$y = b_0 + b_1 \ln(t) \tag{12-45}$$

(4) S 曲线。

$$y = \mathrm{e}^{b_0 + b_1/t} \tag{12-46}$$

(5) 幂函数。

$$y = b_0(t^{b_1}) \tag{12-47}$$

(6) 逻辑函数。

$$y = \frac{1}{1/\mu + b_0 b_1^t} \tag{12-48}$$

式中，$b_0, b_1, b_2, \cdots, b_n$——常数；

t——时间自变量。

12.2.2 长期趋势预测模型的选择及 SPSS 应用

长期趋势预测模型主要用图形识别和差分法计算来进行模型的基本选择。

1. 图形识别法

这种方法是通过绘制散点图来进行的，即将时间序列的数据绘制成以时间 t 为横轴，时序观察值为纵轴的图形，观察并将其变化曲线与各类函数曲线模型的图形进行比较，以便选择较为适宜的模型。

然而在实际预测过程中，有时由于几种模型接近而无法通过图形直观确认某种模型，这就必须同时对几种模型进行试算，最后将标准误差最小的模型作为预测模型。

2. 差分法

由于模型种类很多，为了根据历史数据正确选择模型，常常利用差分法把原时间序列转换为平稳序列，即利用差分法把数据修匀，使非平稳序列达到平稳序列。这里最常用的是一阶向后差分法。其定义为

$$y_t' = y_t - y_{t-1} \tag{12-49}$$

或

$$\Delta y_t = y_t - y_{t-1} \tag{12-50}$$

一阶向后差分法实际上是当时间由 t 推到 $t-1$ 时，y_t 的增量。

二阶向后差分的定义为

$$y_t'' = y_t' - y_{t-1}' = y_t - 2y_{t-1} + y_{t-2} \tag{12-51}$$

计算时间序列的差分并将其与各类模型差分特点比较，就可以选择适宜的模型。利用差分法识别几种常用的模型的例子如表 12-4、表 12-5 所示。

表 12-4　三次多项式预测模型差分表

时间(t)	$\hat{y}_t = b_0 + b_1 t + b_2 t^2 + b_3 t^3$	一阶差分	二阶差分	三阶差分
1	$b_0 + b_1 + b_2 + b_3$	—	—	—
2	$b_0 + 2b_1 + 4b_2 + 8b_3$	$b_1 + 3b_2 + 7b_3$	—	—
3	$b_0 + 3b_1 + 9b_2 + 27b_3$	$b_1 + 5b_2 + 19b_3$	$2b_2 + 12b_3$	—
4	$b_0 + 4b_1 + 16b_2 + 64b_3$	$b_1 + 7b_2 + 37b_3$	$2b_2 + 18b_3$	$6b_3$
$\vdots$	$\vdots$	$\vdots$	$\vdots$	$\vdots$
$t-1$	$b_0 + (t-1)b_1 + (t-1)^2 b_2 + (t-1)^3 b_3$	$b_1 + [2(t-1)-1]b_2 + [3(t-1)^2 - 3(t-1)+1]b_3$	$2b_2 + 6(t-1)b_3$	$6b_3$
t	$b_0 + b_1 t + b_2 t^2 + b_3 t^3$	$b_1 + (2t-1)b_2 + (3t^2 - 3t + 1)b_3$	$2b_2 + 6t b_3$	$6b_3$

由表 12-4 可知，选择三次多项式模型进行预测必须是时间序列各数值的三阶差分相等或者大致相等。

表 12-5 修正指数曲线模型差分计算表

时间(t)	$\hat{y}_t = a + bc^t$	一阶差分 $y_t - y_{t-1}$	一阶差分比率 $(y_t - y_{t-1})/(y_{t-1} - y_{t-2})$
1	$a + bc$	—	—
2	$a + bc^2$	$bc(c-1)$	—
3	$a + bc^3$	$bc^2(c-1)$	c
4	$a + bc^4$	$bc^3(c-1)$	c
⋮	⋮	⋮	⋮
$t-1$	$a + bc^{t-1}$	$bc^{t-2}(c-1)$	c
t	$a + bc^t$	$bc^{t-1}(c-1)$	c

由表 12-5 可知，当时间序列各数值的一阶差分比率相等或者大致相等时，就可以用修正指数曲线模型进行预测。

【案例 12-2】长期趋势预测模型应用示例一

根据"某地城市居民家庭人均消费支出"资料(见表 12-6)，拟合消费支出线性趋势。

操作步骤讲解视频

表 12-6 某地城市居民家庭人均消费支出

单位：元

年份	消费支出	食品	衣着	家庭设备用品及服务	医疗保健	交通和通信	教育文化娱乐服务	居住	其他商品和服务
2001	5868	3131	561	637	113	321	508	401	196
2002	6763	3429	590	614	148	496	827	416	243
2003	6820	3526	552	525	197	397	828	605	190
2004	6866	3477	472	453	261	406	893	674	230
2005	8248	3731	551	772	347	583	1094	842	328
2006	8868	3947	567	683	501	759	1287	794	330
2007	9336	4056	577	579	558	958	1422	796	390
2008	10 464	4120	613	653	734	1115	1668	1189	372
2009	11 040	4102	751	792	603	1259	1834	1280	419
2010	12 631	4593	797	780	762	1703	2195	1327	474
2011	13 773	4940	940	800	797	1984	2273	1412	627
2012	14 762	5249	1027	877	763	2333	2432	1436	645
2013	17 255	6125	1330	959	857	3154	2654	1412	764
2014	19 398	7109	1521	1182	755	3373	2875	1646	937
2015	20 992	7345	1593	1365	1002	3499	3139	1913	1136
2016	23 200	7777	1794	1800	1006	4076	3363	2166	1218
2017	25 102	8906	2054	1826	1141	3808	3746	2226	1395
2018	26 253	9656	2111	1906	1017	4564	3724	1790	1485

1. SPSS 操作主要步骤

SPSS 统计分析工具中有多种方式可以进行线性拟合，具体如图 12-4～图 12-8 所示。每种分析工具使用的统计量和表达方式各有不同，可根据资料特征、分析需要进行选择使用。本案例选用"回归/线性"模型。

图 12-4　一般线性模型

图 12-5　回归/线性

图 12-6　回归/曲线估计/线性分析

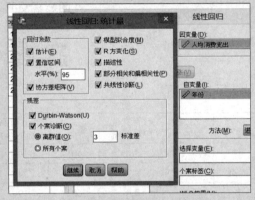

图 12-7　"回归/线性"步骤一

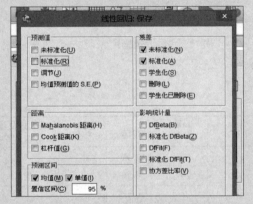

图 12-8　"回归/线性"步骤二

2. SPSS 分析数据及结论

应用 SPSS 统计分析软件，得到以下分析数据表和分析图(见表 12-7～表 12-11)。

表 12-7　描述性统计量

	均　值	标准偏差	N
人均消费支出	13 757.72	6736.609	18
年份	2 009.50	5.339	18

表 12-8　相关性

		人均消费支出	年　份
Pearson 相关性	人均消费支出	1.000	.971
	年份	.971	1.000
Sig. (单侧)	人均消费支出	.	.000
	年份	.000	.
N	人均消费支出	18	18
	年份	18	18

表 12-9　模型汇总

R	R 方	调整 R 方	标准估计的误差	更改统计量					Durbin-Watson
				R 方更改	F 更改	df1	df2	Sig.F 更改	
.971a	.943	.940	1651.851	.943	266.742	1	16	.000	.194

说明：自变量为常量，年份。因变量为人均消费支出。

表 12-10　Anova 分析

模　型	平方和	df	均　方	F	Sig.
回归	7.278E8	1	7.278E8	266.742	.000a
残差	43 657 763.078	16	2 728 610.192		
总计	7.715E8	17			

说明：自变量为常量，年份。因变量为人均消费支出。

表 12-11　系数(部分)

模型	非标准化系数		t	Sig.	B 的 95.0% 置信区间		相关性		
	B	标准误差			下限	上限	零阶	偏	部分
常量	-2 449 202.854	150 804.158	-16.241	.000	-2 768 893.388	-2 129 512.321			
年份	1225.658	75.045	16.332	.000	1066.569	1384.747	.971	.971	.971

　　表 12-8 的相关性分析可以看出，因素间相关性较高，并通过了显著性检验。从表 12-9、表 12-10 的模型检验来看，也都显示模型拟合显著。表 12-11 给出了模型系数，以及系数的显著性检验结果——高度显著。

　　拟合模型：　$\hat{y}_t = -2\ 449\ 202.854 + 1225.658t$

　　图 12-9 形象地显示了模型拟合的实际效果。

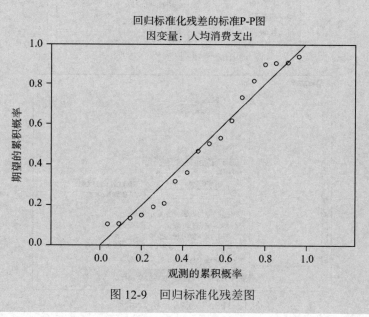

图 12-9　回归标准化残差图

【案例12-3】长期趋势预测模型应用示例二

根据历年来某地城市居民"恩格尔系数"资料(见表12-12),试用各类模型拟合趋势线。

操作步骤讲解视频

表 12-12 某地城市居民"恩格尔系数"资料

单位: %

年份	1986	1987	1988	1989	1990	1991	1992	1993	1994	1995	1996
恩格尔系数	56.0	56.8	58.9	58.5	56.5	52.1	52.7	54.4	52.7	55.8	56.5
年份	1997	1998	1999	2000	2001	2002	2003	2004	2005	2006	2007
恩格尔系数	56.9	55.9	53.1	53.5	53.4	50.7	51.7	50.6	45.2	44.5	43.4
年份	2008	2009	2010	2011	2012	2013	2014	2015	2016	2017	2018
恩格尔系数	39.4	37.2	36.4	35.9	35.6	35.5	36.6	35.0	33.5	35.5	36.8

1. SPSS 操作主要步骤(见图 12-10、图 12-11 及表 12-13)

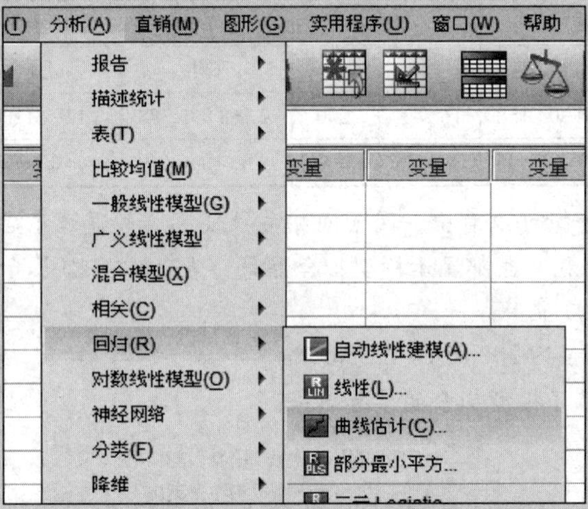

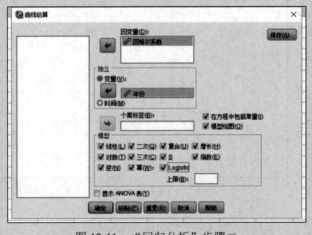

图 12-10 "回归分析"步骤一

图 12-11 "回归分析"步骤二

表 12-13　模型汇总和参数估计值

方　程	模型汇总						参数估计值			
	R 方	F	df1	df2	Sig.	估计值标准误	常　数	b1	b2	b3
线性	0.859	189.188	1	31	0	3.395	1756.551	−0.854		
对数	0.858	188.061	1	31	0	3.404	13033.9	−1708.313		
倒数	0.858	186.932	1	31	0	3.412	−1660.073	3418465.759		
二次	0.86	190.311	1	31	0	3.386	902.394	0	0	
三次	0.861	191.43	1	31	0	3.378	617.674	0	0	−7.11E-08
复合	0.849	174.971	1	31	0	0.078	1.06529E+18	0.981		
幂	0.849	173.811	1	31	0	0.078	9.16E+125	−37.648		
S	0.848	172.652	1	31	0	0.078	−33.786	75330.497		
增长	0.849	174.971	1	31	0	0.078	41.51	−0.019		
指数	0.849	174.971	1	31	0	0.078	1.06529E+18	−0.019		
Logistic	0.849	174.971	1	31	0	0.078	9.39E-19	1.019		

说明：自变量为年份；因变量为恩格尔系数。

从表 12-13 中可以看到，所有模型的 R 方大致在 0.85 左右，线性的略高、非线性的略低。所有模型的显著性检验也都显示"通过"。但是，如果再利用 SPSS 统计分析分别进行参数的显著性检验，"复合""幂""指数"模型都显示有参数"未通过"(因篇幅较多，省略)。

另外，从估计值标准误来看，"复合""幂""S""增长""指数""Logistic"等模型的数值较小。根据以上分析可大致选定"恩格尔系数"的拟合模型以"增长""Logistic"较优。

以"增长"模型为例：$y = e^{41.397 - .019\,t}$，如图 12-12 所示。

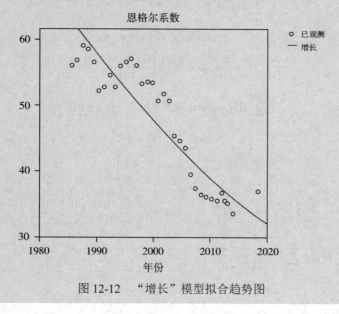

图 12-12　"增长"模型拟合趋势图

12.2.3　修正指数曲线预测模型及其应用

下面以修正指数曲线为例说明长期趋势预测模型的使用，其他模型的使用可参考相关《统计学》书籍。

修正指数曲线预测模型为

$$\hat{y}_t = a + bc^t \quad (0 < c < 1) \tag{12-52}$$

式中，a,b,c ——待定参数；

t ——模型设定的时间参数。

为解 a,b,c 三个参数，可应用分组法，即把整个时间序列分成相等的三个组，以三个组的变量总数联系起来求导。

设各组序列项数为 n 项，第一组变量总和为 $\sum\limits_{i=0}^{n-1} \mathrm{I}\, y_i$，第二组变量总和为 $\sum\limits_{i=n}^{2n-1} \mathrm{II}\, y_i$，第三组变量总和为 $\sum\limits_{i=2n}^{3n-1} \mathrm{III}\, y_i$。现求导 a,b,c 三个参数如下：

$$\hat{y}_t = a + bc^t \quad (0 < c < 1)$$

$$\sum_{i=0}^{n-1} \mathrm{I}\, y_i = na + b + bc + bc^2 + \cdots + bc^{n-1}$$

$$= na + b(1 + c + c^2 + \cdots + c^{n-1}) \frac{c-1}{c-1}$$

$$= na + b\left(\frac{c + c^2 + \cdots + c^n - 1 - c - \cdots - c^{n-1}}{c-1} \right)$$

$$= na + b\left(\frac{c^n - 1}{c-1} \right)$$

同理

$$\sum_{i=n}^{2n-1} \mathrm{II}\, y_i = na + bc^n + bc^{n+1} + \cdots + bc^{2n-1}$$

$$= na + bc^n(1 + c + c^2 + \cdots + c^{n-1})$$

$$= na + bc^n\left(\frac{c^n - 1}{c-1} \right)$$

$$\sum_{i=2n}^{3n-1} \mathrm{III}\, y_i = na + bc^{2n} + bc^{2n+1} + \cdots + bc^{3n-1}$$

$$= na + bc^{2n}(1 + c + c^2 + \cdots + c^{n-1})$$

$$= na + bc^{2n}\left(\frac{c^n - 1}{c-1} \right)$$

整理得：$\sum\limits_{i=n}^{2n-1} \mathrm{II}\, y_i - \sum\limits_{i=0}^{n-1} \mathrm{I}\, y_i = na + bc^n\left(\dfrac{c^n-1}{c-1} \right) - na - b\left(\dfrac{c^n-1}{c-1} \right) = b\dfrac{(c^n-1)^2}{c-1}$

所以：$b = \left(\sum\limits_{i=n}^{2n-1} \mathrm{II}\, y_i - \sum\limits_{i=0}^{n-1} \mathrm{I}\, y_i \right) \dfrac{c-1}{(c^n-1)^2}$

又：

$$\sum_{i=2n}^{3n-1} \mathrm{III}\, y_i - \sum_{i=n}^{2n-1} \mathrm{II}\, y_i = na + bc^{2n}\left(\frac{c^n-1}{c-1} \right) - na - bc^n\left(\frac{c^n-1}{c-1} \right) = bc^n\frac{(c^n-1)^2}{c-1}$$

$$\frac{\sum\limits_{i=2n}^{3n-1} \mathrm{III}\, y_i - \sum\limits_{i=n}^{2n-1} \mathrm{II}\, y_i}{\sum\limits_{i=n}^{2n-1} \mathrm{II}\, y_i - \sum\limits_{i=0}^{n-1} \mathrm{I}\, y_i} = \frac{\dfrac{bc^n(c^n-1)^2}{c-1}}{\dfrac{b(c^n-1)^2}{c-1}} = c^n$$

所以：$c = \left(\dfrac{\sum\limits_{i=2n}^{3n-1} \mathrm{III}y_i - \sum\limits_{i=n}^{2n-1} \mathrm{II}y_i}{\sum\limits_{i=n}^{2n-1} \mathrm{II}y_i - \sum\limits_{i=0}^{n-1} \mathrm{I}y_i} \right)^{\frac{1}{n}}$

根据：$\sum\limits_{i=0}^{n-1} \mathrm{I}y_i = na + b\left(\dfrac{c^n-1}{c-1} \right)$ 得 $a = \dfrac{1}{n}\left[\sum\limits_{i=0}^{n-1} \mathrm{I}y_i - b\left(\dfrac{c^n-1}{c-1} \right) \right]$

综合以上各式得：

$$a = \frac{1}{n}\left[\sum_{i=0}^{n-1} \mathrm{I}y_i - b\left(\frac{c^n-1}{c-1} \right) \right]$$

$$b = \left(\sum_{i=n}^{2n-1} \mathrm{II}y_i - \sum_{i=0}^{n-1} \mathrm{I}y_i \right) \frac{c-1}{(c^n-1)^2} \tag{12-53}$$

$$c = \left(\frac{\sum\limits_{i=2n}^{3n-1} \mathrm{III}y_i - \sum\limits_{i=n}^{2n-1} \mathrm{II}y_i}{\sum\limits_{i=n}^{2n-1} \mathrm{II}y_i - \sum\limits_{i=0}^{n-1} \mathrm{I}y_i} \right)^{\frac{1}{n}}$$

修正指数曲线预测模型 $\hat{y}_t = a + bc^t \,(0 < c < 1)$ 的图形如图 12-13 所示。

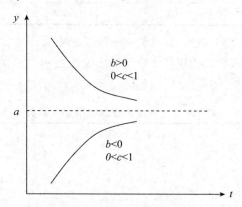

图 12-13　修正指数曲线图

【案例 12-4】修正指数曲线预测模型应用示例

某产品近 9 年的销售量如表 12-15 所示，试预测第 10 年的销售量。

表 12-15　某产品销售量统计数据表

单位：万吨

年　份	1	2	3	4	5	6	7	8	9
销售量	50.0	60.0	68.0	69.6	71.1	71.7	72.3	72.8	73.2

第一步，选择预测模型。

(1) 描散点图，初步确定模型。

由散点图 12-14 可以初步确定选用修正指数曲线预测模型 $\hat{y}_t = a + bc^t\,(b < 0, 0 < c < 1)$ 来进行预测。

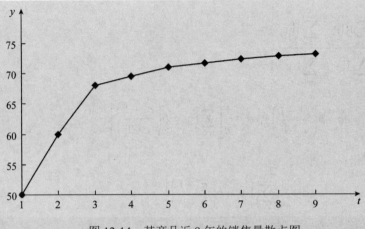

图 12-14　某商品近 9 年的销售量散点图

(2) 计算一阶差比率(如表 12-16 所示)。

表 12-16　某产品销售量统计数据一阶差比率表

年　份	1	2	3	4	5	6	7	8	9
销售量/万吨	50.0	60.0	68.0	69.6	71.1	71.7	72.3	72.8	73.2
一阶差分	—	10	8	1.6	1.5	0.6	0.6	0.5	0.4
一阶差比率	—	—	0.8	0.2	0.94	0.4	1.0	0.83	0.8

由表 12-16 可知，除个别以外，销售量的一阶差比率大致是相等的。所以，结合散点图分析，最后确定选用修正指数曲线模型进行预测比较适宜。

第二步，求模型的参数(计算表如表 12-17 所示)。

表 12-17　修正指数曲线模型计算表

时　　间	时间序列(t)	销售量(y_i)/万吨
第 1 年	0	50.0
第 2 年	1	60.0
第 3 年	2	68.0
$\sum \text{I} \, y_i$	—	178.0
第 4 年	3	69.6
第 5 年	4	71.1
第 6 年	5	71.7
$\sum \text{II} \, y_i$	—	212.4
第 7 年	6	72.3
第 8 年	7	72.8
第 9 年	8	73.2
$\sum \text{III} \, y_i$	—	218.3

$$a = \frac{1}{n}\left[\sum_{i=0}^{n-1} \text{I} \, y_i - b\left(\frac{c^n - 1}{c - 1}\right)\right] = \frac{1}{3}\left(178 + 22.272 \times \frac{0.5556^3 - 1}{0.5556 - 1}\right) = 73.174$$

$$b = \left(\sum_{i=n}^{2n-1} \text{II}\,y_i - \sum_{i=0}^{n-1} \text{I}\,y_i\right)\frac{c-1}{(c^n-1)^2} = (212.4-178)\times\frac{0.5556-1}{(0.5556^3-1)^2} = -22.272$$

$$c = \left(\frac{\displaystyle\sum_{i=2n}^{3n-1}\text{III}\,y_i - \sum_{i=n}^{2n-1}\text{II}\,y_i}{\displaystyle\sum_{i=n}^{2n-1}\text{II}\,y_i - \sum_{i=0}^{n-1}\text{I}\,y_i}\right)^{\frac{1}{n}} = \left(\frac{218.3-212.4}{212.4-178.0}\right)^{\frac{1}{3}} = 0.5556$$

所求模型为：　$\hat{y}_t = 73.174 - 22.272\times0.5556^t$

第三步，进行预测。

$\hat{y}_{第10年} = 73.174 - 22.272\times0.5556^9 = 73.06(万吨)$

需要指出的是，许多新产品投入市场后，需求量常常呈现为初期迅速增加，一段时期后逐渐降低增加的速度，而增长量的环比速度又大体上各期相等，最后发展水平趋向于某一个正的常数极限值。修正指数曲线预测模型正是用来描述这种发展趋势的理想工具。

12.3　生长曲线趋势外推法

指数曲线预测模型不能预测接近极限值时的特性值，因为当趋近极限值时，特性值已不按指数规律增长。如果考虑极限值的影响，就会发现事物经历发生、发展到成熟的过程，因为这条曲线形状近似于 S，所以又称 S 曲线。下面讨论两种最有使用价值的 S 曲线，即龚珀兹曲线和皮尔曲线及其应用。

12.3.1　龚珀兹曲线预测模型及其应用

龚珀兹曲线和皮尔曲线，均属于生长曲线回归预测方法。龚珀兹曲线多用于新产品的研制、发展、成熟和衰退分析，尤其适用于对处在成熟期的产品进行预测，以掌握市场需求和销售的饱和量。

龚珀兹曲线预测模型的形式为

$$\hat{y} = ka^{b^t} \tag{12-54}$$

式中，t——时间；

　　k, a, b——待定参数，用于描述产品生命周期的具体规律。

龚珀兹曲线的形式取决于参数 k, a, b 的值。

对龚珀兹模型 $\hat{y} = ka^{b^t}$ 做线性变换，得：

$$\lg y = \lg k + b^t \lg a$$

龚珀兹曲线对应于 $\lg a$ 与 b 的不同取值范围具有间断点，曲线的一般形状如图 12-15 所示。图 12-15 中的(1)渐进线(k)意味着市场对某类产品的需求已逐渐接近饱和状态；图 12-15 中的(2)渐进线(k)意味着市场对某类产品的需求已由饱和状态开始下降；图 12-15 中的(3)渐进线(k)意味着市场需求下降迅速，已经接近最低水平 k；图 12-15 中的(4)，渐进线(k)意味着市场需求量开始从低水平迅速上升。

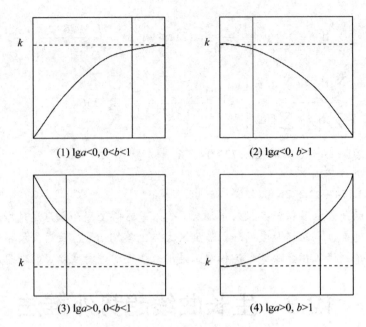

图 12-15 龚珀兹曲线一般形状

另外，在选择应用龚珀兹曲线时，应考察历史数据 y_t 对数一阶差的比率。当一组统计数据对数一阶差的比率大致相等时，就可选用龚珀兹曲线进行预测，表 12-18 给出了证明。

表 12-18 龚珀兹曲线预测模型一阶差比率计算表

时间(t)	$\hat{y} = ka^{b^t}$	$\lg y_t = \lg k + b^t \lg a$	$\lg y_t - \lg y_{t-1}$	$\dfrac{\lg y_t - \lg y_{t-1}}{\lg y_{t-1} - \lg y_{t-2}}$
1	ka^b	$\lg k + b \lg a$	—	—
2	ka^{b2}	$\lg k + b^2 \lg a$	$b(b-1)\lg a$	—
3	ka^{b3}	$\lg k + b^3 \lg a$	$b^2(b-1)\lg a$	b
4	ka^{b4}	$\lg k + b^4 \lg a$	$b^3(b-1)\lg a$	b
$\vdots$	$\vdots$	$\vdots$	$\vdots$	$\vdots$
$t-1$	ka^{bt-1}	$\lg k + b^{t-1} \lg a$	$b^{t-2}(b-1)\lg a$	b
t	ka^{bt}	$\lg k + b^t \lg a$	$b^{t-1}(b-1)\lg a$	b

用分组法求解龚珀兹曲线中参数 k, a, b 的步骤如下。

(1) 所收集的历史统计数据，要能够被 3 整除，即是以 $3n$ 为时间序列的数，n 为每一组数据点的个数。

(2) 式中的 y 值用来代表预测对象所对应于各时间序列的数值，并将各 y 值变换为对数。

(3) 将第一组的 n 个数据点的各 $\lg y$ 相加，求得 $\sum \mathrm{I} \lg y$；第二组 n 个数据点的各 $\lg y$ 相加，求得 $\sum \mathrm{II} \lg y$；最后一组 n 个数据点的各 $\lg y$ 相加，求得 $\sum \mathrm{III} \lg y$。

(4) 式中的 t 代表时间序列的顺序，取 $t_1 = 0$。

(5) 将有关数据代入下列公式：

$$\begin{cases} b^n = \dfrac{\sum \mathrm{III}\lg y - \sum \mathrm{II}\lg y}{\sum \mathrm{II}\lg y - \sum \mathrm{I}\lg y} \\[2mm] \lg a = \left(\sum \mathrm{II}\lg y - \sum \mathrm{I}\lg y\right)\cdot \dfrac{b-1}{(b^n-1)^2} \\[2mm] \lg k = \dfrac{1}{n}\left(\sum \mathrm{I}\lg y - \dfrac{b^n-1}{b-1}\lg a\right) \\[2mm] \text{或}\quad \lg k = \dfrac{1}{n}\left(\dfrac{\sum \mathrm{I}\lg y \cdot \sum \mathrm{III}\lg y - \left(\sum \mathrm{II}\lg y\right)^2}{\sum \mathrm{I}\lg y + \sum \mathrm{II}\lg y - 2\sum \mathrm{III}\lg y}\right) \end{cases}$$

(12-55)

(6) 查反对数表，求出参数 k, a, b，并将 k, a, b 代入公式 $\hat{y} = ka^{b^t}$，即得龚珀兹曲线预测模型。

📑 【案例 12-5】龚珀兹曲线预测模型应用示例

某公司近 9 年的实际销售额如表 12-19 所示，试利用龚珀兹曲线模型预测第 10 年的销售额。

(1) 计算参数 k, a, b。

表 12-19　龚珀兹曲线计算表

时　间	时间序列(t)	销售额/万元	$\lg y$
第 1 年	0	4.94	0.6937
第 2 年	1	6.21	0.7931
第 3 年	2	7.18	0.8561
$\sum \mathrm{I}\, y_i$	—	—	2.3429
第 4 年	3	7.74	0.8887
第 5 年	4	8.38	0.9232
第 6 年	5	8.45	0.9269
$\sum \mathrm{II}\, y_i$	—	—	2.7388
第 7 年	6	8.73	0.9410
第 8 年	7	9.42	0.9741
第 9 年	8	10.24	1.0103
$\sum \mathrm{III}\, y_i$	—	—	2.9254

$$\begin{cases} b^n = \dfrac{\sum \mathrm{III}\lg y - \sum \mathrm{II}\lg y}{\sum \mathrm{II}\lg y - \sum \mathrm{I}\lg y} = \dfrac{2.9254 - 2.7388}{2.7388 - 2.3429} = 0.4713 \\[2mm] \lg a = \left(\sum \mathrm{II}\lg y - \sum \mathrm{I}\lg y\right)\cdot \dfrac{b-1}{(b^n-1)^2} = (2.7388 - 2.3429)\cdot \dfrac{0.7782 - 1}{(0.4713 - 1)^2} = -0.3141 \\[2mm] \lg k = \dfrac{1}{n}\left(\sum \mathrm{I}\lg y - \dfrac{b^n-1}{b-1}\lg a\right) = \dfrac{1}{3}\left[2.3429 - \dfrac{0.4713 - 1}{0.7782 - 1}(-0.3141)\right] = 1.0306 \end{cases}$$

所以，$a = 0.4582$；$b = 0.7782$；$k = 10.73$。

(2) 把 k, a, b 代入公式 $\hat{y} = ka^{b^t}$，即可得预测模型。

$$\hat{y} = 10.73 \times 0.4582^{0.7782^t}$$

（3）进行预测。

$$\hat{y}_{第10年} = 10.73 \times 0.4582^{0.7782^9} = 9.948(万元)$$

由上述计算可知，市场饱和点的需求量是 $k=10.73$ 万元，第 9 年的销售量已达 10.24 万元，第 10 年预测销售量可达 9.948 万元，第 13 年预计可达 10.35 万元。产品处于生命周期成熟阶段的最高峰，销售量已无增长前景，并可能在某一时刻转入下降趋势。

就整个社会或者某个地区来讲，市场总容量是不断扩大的。但是，就具体商品而言，总要经过进入市场、销售量快速增长、市场饱和、销售量下降这几个阶段。特别是轻工产品的销售额，大部分都遵循"增长缓慢→迅速增加→维持一定水平→逐渐减少"的规律发展变化。龚珀兹曲线是预测各种产品市场容量的一种最佳拟合曲线。

12.3.2 皮尔曲线预测模型及其应用

皮尔曲线预测模型的形式为

$$y_t = \frac{L}{1 + ae^{-bt}} \tag{12-56}$$

式中，L——变量 y_t 的极限值；

a,b——常数；

t——时间。

皮尔曲线适用于对产品生命周期的分析，尤其适用于处在成熟期产品的市场需求饱和量的分析和预测。

参数 L,a,b 的求解过程如下：

$$\frac{1}{y_{t+1}} - \frac{1}{y_t} = \frac{e^b - 1}{e^b + 1} - \left[\frac{2}{L} - \left(\frac{1}{y_t} + \frac{1}{y_{t+1}} \right) \right]$$

经变换得：

$$\frac{1}{y_{t+1}} = \frac{1 - e^{-b}}{L} + e^{-b} \frac{1}{y_t}$$

利用系数 e^{-b} 和 $\frac{1-e^{-b}}{L}$ 建立 $\frac{1}{y_{t+1}}$ 对 $\frac{1}{y_t}$ 的回归方程，则得标准方程组：

$$\begin{cases} \sum \frac{1}{y_{t+1}} = \left(\frac{1-e^{-b}}{L} \right)(n-1) + e^{-b} \sum \frac{1}{y_t} \\ \sum \left(\frac{1}{y_{t+1}} \cdot \frac{1}{y_t} \right) = \left(\frac{1-e^{-b}}{L} \right) \cdot \sum \frac{1}{y_t} + e^{-b} \sum \left(\frac{1}{y_t} \right)^2 \end{cases}$$

从 $t=1$ 到 $t=n-1$ 对上式求和。相对于 e^{-b} 和 $\frac{1-e^{-b}}{L}$ 解标准方程组得：

$$e^{-b} = \frac{(n-1) \cdot \sum \left(\frac{1}{y_{t+1}} \cdot \frac{1}{y_t} \right) - \sum \frac{1}{y_{t+1}} \cdot \sum \frac{1}{y_t}}{(n-1) \cdot \sum \left(\frac{1}{y_t} \right)^2 - \left(\sum \frac{1}{y_t} \right)^2}$$

$$\left(\frac{1-e^{-b}}{L}\right)=\frac{\sum\frac{1}{y_{t+1}}\cdot\sum\left(\frac{1}{y_t}\right)^2-\sum\frac{1}{y_t}\cdot\sum\left(\frac{1}{y_{t+1}}\cdot\frac{1}{y_t}\right)}{(n-1)\cdot\sum\left(\frac{1}{y_t}\right)^2-\left(\sum\frac{1}{y_t}\right)^2} \qquad (12\text{-}57)$$

利用 L,b 的值估算 a 值：

$$\ln a=\frac{b(n-1)}{2}+\frac{1}{n}\sum\ln\left(\frac{L}{y_t}-1\right) \qquad (12\text{-}58)$$

📝 【案例 12-6】皮尔预测模型应用示例

某公司过去 21 个月的销售情况如表 12-20 所示，试预测该公司第 22 个月的销售量。

表 12-20　某公司产品的销售量

单位：万件

时　间	销售量	$\frac{1}{y_t}$	$\frac{1}{y_{t+1}}$	$\frac{1}{y_t}\cdot\frac{1}{y_{t+1}}$	$\left(\frac{1}{y_t}\right)^2$
1	50.87	0.019 7	0.019 2	0.000 378	0.000 386 4
2	52.03	0.019 2	0.018 8	0.000 360	0.000 369 4
3	53.33	0.018 8	0.018 7	0.000 351	0.000 351 6
4	53.35	0.018 7	0.018 2	0.000 340	0.000 351 2
5	55.09	0.018 2	0.017 6	0.000 320	0.000 329 5
6	56.76	0.017 6	0.017 1	0.000 302	0.000 310 4
7	58.42	0.017 1	0.016 8	0.000 287	0.000 293 0
8	59.61	0.016 8	0.016 5	0.000 277	0.000 281 4
9	60.58	0.016 5	0.016 4	0.000 270	0.000 272 5
10	61.15	0.016 4	0.016 2	0.000 266	0.000 267 4
11	61.57	0.016 2	0.016 1	0.000 261	0.000 263 8
12	62.17	0.016 1	0.016 0	0.000 257	0.000 258 7
13	62.55	0.016 0	0.015 9	0.000 254	0.000 255 6
14	62.85	0.015 9	0.015 8	0.000 252	0.000 253 2
15	63.10	0.015 8	0.015 7	0.000 249	0.000 251 2
16	63.52	0.015 7	0.015 6	0.000 245	0.000 247 8
17	64.25	0.015 6	0.015 3	0.000 238	0.000 242 2
18	65.32	0.015 3	0.015 1	0.000 231	0.000 234 4
19	66.26	0.015 1	0.015 0	0.000 226	0.000 227 8
20	66.87	0.015 0	0.014 9	0.000 223	0.000 223 6
21	67.16	0.014 9	0.000 0	0.000 000	0.000 221 7
合计	—	0.335 6	0.330 9	0.005 588	0.005 671

第一步，将实际销售数据画成散点图(见图 12-16)，发现此散点图趋近于皮尔曲线。所以选用皮尔曲线作为预测模型。

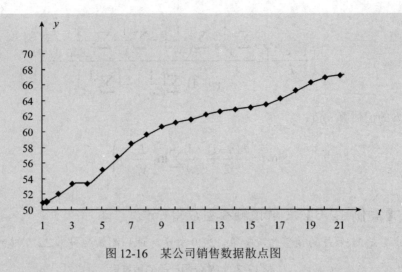

图 12-16　某公司销售数据散点图

第二步，计算模型参数。

将表 12-20 中的有关数据代入式(12-57)得：

$$e^{-b} = 0.917\,118\,9, \quad b = 0.086\,518\,22, \quad L = 71.919\,94$$

再将 L,b 代入 $\ln a$，求得：$a = 0.455\,857\,9$

所以皮尔曲线预测方程为

$$\hat{y}_t = \frac{71.919\,94}{1 + 0.455\,857\,9e^{-0.086\,518\,22t}}$$

第三步，利用所求的曲线方程对第 22 期进行预测，得：

$$\hat{y}_{22} = \frac{71.919\,94}{1 + 0.455\,857\,9e^{-0.086\,518\,22\times22}} = 67.34\,(万件)$$

12.4　自回归预测法

12.4.1　自回归预测原理及应用

1. 自回归预测基本原理

依据实践数列的自回归预测就是从同一变量在不同时期各个变量值间的相关关系来建立一元或多元回归方程而进行的预测。就是在同一个变量的时间数列中以本年的数列作为因变量数列，过去推移若干期的时间数列作为自变量数列，分析一个因变量数列和一个自变量数列间的相关关系，并建立回归方程进行预测。

这和一般的回归预测根据两个不同的平行数列分别作为因变量数列和自变量数列来进行回归预测显然不同。

2. 自回归预测应用

以一级自回归预测为例。进行一级自回归预测首先要编制自相关数列，再计算自相关系数，检验两者关系是否密切，然后建立自回归模型。

自回归一般方程式如下：

$$y_t = b_0 + b_1 y_{t-i} \qquad (12\text{-}59)$$

上式称为一级自回归模型，是一个自变量与一个因变量的自身回归。

式中，y_t——原数列，作为因变量；

$\quad\quad y_{t+j}$——向过去推移 i 期的数列，作为自变量；

$\quad\quad b_0, b_1$——参数。

运用最小二乘法可得求解参数 b_0, b_1 的联立方程：

$$\begin{cases} \sum y_t = n b_0 + b_1 \sum y_{t-i} \\ \sum y_t y_{t-i} = b_0 \sum y_{t-i} + b_1 \sum y_{t-i}^2 \end{cases}$$

$$\begin{cases} b_1 = \dfrac{n \sum y_t y_{t-i} - \sum y_t \sum y_{t-i}}{\sum y_{t-i}^2 - (\sum y_{t-i})^2} \\ b_0 = \bar{y}_t - b_1 \bar{y}_{t-i} \end{cases} \qquad (12\text{-}60)$$

求出 b_0, b_1 后代回(12-59)模型，则可得回归方程。将用一级自身回归模型推算出来的理论值与实际值之间的误差率计算出来，验证自身回归预测是否可靠。

预测模型如下：

$$\hat{y}_{t+j} = b_0 + b_1 y_{t(j)} \qquad (12\text{-}61)$$

式中，$y_{t(j)}$——自变量数列中(即自变量 y_t 数列中)相应于预测第 j 期的实际数值；

$\quad\quad \hat{y}_{t+j}$——预测 $t+j$ 期数值，即预测未来第 j 期的数值。

📑 【案例 12-7】自回归预测模型应用示例

某地 4 年各季的销售商品金额资料如表 12-21 所示。根据该资料预测第 5 年第一、二季度的商品销售额。

表 12-21　各季商品销售金额资料

单位：百万元

时　间	第一年	第二年	第三年	第四年
第一季度	16	24	30	36
第二季度	5	6	8	10
第三季度	13	18	22	26
第四季度	30	42	54	64
合计	64	90	114	136

1. 编制自相关数列表(见表 12-22)

表 12-22　自相关数列表

时　间	第四年 y_t	后退四季 y_{t-4}	后退八季 y_{t-8}	后退十二季 y_{t-12}
第一季度				16
第二季度				5
第三季度				13
第四季度				30
第一季度		24		

(续表)

时　间	第四年 y_t	后退四季 y_{t-4}	后退八季 y_{t-8}	后退十二季 y_{t-12}
第二季度			6	
第三季度			18	
第四季度			42	
第一季度		30		
第二季度		8		
第三季度		22		
第四季度		54		
第一季度	36			
第二季度	10			
第三季度	26			
第四季度	64			
合计	136	114	90	64

2. 计算自相关系数

现以第 4 年的数列(因变量数列 y_t)与向过去推移四季的数列(自变量数列 y_{t-4})计算自相关系数(见表 12-23)。

表 12-23　自相关系数计算表

时　间	y_{t-4}	y_t	y_{t-4}^2	y_t^2	$y_{t-4}y_t$
第一季度	30	36	900	1296	1080
第二季度	8	10	64	100	80
第三季度	22	26	484	676	572
第四季度	54	64	2816	4096	3456
合计	114	136	4364	6168	5188

$$r = \frac{n\sum y_{t-4}y_t - \sum y_{t-4}\sum y_t}{\sqrt{n\sum y_{t-4}^2 - (\sum y_{t-4})^2}\sqrt{n\sum y_t - (\sum y_t)^2}}$$

$$= \frac{4\times5188 - 114\times136}{\sqrt{(4\times4364 - 114^2)(4\times6168 - 136^2)}}$$

$$= 0.999\,937$$

依此类推,可以计算出第四年各季商品销售额与向过去推移八、十二季销售额的自相关系数分别是 0.999 136 和 0.997 932。由此可见,其相关程度是很高的,但以向过去推移四季的自相关系数为最大。因此要建立一级自身回归预测模型时,可以选择向过去推移四季的数列作为自变量。

3. 计算一级线性自身回归模型并进行预测(见表 12-24)

表 12-24 一级线性自身回归模型计算表

时 间	y_{t-4}	y_t	y_{t-4}^2	y_t^2	$y_{t-4}y_t$	$\hat{y}_t$	$y_t - \hat{y}_t$	$\dfrac{y_t - \hat{y}_t}{y_t}$
第一季度	30	36	900	1296	1080	35.77	0.23	0.0064
第二季度	8	10	64	100	80	9.88	0.12	0.0120
第三季度	22	26	484	676	572	26.35	-0.35	-0.0135
第四季度	54	64	2816	4096	3456	64.00	0	0
合计	114	136	4364	6168	5188	136.00	0	-

将表中的数据代入式(12-60)得：

$$\begin{cases} b_1 = 1.1767 \\ b_0 = 0.4646 \end{cases}$$

所以，一级线性自身回归方程为

$$y_t = 0.4646 + 1.1767 y_{t-i}$$

同时，由表 12-24 可知，第四年某地各季商品销售额与向过去推移四季的销售额用一级线性自回归模型推算出来的理论值与实际值的最大误差率为-1.35%，最小为 0，这说明用向过去推移四季的销售额数列进行自身回归预测是相当可靠的。

用一级线性自回归模型进行预测第五年第一季度的销售额：

$$\hat{y}_{t+1} = 0.4646 + 1.1767 y_{t(1)} = 0.4646 + 1.1767 \times 36 = 42.8258（百万元）$$

预测第五年第二季度的销售额：

$$\hat{y}_{t+2} = 0.4646 + 1.1767 y_{t(2)} = 0.4646 + 1.1767 \times 10 = 12.2316（百万元）$$

以上是一级线性自回归模型的计算及进行的预测。利用表 12-22 的资料还可以计算二级线性自身回归模型并进行预测。即以向过去推移四季和推移八季的两个数列作为自变量，回归模型为

$$y_t = b_0 + b_1 y_{t-i} + b_2 y_{t-2i} \tag{12-62}$$

具体预测过程与二元回归预测的相同，此处不再论述。

12.4.2 ARIMA 回归及其 SPSS 应用

1. ARIMA 模型基本原理

ARIMA 模型(差分自回归移动平均模型，autoregressive integrated moving average model，记为 ARIMA)，是由博克思(Box)和詹金斯(Jenkins)于 20 世纪 70 年代初提出的，所以又称为 box-jenkins 模型、博克思-詹金斯法。

ARIMA 模型的基本思想是：将预测对象随时间推移而形成的数据序列视为一个随机序列，用一定的数学模型来近似描述这个序列。这个模型一旦被识别后就可以从时间序列的过去值及现在值来预测未来值。

2. ARIMA 模型预测基本程序

(1) 根据时间序列的散点图、自相关函数和偏自相关函数图以 ADF 单位根检验其方差、趋势及其季节性变化规律，对序列的平稳性进行识别。一般来讲，经济运行的时间序列都不是平

稳序列。

(2) 对非平稳序列进行平稳化处理。如果数据序列是非平稳的，并存在一定的增长或下降趋势，则需要对数据进行差分处理，如果数据存在异方差，则需对数据进行技术处理，直到处理后的数据的自相关函数值和偏相关函数值无显著地异于零。

(3) 根据时间序列模型的识别规则，建立相应的模型。ARIMA(p, d, q)中，AR 是自回归，p 为回归项；MA 为移动平均，d 为时间序列成为平稳时所做的差分次数，q 为移动平均项数。

(4) 进行参数估计，检验是否具有统计意义。

(5) 进行假设检验，诊断残差序列是否为白噪声。

(6) 利用已通过检验的模型进行预测分析。

【案例 12-8】ARIMA 模型的 SPSS 应用示例

根据表 12-20 所示商品销售数据，利用 "ARIMA" 模型进行趋势拟合。

1. SPSS 操作主要步骤(见图 12-17～图 12-20)

操作步骤讲解视频

图 12-17 "ARIMA 分析"步骤一

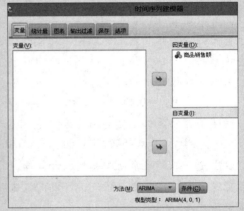

图 12-18 "ARIMA 分析"步骤二

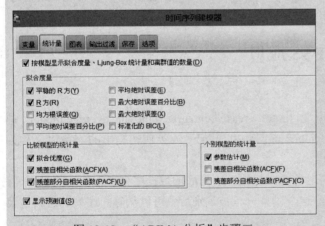

图 12-19 "ARIMA 分析"步骤三

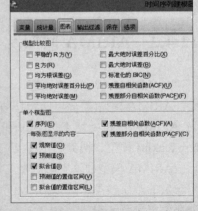

图 12-20 "ARIMA 分析"步骤四

2. SPSS 分析数据及结论

应用 SPSS 统计分析软件，得到以下分析数据表和分析图(见表 12-25～表 12-27)。

模型类型：ARIMA(4,0,1)

表 12-25 模型拟合

拟合统计量	均　值	SE	最小值	最大值
平稳的 R 方	.802	.	.802	.802
R 方	.802	.	.802	.802
RMSE	9.303	.	9.303	9.303
MAPE	45.227	.	45.227	45.227
MaxAPE	354.901	.	354.901	354.901
MAE	5.886	.	5.886	5.886
MaxAE	17.745	.	17.745	17.745
正态化的 BIC	5.500	.	5.500	5.500

表 12-26 模型统计量

预测变量数	模型拟合统计量		Ljung-Box Q(18)			离群值数
	平稳的 R 方	R 方	统计量	DF	Sig.	
0	.802	.802	.	0	.	0

表 12-27 ARIMA 模型参数

				估　计	SE	t	Sig.
品销售额	自然对数		常数	25.488	22.450	1.135	.283
		AR	滞后 1	.065	1.021	.063	.951
			滞后 2	-.079	.911	-.087	.932
			滞后 3	.023	.930	.025	.981
			滞后 4	.873	.832	1.050	.318
		MA	滞后 1	-.737	1.443	-.511	.621

从 SPSS 输出的以上数据来看，表 12-26 的平稳的 R 方为 0.802，显示相关度尚可。ARIMA(4,0,1)走势拟合如图 12-21 所示。

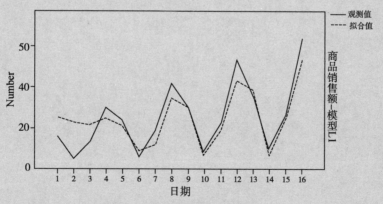

图 12-21 ARIMA(4,0,1)走势拟合

但如果选择 ARIMA(4,0,0)，平稳的 R 方会相应降低；选择 ARIMA(8,0,1)，平稳的 R 方会增高，但 MA "滞后 1" 的 Sig.检验结果会高一些。如果增加 "差分次数"，则会显示 "迭代过程" 不收敛。

因此，对 ARIMA(p, d, q)模型的使用，要找到最合适的模型，需要不断地 "试根"。

关键词和概念

平均预测法　　趋势预测法　　生长曲线趋势外推法　　ARIMA 模型

━━━━━━━━━━━┫ **本章复习题** ┣━━━━━━━━━━━

一、思考题

1. 简述时间序列预测法的意义和作用。

2. 平均预测法、趋势预测法的应用条件有哪些？如何建立、判别最合适的预测模型？

3. 简述生长曲线趋势外推法的意义。

4. 如何应用生长曲线趋势外推法进行产品生命周期预测？

5. 简述 ARIMA 模型预测的基本程序。

二、实践题

1.【在校学生生活费用调查(续)】根据调查数据，利用 SPSS 软件，选择相应的分析模型，预测未来 1～2 年"在校学生生活费用支出情况"。

2. 某企业近 9 年产品销售量如表 12-28 所示。要求：

(1) 用 SPSS 软件建立预测模型；

(2) 预测第 10、11、12 年的销售量，以及 95%的置信区间。

表 12-28　某企业年产品销售量表

单位：万件

时　间	第 1 年	第 2 年	第 3 年	第 4 年	第 5 年	第 6 年	第 7 年	第 8 年	第 9 年
销售量	600	650	705	764	827	895	966	1005	1100

第 13 章　因果分析预测

学习目的与要求

1. 掌握线性回归分析方法;
2. 了解非线性回归分析;
3. 了解经济计量分析方法;
4. 了解其他市场预测方法;
5. 掌握 SPSS 相关应用。

> **引入案例　引流品 VS 利润品**
>
> 　　现在商家搞促销的方式五花八门,如 KTV 经常赠送爆米花、花生之类的零食,而酒水收取正常价格;酒吧在周五可以对女士免费,而对男士收费;博物馆对小朋友免费,而对家长收费。这些活动处处体现着商家的小心机:在 KTV 爆米花等零食吃得越多越口渴,进而需要喝更多的酒水;酒吧里女士越多越能吸引男士进来消费;而小朋友没有家长的陪伴几乎是不能去博物馆参观的。显然商家是通过爆米花、女士及小朋友等引流品来吸引客流,再通过酒水、男士和家长等利润品来盈利。

　　在自然界及人类社会中,经常可以看到许多事物或现象彼此之间相互联系、相互依存、相互制约。有些已被人们所掌握,有些还有待于进一步认识。在因果关系的分析预测中,不仅要研究前因与后果的一般依赖关系,而且要确定前因与后果的影响程度,并做出量的估计。本章主要阐述回归分析和经济计量模型的基本内容、特征、预测的具体步骤和运用技巧,同时也对其他一些市场预测方法做概念性介绍。

13.1　因果分析预测概述

13.1.1　变量间的因果关系

　　现实世界中,每一事物的运动都和它周围的事物相互联系、相互影响着。市场的发展变化同影响其变化的各种因素的变化之间存在一定的依存关系,一方面表现为市场的发展变化,是各种因素影响的结果,另一方面,市场的发展变化也影响其影响因素的发展。这种现象间存在的依存关系称为因果关系。

经济现象间的因果关系与市场变量间的关系形态，大致可分为以下两类。

1. 确定性因果关系

市场经济现象中变量间相互联系的确定性因果关系，是人们明确描述市场变量相互依存、相互联系的一种数量变化关系。自变量与因变量之间的关系可以运用确定性函数关系来表达，它不会因时空的变化而改变。例如，企业商品的年销售利润、该商品年销售收入和该商品年成本支出三个变量，分别用 P,Y,G 表示，可以用 $P=Y-G$ 表示，它们之间的数量变化关系是确定的。

2. 非确定性因果关系

某种日用商品的销售量与当地人口有关，人口越多，销售量就越大，但人口与销售量之间并无确定性的数值对应关系。这种既有关联又不存在数值恒等对应的相互关系，称为非确定性关系或相关关系。相关关系是指两个变量或多个变量之间可以以某种规律进行推算，它们之间可以是互为因果关系，也可以仅仅是伴随出现，尽管它们之间的规律可以用某种模型近似地表达，但不像函数关系那样存在对应的确定性关系。

13.1.2 因果关系的分析方法

经济现象间相互联系的因果关系，可以从不同的角度和范畴进行研究分析。对非确定因果关系的分析并对此进行市场预测常用的方法如下。

1. 回归分析法

所谓回归分析法，是对具有相互联系的现象，根据其变量间非确定性(或相关)的关系形态，选择一个合适的数学模型，用来近似地描述变量间变化关系。这个数学模型称为回归方程式。

设因变量为 y，自变量为 x_i ($i=1, 2, \cdots, n$)，则它们间的关系形态的表达式记作：

$$y=f(x_1, x_2, x_3, \cdots, x_n)+e \tag{13-1}$$

式中，$f(x_1, x_2, x_3, \cdots, x_n)$ —— 一个含待定系数的回归函数；

    e —— 误差项，也是随机变量，代表用回归函数 $f(x_1, x_2, x_3, \cdots, x_n)$ 来近似因变量 y 所产生的误差。

相关分析和回归预测是相辅相成的，只有确定了相关关系才能拟定回归预测模型；反之，只有建立了回归模型才能确定相关关系的形式和性质。回归预测模型描述变量之间关系的形式，相关分析则揭示了变量之间关系的密切程度，从一特定角度说明了预测的可靠性。

2. 经济计量法

经济现象间的某些因果关系不能只研究自变量对因变量的影响，而忽视因变量对自变量的逆向影响，或各种自变量之间相互的影响。如家庭耐用商品的销售量(因变量)受个人可支配收入(自变量)变动的影响。同时，自变量也受因变量的影响。这样一种市场变量间相互依存的复杂关系，回归分析往往不能对其进行系统的描述。但经济计量法便能解决这类问题。

经济计量法是在经济分析基础上，列出一个或多个数学表达式，用来描述经济现象中的主要变量间的因果关系，通过求解这些数学表达式来进行市场变量的预测。它一般能较好地描述经济机制，是比较先进、能取得较好预测结果的一种预测方法。

13.2　回归预测模型

13.2.1　一元线性回归及 SPSS 应用

1. 一元线性回归的数学模型

一元线性回归预测法是指两个具有线性关系的变量，配合线性回归模型，根据自变量的变动来预测因变量平均发展趋势的方法。

设 x 为自变量，y 为因变量，y 与 x 之间存在某种线性关系，则可用以下直线来拟合它们的变化关系：

$$\hat{y}=a+bx \tag{13-2}$$

式中，$\hat{y}$——因变量 y 的模拟值；

　　　a——常数项；

　　　b——回归系数。

根据两个变量 x，y 现有的统计数据或实验数据，寻求 a、b 的合理值，来确定回归方程，是运用一元线性回归的关键；利用已求出的回归方程中的 a、b 的经验值并与具体条件相结合去确定 x、y 等值的未来演变，是运用一元线性回归的目的。

2. 一元线性回归的预测过程及应用

在应用回归方程进行预测时，首先需要对变量间影响关系进行经济理论分析和统计分析，在确认两个变量之间确实具有经济理论意义和内在的因果关系，并且具有高度的相关性时，才可借助回归分析导出两个变量间因果关系形态的回归方程，并运用回归方程式进行预测和控制。

一元线性回归预测的过程大致可分为如下几步：

1) 分析事物之间的相互依存关系，选定自变量

2) 建立一元线性模型 $y=a+bx$，进行预测

应用最小二乘法估计参数 a、b。

我们所要求的回归直线是以这条直线来表示变量 x 与 y 的关系与实际观察值的误差比任何其他直线都小。

设自变量 x 和因变量 y 的几组观察值为 (x_i, y_i)，$i=1, 2, \cdots, n$，将 x_i 代入式(13-2)，则可求得估计值 $\hat{y}_i=a+bx_i$，$i=1, 2, \cdots, n$，实际值 y_i 与估计值 $\hat{y}_i$ 之差，称为估计误差或残差，以 e_i 表示。

$$e_i = y_i - \hat{y}_i = y_i - a - bx_i \quad (i=1, 2, \cdots, n)$$

通常用误差平方总和度量全部 y_i 与 $\hat{y}_i$ 之间的偏离程度，设 Q 表示误差平方和，则

$$Q = \sum_{i=1}^{n} e_i^2 = \sum_{i=1}^{n} (y_i - a - bx_i)^2 \tag{13-3}$$

为了使式(13-3)Q 达到极小，根据微积分中极值原理，a、b 必须满足下列方程组：

$$\begin{cases} \dfrac{\partial Q}{\partial a} = -2\sum_{i=1}^{n}(y_i - a - bx_i) = 0 \\[2mm] \dfrac{\partial Q}{\partial b} = -2\sum_{i=1}^{n}(y_i - a - bx_i)x_i = 0 \end{cases} \tag{13-4}$$

经整理得：

$$\begin{cases} \sum y_i = na + b\sum x_i \\ \sum x_i y_i = a\sum x_i + b\sum x_i^2 \end{cases}$$

解此方程组可得回归系数计算公式：

$$\begin{cases} b = \dfrac{n\sum x_i y_i - \sum x_i \sum y_i}{n\sum x_i^2 - (\sum x_i)^2} \\ a = \dfrac{\sum y_i - b\sum x_i}{n} \end{cases} \tag{13-5}$$

3) 预测模型的显著性检验

(1) 标准误差分析。标准误差分析是以标准误差的大小表明线性回归方程表达因变量观察值的精确程度。度量实际值分布在回归直线周围的离散程度的统计量，称为标准误差，其计算公式为

$$S_y = \sqrt{\frac{1}{n-2}\sum(y-\hat{y})^2} \tag{13-6}$$

显然，S_y 越大，观察值 y_i 对回归直线离散程度越大。反之，S_y 越小，观察值 y_i 对回归直线离散程度越小。一般要求：

$$S_y / \overline{y} < 15\% \tag{13-7}$$

(2) 相关分析与显著性检验。

① 相关系数分析。相关分析是确切地说明事物之间相关关系的密切程度。用相关系数 r 表示，计算公式为

$$r = (n\sum xy - \sum x\sum y)/(\sqrt{n\sum x^2 - (\sum x)^2}\sqrt{n\sum y^2 - (\sum y)^2}) \tag{13-8}$$

$r = 0$，说明自变量 x 的变动对因变量 y 的变动毫无影响，称为零相关。

$r = 1$，说明因变量 y 变动完全是由于自变量 x 的变化所引起，称为完全相关。这时自变量 x 与因变量 y 的关系就是函数关系。

$0 < |r| < 1$，说明自变量 x 的变动对因变量 y 的变动有部分影响，称为普通相关。

一般来说，当 $|r| \geqslant 0.7$，即 $r^2 \geqslant 0.49$ 时，说明自变量 x 的变动对因变量 y 的影响占一半以上，故为高度相关；

当 $|r| < 0.3$，即 $r^2 < 0.09$ 时，说明自变量 x 的变动对因变量 y 的影响少于 9%，故称为低度相关；

当 $0.3 < |r| < 0.7$ 时，说明自变量 x 的变动对因变量 y 的影响在 9%~50% 之间，故称为中度相关。

② 显著性检验。首先计算相关系数 r。

根据回归模型的自由度 $n-m$ 和给定的显著水平 α，从相关系数临界值表中查出临界值 $R_\alpha(n-m)$，若 $|r| \leqslant R_\alpha(n-m)$，这时回归模型不可以用来预测，应分析其原因，对回归模型重新处理；若 $|r| > R_\alpha(n-m)$，表明两变量之间相关关系显著，检验通过，可以用回归模型进行预测。

4) 通过显著性检验，利用回归预测模型预测，并估计置信区间

经相关关系分析和显著性检验和标准误差分析通过后，则可以用回归模型 $y = a + bx$ 进行预测。其置信区间为

$$Q \in \left[y - s_0 t_{\frac{\alpha}{2}}(n-m),\ y + s_0 t_{\frac{\alpha}{2}}(n-m) \right] \tag{13-9}$$

其中：

$$S_0 = S_y \sqrt{1 + \frac{1}{n} + \frac{n(x_0 - \sum x / n)^2}{n \sum x^2 - (\sum x)^2}} \qquad (13\text{-}10)$$

式中，$t_{\frac{\alpha}{2}}(n-m)$——显著水平为 $\alpha / 2$，自由度为 $(n-m)$ 的 t 分布；

x_0——预测点的 x 值；

S_y——标准误差；

x——各观察期的 x 值（$x_1, x_2, x_3, \cdots, x_n$）；

n——观察期数据个数。

利用式(13-9)来确定预测的置信区间，在计算上颇为麻烦。若在过程中只希望获得近似估计，则可做出下述不同置信度的结论：基于大数定律和中心极限定理，当样本容量达到一定数量时，可近似地认为服从正态分布，在此前提下：

预测值 $\hat{y}_0$ 的置信度为 68.3% 的近似置信区间为

$$(\hat{y}_0 - S_y, \ \hat{y}_0 + S_y)$$

预测值 $\hat{y}_0$ 的置信度为 95.4% 的近似置信区间为

$$(\hat{y}_0 - 2S_y, \ \hat{y}_0 + 2S_y)$$

预测值 $\hat{y}_0$ 的置信度为 99.7% 的近似置信区间为

$$(\hat{y}_0 - 3S_y, \ \hat{y}_0 + 3S_y)$$

说明：预测置信区间是从统计意义上的定量推测，客观现实要复杂得多，预测实践中不能将统计上的有效性与客观现实的有用性相混淆。置信区间太宽，会使预测失去现实意义。在预测实践中，要经过综合分析，判断市场各种影响因素的发展变化及其趋势，对统计计算的置信区域进行调整，做出一个更有实用意义的预测置信区间，作为决策依据，真正起到指导经营管理的作用。

【案例 13-1】一元线性回归及 SPSS 应用示例

根据"某地居民人均生活费用收支"情况(见表 13-1)，对"可支配收入"与"消费支出"进行相关分析和回归分析。

操作步骤讲解视频

表 13-1　某地居民人均生活费用收支情况

单位：元

年份	可支配收入	储蓄存款余额	消费支出	食品	衣着	家庭设备用品及服务	医疗保健	交通和通信	教育文化娱乐服务	居住	其他商品和服务	恩格尔系数
2003	8439	14 165	6820	3526	552	525	197	397	828	605	190	51.7%
2004	8773	15 540	6866	3477	472	453	261	406	893	674	230	50.6%
2005	10 932	16 574	8248	3731	551	772	347	583	1094	842	328	45.2%
2006	11 718	16 331	8868	3947	567	683	501	759	1287	794	330	44.5%

(续表)

年份	可支配收入	储蓄存款余额	消费支出	食品	衣着	家庭设备用品及服务	医疗保健	交通和通信	教育文化娱乐服务	居住	其他商品和服务	恩格尔系数
2007	12 883	19 266	9336	4056	577	579	558	958	1422	796	390	43.4%
2008	13 250	30 249	10 464	4120	613	653	734	1115	1668	1189	372	39.4%
2009	14 867	35 386	11 040	4102	751	792	603	1259	1834	1280	419	37.2%
2010	16 683	39 956	12 631	4593	797	780	762	1703	2195	1327	474	36.4%
2011	18 645	47 416	13 773	4940	940	800	797	1984	2273	1412	627	35.9%
2012	20 668	52 223	14 762	5249	1027	877	763	2333	2432	1436	645	35.6%
2013	23 623	50 194	17 255	6125	1330	959	857	3154	2654	1412	764	35.5%
2014	26 675	63 987	19 398	7109	1521	1182	755	3373	2875	1646	937	36.6%
2015	28 838	74 728	20 992	7345	1593	1365	1002	3499	3139	1913	1136	35.0%
2016	31 838	70 918	23 200	7777	1794	1800	1006	4076	3363	2166	1218	33.5%
2017	36 230	77 989	25 102	8906	2054	1826	1141	3808	3746	2226	1395	35.5%
2018	40 188	85 057	26 253	9656	2111	1906	1017	4564	3724	1790	1485	36.8%

1. 相关分析

(1) SPSS 操作主要步骤(见图 13-1、图 13-2)

图 13-1　"相关分析"步骤一

图 13-2　"相关分析"步骤二

(2) SPSS 分析数据及结论

应用 SPSS 统计分析软件,得到以下分析数据表(见表 13-2、表 13-3)。

表 13-2　描述性统计量

	均　值	标准差	N
消费支出	14 688.0000	6 564.915 90	16
可支配收入	20 265.6250	9 973.760 89	16

表 13-3　相关性分析

		消费支出	可支配收入
消费支出	Pearson 相关性	1	.996**
	显著性(双侧)		.000
	N	16	16

(续表)

		消费支出	可支配收入
可支配收入	Pearson 相关性	.996**	1
	显著性(双侧)	.000	
	N	16	16

说明：**. 在 .01 水平(双侧)上显著相关。

以上数据显示，"可支配收入"与"消费支出"的相关系数为 0.996，高度相关。

2. 回归分析

(1) SPSS 操作主要步骤(见图 13-3、图 13-4)

图 13-3　一元线性"回归分析"步骤一　　　图 13-4　一元线性"回归分析"步骤二

(2) SPSS 分析数据及结论

应用 SPSS 统计分析软件，得到以下分析数据表和分析图(见表 13-4)。

表 13-4　模型汇总和参数估计值

方　程	模型汇总					参数估计值	
	R 方	F	df1	df2	Sig.	常数	b1
线性	.993	1887.447	1	14	.000	1397.985	.656

说明：自变量为可支配收入，因变量为消费支出。

从表 13-4 中数据可知，"可支配收入"与"消费支出"模型检验 Sig.为 0，结果是高度显著。根据参数估计可得"可支配收入"与"消费支出"一元线性回归模型，如图 13-5 所示。

$$\hat{y} = 1397.985 + 0.656x$$

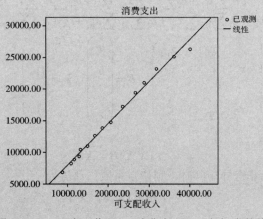

图 13-5　"可支配收入""消费支出"回归拟合趋势

13.2.2 多元线性回归及 SPSS 应用

多元线性回归预测法是研究一个因变量与多个自变量之间相互关系的理论和方法。

多元线性回归预测的基本原理、方法和程序与一元线性回归预测基本相同，只是在自变量的选定、回归方程参数的求解和模型检验等方面增加了复杂程度，具体步骤如下。

1. 正确选择自变量，建立多元线性回归模型

设自变量 $x_1, x_2, \cdots, x_m$ 与因变量 y 之间确实存在线性相关关系，则多元线性回归方程式成立。

$$\hat{y} = b_0 + b_1 x_1 + b_2 x_2 + \cdots + b_m x_m \tag{13-11}$$

式中，b_0——常数项；

$b_1, b_2, \cdots, b_m$——y 对 $x_1, x_2, \cdots, x_m$ 的斜率回归系数，也称待定系数。

用 x_{ij} 表示第 i 个变量的第 j 观察值，用 y_j 表示因变量 y 的第 j 次观察值（$i = 1, 2, \cdots, m$；$j = 1, 2, \cdots, n$）。设式(13-11)中 $b_0, b_1, b_2, \cdots, b_m$ 可知，将每次自变量观察值代入式(13-11)，可得每次因变量回归估计值为

$$\hat{y}_j = b_0 + b_1 x_{1j} + b_2 x_{2j} + \cdots + b_m x_{mj} \quad (j = 1, 2, \cdots, n)$$

显然，$e_j = y_j - \hat{y}_j = y_j - b_0 - b_1 x_{1j} - b_2 x_{2j} - \cdots - b_m x_{mj}$。

确定多元回归系数 $b_0, b_1, b_2, \cdots, b_m$，使因变量回归估计值与观察值达到线性最佳拟和，即根据收集观察数据 y_j，x_{ij}（$i = 1, 2, \cdots, m; j = 1, 2, \cdots, n$）满足条件：

$$\begin{aligned} \theta &= \sum e_j^2 = \sum (y_j - \hat{y}_j)^2 \\ &= \sum (y_j - b_0 - b_1 x_{1j} - b_2 x_{2j} - \cdots - b_m x_{mj})^2 \\ &= \min \end{aligned}$$

根据微积分中极值原理，对式令 θ 对 b_0, b_i（$i = 1, 2, \cdots, m$）的一阶偏导数等于零。

$$\begin{cases} \dfrac{\partial \theta}{\partial b_0} = -2 \sum (y_j - b_0 - b_1 x_{1j} - b_2 x_{2j} - \cdots - b_m x_{mj}) = 0 \\ \dfrac{\partial \theta}{\partial b_i} = -2 \sum (y_j - b_0 - b_1 x_{1j} - b_2 x_{2j} - \cdots - b_m x_{mj}) x_{ij} = 0 \end{cases}$$

整理，得线性联立方程组：

$$\begin{cases} n b_0 + b_1 \sum x_{1j} + b_2 \sum x_{2j} + \cdots + b_m \sum x_{mj} = \sum y_j \\ b_0 \sum x_{1j} + b_1 \sum x_{1j}^2 + b_2 \sum x_{1j} \sum x_{2j} + \cdots + b_m \sum x_{1j} \sum x_{mj} = \sum x_{1j} y_j \\ b_0 \sum x_{mj} + b_1 \sum x_{1j} \sum x_{mj} + b_2 \sum x_{2j} \sum x_{mj} + \cdots + b_m \left(\sum x_{mj} \right)^2 = \sum x_{mj} y_j \end{cases}$$

令 $\quad \boldsymbol{X} = \begin{pmatrix} 1 & x_{11} & x_{21} & \cdots & x_{m1} \\ 1 & x_{12} & x_{22} & \cdots & x_{m2} \\ \vdots & \vdots & \vdots & & \vdots \\ 1 & x_{1n} & x_{2n} & \cdots & x_{mn} \end{pmatrix} \quad \boldsymbol{B} = \begin{pmatrix} \hat{b}_0 \\ \hat{b}_1 \\ \vdots \\ \hat{b}_m \end{pmatrix} \quad \boldsymbol{Y} = \begin{pmatrix} y_1 \\ y_2 \\ \vdots \\ y_n \end{pmatrix}$

则方程组可以表示为

$$(\boldsymbol{X}'\boldsymbol{X})\boldsymbol{B} = \boldsymbol{X}'\boldsymbol{Y} \tag{13-12}$$

当系数矩阵 $(\boldsymbol{X}'\boldsymbol{X})$ 为非奇异矩阵时，则待定系数估计值为

$$\boldsymbol{B} = (\boldsymbol{X}'\boldsymbol{X})^{-1} \boldsymbol{X}'\boldsymbol{Y} \tag{13-13}$$

令 $$C = (X'X)^{-1} \tag{13-14}$$

则 $$B = CX'Y \tag{13-15}$$

2. 多元线性回归预测模型的统计检验

根据观察资料计算出多元回归方程式的待定参数，建立预测模型后，同样要借用数理统计方法进行检验，从总体上确认有可信度之后，才能运用于预测。

(1) 复相关系数(R)检验。R 检验是通过复相关系数检验一组自变量 $x_1, x_2, \cdots, x_n$ 与因变量 y 之间的线性相关程度的方法，又称复相关系数检验。R 称为复相关系数。

复相关系数 R 的计算公式为

$$R = \sqrt{1 - \frac{\left[\sum(y - \hat{y})^2\right]}{\sum(y - \overline{y})^2}} \tag{13-16}$$

R^2 较大时，表示 $x_1, x_2, \cdots, x_n$ 为估计 y 提供的信息充分，即非回归的剩余因素导致的误差很小；而 R^2 较小时，说明非回归的剩余因素导致的误差很大。

(2) F 检验。用 F 检验来判别模型的显著性问题，是通过 F 统计量检验假设 H_0: $b_0 = b_1 = \cdots = b_m = 0$ 是否成立，对给定的显著性水平查 F 分布表，得临界值 $F_\alpha(m-1, n-m)$。

若 $F > F_\alpha(m-1, n-m)$，认为一组自变量 $x_1, x_2, \cdots, x_n$ 与因变量 y 之间的回归效果显著。所含的自变量作为整体与因变量的线性相关关系足够解释因变量的变化，从总体上讲，多元回归预测模型有效，具有 $1-\alpha$ 置信度。反之，则不显著，需要重新选择自变量建立回归预测模型。

$$F = \frac{\sum(\hat{y} - \overline{y})^2 / (m-1)}{\sum(y - \hat{y})^2 / (n-m)} \tag{13-17}$$

或

$$F = \frac{R^2}{1 - R^2} \cdot \frac{n-m}{m-1} \tag{13-18}$$

(3) t 检验。用 t 验来判断回归系数的显著性问题，是通过 t 计量对所求回归模型的每一个系数逐一进行检验假设 $H_0: b_0 = 0$ $(j = 1, 2, \cdots, m)$ 是否成立的方法。

$$t_i = \frac{b_i}{S_{bi}} \quad (i = 0, 1, 2, \cdots, m) \tag{13-19}$$

若 $|t_j| > t_{\frac{\alpha}{2}}(n-m)$ 成立，则说明 x_i 对 y 有显著影响；反之，$\beta_j = 0$ 被接受，说明 x_i 对 y 无显著影响，应删除该因素。

3. 进行预测

类似一元线性回归预测法，以回归预测模型中每一自变量在预测期的数值代入通过检验的优良回归预测模型，计算因变量预测期的点估计值，进而做出置信区间估计。

> 📑 **【案例 13-2】** 多元线性回归及 SPSS 应用示例
>
> 　根据"某地居民人均生活费用收支情况"(见表 13-1)，对"可支配收入""储蓄存款余额"与"消费支出"进行回归分析。

1. SPSS 操作主要步骤(见图 13-6、图 13-7)

图 13-6　多元线性"回归分析"步骤一

图 13-7　多元线性"回归分析"步骤二

2. SPSS 分析数据及结论

应用 SPSS 统计分析软件，得到以下分析数据表(见表 13-5~表 13-9)。

表 13-5　描述性统计量

	均　值	标准偏差	N
消费支出	14 688.0000	6564.915 90	16
可支配收入	20 265.6250	9973.760 89	16
储蓄存款余额	44 373.6875	24 676.425 92	16

表 13-6　相关性

		消费支出	可支配收入	储蓄存款余额
Pearson 相关性	消费支出	1.000	.996	.981
	可支配收入	.996	1.000	.974
	储蓄存款余额	.981	.974	1.000
Sig. (单侧)	消费支出	.	.000	.000
	可支配收入	.000	.	.000
	储蓄存款余额	.000	.000	.

表 13-7　模型汇总

	R	R 方	调整 R 方	标准估计的误差
模型1	.998a	.995	.994	497.644 90

说明：自变量为储蓄存款余额，可支配收入。因变量为消费支出。

表 13-8　Anova 分析

模　型		平方和	df	均　方	F	Sig.
1	回归	6.433E8	2	3.216E8	1 298.710	.000a
	残差	3 219 455.828	13	247 650.448		
	总计	6.465E8	15			

说明：自变量为储蓄存款余额，可支配收入。因变量为消费支出。

表 13-9　系数

	非标准化系数		标准系数 试用版	t	Sig.	B　95.0% 置信区间	
	B	标准误差				下限	上限
(常量)	1651.446	306.545		5.387	0	989.196	2313.695
可支配收入	0.518	0.057	0.788	9.17	0	0.396	0.64
储蓄存款余额	0.057	0.023	0.214	2.494	0.027	0.008	0.106

从以上表格可以看到，模型的相关系数较高，同时通过了显著性检验。在参数检验数据中，相关"储蓄存款余额"的 Sig.值较高，但小于 0.05。因此，整体来说模型拟合较好。

"可支配收入""储蓄存款余额"与"消费支出"的"回归分析"模型如下：

$$\hat{y} = 1651.446 + 0.518x_1 + 0.057x_2$$

13.2.3　非线性回归模型及 SPSS 应用

前面讨论的自变量与因变量之间的关系是线性的，但社会经济现象是极其复杂的，有时各因素之间的关系不一定是线性的，而是某种非线性关系，这时就必须建立非线性回归模型。

1. 非线性回归预测的基本步骤

(1) 根据数据特点，选择回归预测模型。

(2) 估计参数。

(3) 回归预测模型的显著性检验。

(4) 区间预测。

2. 常用的非线性回归预测模型

(1) 指数模型。

$$\hat{y} = ab^x \tag{13-20}$$

(2) 双曲线模型。

$$y = a + \frac{b}{x} \tag{13-21}$$

(3) 二次抛物线模型。

$$y = a + bx + cx^2 \tag{13-22}$$

(4) 对数模型。

$$y = a + b \lg x \tag{13-23}$$

(5) 三角函数模型。

$$y = a + b \sin x \tag{13-24}$$

(6) 幂函线模型。

$$y = ax^b \tag{13-25}$$

(7) 逆函数模型。

$$y = b_0 + b_1 \frac{1}{x} \tag{13-26}$$

式中，$\hat{y}$——因变量 y 的模拟值；

　　a——常数项；

b——回归系数。

在选择使用以上模型时，需要注意数据变化特征需与模型特征相一致。如果没有采用统计分析软件进行数据处理，则需要先进行模型的"线性化"转换。

【案例13-3】非线性回归模型及 SPSS 应用示例

根据"某地居民人均生活费用收支"情况(见表13-1)，对"储蓄存款余额"与"恩格尔系数"进行非线性回归分析。

操作步骤讲解视频

1. SPSS 操作主要步骤(见图13-8和图13-9)

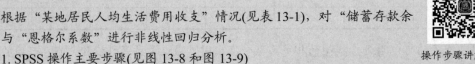

图 13-8　非线性"回归分析"步骤一　　　　图 13-9　非线性"回归分析"步骤二

2. SPSS 分析数据及结论

应用 SPSS 统计分析软件，得到以下分析数据表和分析图(见表13-10)。

表 13-10　模型汇总和参数估计值

方　程	模型汇总					参数估计值			
	R方	F	df1	df2	Sig.	常数	b1	b2	b3
对数	.820	63.946	1	14	.000	124.442	-8.065		
倒数	.920	161.046	1	14	.000	31.118	258 140.122		
二次	.905	61.694	2	13	.000	57.873	-.001	6.178E-9	
三次	.925	48.985	3	12	.000	64.889	-.001	2.145E-8	-1.057E-13
S	.931	189.784	1	14	.000	3.466	6 193.731		
增长	.675	29.091	1	14	.000	3.870	-4.547E-6		

说明：自变量为储蓄存款余额，因变量为恩格尔系数。

从表 13-10 中可以看出，6 种模型的拟合度都通过了显著性检验，但相关性略有高低，其中增长曲线最低，S 曲线最高。

如果依据 S 曲线建立"储蓄存款余额"与"恩格尔系数"回归方程式，则模型为

$$y = e^{3.466+6193.731/t}$$

六种回归模型拟合图如图 13-10 所示。

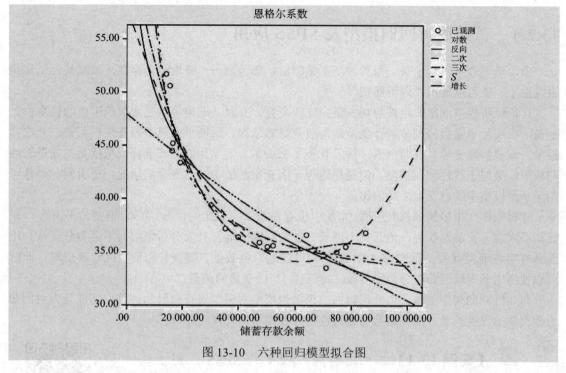

图 13-10 六种回归模型拟合图

这里要特别说明的是：

(1) 有时曲线回归实例中的散点图看似直线型的，但用线性模型去拟合的效果并不及另外两种曲线模型。这主要是因为图形的走向与 X 轴、Y 轴标尺的确定有密切的关系，所以，有时不要盲目地相信图形的趋势走向，而使用了不合适的模型。一定要将实际数据绘成的图形和模型拟合的图形置于同一图形上进行比较，这样才能消除因为 X 轴、Y 轴的标尺选定不同而造成的视觉偏差。

(2) 熟悉 SPSS 软件所认定的模型公式。如 SPSS 中的指数模型是 $\hat{y} = b_0 e^{b_1 x}$，而通常提到指数模型是 $\hat{y} = ab^x$，在模型结构上两者是存在区别的。

另外，对于非线性回归拟合，SPSS 还给出了另外一种更具扩展性的分析方法，即在"分析/回归"模块中通过"非线性"的选项可以进行简单的"建模"编程，以满足分析者更多模型选择的需要。当然这类"编程"模块同样可用于"线性分析"，如图 13-11、图 13-12 所示。

图 13-11 非线性"回归分析"步骤一

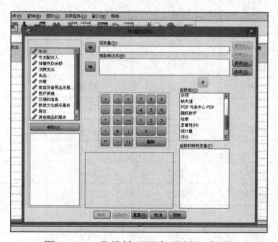

图 13-12 非线性"回归分析"步骤二

13.2.4 二元逻辑回归模型及 SPSS 应用

当市场调查者知道了某一系列预测变量的值，想预测另一特性是否存在，预测某一结果是否发生了，就可以使用"逻辑回归"。

计量经济模型通常假定被解释变量为连续变量，并且其取值可以是实数范围内的任意值。但是，在实际中常会碰到被解释变量是离散变量的情况。最简单的离散因变量模型是二元选择模型，即被解释变量只取两个值，常用 0 和 1 来表示。而常用的二元选择模型就是二项逻辑回归模型，类似于线性回归模型。但是更适合于因变量的值是二值变量的情况。逻辑回归系数可用于预测模型中的自变量之间的比值。

逻辑回归在很多领域都有应用，市场中也存在很多二值化的状态。例如，消费与不消费、满意与不满意、正品与次品、增长与不增长、有效与无效等，并要分析消费与不消费或满意与不满意与哪些因素有关。而这些因素(自变量)可能是二值数据、等级分组资料或计量资料，此时可以使用二元逻辑回归来分析因变量(二值变量)与自变量的关系。

和线性回归模型类似，二元逻辑回归模型也需要对模型进行检验和评价，同样分为对回归方程整体的显性检验、回归系数的显著性检验和模型拟合优度评价。

【案例 13-4】二元逻辑回归模型的 SPSS 应用示例

根据"某地部分经济指标环比增长速度"相关资料(见表 13-11)，进行二元逻辑回归分析。

操作步骤讲解视频

表 13-11 某地部分经济指标环比增长速度

单位：%

年　　份	生产总值	社会消费品零售总额	某地居民家庭人均可支配收入	居民消费价格指数	
				数　　值	0-1变量转换
1988	7.2	1.2	3.5	100.3	0
1989	7.8	12.1	4.0	100.2	0
1990	11.6	22.9	21.6	102.2	0
1991	13.4	40.1	28.9	115.2	1
1992	4.4	13.5	20.3	106.3	1
1993	7.5	14.4	11.1	108.1	1
1994	10.1	31.3	19.9	120.1	1
1995	3.0	12.0	14.6	115.9	1
1996	3.5	0.7	10.5	106.3	1
1997	7.1	14.4	13.9	110.5	1
1998	14.8	21.7	21.1	110.0	1
1999	15.1	45.4	42.2	120.2	1
2000	14.5	23.5	37.2	123.9	1
2001	14.3	25.9	22.2	118.7	1
2002	13.1	19.7	13.8	109.2	1

（续表）

年　份	生产总值	社会消费品零售总额	某地居民家庭人均可支配收入	居民消费价格指数	
				数　值	0-1变量转换
2003	12.8	14.1	3.4	102.8	0
2004	10.3	11.0	4.0	100.0	0
2005	10.4	8.1	24.6	101.5	0
2006	11.0	8.3	7.2	102.5	0
2007	10.5	8.1	9.9	100.0	0
2008	11.3	9.3	11.5	100.5	0
2009	12.3	9.1	12.2	100.1	0
2010	14.2	10.5	12.2	102.2	0
2011	11.4	12.1	11.8	101.0	0
2012	12.7	13.3	10.8	101.2	0
2013	15.2	14.8	14.3	103.2	0
2014	9.7	18.2	12.9	105.8	1
2015	8.2	13.0	8.1	99.6	0
2016	10.3	17.3	10.4	103.1	0
2017	8.2	12.3	13.8	105.2	1
2018	7.5	8.8	10.9	102.8	0

说明：0~1 变量划分以价格指数增长 5% 为界限。0——增长低于 5%；1——增长高于 5%。

(1) SPSS 操作主要步骤(见图 13-13 和图 13-14)

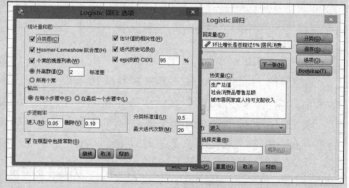

图 13-13 "二元逻辑回归"步骤一　　　　　图 13-14 "二元逻辑回归"步骤二

(2) SPSS 分析数据及结论

数据分析过程中自变量为"生产总值""社会消费品零售总额""某地居民家庭人均可支配收入"；因变量为"居民消费价格指数(0-1 变量)"。应用 SPSS 统计分析软件，得到以下分析数据表和分析图(见表 13-12～表 13-24)。

表 13-12　案例处理汇总

未加权的案例		N	百分比
选定案例	包括在分析中	31	100.0
	缺失案例	0	.0
	总计	31	100.0
未选定的案例		0	.0
总计		31	100.0

表 13-12 说明所有个案(31 个)都被选入作为回归分析的个案。

表 13-13　迭代历史记录

迭　代		-2 对数似然值	系　　数
			Constant
步骤 0	1	42.684	-.194
	2	42.684	-.194

说明：a. 模型中包括常量；
　　　b. 初始 -2 对数似然值：42.684；
　　　c. 因为参数估计的更改范围小于 .001，所以估计在迭代次数 2 处终止。

表 13-14　分类表

已观测		已预测		
		环比增长是否超过 5%		百分比校正
		0	1	
步骤 0	环比增长是否超过 5% 　0	17	0	100.0
	1	14	0	.0
	总计百分比			54.8

说明：a. 模型中包括常量；

　　　b. 切割值为 .500。

　　表 13-13 列出迭代过程。其中常数项包括在模型中，初始-2 对数似然值为 42.684。迭代结束于第二步，因为此时参数估计与其在上一步的变化已经小于 0.001。

　　表 13-14 说明步骤 0 的拟合效果，可以看出对于"环比增长是否超过 5%"=0，有 100% 的准确性，对于"环比增长是否超过 5%"=1，有 0%准确性，共有 53.6%的准确性。

表 13-15　方程中的变量

		B	S.E,	Wals	df	Sig.	Exp (B)
步骤 0	常量	-.194	.361	.289	1	.591	.824

表 13-16　不在方程中的变量

		得分	df	Sig.
步骤 0	变量			
	生产总值	.644	1	.422
	社会消费品零售总额	7.546	1	.006
	某地居民家庭人均可支配收入	8.755	1	.003
	总统计量	16.076	3	.001

表 13-17　迭代历史记录

迭代		-2 对数似然值	系数			
			Constant	生产总值	社会消费品零售总额	某地居民家庭人均可支配收入
步骤 1	1	24.334	.384	-.327	.100	.085
	2	20.564	.246	-.500	.187	.130
	3	19.470	.165	-.651	.265	.165
	4	19.334	.175	-.734	.301	.187
	5	19.331	.181	-.750	.308	.192
	6	19.331	.182	-.751	.308	.192

说明：a. 方法为输入；
　　　b. 模型中包括常量；
　　　c. 初始 -2 对数似然值：42.684；
　　　d. 因为参数估计的更改范围小于 .001，所以估计在迭代次数 6 处终止。

表 13-18　模型系数的综合检验

		卡方	df	Sig.
步骤 1	步骤	23.353	3	.000
	块	23.353	3	.000
	模型	23.353	3	.000

表 13-19　模型汇总

步骤	-2 对数似然值	Cox & Snell R 方	Nagelkerke R 方
1	19.331a	.529	.708

说明：因为参数估计的更改范围小于 .001，所以估计在迭代次数 6 处终止。

表 13-20　Hosmer 和 Lemeshow 检验

步骤	卡方	df	Sig.
1	11.571	8	.171

表 13-21　Hosmer 和 Lemeshow 检验的随机性表

		环比增长是否超过 5% = 0		环比增长是否超过 5% = 1		总　　计
		已观测	期望值	已观测	期望值	
步骤 1	1	3	2.966	0	.034	3
	2	3	2.946	0	.054	3
	3	3	2.895	0	.105	3
	4	3	2.642	0	.358	3
	5	2	1.981	1	1.019	3
	6	2	1.715	1	1.285	3
	7	0	1.213	3	1.787	3
	8	0	.530	3	2.470	3
	9	1	.102	2	2.898	3
	10	0	.010	4	3.990	4

以上各个表格，给出了各参数的检验结果，以及拟合优度检验统计量。

表 13-22　分类表

已观测			已预测		
			环比增长是否超过 5%		百分比校正
			0	1	
步骤 1	环比增长是否超过 5%	0	16	1	94.1
		1	3	11	78.6
	总计百分比				87.1

说明：切割值为 .500。

表 13-22 说明第一次迭代结果拟合效果，从该表格可以看出对于"环比增长是否超过 5%"=0，有 86.7%的准确性；对于"环比增长是否超过 5%"=1，有 76.9%准确性，因此对于所有个案总共有 82.1%的准确性。

表 13-23　方程中的变量

		B	S.E,	Wals	df	Sig.	Exp(B)	EXP(B)95% C.I.	
								下限	上限
步骤 1[a]	生产总值	-.751	.334	5.049	1	.025	.472	.245	.909
	社会消费品零售总额	.308	.148	4.311	1	.038	1.361	1.017	1.819
	某地居民家庭人均可支配收入	.192	.114	2.804	1	.094	1.211	.968	1.516
	常量	.182	1.924	.009	1	.925	1.199		

说明：在步骤 1 中输入的变量为生产总值、社会消费品零售总额、某地居民家庭人均可支配收入。

表 13-23 列出了步骤 1 中各个变量对应的系数，以及该变量对应的 Wald 统计量值和它对应的相伴概率。从该表格可以看出"生产总值""社会消费品零售总额"Sig.值较小，Wald 统计量较大，可见这两个变量在模型中很重要。"某地居民家庭人均可支配收入"的重要性排位第三。

表 13-24　相关矩阵

		Constant	生产总值	社会消费品零售总额	某地居民家庭人均可支配收入
步骤 1	Constant	1.000	-.518	.099	-.188
	生产总值	-.518	1.000	-.749	-.443
	社会消费品零售总额	.099	-.749	1.000	.113
	某地居民家庭人均可支配收入	-.188	-.443	.113	1.000

表 13-24 列出了常数 Constant、各变量之间的相关矩阵。

图 13-15 所示是观测值和预测值概率分布图。以 0 和 1 为符号，每四个符号代表一个个案。横坐标为预测概率(predicted probability)。纵坐标是个案分布频数，反映个案的分布。

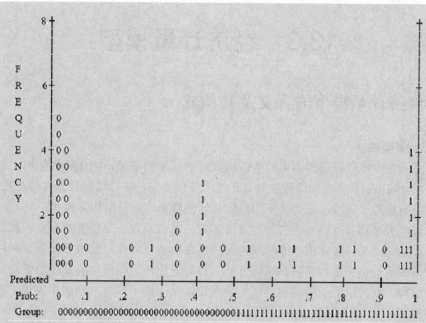

Predicted Probability is of Membership for 1
The Cut Value is .50
Symbols: 0 - 0
1 - 1
Each Symbol Represents .5 Cases.

图 13-15　观察值和预测概率分布图

如果逻辑回归完全准确,那么该坐标图中预测概率是 0~0.5,之间的个案都应该是 0,0.5~1 之间的个案都应该是 1。依据本案例数据生成的图 13-15 基本符合这个效果。不正确的结果包括: 预测概率是 0~0.5 之间的个案中有 2 个实际的观察值为 1,0.5~1 之间的个案观察值有 2 个为 1,这是错误预测的结果。

逻辑回归的最后一个输出的表 13-25,列出了残差大于 2 的个案。本案例中有 1 个个案符合条件——第 3 个案,表明这个个案的逻辑回归结果是错误的。

表 13-25　案例列表[b]

案　例	选定状态[a]	已观测	已预测	预测组	临时变量	
		环比增长是否超过 5%			残差	ZResid
3	S	0**	.935	1	-.935	-3.785

说明: a. S = 已选定, ** = 未分类的案例。

　　　b. 列出残差大于 2.000 的案例。

13.3　经济计量模型

13.3.1　经济计量模型的含义及其构成

1. 经济计量概述

一个经济社会中比较稳定的因素的全体构成经济现象的基础,叫作经济结构;作为经济结构特征的数量,叫作结构参数,简称参数。和经济变量不同,经济结构和参数都是观察不到的,经济关系就是由参数来体现,说明经济关系的具体函数形式叫作结构方程式。

每一种经济关系和与之相对应的方程式及参数,都必须有一定程度的独立性和稳定性,才能代表社会经济一个部门的结构,才能成为经济现象的数量规律,值得去计量。所以经济计量学实际要计量的就是这种结构参数。结构方程式只有估算出结构参数的具体数值之后,才能代表实际经济结构,既可以用于验证和发展经济理论,又可用于分析、预测和决策,这就是经济计量分析的目的。

经济关系的计量之所以要根据过去的统计资料进行估算,是由社会经济现象的特殊性决定的。社会经济现象不像大部分自然现象那样,可以在人为控制的条件下使现象反复重现,按照人们的意图控制现象的其他因素使之不变,单看要研究的各因素之间的相互关系。

经济学家在研究一部分因素对另一部分因素的影响时,虽然也假定其他情况(因素)不变,却无法做控制其他情况使之不变的实验,而只能被动地观测和记录客观世界的既成事实,进行事后分析研究。这些既成事实是各种有关因素同时发生作用的综合结果。经济研究只能从这些结果来倒推:形成这些结果的各种因素要怎样发生作用才能产生这样的结果。

而为了改进实际经济计量的效果,西方经济计量学家持续在计量方法技术上下功夫,除去加大模型、扩充数据库、改进软件包以外,在估算方法上也有不少进展。

近几十年来,西方运用数学方法进行实际经济计量的范围扩大了许多,由于经济计量学的内容已经比较定型,所以这些扩大的领域形成一些新的学科,如运筹学(包括线性规划)、经济控制论、系统分析等,都从不同侧面丰富、发展了经济关系的计量方法和实践。

西方经济计量学对各种经济理论一视同仁,都可以作为建造模型的假说,并且通过计量进行验证。尽管西方宏观经济计量企业的预测结果往往准确性很低,但是仍然能够争得主顾,据说原因在于这些企业能提供丰富的历史资料和内部消息,而不在于实际预测数字的准确性。

2. 经济计量模型的含义

经济计量模型是描述经济活动中诸因素之间因果关系的经济数学模型,被广泛应用于宏观经济分析和微观经济分析。单方程经济计量模型是用单一方程描述某一经济变量与引起该变量变化的诸因素之间的关系。它只反映了单向因果关系,其分析方法要用前面所述的回归分析法。多方程式经济计量模型也称联立方程经济计量模型,是用多个方程式抽象地表达预测对象系统内主要变量之间存在的相互依存关系,通常含有互为因果的关系。以某企业制订经济计划、进行经济活动分析为例加以说明。企业某计划期(年度)的销售额 S_t 与企业前期设备投资额 I_{t-1} 和同期国民生产总值 V_t 有关;同期设备投资 I_t 要视前期销售额 S_t 而定,取决于同期设备投资额 C_t 和销售额 S_t;企业经营利润是销售额与费用之差。欲将这些变量之间的关系用经济数学模型加以描述，单方程模型是困难的。经过经济分析，得如图 13-16 所示因果关系图，进而用如下的联立方程模型则可清楚地描述他们之间的关系。

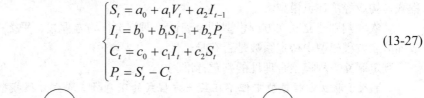

$$\begin{cases} S_t = a_0 + a_1 V_t + a_2 I_{t-1} \\ I_t = b_0 + b_1 S_{t-1} + b_2 P_t \\ C_t = c_0 + c_1 I_t + c_2 S_t \\ P_t = S_t - C_t \end{cases} \tag{13-27}$$

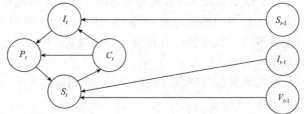

图 13-16 企业经济活动主要变量因果关系图

3. 理论模型的设计

1) 经济计量模型中有关变量

在经济客体的诸因素中，首先要抓住主要因素，把它们作为变量。根据它们在模型中的作用，可分为各种类型。

(1) 内生变量。内生变量是由所研究的某个问题的系统内部确定的变量。上述模型中的 S_t，I_t，C_t，P_t，I_{t-1} 和 S_{t-1} 由联立方程模型可以分别求出它们的值。它们不仅影响所研究问题的系统，也受该系统的影响。

(2) 外生变量。外生变量是不由所研究的某个问题的系统内部确定的变量。上述模型中的 V_t 为外生变量，它们的值由所研究问题的系统外部确定。它们的变化影响系统变化，但不受系统变化的影响。

(3) 前定变量。即联立方程模型中不受其他变量制约，准备预测时它们的值能够确定的变量，也称先决变量，包括外生变量、滞后内生变量。上述模型中的 V_t，I_{t-1}，S_{t-1} 为前定变量。显然，前定变量是已知的，才能求解联立方程模型。

2) 经济计量模型的有关方程

经济计量模型是由若干方程构成的，其方程的类型为：

(1) 定义方程式。根据确定的客观规律，对某些变量因子的数量变化关系用明确的定义方程式做出表达。

(2) 行为方程式。它描述研究分析对象的一个或多个经济变量值与另一个经济单位的行为有关，从而说明这些经济变量数值之间如何发生变化关系。如上述企业经营活动联立方程经济模型中的前三个方程。

(3) 平衡方程式。它描述经济活动运行客观规律的均衡条件，表现出经济变量之间的某种平衡关系，如 $P_t = S_t - C_t$。

(4) 技术方程式。它是反映经济技术关系或工艺技术关系受技术规律约束的方程。

(5) 法规方程式。它是按照某种政府法令或规则而制定的方程。

行为方程、技术方程、法规方程构成了模型的主体结构，称为结构方程。

13.3.2 经济计量模型预测基本过程

1. 建立经济计量模型

首先，在经济分析的基础上，抽象出反映预测目标及影响其变化的主要变量相互间的因果关系，进而用行为方程、平衡方程乃至定义方程式，来描述这些主要变量之间的数量变化关系。如本例中，就是在经济分析之后，得到如图 13-16 所示的因果关系图，进而抽象概括为四个方程式，构成经济计量模型。

其次，判别建立联立方程模型的合理性。即判定行为方程式、平衡关系式或限定方程式构成的联立方程模型中待定系数是否有唯一性。

判定联立方程模型合理性的判定标准为

导入于联立方程模型中但不在某一方程式的变量数 ≥ 联立方程模型的方程式数 − 1

联立方程模型中的每一方程式如果都能满足式(13-7)判定标准，可以肯定，利用收集资料所估算的待定参数作估计值是联立方程中各行方程唯一的系数值，所建立的联立方程模型是合理的。反之，则联立方程模型不合理。

例如，以本例建立的经济计量模型中包含的四个方程来讲。

第一式：$4(S_{t-1}, P_t, I_t, C_t) > 4 - 1$

第二式：$4(S_t, C_t, I_{t-1}, V_t) > 4 - 1$

其余两式也同样存在：

$$4(P_t, I_{t-1}, V_t, S_{t-1}) > 4 - 1$$
$$4(V_t, I_{t-1}, S_{t-1}, I_t) > 4 - 1$$

所以，四个方程式对企业经济活动这几个主要变量的结构关系的抽象概括是可行的，构成的联立方程经济计量模型具有合理性。

2. 确定经济计量模型中的待定参数

确定待定参数的方法很多，这里仍借助回归分析法中的最小二乘法确定经济计量模型中的行为方程的待定参数。

【案例 13-5】经济计量模型应用示例

相关产品销售数据及经济指标如表 13-26 所示。下面根据资料，建立经济计量模型。

表 13-26　建立经济计量模型数据表

单位：万元

观察期 t	销售额 S_t	设备投资 I_t	费用 C_t	利润 P_t	国民生产总值 V_t
0	32.0	8.0	30.0	2.0	77.0
1	38.0	8.0	35.7	2.3	85.0
2	50.0	13.0	46.8	3.2	95.0
3	60.0	18.0	56.2	3.8	110.0
4	56.0	17.0	53.0	3.0	113.0
5	67.0	19.0	62.3	4.7	127.0
6	87.0	29.0	80.7	6.3	152.0
7	107.0	38.0	99.9	7.1	184.0
8	117.0	41.0	109.6	7.4	208.0
9	137.0	41.0	128.2	8.8	234.0
10	143.0	50.0	153.0	10.0	277.0

利用表 13-26 中给出的资料，利用二元线性回归分析法，就能分别计算出行为方程的待定参数及其有效性。具体数值是(计算过程从略)：

$$a_0 = 16.4564, \quad a_1 = 0.0112, \quad a_2 = 2.9345, \quad F = 61.315$$
$$b_0 = -4.1354, \quad b_1 = 0.1295, \quad b_2 = 3.8263, \quad F = 8.190$$
$$c_0 = 6.8832, \quad c_1 = 2.2149, \quad c_2 = 0.1646, \quad F = 103.93$$

将得到的待定参数值分别代入模型方程，则可确定其经济计量模型为

$$
\begin{cases}
S_t = 16.4564 + 0.0112V_t + 2.9345I_{t-1} \\
I_t = -4.1354 + 0.1295S_{t-1} + 3.8263P_t \\
C_t = 6.8834 + 2.2419I_t + 0.1646S_t \\
P_t = S_t - C_t
\end{cases}
$$

3. 模型正确性检验

将收集的观察期数据代入经济计量模型，将运算结果与已经发生的经济现象进行比较，以检验经济模型的正确性。在进行实验模型时，利用 S_0，I_0 和 V_0 的资料代入立方程模型，可求得 S_1，I_1，C_1 和 P_1 预测值。

将求到的预测目标代入联立方程模型中的平衡关系式或限定方程式，就可检查联立方程经济计量模型的正确性。这就是利用联立方程经济计量模型的优点，可以直接检验模型的正确性。如利用求出的 S_t 与 C_t 计算两预测值之差，与联立方程所求的预测值 P_t 相等，平衡关系式得到满足，就说明理论上的分析和实际结果一致。

【案例 13-5(续)】经济计量模型应用示例

由表 13-26 可知，$S_0 = 32$ 万元，$I_0 = 8.0$ 万元，$V_0 = 77$ 亿元，代入联立方程模型得 $I_1 = 10.8654$ 万元，$C_1 = 37.9574$ 万元，$P_1 = 2.8374$ 万元。

4. 预测结果

利用联立方程经济计量模型开展预测，必须已知模型中的前定变量的数值，才能通过求解联立方程组得到预测目标的预测值。无论是利用观察期资料来检验模型的正确性，还是利用模型开展对未来预测的实际应用，代数运算工作量较大，同样可以利用矩阵法求解。

设 Y 是同期内生变量组成的向量；B 是内生同期变量的系数矩阵；X 是前定变量组成的向量；A 是前定变量的系数矩阵。则联立方程经济计量模型矩阵形式为

$$BY + AX = 0 \tag{13-28}$$

其预测模型为

$$Y = -B^{-1}AX \tag{13-29}$$

掌握了矩阵运算的规律，借助电子计算机运算手段，即使含有上百个方程式的联立方程经济计量模型的预测，计算也是十分方便的。

经济计量模型法在实际预测中，重要的是充分运用经验、知识，对预测对象问题正确地开展经济分析，正确地抽象概括预测对象的运行机制，善于抓住主要变量及它们之间因果关系类型的特点，较好地建立方程式，然后进行计算分析，并以量的分析结果来验证前面经济分析的正确性，据此对预测对象的未来状态做出估计。

13.4 其他分析预测方法

前面各章节对各具特色的预测技术做了介绍，本节所要介绍的几种方法是近年来被广泛使用，并且具备了其他预测技术无法取代的特点的预测方法。

13.4.1 鱼骨图分析法

1. "鱼骨图"基本原理

鱼骨图是由日本管理大师石川馨先生提出来的，故又名石川图，也叫"因果图"。鱼骨图原本用于质量管理，现在也经常被用于市场调查。

鱼骨分析法是调查人员进行因果分析时经常采用的一种方法，其特点是简捷实用，比较直观。其基本原理是：问题的特性总是受到一些因素的影响，通过头脑风暴找出这些因素，并将它们与特性值一起，按相互关联性整理而成的层次分明、条理清楚的图，因其形状如鱼骨，所以叫鱼骨图，如图 13-17 所示。

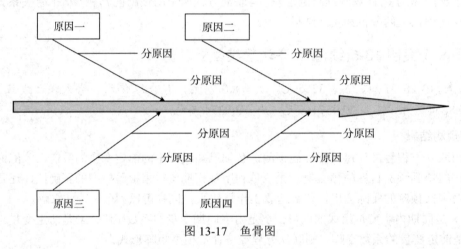

图 13-17　鱼骨图

一旦通过"鱼骨图"确定了现象之间的因果关系后，就可以对其关系进行解释和说明。通过数据统计分析、测试、收集有关问题的更多数据，或与被调查者进行沟通来确认最基本的原因。确认了基本原因之后，调查者或单位就可以开始制定解决方案并进行改进了。

"鱼骨图"的主要类型包括：

(1) 整理问题型鱼骨图(各要素与特性值间不存在原因关系，而是结构构成关系)。

(2) 原因型鱼骨图(鱼头在右，特性值通常以"为什么……"来写)。

(3) 对策型鱼骨图(鱼头在左，特性值通常以"如何提高/改善……"来写)。

2. "鱼骨图"的制作

制作鱼骨图分两个步骤：分析问题原因/结构；绘制鱼骨图。

1) 分析问题原因/结构

(1) 针对问题点，选择层别方法(如人机料法环等)。

(2) 按头脑风暴分别对各层别类别找出所有可能原因(因素)。

(3) 将找出的各要素进行归类、整理，明确其从属关系。

(4) 分析选取重要因素。

(5) 检查各要素的描述方法，确保语法简明、意思明确。

2) 分析要点

(1) 确定大要因(大骨)时，现场作业一般从"人机料法环"着手，管理类问题一般从"人事时地物"层别，应视具体情况决定。

(2) 大要因必须用中性词描述(不说明好坏)，中、小要因必须使用价值判断(如…不良)。

(3) 脑力激荡时，应尽可能多而全地找出所有可能原因，而不仅限于自己能完全掌控或正在执行的内容。对人的原因，宜从行动而非思想态度面着手分析。

(4) 中要因跟特性值、小要因跟中要因间有直接的原因—问题关系，小要因应分析至可以直接下对策。

(5) 如果某种原因可同时归属于两种或两种以上因素，请以关联性最强者为准(必要时考虑三现主义：即现时到现场看现物，通过相对条件的比较，找出相关性最强的要因归类)。

(6) 选取重要原因时，不要超过 7 项，且应标识在最末端原因。

3) "鱼骨图"绘图

(1) 填写鱼头(按为什么不好的方式描述)，画出主骨。

(2) 画出大骨，填写大要因。

(3) 画出中骨、小骨，填写中小要因。

(4) 用特殊符号标识重要因素。

3. "鱼骨图"的使用

(1) 查找要解决的问题。

(2) 把问题写在鱼骨的头上。

(3) 召集同事共同讨论问题出现的可能原因，尽可能多地找出问题。

(4) 把相同的问题分组，在鱼骨上标出。

(5) 根据不同问题征求大家的意见，总结出正确的原因。

(6) 拿出任何一个问题，研究为什么会产生这样的问题？

(7) 针对问题的答案再问为什么？这样至少深入 5 层次(连续问 5 个问题)；

(8) 当深入到第 5 层次后，认为无法继续进行时，列出这些问题的原因，而后列出至少 20 个解决方法。

【案例 13-6】鱼骨图分析法应用示例

现以某炼油厂情况作为实例，采用鱼骨图分析法对其市场营销问题进行解析，具体如图 13-18 所示。

图 13-18 中的"鱼头"表示需要解决的问题，即该炼油厂产品在市场中所占份额少。根据现场调查，可以把产生该炼油厂市场营销问题的原因，概括为 5 类。即人员、渠道、广告、竞争和其他。在每一类中包括若干造成这些原因的可能因素。将 5 类原因及其相关因素分别以鱼骨分布态势展开，形成鱼骨分析图。

下一步的工作是找出产生问题的主要原因，为此可以根据现场调查的数据，计算出每种原因或相关因素在产生问题过程中所占的比重，以百分数表示。

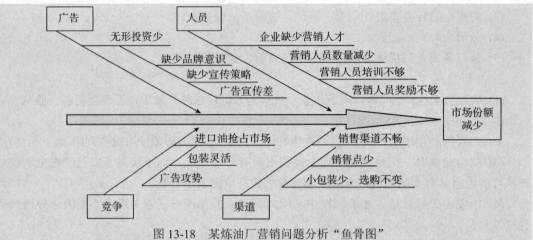

图 13-18　某炼油厂营销问题分析"鱼骨图"

例如，通过计算发现，"营销人员数量少"在产生问题过程中所占比重为 35%，"广告宣传差"为 18%，"小包装少"为 25%，三者在产生问题过程中共占 78%的比重，可以被认为是导致该炼油厂产品市场份额少的主要原因。如果我们针对这三大因素提出改进方案，就可以解决整个问题的 78%。该案例也反映了"20∶80"原则，即根据经验规律，20%的原因往往产生 80%的问题。

13.4.2　灰色系统预测

灰色系统理论是我国著名学者邓聚龙教授于 1982 年首创的一门新兴边缘学科。这一学说很快得到国内外众多学者和实际工作者的关注，并在许多领域得到广泛和深入的应用。

按照控制论的观点，可以用"黑"表示信息缺乏，用"白"表示信息完全。信息不充分、不完全称为"灰"。信息不完全的系统，称为灰色系统或灰系统。

"信息不完全"是灰的基本含义，一般指系统因素不完全明确，系统结构不完全知道，系统的作用原理不完全明了。但在不少场合，可将"灰"引申为其他的含义(见表 13-27)。

表 13-27　关于"灰"的一些引申含义

分　类	白	黑	灰
从表象看	明朗	暗	若明若暗
从过程看	新	旧	新旧交替
从性质看	纯	不纯	多种成分
从信息看	完全	不完全	部分完全
从结果看	唯一的解	无数的选择	非唯一解
从态度看	肯定	否定	扬弃
从方法看	严厉	放纵	宽容

系统理论认为，对既含有已知信息又含有未知或非确定信息的系统进行预测，就是对在一定范围内变化的、与时间有关的灰色过程的预测。尽管过程中所显示的现象是随机的、杂乱无章的，但毕竟是有序的、有界的，因此这一数据集合具有潜在的规律。灰色预测就是利用这种规律建立灰色模型对灰色系统进行预测。

灰色预测按其功能与特征可分为五类。

(1) 数列预测。对某个事物发展变化的大小与时间所做的预测称为数列预测。例如，粮食预测便是预测未来粮食产量的多少，在这里有两个数据要计算，一个是粮食的产量，另一个是发生的时间。

(2) 灾变预测。对灾害或异常突变事件可能发生的时间预测称为灾变预测。例如，对某地区预测涝年，可以用年平均降雨量多于 2000mm 的年份代表；预测旱年可以用年平均降雨量小于 400mm 的年份代表。它与数列预测的区别在于只需预测异常值出现的时刻，而异常值的大小是事先给定的。

(3) 季节灾变预测。发生在一年中某个季节或某个时区内的预测，称为季节灾变预测。例如预测虫灾，是发生在作物某个特定生长时区的虫情的预测。它与灾变预测的不同点在于，季节灾变仅仅指一年内某个特定时区的灾变，在其他时区内没有意义。

(4) 拓扑预测。拓扑预测亦称波形预测、整体预测。将原始数据做曲线，在曲线上按定值寻找该定值发生的所有时点，并以该定值为框架构成时点数列，然后建立模型，预测未来该定值所发生的点。

(5) 系统预测。对系统中众多变量间相互协调关系的发展变化所进行的预测称为系统预测。例如，市场中代用商品、相互关联商品销售量互相制约的预测。

灰色系统理论建立模型的主要任务是根据社会经济、技术等系统的行为特征数据，找出因素本身或因素之间的数学关系，从而了解系统的动态行为和发展趋势。灰色系统的建立模型实际上是对生成数列的建模，而一般建模方法则采用原始数列直接建模。

13.4.3　情景分析预测

传统的趋势外推是远不能适应当今处于瞬息万变的市场环境中决策者预测未来的需要的。于是人们开始研究用于长期预测的新的技术方法，情景分析技术方法便应运而生。

"情景"的含义是指对事物所有可能的未来发展态势的描述，这里描述的内容包括了对各种态势的基本特征及其发生可能性的定性和定量描述。自 20 世纪 70 年代起，情景分析被广泛使用于预测领域，因此产生了情景预测法。

情景分析方法具有以下的特点：

(1) 承认未来的发展是多样化的，有多种可能发展的趋势，其预测结果也将是多维的。

(2) 承认人在未来发展中的"能动作用"，把分析未来发展中决策者的群体意图和愿望作为情景分析中的一个重要方面，并在情景分析过程中与决策人之间保持畅通的信息交流。

(3) 分析中特别注意对组织发展起重要作用的关键因素和协调一致性关系的分析。

(4) 情景分析中的定量分析的特点是在分析中嵌入了大量的定性分析，以指导定量分析的进行，所以是一种融定性与定量分析于一体的新预测方法。

(5) 它是一种对未来研究的思维方法，所使用的技术方法手段大都来源于其他相关学科，究竟采用何种方法视问题的具体情况而定。重点在于如何有效地获取和处理专家的经验知识，这使得其具有心理学、未来学和统计学等学科的特征。

情景预测较其他预测更为有效的是预测所设计的环境情景能包罗"难点""机遇""突发事件"等，从而构筑了能适应于各种环境的情景，便于决策者能顺利地克服难点，把握机遇，应变突发。

情景分析与传统预测及德尔菲法的区别和联系具体如下。

(1) 与趋势外推等传统预测方法的区别与联系。趋势外推等传统技术是在结构确定的情况下对组织的短期发展作进一步的定量描述。情景分析方法并不排斥趋势外推方法，而是在吸取趋势外推方法的有效部分，如对组织进行稳定环境下的短期预测，并在此基础上对其长远预测的不可靠性部分进行补充和拓展，是对在系统环境变化下的组织长期发展态势作深层次分析。

(2) 与德尔菲法的区别。德尔菲法作为一种有效获取专家知识的手段，其侧重于如何获取专家较为一致的经验判断，而情景分析的专家经验判断获取技术则承认专家的不一致性(并不一定要协调这种不一致性)，并寻求这种不一致性存在的合理解释。另外，情景分析还考虑了影响组织发展的关键事件之间的相互影响，因此情景分析中获取处理专家经验判断技术方法的复杂性及多样性决非德尔菲法所能比拟的。由此可见，情景分析是一种比德尔菲方法更先进、更完善的预测技术。当然，情景分析也采用了德尔菲法的一些思想原则。

最后我们给出情景分析与传统预测方法的比较表(见表 13-28)。

表 13-28　情景预测与传统预测技术比较

分　类	情景预测	传统预测
输入	定性、定量的数据都能应用，定性的信息常用于专家打分。德尔菲法及交互影响分析系统地结合	在定量分析时，通常不包括准确的定性分析结果，在定性分析时，追求专家知识的一致性
输出	通常提供多种未来情景在假设重大事件不一定但有可能发生的基础上，提供未来发展多种状态和路径情景	集中于一种预测的倾向，缺少弹性，通常仅仅提及重大事件的影响，但无法对重大事件发生后的未来做出预测
成本	成本为中等水平——介于传统预测与系统分析成本之间	可能成本最低
用途	适于在环境变化中的中、长期战略决策和规划中应用，也适用于检验规划对环境变化的灵敏度	通常适用于制订短期计划，此时环境变化影响不大，经常在缺少时间、资金或人员时，作为一种"粗略"估计法使用

13.4.4　组合预测法

组合预测是基于这样的思想：作为复杂系统的社会经济现象是不可能被一个和几个数学模型所准确预测的，因为即使是最复杂、最庞大的经济计量模型也只是对实际社会经济现象的简化和抽象，模型所反映的有限的自变量是经过挑选后所幸存的。从另一个角度看，伴随社会经济现象的信息可以说是无限的，其中只有一小部分能被所有者共享，而绝大部分却由不同的预测者所独有。每个预测者根据其独自掌握的信息，加上大家所能共享的信息，选择他认为最合适的方法对社会经济现象进行预测，拟合出不同的最优预测模型，显然这些模型仅仅是有条件的最优，预测结果各不相同，甚至差距很大。由此产生了综合各种预测结果，在优中选优或者组合优化的组合预测技术。国外关于组合预测的研究成果层出不穷，我国近十年来也很重视组合预测的研究，取得了一系列研究成果。

在实际操作中，组合预测结果往往是同一预测者依据相互独立的信息数据，使用不同的预测技术，所得的不同预测结果的数学期望或交集。组合预测的关键在于各种预测结果的组合优化。

组合法的主要优点能提防差错，消除虚假现象，避免一些不合理的假设。这是因为它能最大限度地使用较多信息的结果。实践研究的结果说明，将一个计量模型同一个外推模型组合，其结果是组合预测值比二者各自预测值的平均要好 51%，比两者中最好的预测值要好 44%。

13.4.5　生命周期预测

生命周期分析的重要性日益显著。虽然早期只是定性地使用这个概念，但最近已对产品的生命周期加以定量化方面做出了许多努力。任何一种商品都具有自然寿命和经济寿命。在这里主要以经济寿命作为预测对象，研究的是商品从研制开发投入市场直至被市场淘汰的期限。

在正常情况下，一个获得成功的产品的生命周期中有五个阶段，其判断方法见表 13-29。

表 13-29　生命周期阶段的划分

指　　标	研究开发期	新产品试销期	成长畅销期	成熟饱和期	衰退淘汰期	备　　注
销售增长率	—	10%以下	10%以上	10%到 0	小于零	主要用于耐用消费品分析
市场普及率	—	0~5%	前期 5%~50% 后期 50%~80%	80%~90%	饱和	

(1) 新产品研制开发期。这一阶段系指对新产品设想，经初步筛选，商业分析后，个别设想投入试制。

(2) 新产品介绍试销期。它是新产品经过产品发展和样品试制后进入市场的试销阶段。其主要特点是生产批量小、成本高，只提供一种形式的基本产品，销售量上升缓慢，上市试销，征求顾客意见，改进设计。

(3) 新产品成长畅销期。这一阶段的特征是接受该产品的顾客增多，销售额快速上升，生产成本下降，利润上升，同时有一些竞争者开始介入。

(4) 产品成熟饱和期。在这一阶段，销售额达到高峰值，生产已达规模，成本稳定无降低潜力，企业利润最高，销售增长变慢，同时竞争更为激烈。

(5) 产品衰退淘汰期。这一阶段是产品销售量趋于下降的阶段。其主要特点是在普及率提高的同时竞争加剧，市场上开始出现性能更好的新产品，利润已明显降低，库存积压，出现亏损。

为了把与产品生命周期间接有关的另一方面的预测过程包含进来，我们将包括另一个阶段：产品出现前的初始阶段。表 13-30 概述了这六种状态，做出的有代表性的决策和在各个阶段适用的主要预测技术。

表 13-30　产品生命周期各个阶段相应的预测方法及其决策

生命周期	产品出现前	产品开发	产品试销	产品快速增长	成熟饱和期	衰退淘汰
预测方法	德尔菲法 专家意见法 趋势分析 历史模拟 技术校验	德尔菲法 专家会议会 类似产品分析 领先指标分析 技术检验	消费品调查 市场实验法 集合意见法 模拟销售	购买意图调查 市场调查 趋势分析 集合意见法	时间序列分析 因果分析 生命周期分析 市场调查 趋势分析	统计追踪 市场调查 历史分析 回归分析
典型决策	研究和发展的部署	产品开发决策 产品设计决策 商业渠道策略	生产规模决策 市场推销策略	制订生产计划 扩充生产能力 市场营销决策	制订生产计划 制定销售、广告、定价、库存策略	设备转换决策，调整生产计划

关键词和概念

因果关系　　回归分析　　相关分析　　经济计量模型

本章复习题

一、思考题

1. 简述因果回归分析的意义和作用。

2. 如何分析因素之间是否存在相关关系？相关关系的种类有哪些？

3. 各类回归模型的应用条件有哪些？如何建立、判别最适合的回归模型？

4. 简述经济计量模型预测的基本过程。

5. 简述产品生命周期预测的意义。

二、实践题

1.【在校学生生活费用调查(续)】根据调查数据，利用 SPSS 软件，选择相应的分析模型，对"在校学生生活费用支出情况"进行影响因素分析。

2. 某地区近 12 年消费基金、国民收入使用额和平均人口资料如表 13-31 所示。要求结合利用 SPSS 软件完成以下题目。

(1) 建立二元线性回归模型；

(2) 对回归模型进行显著性检验($\alpha = 0.05$)；

(3) 当第 13 年国民收入使用额为 67(10 万亿元)，年平均人口为 58(100 万人)时，在 $\alpha = 0.05$ 条件下，其消费基金的预测区间是多少？

表 13-31　某地区消费基金、国民收入使用额和平均人口资料统计

时　间	消费基金/10 万亿元	国民收入使用额/10 万亿元	平均人口/100 万人
第 1 年	9.0	12.1	48.20
第 2 年	9.5	12.9	48.90
第 3 年	10.0	13.8	49.54
第 4 年	10.6	14.8	50.25
第 5 年	12.4	16.4	51.02
第 6 年	16.2	20.9	51.84
第 7 年	17.7	24.2	52.76
第 8 年	20.1	28.1	53.69
第 9 年	21.8	30.1	54.55
第 10 年	25.3	35.8	55.35
第 11 年	31.1	48.5	56.16
第 12 年	36.0	54.8	56.98

第 14 章　市场分析报告

学习目的与要求

1. 了解市场分析报告的意义和作用；
2. 掌握市场分析报告的编写原则；
3. 了解市场分析报告的主要结构；
4. 掌握市场分析报告的编写方法；
5. 了解市场分析报告的呈现方式。

📋 引入案例　2019 年三线及以下新兴市场网民触网习惯研究报告
（摘要节选）

全媒体时代，伴随三线及以下新兴市场规模持续扩大，机遇也不断增加，新兴市场日益成为互联网发展的新的竞逐之地。尤其是与一、二线城市互联网发展水平相比，三线及以下新兴市场互联网发展相对缓慢，因此具有巨大增长空间和良好发展前景。当前时期，以县级融媒体中心为支撑的政府信息服务工作正逐渐向基层拓展、向群众靠近，力图打通"最后一公里"。与此同时，面对互联网存量市场趋于饱和，众多互联网企业纷纷瞄准三线及以下新兴市场，不断加快布局，积极发力，力求在这一新领域中占据主动。

趣头条作为新锐移动内容平台，上线于 2016 年，其最初定位即在互联网的新兴市场，并持续深耕。截至 2019 年 5 月，趣头条用户规模超过 3 亿，其中 70% 以上的用户来自三线及以下新兴市场，如此庞大的用户基数以及超过 1.1 亿的月活用户数，决定了其在互联网新兴市场中占据的主导地位。本报告以趣头条全国用户为主要样本，发掘三线及以下新兴市场网民的信息接触偏好，力图在了解互联网新兴市场网民特征的基础上，为其提供更精准有效的信息服务，同时响应配合国家发展智慧城市、数字乡村的整体战略布局，为数字中国建设提供有力支撑。

说明

新兴市场：即中国内地除一、二线城市以外的区域，相较互联网产品和服务发展较为成熟的一、二线城市，该区域属于互联网新的疆域，其用户规模和市场潜力都更大。从人口规模来看，一、二线城市人口约占总人口 18.1%，而新兴市场人口占总人口 81.9%，约 10.9 亿，五线城市及以下地区人口占总人口 50.9%，约 6.78 亿。

数据来源：报告以趣头条研究院所提供的全国三线及以下新兴市场网络用户数据为主，并以趣头条平台为支撑发放回收有效问卷 21 087 份，同时辅以来自部分国家机构、行业组织及第三方机构的相关数据，涉及引用时已做了注明。

分析方法：基于对原始数据的分析，探寻互联网新兴市场用户特征；在此基础上，结合趣头条研究院的问卷调查结果及与其他相关数据源的综合对比研判，深入挖掘剖析新兴市场用户的偏好属性。

视频分类：本报告中所指视频内容包括短视频与中长视频，二者都包含专业生产内容(PGC)和用户生产内容(UGC)，以互联网尤其是新媒体作为主要传播渠道。其中，短视频是指一般时长在1分钟左右，最长不超过5分钟的视频内容，中长视频是指一般时长在5分钟及以上的视频内容。

特殊群体：本报告中所提及的特殊群体包括小镇青年、银发乐活族(中老年群体)，女性群体。其中，本报告中小镇青年仅指25~30岁的青年群体，银发乐活族是指50岁以上的中老年群体。

核心发现

1. 新兴市场网民自有特征显著

相比一、二线城市，新兴市场网民可支配的闲暇时间更多，在移动应用上可消耗的时间更长，更易形成用户黏性，其中下班到睡前时间是上网高峰；无论是用户规模扩大，或是用户在线时长增加，其强劲增长势头都预示着新兴市场的巨大活力，及其可挖掘、待激活的庞大市场价值；与男性网民相比，新兴市场女性网民群体消费潜力更大。

2. 新兴市场网民信息接触偏好

新兴市场网民最喜欢阅读娱乐、热点、电影、情感和奇闻类内容，在军事、汽车、育儿、美食等内容领域中，用户阅读偏好呈现出显著的性格差异；新兴市场网民与一、二线城市网民在对娱乐、美食、音乐、养生、时尚等美好生活的追求上是一致的，但在对热点、体育、三农、历史等领域的关注上表现出较大差异；新兴市场网民最喜欢的内容/资讯形式是短视频，其后依次是文字为主、图片为主、长视频类、直播类的内容/资讯；评论率最高的依次是短视频、图集、图文、视频，短视频的高评论率显示该类内容的互动性更强。

3. 新兴市场网民凸显五大需求

娱乐需求方面，新兴市场网民拥有更多需要被填满的闲暇时间，对泛娱乐内容表现出较为强劲的需求；内容需求方面，新兴市场网民受所处社会环境影响，偏好简单和实用性较强的内容；社交需求方面，新兴市场网民社交圈相对有限，主要以熟人为主，更愿意相信熟人推荐和分享的内容，相比关键意见领袖(KOL)等推荐的内容，信息同级流动的熟人社交传播更为有效；消费需求方面，新兴市场消费能力增长要快于一、二线城市，且特殊群体消费欲望较强，又具有一定的消费能力，将成为新兴市场经济发展的重要增长点；心理诉求方面，海量碎片化信息容易使新兴市场用户不知如何取舍，无目的地漫游于网络空间，同时用户对手机的高度依赖使手机内容逐渐呈现出"镜中我"的交互效果，形成软性陪伴。

4. 新兴市场运营应注重服务创新

新兴市场不断发展，面对充满无限可能的"未饱和"之地，以满足新兴市场网民的信息和服务需求为出发点，在服务模式上找寻行之有效的创新路径，缔造驱动新兴市场发展的新动能，是赢得新兴市场主动权和主导权的关键所在。面对新兴市场的服务创新包括思维创新、模式创新和生态创新。立足当下，找准可为，将有所为。

5. 智能媒体助力开拓新兴市场

新兴技术越来越多地被运用到信息传播全链条中，包括传统媒体和新兴媒体在内，都在加速向智能媒体发展演进。技术赋能为互联网新兴市场的内容服务提供了更多机遇，移动内容服务等平台若能充分利用新技术，顺应智能媒体发展大势，在信息生产传播全链路、信息场景、服务生态、经营模式等方面同时发力，将对新兴市场的开拓产生极大助益。

资料来源：中国社科院新媒体研究中心与趣头条联合发布的《三线及以下新兴市场网民触网习惯研究报告》. http://www.iresearch.com.cn/View/224694.html

14.1　市场分析报告概述

14.1.1　市场分析报告的含义

市场分析报告是通过对企业(行业)面对的内外各类市场因素的客观调查，对反映企业(行业)的市场规模、市场竞争、区域市场、市场走势以及覆盖范围等的调查资料所进行的分析和总结。亦是通对过企业(行业)的市场调查和供求预测，根据企业(行业)产品的市场环境、竞争力和竞争者情况，分析、判断相关产品的市场现状，以及应该采取怎样的营销策略的报告。

从市场研究机构层面来看，市场分析报告是相关市场研究机构的人员以书面形式，通过文字、图表等手段展现市场研究结果，反映其市场分析的内容及工作过程，并向委托单位提供市场研究结论和建议的载体。

一份全面、完善的市场分析报告不仅是市场研究成果的集中体现，更是企业(行业)管理层认识市场、了解市场、掌握市场、收集市场信息的主要工具之一。为相关企业(行业)的市场经营活动提供有效的导向作用，为企业(行业)的决策提供客观依据。

14.1.2　市场分析报告的意义和作用

1. 市场分析报告的意义

市场调查的最后一步应是提出调查与预测结论和建议，市场分析报告是市场调查过程的直接结果。在市场调查活动过程中，通过调查的策划，收集市场信息，并经过对所收集到的市场信息进行加工处理、分析、预测，最终形成和提交某种形式的报告，交付市场调查的委托者。作为一项正式的调查项目，提交的市场调查报告是项目委托合同或协议的重要内容之一。

市场分析报告是衡量一项市场调查与市场预测工作质量高低的重要标志。尽管市场调查与市场预测所采用的方法、技术、组织过程及资料分析、预测的方式也是衡量市场调查质量的重要方面，但市场调查报告无疑是最重要的部分。

市场分析报告是调查活动的有形产品。当一项市场调查与市场预测项目完成以后，调查报告就成为该项目的少数历史记录和证据之一。作为历史资料，它有可能被重复使用，进而实现其使用效果的扩增。

2. 市场分析报告的作用

(1) 综合体现调查成果。市场分析报告是调查与分析成果的有形产品。分析报告是将调查研究的成果以文字和图表的形式表达出来，因此市场分析报告是市场调查成果的集中体现，并可用作市场调查成果的历史记录。

(2) 指导市场实践活动。市场分析报告比起调查资料来更便于阅读和理解。它通过对市场数据的分析，展现出原本各市场现象间隐含的关系，有利于相关企业经营者了解、掌握市场行情，为确定市场经营目标、盈利计划奠定了基础。

(3) 市场分析报告是服务于社会、企业、各管理部门的一种重要形式。市场调查的最终目的是根据调查结果，为企业的有关决策提供参考。一份优质的市场分析报告能对企业的市场活动提供有效的指引。

综上所述，市场分析报告在市场经营决策工作中占有十分重要的地位，必须给予足够的重视。

14.1.3   市场分析报告分类

1. 按市场分析报告的阅读对象划分

(1) 专业性报告。读者对象是市场调查与市场预测的专业人员。内容要求详尽，并需介绍调查的全过程，说明采用何种调查方式、方法、数据处理模型、如何对信息资料进行取舍以及怎样得到调查结果等。

(2) 普通报告。它的读者对象是经济管理部门、职能部门的管理人员、企业的领导者。这种报告要求重点突出，介绍情况客观、准确、简明扼要，尽量避免使用调查的专业性术语。以上两类报告均要附有必要的图示，以便直观地说明市场调查情况。

2. 按市场报告主体内容划分

(1) 行业市场分析报告。包括相关行业的产业链分析、整体市场环境分析(宏观、微观)、市场供需现状及预测。

(2) 产品竞争市场报告。包括相关产品主要竞争品牌分析、市场细分及占有率分析、品牌营销策略及计划、产品铺货渠道分析、产品定价策略分析、产品生命周期及盈利能力分析等。

(3) 消费行为分析报告。包括消费者类型分析、消费者心理及习惯分析、消费者满意度及品牌忠诚度分析、消费渠道选择分析等。

(4) 市场媒体价值分析报告。广告传播途径及方式分析、各类媒体影响力及传播价值评估、媒体传播策略优化方案报告、新媒体发现报告等。

完成市场分析报告并不是调查活动的终结，之后还需要对调查结果进行追踪。即再次通过市场实践活动检验报告所反映的问题是否准确、所提建议是否可行、效果如何，并总结市场调查的经验教训，以期提高市场调查的能力和水平。

14.1.4   市场分析报告撰写原则

要形成一份好的市场调查报告，必须遵循以下原则。

1. 客户导向

市场调查报告是给相关委托单位、机构阅读和使用的，不是写给市场研究机构自己看，更不是文学作品，所以必须高度重视市场调查报告阅读者和使用者的特点。为此，市场分析报告应注意以下事项：第一，大多数经理人员很忙，他们不喜欢冗长、乏味、呆板的文字；第二，他们大多很少精通调查与预测的某些技术和术语；第三，如果存在多个阅读和使用者，通常他们之间存在需要和兴趣方面的差异。

2. 实事求是

市场调查报告必须符合客观实际，反对弄虚作假。要重视阅读和使用者的需要，但并不意味着迎合他们的胃口，挑他们喜欢的材料编写，要防止片面性的误导。

3. 目的明确

写市场分析报告的目的在于分析企业市场环境变化情况，把握市场机会，借以指导推动市场开发工作，这就需要有一个明确的市场分析目的。目的越明确，针对性就越强，市场分析报告越能及时解决问题，就越有指导意义。反之，没有针对性，市场分析报告就没有着落，就没有生命力。

4. 揭示规律

通过市场调查所得的各种事实、现象，在分析报告的撰写中必须进行简明扼要的评论和剖析。市场分析报告不能离开基本事实和主要现象，但也不能只是事实的叙述和现象的堆砌，而是要通过对事物发展全过程系统的、全面的调研分析和评论，揭示事物发展的本质和规律性。所以说，市场分析报告的写作既是如实地反映客观情况，又是准确地评析客观现象。

5. 突出重点

市场调查报告必须在保证全面、系统地反映客观事物的前提下，突出重点，尤其是要突出调查与预测的目的，提高报告的针对性、适用性，从而提升市场调查报告的价值。

6. 精心安排

整个市场调查报告要精心组织，妥善安排其结构和内容，给人以完整的印象；报告内容要简明扼要，逻辑性强；文字要简短易懂，尽量少用专业性较强的术语；要注意形成生动有趣的写作风格；正确运用图表、数字表达等。

14.2　市场分析报告的结构及形式

市场分析报告没有一个统一规定的、固定不变的格式和结构。依据市场调查项目的类型和性质，委托方的要求，调查人员本身的个性、经验等各种不同的因素，将会导致市场调查报告在形式上的差异。

14.2.1　内雷斯·马尔霍查提出的市场分析报告格式

在长期的市场调查与市场预测活动中，逐渐形成了某些为大多数市场调查者所采用的格式。美国著名的市场调查专家内雷斯·马尔霍查(Naresh K. Malhotra)，在其出版的《市场调查》(*Marketing Research*)一书中提出的格式，被认为是一个较好的并为普遍接受的格式。马尔霍查教授认为，市场调查报告一般应包括以下部分。

1. 扉页/项目名页(title page)

在这一页上应有项目名称，项目名称要能反映项目的特性；调查人员或组织的名称、地址、电话号码；报告接受人或组织；报告完成日期等。

2. 递交信(letter of ransmittal)

正规的调查报告通常包含有一封致客户的递交信。信中可以概述调查者承担并实施项目的大致过程，也可以强调一下客户需要注意的问题以及需要进一步调查与预测的问题等，但不必叙述调查的具体内容。

【案例 14-1】某银行客户满意度及需求期望调查方案

致：某银行深圳分行

营运管理部

某女士

尊敬的某女士：

您好！

感谢您的来电，以及您对我公司的关注。通过与您在电话中的三次沟通，我们初步了解到，贵机构计划聘请独立的机构进行专业调查和分析，以把握客户(个人及企业)对贵机构在深圳的各个网点的服务满意度评价，以及大众(个人及企业)对银行服务的需求和期望情况。

根据对您初步提出的调研需求的理解和分析，我们拟订了本次调查项目的方案建议(见附件)，供您及贵机构的其他人士参考指正。

采用专业的调查手段，对现有客户和社会大众进行科学而系统的全面性访问调查，可以协助贵机构的管理层掌握辅助经营决策的以下市场及客户信息：

- 了解贵机构现有的个人及企业客户对贵机构各个网点服务内容及质量的评价；
- 了解贵机构现有的个人及企业客户对贵机构服务内容及质量的需求和期望；
- 了解深圳市的个人及企业对银行服务内容及质量的需求和期望；
- 了解贵机构的竞争对手在服务内容及质量方面、形象及宣传方面的大众评价。

而贵机构此次需要的模拟客户调查及评估，将主要辅助达到以上的第一点目标。

此外，我们认为，精心策划和组织的调研活动可以协助贵机构的形象宣传和服务介绍，而我们作为专业的服务机构，还可以在调查的基础上，为贵机构提供其他服务性企业在客户服务及关系管理方面的专业知识资源，并协助贵机构通过有效的知识管理和服务革新提高整体的机构竞争力。以上分析和所附方案建议是根据我们对贵机构所表述的需求信息进行初步分析的基础上所做出的，我们真诚地希望能够为贵机构提供相关的专业服务，并在各自关注的领域取得成功。

诚致

商安！

何×× ×××经济研究有限公司总监

深圳市×××经济研究有限责任公司 谨启

××××年 12 月 5 日

资料来源：某银行客户满意度及需求期望调查具体方案. 百度文库. https://wenku.baidu.com/view/35188a92640e52
ea551810a6f524ccbff121cab5.html

3. 委托信(letter of authorization)

委托信是客户在调查项目正式开始之前写给调查者或组织的，具体表明了客户对调查承担者的要求。有时可以在递交信中说明委托的情况，有时则可以在调查报告中包括委托信的复制件。

4. 目录(table of contents)

目录中应详细列明调查报告的各个组成部分及其页码。

5. 表格目录(list of tablet)

详细列明报告中所用的各种表格及其页码。

6. 图表目录(list of graphs)

详细列明报告中所用的各种图示及其页码。

7. 附表目录(list of appendices)

详细列明报告中所用的各种附录及其页码。

【案例 14-2】 2019—2025 全球与中国 5G 通信设备市场现状及未来发展趋势(摘要)

本报告研究全球及中国市场 5G 通信设备现状及未来发展趋势，侧重分析全球及中国市场的主要企业，同时对比中国与北美、亚太、欧洲、南美、中东以及非洲等地区的现状及未来趋势。

报告目录

第一章　5G 通信设备市场概述

　　1.1　5G 通信设备市场概述

　　1.2　不同类型 5G 通信设备分析

　　1.3　全球市场不同类型 5G 通信设备规模对比分析

　　1.4　中国市场不同类型 5G 通信设备规模对比分析

第二章　5G 通信设备市场概述

　　2.1　5G 通信设备主要应用领域分析

　　2.2　全球 5G 通信设备主要应用领域对比分析

　　2.3　中国 5G 通信设备主要应用领域对比分析

第三章　全球主要地区 5G 通信设备发展历程及现状分析

　　3.1　全球主要地区 5G 通信设备现状与未来趋势分析

　　3.2　全球主要地区 5G 通信设备规模及对比(2014—2019)

第四章　全球 5G 通信设备主要企业竞争分析

　　4.1　全球主要企业 5G 通信设备规模及市场份额

　　4.2　全球主要企业总部及地区分布、主要市场区域及产品类型

　　4.3　全球 5G 通信设备主要企业竞争态势及未来趋势

第五章　中国 5G 通信设备主要企业竞争分析

　　5.1　中国 5G 通信设备规模及市场份额(2014—2019)

　　5.2　中国 5G 通信设备 Top 3 与 Top 5 企业市场份额

第六章　5G 通信设备主要企业现状分析

　　6.1　爱立信

　　6.2　三星

　　6.3　诺基亚

　　6.4　华为

　　6.5　中兴

第七章　5G 通信设备行业动态分析

　　7.1　5G 通信设备发展历史、现状及趋势

资料来源: 2019—2025 全球与中国 5G 通信设备市场现状及未来发展趋势报告. http://www.chinabgao. com/report/4939705.html

8. 证据目录(list of exhibits)

详细列明报告中所包括的各种证据材料及其页码。

9. 经理摘要(executive summary)

这是调查报告中主要为经理等主管人员写的部分,在整个报告中占有特别重要的地位。许多经理主管人员往往没有时间阅读整个报告,而仅仅阅读此摘要部分。为此,这一部分要十分清楚和简要地叙述报告的核心和要点,主要应包括调查的问题、目标、主要结果、结论和建议等。从顺序看,经理摘要安排在整个调查报告的前列,但其起草则应在报告的其他部分完成以后进行。

10. 问题界定(problem definition)

这一部分中应明确调查目的，简要说明调查的由来和委托调查的原因及其相关的背景资料等，甚至包括调查的对象、范围、调查要点及所要解答的问题，要注意正确界定经营决策问题和市场调查问题。

【案例14-3】"消费者忠诚度"调查

品牌管理

对于品牌管理来说，掌握产品所在市场竞争环境中消费者忠诚度相当关键。以下是消费者忠诚度方面值得考虑的几个重要问题：

消费者对尺寸/外观/味道忠诚度如何？

应考虑进行怎样的品牌扩展？

消费者对制造商是不是忠诚？

经常性购买者的忠诚度如何？

消费者购买动态

拥有最大忠诚度的产品才是最具盈利优势的产品。这是因为对于消费者偏爱的产品，消费者在购买时总能够接受更高的价格。了解消费者是其中之根本，而掌握自身产品与竞争环境动态关系将有助于客户制定自己的品牌战略。与品牌忠诚度有关的主要问题包括：

消费者会还会购买哪些品类、哪些产品？

消费者每次购物的产品组合(mix of basket)是怎样的？

消费者有哪些重要的可选产品？

零售商服务

对于零售商来说，消费者忠诚度是促进重复购买和销量增长的重要因素。以零售为关注焦点的问题包括：

哪些品类的产品能够吸引消费者？

定价与促销如何影响商店忠诚度？

经常性购买者的购买计划会形成什么样的影响？

自有品牌产品对消费者忠诚度有什么影响？

资料来源：http://cn.acnielsen.com/issues/loyalty.shtml

---

11. 解决问题的方法(approach to problem)

这一部分主要叙述为解决面临的市场调查问题所要采用的一般方法，并对相关方法进行简短论述，说明选用方法的标准和理由。研究方法的阐明有助于使人确信调查结果的可靠性。例如，是用抽样调查法还是用典型调查法；是用实地调查法还是文案调查法，这些一般是在调查过程中使用的方法。另外，在分析中使用的方法，如指数平滑分析、回归分析、聚类分析等方法都应做简要说明。如果部分内容很多，应有详细的工作技术报告加以说明补充，附在市场调查报告最后部分的附件中。

12. 调查设计(research design)

这一部分应叙述调查设计的内容，包括调查设计的类型(探索性调查、描述性调查、因果性调查、实验性调查等)；所需信息(一手资料、二手资料)的各种收集、使用、检查的方法；测量技术、调查的设计、抽样技术、现场管理工作等。

📝 **【案例 14-4】腾讯电竞："2019 年度中国电竞人才发展报告"调研方式**

2019 年度中国电子竞技从业人才供需调研活动，采用在线问卷调查方式，调研时间为 2019 年 3 月至 4 月。共收集 4301 份样本，其中有效样本 3727 份，包括 1154 份非电竞从业社会人士，1085 份非电竞专业在校大学生，455 份电竞专业在校学生，407 份在校高中生，以及 626 份电竞从业者。

作为大型调研活动，此次问卷调查采用 95%置信区间。样本非电竞从业者范围覆盖了全国绝大多数省、自治区和直辖市，接受调研的电竞从业人员来自不同行业和单位，承担了各类职责和角色的电竞相关工作。本调研报告仅针对此次在线调查统计结果进行分析研究。调研每个维度样本容量均确保在 30 人以上，样本数低于 30 的调研维度不计入统计结果。在样本筛查过程中，除去了回答时间在 60 秒以内、答题速度过快的样本；排除重复答题样本；排除了在题目之间存在明显逻辑错误的样本。

资料来源：腾讯电竞"2019 年度中国电竞人才发展报告". http://www.199it.com/archives/884390.html

13. 资料分析(data analysis)

资料分析主要叙述资料分析的计划，分析策略和所用的技术。同时必须准确阐明全部有关论据，包括问题的提出到引出的结论、论证的全部过程。

14. 结果(results)

调查结果是调查报告中最敏感的部分。它往往分成几个部分，根据调查问题的性质、目标和所获得的结果，进行合乎逻辑的叙述。同时有可供市场活动的决策者进行独立思考的全部调查结果和必要的市场信息，以及对这些情况和内容的分析评论。

15. 局限和警告(limitations and caveats)

由于时间、预算、组织限制等因素的制约，所有的市场调查项目总有其局限性；因为设定的调查对象不配合，而使用的替代样本的限制等。这一部分中，要小心地阐明本次调查的局限性，避免客户过分依赖调查结果，但也要避免客户怀疑调查结果。

16. 结论和建议(conclusions and recommendations)

这是市场调查人员根据所获得的信息资料，进行理性分析和预测后提出的见解，也是撰写市场分析报告的主要目的。这部分包括对调查主题内容的总结，提出如何利用已证明为有效的措施和解决某一具体问题可供选择的方案与建议。结论和建议与正文部分的论述要紧密对应，不可以提出无证据的结论，也不要没有结论性意见的论证。另外，这部分内容要求可行、可操作和有用。

17. 附件(exhibits)

附件是指调查报告正文包含不了或没有提及，但与正文有关必须附加说明的部分。它是对正文报告的补充或更详尽的说明。具体包括涉及调查分析内容的其他补充图表、统计数据等；一手资料的来源、二手资料索引链接；收集资料的问卷、访问说明书；相关样本选用的补充说明；有关会议记录、手册、参考书籍；其他相关列入的资料。

14.2.2 其他市场分析报告格式

内雷斯·马尔霍查对市场调查报告的构成划分得比较细。相比之下，另外一些专家的结构划分要粗略些。其认为，市场分析报告的内容大体包含以下部分即可。

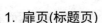

1. 扉页(标题页)

扉页包括报告标题；报告人姓名、职位；报告机构；报告提交日期等。

2. 报告目录

除显示报告主要内容的分布页码外，还包括相关图表所在的页码。

3. 执行摘要

执行摘要包括调研目的、调研方法简述、重要结果概述等。

4. 调研方法和程序

即调研设计、样本采集过程、各类调研资料收集步骤等。

5. 数据分析和分析结果

即借助于各类数据图表而表达的调研数据汇总，以及各类分析数据结果。

6. 结论和建议

即依据调研目标结合数据分析而得到的目标市场结论，并提供可供报告阅读者使用的营销策略、计划或方案。

7. 报告局限性

报告局限性包括抽样误差、调研费用限制、时间限制、测量偏差等。

8. 附件

附件包括调查问卷、数据收集方法、访问记录、统计分析模型、抽样示意图等。

另外，一些小型的市场分析报告反映的是微观的、局部性的问题，它们篇幅更短小，在形式上、写法上往往很灵活，具体内容以传递市场某一方面信息的要求为准。一般可能仅包含市场分析报告的三个核心部分：①基本情况。即调查对象过去和现在的客观情况。如发展历史、市场布局、销售情况等。②分析与结论。对调查所收集的材料进行科学的分析，从分析中得出结论性意见。③措施与建议。根据调查结论，提出相应的措施和建议。

市场分析报告的标准化也是市场研究机构专业能力的具体表现，而涉及具体企业(行业)产品的市场分析报告应根据相关企业(行业)的特点及委托调查机构的具体要求进行调整。但无论是哪类市场分析报告，在撰写前都应该围绕本次市场研究目的而展开，并充分体现分析报告各部分之间的内在联系。

14.2.3　市场分析报告呈现形式

传统的市场分析报告的主体内容更多是以 Word、WPS 或 PDF 的文本格式呈现出来的，其主要特点是大量的文字描述，再辅以图表的补充说明。但近年来，有更多的市场研究机构采用了 PPT 的表现方式——更多的、更形象的图表，再辅以文字说明。

这种市场分析报告表现模式的改变主要是因为以下几点。

(1) 报告的"简化"便于报告阅读者的快速阅读。

(2) 更多的表格使用保证了更全面的调查数据可以在一个页面上呈现，并极易表明各个数据之间的内在关联性。

(3) 更多图形的形状变化加上多样化的色彩，使得抽象数据的表现更为形象化，更便于报告的顺利阅读，而不至于阅读者疲劳。

(4) 简要的文字说明，使得阅读者更容易了解报告各个部分的重点，以及报告撰写者在市场问题分析上的主要观点。

(5) 更能体现市场研究机构的品牌形象，提品牌高识别度；也是体现报告撰写者"个性"的手段。

【案例 14-5】阿里研究院：2019 中国消费品牌发展报告(节选)

一、新市场与品牌机遇

2018 年中国消费市场持续增长，消费支出对国内生产总值增长贡献率达到 76.2%，居民消费结构持续优化升级，服务消费占比稳步提升。纵观全球中产阶层崛起与消费品牌发展，历史上最大规模的中产消费群体崛起，多元化消费需求推动原有品牌升级与新生品牌诞生，中国消费品牌迎来了大爆发时期。

数据显示，2018 年阿里巴巴零售平台中国消费品牌市场占有率 71%。中国品牌高端市场竞争力持续增强，线上高端市场中国消费品牌市场占有率同比 2017 年提升 2.2 个百分点。中国品牌通过品类创新、新品创新快速实现市场规模扩大。阿里巴巴平台上，2018 年与中国元素相关的关键字累计搜索量超过 126 亿次。"国潮行动"系列市场活动，为中华老字号品牌、博物馆 IP 品牌等诸多中国元素相关的本土品牌倾斜资源，跨界新品与营销带来了可观的消费者关注度与销售量双增长。在细分领域，不同消费群体有自己钟爱的中国消费品牌，展现多元化消费偏好。

二、新国货成长的五大方向

1. 扩大品牌知名度

区域品牌溢价能力不及全国品牌，中国品牌溢价能力不及国际知名品牌，借力数字化渠道面向新客群扩大知名度，塑造大品牌形象是追求规模化的必由之路。天猫与全球多个时装周合作，助推数十家中国品牌搭上通往世界时尚前沿的快车。"天猫出海"帮助品牌打开海外市场，商品远销全球。数字分销渠道零售通，帮助品牌在全国城市社区零售店快速分销。

2. 创造价值功能点

功能型为主的品牌需要持续不断提高技术与产品使用价值，注重消费洞察与功能点挖掘，以消费端数据洞察重构后端产品研发体系，为品牌创造差异化价值点。抽样数据显示，由 TMIC 洞察新生态联盟联合开发研制的超级新品平均溢价超过 30%。

3. 提升情感附加值

主流消费阶层审美品位提升，服装实用消费价值之外，品牌需要注重精神关怀内容。情感为主要价值的产品与服务，品质与工艺是基础，文化元素与设计水平全面提升情感附加值与格调档次。多元化需求与亚文化偏好，助推小众品牌蓬勃生长。

4. 赢得消费者关注

追求规模化销售和高频度购买的快消品牌，在扩大规模方面，主要依靠潜客触达和运营转化获得新客群；在高频度购买方面，主要依靠营销活动创新与产品创新令已经购买过产品的消费者产生新的注意力，实现复购。灵活多变的跨界营销表达，丰富有趣的场景互动，线上线下无缝融合的体验服务，稳定的品牌内涵吸引价值认同客群，忠诚消费者为品牌带来持续利润。天猫推荐快消行业品牌使用的消费者运营量表 FAST，可以为高频与消费者沟通的品牌，提供潜客和会员数量、质量两个方面的数字评估，中国品牌需要向国际品牌学习。

5. 转型数字化运营

数字经济时代，消费品牌竞争更加快速激烈，从消费者需求出发建立全链路全周期沟通机制，品牌内涵即服务质量，实现全面数字化运营是脱颖而出的关键。

高效率、高质量、低成本、高满意度始终是工业革命以来商业发展的不变追求。数字经济背景下，平台支撑将在更大范围、更多层面服务中国消费品牌。

三、启示与建议

(1) 面向数字经济时代，品牌需要以场景应用驱动数字化转型 2.0。全球范围内数字化转型 2.0 已经开始，这将是一场历时 20 年的技术架构大迁移。基于管理导向的传统 IT 架构的信息化管理，将逐步过渡到基于云架构的智能化运营的第二阶段，即创新导向的数字化转型 2.0 时代。

(2) 成熟品牌须把握消费者多元化价值需求，借助数字化沟通、洞察与经营方式，针对不同群体，通过精细化的差异化价值创新供给相应的商品、服务和空间，提升品牌溢价向高质量发展。

(3) 小而美品牌的生存之道。具有一定专业水准和工艺水平的匠人、设计师、农人、达人、买手具备精准敏捷优势，对接平台快速获得生产供应商、组货、营销、流通与零售能力，诞生细分领域的个性化特色品牌。

资料来源：　2019 中国消费品牌发展报告. 阿里研究院. http://www.aliresearch.com/Blog/Article/detail/id/21792.html

14.3　市场分析报告的撰写

与普通调查报告相比，市场分析报告无论从材料的形成还是结构布局方面都存在着明显的共性特征，但它比普通调查报告在内容上更为集中，也更具专门性。

14.3.1　市场分析报告标题的撰写

标题是市场分析报告的题目，一般有三种构成形式。

(1) 公文式标题，即由调查对象和内容、文种名称组成，如《关于 2019 年全省服装销售情况的调查报告》。值得注意的是，实践中常将市场调查报告简化为"调查"，也是可以的。

(2) 一般文章式标题。这类调研报告标题直接揭示调研报告的中心，十分简洁，如标题多采用双题(正副题)的结构形式，更为引人注目，富有吸引力。例如，《竞争在今天，希望在明天——全国洗衣机用户问卷调查分析报告》《市场在哪里——天津地区轻型客车用户调查》等。

(3) 提问式标题。如《"人情债"何时了》，这也是调研报告常用的标题写法，特点是具有吸引力。

14.3.2　市场分析报告引言的撰写

引言又称导语，是市场分析报告正文的前置部分，要写得简明扼要，精炼概括。引言的写法很多，有的设置悬念引起读者注意，有的采用设问手法，有的开门见山，没有固定形式。一般应交代出调查的目的、时间、地点、对象与范围、方法等与调查者自身相关的情况，也可概括市场分析报告的基本观点或结论，以便使读者对全文内容、意义等获得初步了解。然后用一过渡句承上启下，引出主体部分。这部分文字务求精要，切忌啰嗦芜杂；视具体情况，有时亦可省略这一部分，以使行文更趋简洁。

14.3.3　市场分析报告主体的撰写

这部分是市场分析报告的核心，也是写作的重点和难点所在。它要完整、准确、具体地说明调查的基本情况，进行科学合理的分析预测，在此基础上提出有针对性的对策和建议。

1. 市场分析报告主体包含的内容

(1) 情况介绍。市场分析报告的情况介绍，即对调查所获得的基本情况进行介绍，是全文的基础和主要内容，要用叙述和说明相结合的手法，将调查对象的历史和现实情况包括市场占有情况，生产与消费的关系，产品、产量及价格情况等表述清楚。在具体写法上，既可按问题的性质将其归结为几类，采用设立小标题的形式；也可以时间为序，或者列示数字、图表或图像等加以说明。无论如何，都要力求做到准确和具体，富有条理性，以便为下文进行分析和提出建议提供坚实充分的依据。

(2) 分析预测。市场分析报告的分析预测，即在对调查所获基本情况进行分析的基础上对市场发展趋势做出预测，它直接影响委托方的决策行为，因而必须着力写好。要采用议论的手法，对调查所获得的资料条分缕析，进行科学的研究和推断，并据以形成符合事物发展变化规律的结论性意见。用语要富于论断性和针对性，做到析理入微，言简意明，切忌脱离调查所获资料随意发挥。

(3) 营销建议。这层内容是市场分析报告写作目的和宗旨的体现，要在上文调查情况和分析预测的基础上，提出具体的建议和措施，供决策者参考。要注意建议的针对性和可行性，能够切实解决问题。

2. 市场分析报告主体的结构

调研报告主体的结构大体上有三种形式。

(1) 横式结构。即把调查的内容，加以综合分析，紧紧围绕主旨，按照不同的类别分别归纳成几个问题来写，每个问题可加上小标题。而且每个问题里往往还有着若干个小问题。典型经验性质调研报告的格式一般多采用这样的结构。这种调研报告形式观点鲜明，中心突出，使人一目了然。

(2) 纵式结构。纵式结构有两种形式，一是按调查事件的起因、发展和先后次序进行叙述和议论。一般情况调研报告和揭露问题的调研报告的写法多使用这种结构方式，有助于读者对事物发展有深入的、全面的了解。二是按成绩、原因、结论层层递进的方式安排结构。一般综合性质的调研报告多采用这种形式。

(3) 综合式结构。这种调研报告形式兼有纵式和横式两种特点，互相穿插配合，组织安排材料。采用这种调研报告写法，一般是在叙述和议论发展过程时采用纵式结构，而写收获、认识和经验教训时采用横式结构。

调研报告的主体部分不论采取什么结构方式，都应该做到先后有序，主次分明，详略得当，联系紧密，层层深入，为更好地表达主题服务。

14.3.4　市场分析报告结尾的撰写

结尾是调研报告分析问题、得出结论、解决问题的必然结果。不同的调研报告，结尾写法各不相同，一般来说，调研报告的结尾有以下 5 种：对调研报告归纳说明，总结主要观点，深化主题，以提高人们的认识；对事物发展做出展望，提出努力的方向，启发人们进一步去探索；提出建议，供决策者参考；写出尚存在的问题或不足，说明有待今后研究解决；补充交代正文没有涉及而又值得重视的情况或问题。

结尾是市场分析报告的重要组成部分，要写得简明扼要，短小有力。视实际情况，有时也可省略这部分，以使行文更趋简练。

关键词和概念

市场分析报告

本章复习题

一、思考题

1. 简述市场分析报告的主要组成部分。

2. 简述市场分析报告的编写意义。

3. 简述市场分析报告的编写原则。

二、实践题

【在校学生生活费用调查(续)】完成"在校学生生活费用支出情况"调研分析报告。

参考文献

[1] 李佳慧，赵刚. 基于大数据的电子商务用户画像构建研究[J]. 电子商务，2019(1).

[2] 于英. 益普索发布 2018 上半年《第三方移动支付用户研究报告》[J]. 计算机与网络，2018(15).

[3] 盛小丰，盛晓旻. 大数据环境下企业在电商平台的精准营销策略研究[J]. 现代商业，2018，506(25)：24-26.

[4] 蔡立媛，李柱. TSE：大数据时代市场调查的变革[J]. 企业管理，2017(04)：105-107.

[5] 孟小峰，杜治娟. 大数据融合研究：问题与挑战[J]. 计算机研究与发展，2016，53(02)：231-246.

[6] 夏一雪，兰月新. 大数据环境下群体性事件舆情信息风险管理研究[J]. 电子政务，2016(11)：31-39.

[7] 徐立军. 数据时代的未来 大数据与小数据融合的价值与路径[J]. 新闻与写作，2015(11)：11-15.

[8] 匡晓明，魏本胜. 城市规划中快递网点服务区预测与评价[J]. 江苏城市规划，2015(03).

[9] 李学龙，龚海刚. 大数据系统综述[J]. 中国科学：信息科学，2015，45(01)：1-44.

[10] 昝慧昉. 阿迪达斯的"黄金罗盘"[J]，中国企业家，2013(7).

[11] 周恒星等. 徘徊的大数据门前[J]. 中国企业家，2013(7).

[12] 杨晶. 从国外经验看我国市场调查行业发展战略——以国外商业性二手数据库开发为例[J]. 市场研究，2012(11).

[13] 陈悦，郝杰. 对神秘顾客帮助企业提升服务质量的研究分析[J]. 中国新技术新产品，2012(09)：234.

[14] 申星. 新七月，潜意识全程市场调查——直击灵魂最深处[J]. 市场研究，2009(6).

[15] 王育琨. 至察人性，史玉柱踏上《征途》[N]. 上海证券报，2008-01-09：A08.

[16] 田耕. 男女有别[J]. 企业改革与管理，1999(9).

[17] 刘一书，周丽娟，宋微. 市场调查与预测[M]. 北京：清华大学出版社，2018.

[18] 杜尔森·德伦. 大数据掘金：挖掘商业世界中的数据价值[M]. 北京：中国人民大学出版社，2016.

[19] Megan Squire. 干净的数据：数据清洗入门与实践[M]. 北京：人民邮电出版社，2016.

[20] 杜尔森·德伦. 大数据掘金：挖掘商业世界中的数据价值[M]. 北京：中国人民大学出版社，2016.

[21] 元明顺，于磊，叶明海. 基于大数据驱动的市场研究实验教程[M]. 上海：同济大学出版社，2016.

[22] 屈援. 市场研究[M]. 北京：人民邮电出版社，2013.

[23] GertH. N. Laursen. 精确营销方法与案例：大数据时代的商业分析[M]. 漆晨，林清怡，译. 北京：人民邮电出版社，2013.

[24] 陈文沛. 市场营销研究与应用——基于 SPSS[M]. 北京：电子工业出版社，2013.

[25] 张灿鹏. 郭砚常. 市场调查与分析预测[M]. 2 版. 北京：清华大学出版社，北京交通大

学出版社，2013.

[26] 赵国栋. 网络调查研究方法概论[M]. 北京：北京大学出版社，2013.

[27] 简明，金勇进，蒋妍. 市场调查方法与技术[M]. 3 版. 北京：中国人民大学出版社，2012.

[28] Anand Rajamman，Ueffrey David Ulltmn. 大数据互联网大规模数据挖掘与分布式处理[M]. 王斌，译. 北京：人民邮电出版社，2012.

[29] 时立文. SPSS 19.0 统计分析从入门到精通[M]. 北京：清华大学出版社，2012.

[30] 涂平. 市场营销研究方法与应用[M]. 2 版. 北京：北京大学出版社，2012.

[31] 王秀娥，夏冬. 市场调查与预测[M]. 北京：清华大学出版社，2012.

[32] 李怀斌，毕克贵. 市场营销学[M]. 2 版. 北京：清华大学出版社，2012.

[33] Carl Mcdaniel，Roger Gates. 当代市场调研[M]. 8 版. 李桂华，等译. 北京：机械工业出版社，2012.

[34] 小约瑟夫·海尔，罗伯特·布什，戴维·奥蒂诺. 营销调研——信息化条件下的选择[M]. 4 版. 北京：清华大学出版社，2012.

[35] Alvin C. Burns，Ronald F. Bush. 营销调研[M]. 6 版. 于洪彦、金钰、汪润茂，译. 北京：中国人民大学出版社，2011.

[36] Donald R. Lehmann，Russell S. Winer. 营销分析实务[M]. 5 版. 刘艳红，裴蓉. 译. 北京：企业管理出版社，2009.

[37] 简明，黄登源. 市场研究定量分析：方法与应用[M]. 北京：中国人民大学出版社，2009.

[38] 陈启杰，江晓东，吴纪元. 市场调研与预测[M]. 3 版. 上海：上海财经大学出版社，2008.

[39] Alvin C. B，Ronald F. Bush. 营销调研：网络调研的应用[M]. 4 版. 梅清豪，王承，曹丽，译. 北京：中国人民大学出版社，2007.

[40] Carl McDaniel，Jr. Roger Gates. 当代市场调研[M]. 4 版. 范秀成，译. 北京：机械工业出版社，2000.

[41] 齐振海. 管理哲学[M]. 北京：中国社会科学出版社，1983.